浙江省普通高校“十三五”新形态教材

普通高等学校会计应用型规划教材
国家级一流本科专业
国家级一流本科课程

INTERMEDIATE FINANCIAL ACCOUNTING

中级财务会计学

（第四版）

潘煜双 崔晓钟 主编

东北财经大学出版社 Dongbei University of Finance & Economics Press | 大连

图书在版编目（CIP）数据

中级财务会计学 / 潘煜双，崔晓钟主编．—4版．—大连：东北财经大学出版社，2023.12（2025.7重印）
（普通高等学校会计应用型规划教材）
ISBN 978-7-5654-5037-2

Ⅰ．中…　Ⅱ．①潘…　②崔…　Ⅲ．财务会计-高等学校-教材　Ⅳ．F234.4

中国国家版本馆CIP数据核字（2023）第228545号

东北财经大学出版社出版
（大连市黑石礁尖山街217号　邮政编码　116025）
网　　址：http://www.dufep.cn
读者信箱：dufep@dufe.edu.cn

大连东泰彩印技术开发有限公司印刷　东北财经大学出版社发行

幅面尺寸：185mm×260mm　字数：592千字　印张：26　插页：1
2023年12月第4版　2025年7月第2次印刷

责任编辑：王　丽　刘晓彤　周　慧　责任校对：刘贤恩
封面设计：原　皓　版式设计：原　皓

定价：58.00元

教学支持　售后服务　联系电话：（0411）84710309

如有印装质量问题，请联系营销部：（0411）84710711

国家级一流本科专业 浙江省一流本科专业
普通高等学校会计应用型规划教材编委会

序　言

党的二十大报告指出，“实施科教兴国战略，强化现代化建设人才支撑”，强调要坚持教育优先发展、科技自立自强、人才引领驱动，加快建设教育强国、科技强国、人才强国，坚持为党育人、为国育才，全面提高人才自主培养质量，着力造就拔尖创新人才，聚天下英才而用之。建设教育强国是中华民族伟大复兴的基础工程，必须把教育事业放在优先位置。建设中国式现代化，中国教育必须给予全面应答，基础教育、职业教育、高等教育都要承担起相应的责任，学科专业、教育教学、课程教材、评价体系等都要作出相应的调整。

在“大智移云物区”的时代背景下，企业的工作环境、高校教育的情境都发生了变化，大学生获取信息、知识的方法和途径发生了质的变化。传统的教学方式难以适应时代的发展，出现了“教师不会教、学生不想学、企业不愿招”的人才培养困境。2016年，嘉兴大学（原名为嘉兴学院）被遴选为全国本科院校“互联网+会计教学一体化改革”首席试点单位，实施“互联网+”线上线下一体化混合教学改革，建设教改平台，丰富平台共享资源。“互联网+会计教学一体化改革”的开展，成效显著。在2018年教育部审核评估中，“互联网+会计教学一体化改革”项目得到专家的好评，入选《中国会计教育改革与发展蓝皮书（2020）》，“中级财务会计学”获教育部优秀教学案例和浙江省一流课程。“互联网+会计教学一体化改革”已覆盖全国30余所高校，众多高校前来学习交流“互联网+会计教学一体化改革”的经验和成果。

根据浙江省高等教育学会教材建设专业委员会发布的《关于开展浙江省高校“十三五”第二批新形态教材建设项目申报工作的通知》，嘉兴大学7门核心主干课程被列入浙江省“互联网+会计学新形态系列教材”建设项目。为了更好地实施和推广“互联网+会计教学一体化改革”，我们在总结“互联网+”教学改革的基础上，根据新形态教材的建设要求，组织教学一线教师编写适应“互联网+会计教学一体化改革”的核心课程教材，包括《会计学原理》《中级财务会计学》《高级财务会计学》《审计学》《成本会计学》《管理会计学》《财务报表分析》《财务管理学》。教材内容体现“业财融合”和重能力、重素质的培养要求，对于企业的具体业务可以通过扫描二维码观看视频实现企业具体业务的情景再现，教材还包括重要知识点的视频讲解、随堂测和章节测试，其中每一章节都设有头脑风暴和分组任务等开放性问题，并配有解答提示，为广大教师更好地实施教学提供参考。本系列教材适合应用型本科院校的会计学、审计学、财务管理等相关专业的学生使用，高职院校的相关专业也可选择使用。

潘煜双

2023年12月

第四版前言

中级财务会计学主要研究经济业务的会计确认、计量、记录和报告。以会计学原理为基础，该课程全面阐释会计确认、计量、记录与报告的基本理论与方法，系统讲解企业持续经营条件下引起会计要素变动的主要交易和事项的会计处理程序，力求理论性与实践性相统一，并与其他有关专业课程的内容互为补充、相互协调。该课程大致分为以下三大部分：基本理论（基本准则）、具体经济业务的会计处理和财务报告。

嘉兴大学会计学专业有百余年的办学积淀，先后获浙江省重点专业、国家级特色专业、浙江省优势专业、“互联网+会计教学一体化改革”全国首家试点、国家一流本科专业建设点。秉承传统办学经验与特色，不断深化会计人才培养模式改革，并在教学内容体系改革方面进行了卓有成效的探索，初步形成了具有自身特色的会计学专业人才培养模式。2019年，“中级财务会计学”通过浙江省一流课程认定。2023年，“中级财务会计学”通过国家级一流课程认定。为此，在第三版基本内容的基础上，作者团队根据最新颁布的会计准则对本书进行了较为全面的修订，尤其将“互联网+会计教学一体化改革”成果融入其中，为广大教师进一步实施以学生为中心的线上线下一体化教学提供借鉴和参考。

本书由嘉兴大学商学院会计系国家级一流课程主讲教师潘煜双教授和团队成员精心编撰而成，在内容上努力实现既引导读者了解先进会计学理论与方法，又贴近我国当前的实际，突出了通俗、实用的特点。本书既可以作为高等院校会计学专业的教材，也可供会计实务工作者、经济管理各专业教师及学生参考。

本书的特点主要体现为：

1. 内容新颖。本书依据《企业会计准则及应用指南实务详解（2023年版）》、企业会计准则解释公告、《企业会计准则案例讲解（2023年版）》、企业所得税法和新流转税法编写，注重准确领会企业会计准则及应用指南、准则讲解和税法的精髓。

2. 定位明确。本书适用于本科财会专业，突出操作能力培养特色。强调培养读者对企业常规经济业务进行会计处理的能力和参加各种会计资格考试的应试能力，力求言简意赅，突出应用，强调重点，确保理论与实务相结合，体现应用型人才的培养目标。

3. 思政引领。本书要求读者除了要掌握专业的知识，还要具备正确的价值观、良好的职业道德、健全的人格品质，因此，本书将“红船精神”、社会责任等价值观培育融入知识传授，润物无声，立德树人。

4. 体例新颖。本书每章都安排了案例分析，针对热点话题设计分组任务、头脑风暴，提高教材的活泼性和可理解性。每章节的自测题便于学生自我检查学习效果。本书以二维码的方式在书中嵌入章节自测、案例分析、分组任务等数字资源，将教材、课堂、教学三者融合，实现线上线下结合的教材出版新模式。

本书由嘉兴大学商学院潘煜双教授、崔晓钟担任主编，负责大纲的拟定、总纂和定稿。具体编写分工如下：第一、二、十三、十四章由嘉兴大学潘煜双教授执笔；第三、四、五、六、七、八章由嘉兴大学崔晓钟执笔；第九、十、十一章由浙江工业大学徐攀执笔；第十二章由嘉兴大学赵春苗执笔。除此之外，嘉兴大学毕华书、姜洪涛、汪前、李敏鑫参与了自测题与案例的讨论与编写。值得说明的是，本书是多年来嘉兴大学会计学专业教学积累的共同成果，也特别感谢嘉兴南湖学院刘勇教授、王筱萍教授等在前期所作的贡献。

随着智能化与定制化生产的发展和国际竞争的加剧，企业经营管理要求不断提高，对会计岗位的从业人员和研究人员也提出了更高的要求，新的理论和实践要求我们百尺竿头更进一步，但囿于现有的水平，书中难免存在疏漏之处，敬请广大读者批评指正。

编　者

2023年12月

目录

第一章

财务会计基本理论

学习目标

1. 掌握财务会计的基本特征及会计信息的质量要求；
2. 掌握财务会计要素的定义、特征及确认条件；
3. 了解会计计量属性；
4. 熟练掌握会计的基本假设和会计确认、计量的基础。

第一节 会计的含义与特征

一、会计的含义

会计是以货币为主要计量单位，反映和监督一个单位经济活动的一种经济管理工作。在企业，会计主要反映企业的财务状况、经营成果和现金流量，并对企业经营活动和财务收支进行监督。对于会计的本质，学术界主要有以下三种观点：

课程思政

以诚立身、以信立业，加强会计诚信体系建设推动会计事业健康发展

（一）会计是一种管理活动

在现代社会里，会计的特点是主要用货币量度对经济过程中占用的财产物资和发生的劳动耗费进行系统的计算、记录、分析和检查。会计人员借助这些手段充分了解企业的资金占用情况和劳动耗费水平，并利用会计资料分析得失。同时，为在更大的范围内（例如，一个地区、一个产业部门或一个国家）管好经济提供必要的资料。所以，会计的实质是管理，会计是一种管理活动。

（二）会计是一种计量技术

反映财务状况，要计量一定日期的资产、负债和所有者权益。计算确定某一时期的经营成果，要计量营业收入、费用和成本。计量有两个方面，一是实物计量，二是价值计量。实物计量是价值计量的基础。没有实物，有些资产就不存在价值问题。实物计量要表明各种物资在报告期的购入、售出或生产消耗、库存的数量。价值计量在会计学中有它特定的含义，就是购入数量和购置（单位）价格、售出数量和售出（单位）价格或库存数量和库存（单位）价格相乘。这个数量和单价的乘积，在购入资产时，构成资产的成本；在发行长期债券时，构成非流动负债；在发行股票时，构成企业的所有者权益；在售出产品时，构成营业收入；在发生各种经营耗费时，构成生产经营的费用和成本。资产、负债、所有者权益在转移、消耗、分配和摊提时都需要计量。不计量，既无法记账、转账、结账，也无法编制财务报表。

收入和费用在前后几个会计期间进行分摊，也需要计量，计量各期获得的收入和应承担的费用，才符合权责发生制会计的要求，才能进行正确的配比。可以说，计量在会计中无所不在，是会计的核心问题之一。从这一点看，会计是一种计量技术。

（三）会计是一个信息系统

会计对象经过会计处理，最后形成财务报表。财务报表是用会计语言向与企业生产经营活动利益息息相关和负责管理工作的各方传输信息的手段，而这种信息是依照会计准则，有条不紊地经过搜集、整理、分类、加工、汇总等程序得到的。它们有据可查，翔实可靠，其真实性可予以复核。从这一点看，会计是一个信息系统。

二、财务会计特征

财务会计是企业会计的一个重要组成部分。满足投资者及其他财务报告使用者在决策中所需的财务信息的需求，是企业财务报告及财务会计系统的基本目标。具体来说，财务报告必须向其使用者提供企业财务状况、经营成果和现金流量的信息，以及描述企业管理层履行受托责任情况的信息。这些信息对于财务报告使用者来说，都是

决策中有用的信息。财务会计与管理会计相比有如下几方面的特征：

（一）财务会计以向外部提供会计信息为目标

财务会计的目标主要是向企业的投资者、债权人、政府部门以及社会公众提供会计信息。因此，与对内的管理会计相对应，财务会计又称对外会计。从信息的性质看，财务会计主要反映企业整体情况，注重历史信息；从信息的用途看，财务会计主要利用信息了解企业的财务状况和经营成果。会计信息最终通过财务报表反映出来，每个企业都需要定期编制财务报表，并经企业经营负责人和财务会计负责人签字或盖章以示对报表内容的合法性、真实性、完整性负责。

（二）财务会计以数据处理和信息加工为基本方法

财务会计与传统会计有紧密的继承关系。首先，它继承了传统的复式记账法，即借贷记账法。复式簿记系统以账户和复式记账为核心，以凭证和账簿组织为形式，包括序时记录、分类记录、试算平衡、调整分录和对账结账等一系列步骤。其次，收入与费用的确认以权责发生制为基础。财务会计对收入和费用的确认采用实现原则，而不是等到企业收入或付出现金时才确认和记录。

（三）财务会计以企业会计准则为依据

企业会计准则体系由基本会计准则、具体会计准则和会计准则应用指南组成。企业会计准则是反映企业经济活动的财务会计的技术标准，是生成和提供财务会计信息的重要依据。统一技术规范是企业财务报表提供一致性、可比性会计信息的必要条件。

本节自测

第二节　财务会计信息的质量要求

一、财务会计信息的质量要求

财务会计信息的质量要求是对企业财务报告中所提供的会计信息质量的基本要求，是使财务报告中提供的会计信息对使用者决策有用所应具备的基本特征，包括可靠性、相关性、可理解性、可比性、实质重于形式、重要性、谨慎性和及时性。

（一）可靠性

可靠性是指会计信息必须是客观的和可验证的，要求企业应当以实际发生的交易或者事项为依据进行确认、计量和报告，如实反映符合确认和计量要求的各项会计要素及其他相关信息，保证会计信息真实可靠、内容完整。可靠性具体包括以下要求：

（1）以实际发生的交易或者事项为依据进行确认、计量，会计信息反映的结果应当同企业实际的财务状况和经营成果相一致。不得根据虚假的、没有发生的或者尚未发生的交易或者事项进行确认、计量和报告。

（2）在符合重要性和成本效益原则的前提下，保证会计信息的完整性，其中包括报表及其附注内容等应当保持完整，不能随意遗漏或者减少应予披露的信息，与使用者决策相关的有用信息都应当充分披露。

（二）相关性

相关性要求企业提供的会计信息应当与财务报告使用者的经济决策需要相关，有助于财务报告使用者对企业过去、现在或者未来的情况作出评价或者预测。

会计信息质量的相关性要求需要企业在确认、计量和报告会计信息的过程中，充分考虑使用者的决策模式和信息需要。一项信息是否具有相关性取决于两个因素，即预测价值和反馈价值。如果一项信息能帮助决策者预测未来事项的可能结果，则此项信息具有预测价值，决策者可根据预测的可能结果作出最佳的选择，从而影响其决策；如果一项信息有助于决策者验证或修正过去的决策和实施方案，则此项信息具有反馈价值，把过去的决策所产生的实际结果反馈给决策者，使之与当初预期的结果相比较，验证过去的决策是否正确，总结经验与教训，防止今后决策时再犯同样的错误。

（三）可理解性

可理解性要求企业提供的会计信息应当清晰明了，便于投资者等财务报告使用者理解和使用。信息是否被使用者所理解，取决于信息本身是否易懂，也取决于使用者理解信息的能力。可理解性是决策者与决策有用性的联结点。如果信息不能被决策者理解，那么这种信息则毫无用处。因此，可理解性不仅是信息的一种质量标准，也是一个与使用者有关的质量标准。会计人员应尽可能以易被人理解的表达方式传递会计信息，而使用者也应设法提高理解信息的能力。对于某些复杂的信息，如交易本身较为复杂或者会计处理较为复杂，但与使用者的经济决策相关，企业就应当在财务报告中予以披露。

（四）可比性

可比性是指一个企业的会计信息应当尽量与其他企业的同类会计信息口径一致，相互可比。具体来说，可比性包括两个方面：一是同一企业不同时期可比。为了便于投资者等财务报告使用者了解企业财务状况、经营成果和现金流量的变化趋势，比较企业在不同时期的财务报告信息，全面、客观地评价过去，预测未来，从而作出决策，同一企业在不同地点和不同时间发生的同类型的经济业务，应该采用一致的会计处理程序与方法。但是，满足会计信息可比性要求，并非表明企业不得变更会计政策。如果符合规定或者在会计政策变更后可以提供更可靠、更相关的会计信息，可以变更会计政策，应当将变更的内容和理由、变更的累积影响数，以及累积影响数不能合理确定的理由等，在附注中予以说明。二是不同企业相同会计期间可比。为了便于投资者等财务报告使用者评价不同企业的财务状况、经营成果和现金流量及其变动情况，不同企业应当对在同一会计期间发生的相同或者相似的交易或者事项采用相同的会计程序和方法，以使不同企业按照一致的确认、计量和报告要求提供有关会计信息。

可靠性、相关性、可理解性、可比性是会计信息的首要质量要求，是企业财务报告中提供的会计信息应具备的基本质量特征。

（五）实质重于形式

实质重于形式要求企业应当按照交易或者事项的经济实质进行会计确认、计量，而不应当仅仅以交易或者事项的法律形式为依据。如果企业仅以交易或者事项的法律形式为依据进行确认、计量和报告，那么就容易导致会计信息失真、无法如实反映经济现实。

企业发生的交易或者事项在多数情况下其经济实质和法律形式是一致的，但在有些情况下也会出现不一致。例如，某企业因资金短缺，将其拥有的一栋写字楼以5 000万元的价格出售，同时又签署一份不可撤销的回购协议，一年后以5 500万元价格回购，从法律形式看，企业先是出售写字楼，一年后又买回来，是两笔交易。由于回购价格固定，其实质就是抵押借款，即该企业将写字楼抵押取得5 000万元的借款，一年后连本带息偿还5 500万元，赎回写字楼。按照实质重于形式原则，会计上将该交易作为抵押借款处理。遵循实质重于形式原则，体现了对经济实质的尊重，能够保证会计确认、计量信息与客观经济事实相符。

（六）重要性

重要性要求企业提供的会计信息应当反映与企业财务状况、经营成果和现金流量有关的所有重要交易或者事项。

企业在保证尽可能全面完整地反映企业的财务状况、经营成果和现金流量的前提下，可根据一项交易或者事项是否会影响投资者等财务报告使用者据以作出合理决策来决定对其反映的详略程度。凡是对会计信息使用者的决策有较大影响的交易或者事项，应作为会计确认、计量和报告的重点；对不重要的经济业务则可以采用简化的处理程序和方法，也不必在财务报表上详细列示。判断会计事项的重要性，需要依赖于职业判断。企业应当根据其所处的环境和实际情况，从项目的性质和金额大小两方面加以判断。

（七）谨慎性

谨慎性要求企业对交易或者事项进行会计确认、计量和报告时保持应有的谨慎，不应高估资产或者收益、低估负债或者费用。在对某一交易或者事项有多种不同的处理方法可供选择时，尽可能保持应有的谨慎，充分估计各种风险和损失，即应预计可能产生的损失，但不预计可能产生的收益和过高估计资产的价值。例如，对期末应收款项计提坏账准备，对期末存货计量采用成本与可变现净值孰低法等做法，都体现了谨慎性要求。

案例分析

以万福生科为例浅谈会计谨慎性

谨慎性的应用也不允许企业设置秘密准备，如果企业故意低估资产或者收入、故意高估负债或者费用，将不符合会计信息的可靠性和相关性要求，损害会计信息质量，扭曲企业实际的财务状况和经营成果，从而对使用者的决策产生误导。

（八）及时性

及时性要求企业对于已经发生的交易或者事项，应当及时进行确认、计量和报告，不得提前或者延后。

会计信息的价值在于帮助使用者作出经济决策，因此具有时效性。即使是可靠、相关的会计信息，如果不及时提供，也就失去了时效性，对使用者的效用就会降低。具体来说，及时性包括及时记录与及时报告两个方面。及时记录就是要求及时收集会计信息，及时处理会计信息；及时报告就是要求及时传递会计信息，即按照国家规定的有关时限，及时地将编制的财务报告传递给财务报告使用者，包括因重大交易或事项而发布的实时公告等。企业应在会计信息可靠性与及时性之间作出权衡，以最好地满足投资者等财务报告使用者的经济决策需要作为判断标准。

本节自测

第三节　会计的基本假设和会计基础

一、会计的基本假设

会计的基本假设，也称会计的基本前提，这是企业组织财务工作必须具备的前提条件，是对会计核算所处时间、空间环境等所作的合理设定。会计假设规定了会计核算工作赖以存在的一些基本前提条件，是企业设计和选择会计方法的重要依据。只有规定了这些会计假设，会计核算才能得以正常进行。所以，会计假设既是会计核算的基本依据，也是制定会计准则和会计核算制度的重要指导思想。会计的基本假设包括会计主体、持续经营、会计分期和货币计量。

（一）会计主体

会计主体是指企业为之服务的特定单位。每一会计主体不仅与其他会计主体相区别，而且独立于其本身的所有者之外。也就是说，会计所反映的是一个特定主体的经济业务，而不是其他会计主体的经济业务，也不是企业所有者的财务活动。

在会计主体假设下，企业应当对其本身发生的交易或者事项进行会计确认、计量和报告，反映其本身所从事的各项生产经营活动。明确界定会计主体是开展会计确认、计量和报告工作的重要前提。

会计主体不同于法律主体。一般来说，法律主体必然是一个会计主体。例如，一个企业作为一个法律主体，应当建立财务会计系统，独立反映其财务状况、经营成果和现金流量。但是，会计主体不一定是法律主体。例如，企业集团编制合并财务报表所依据的便是合并主体而非法律主体。再如，由企业管理的证券投资基金、企业年金基金等，尽管不属于法律主体，但属于会计主体，应当对每项基金进行会计确认、计量和报告。

（二）持续经营

持续经营是指作为会计主体的企业，其经营活动将会按当前的规模和状态继续经营下去，在可以预见的将来不会停业，不会面临破产清算，也不会大规模削减业务。这是绝大多数企业所处的正常状态。在这样的假设下，会计主体将按照既定用途使用资产，按照既定的合约条件清偿债务。

会计的一系列方法都是以企业持续经营为前提的。例如，固定资产的价值按使用年限分期折旧为费用，就是以这个假设为前提的。也正是基于此假设，才能认为会计工作的资产有可能在未来给企业带来经济利益。如果有事实证明或经法院宣告一个企业已无法履行其义务，正常的经营活动难以为继，企业请求破产保护，那么，持续经营假设将不再成立，建立在其上的各种准则将不再适用。这时，就要以清算假设替代持续经营假设，进而采用有关企业破产会计准则进行核算。

（三）会计分期

会计分期是指将企业持续不断的生产经营活动划分为一个个连续的、长短相同的期间。会计分期的目的在于，通过会计期间的划分，据以结算盈亏，按期编报财务报告，从而及时向财务报告使用者提供有关企业财务状况、经营成果和现金流量的信息。会计期间通常分为年度和中期。其中，中期是指短于一个完整的会计年度的报告期间。

会计期间的划分对于确定会计核算程序和方法具有极为重要的意义。有了会计期间，才产生了本期与非本期的区别；有了本期与非本期的区别，才产生了权责发生制和收付实现制，才使不同类型的会计主体有了记账的基准。例如，划分会计期间后，就产生了某些成本要在不同的会计期间进行摊销并分别列为当期费用和下期费用的问题。采用权责发生制后，对于一些收入和费用，需要按照权责关系在本期和以后会计期间进行分配，确定其归属的会计期间。

（四）货币计量

货币计量是指会计主体在财务会计确认、计量和报告时以货币计量，反映会计主体的生产经营活动。为了实现会计目标，会计必须充分反映企业的生产经营情况，这就要求一个统一的计量尺度。在商品经济条件下，货币作为一种特殊的商品，最适合充当这种统一的计量尺度。因此，会计核算就必然选择货币作为计量单位，以货币形式来反映企业生产经营活动的全过程，这就产生了货币计量这一会计核算前提。我国《中华人民共和国会计法》（2024年修正）第十二条规定："会计核算以人民币为记账本位币。业务收支以人民币以外的货币为主的单位，可以选定其中一种货币作为记账本位币，但是编报的财务会计报告应当折算为人民币。"货币计量假设还隐含了另一个假设，就是币值稳定假设，因为只有币值稳定或相对稳定，不同时点的资产、负债、收入和费用的价值才可比。

二、会计基础

企业应当以权责发生制为基础进行会计确认、计量和报告，而不应以收付实现制为基础。权责发生制是指凡是当期已经实现的收入和已经发生或应负担的费用，不论款项是否收付，都应作为当期收入和费用处理；凡是不属于当期的收入和费用，即使款项已经在当期收付，也不应作为当期收入和费用。按照权责发生制，对收入的确认应以实现为原则，判断收入是否实现，主要看产品是否已经完成销售过程，劳务是否已经提供。如果产品已经完成销售过程，劳务已经提供，并已取得收款的权利，收入就已实现，而不管是否已经收到货款，都应计入当期收入。对费用的确认应以发生为原则，判断费用是否发生，主要看与其相关的收入是否已经实现，费用应与收入相配比。如果某项收入已经实现，那么与之相关的费用就已经发生，而不管这项费用是否已经付出。在确认收入的同时，确认与之相关的费用。

头脑风暴

权责发生制与收付实现制的比较

与权责发生制相对应的是收付实现制。在收付实现制下，对收入和费用的入账，完全按照款项实际收到或支付的日期确定它们的归属期。因此，实行权责发生制，必须辨明收入和费用的应归属期和收支期间。收入和费用的应归属期，指应获得收入即创造收入的会计期间，以及应负担费用即费用受益的会计期间。收入和费用的收支期间，指收入收到了现款和费用付出了现金的会计期间。根据权责发生制进行收入与成本费用的核算，能够更加准确地反映特定会计期间真实的财务状况及经营成果。

本节自测

收付实现制是与权责发生制相对应的一种会计基础，它以收到或支付现金为确认收入和费用等的依据。目前，我国行政事业单位预算会计采用收付实现制，财务会计采用权责发生制。

第四节　财务会计报告要素

会计要素是根据交易或事项的经济特征所确定的财务会计对象的基本分类。基本准则规定，会计要素按照其性质分为资产、负债、所有者权益、收入、费用和利润，其中，资产、负债和所有者权益要素侧重于反映企业的财务状况，收入、费用和利润要素侧重于反映企业的经营成果。会计要素的界定和分类可以使财务会计系统更加科学严谨，为投资者等财务报告使用者提供更加有用的信息。

一、会计要素核算应解决的主要问题

企业会计核算的具体内容可以归结为资产、负债、所有者权益、收入、费用和利润六项会计要素，那么，企业的日常核算也就是对各项会计要素的核算。会计要素的核算主要解决四个方面的问题，即会计确认、会计计量、会计记录和财务报告。

（一）会计确认

对企业发生的交易或者事项及其所产生的经济数据进行分析、识别与判断，以明确它们是否对会计要素产生影响以及对哪些会计要素产生影响，这一过程通常称为会计确认。我们知道，不是企业所有的经济活动及其产生的经济数据都属于会计核算的内容。例如，企业人员的构成与人数的变化等，不能以货币形式进行可靠计量，因而不属于会计核算的内容。因此，在实际进行会计核算之前，需要对信息进行判断、分析，对于影响会计要素的内容，明确其性质，即影响哪些会计要素。

（二）会计计量

会计计量是为了将符合确认条件的会计要素登记入账并列报于财务报表而确定其金额的过程。企业应当按照规定的会计计量属性进行计量，确定相关金额。会计计量与会计确认是紧密联系的。例如，编制记账凭证是会计确认的过程，同时也是会计计量的过程。会计计量属性主要包括历史成本、重置成本、可变现净值、现值和公允价值等。

1.历史成本

历史成本又称实际成本，就是在取得或制造某项财产物资时所实际支付的现金或其他等价物。在历史成本计量下，资产按照其购置时支付的现金或者现金等价物的金额，或者按照购置资产时所付出的对价的公允价值计量。

2.重置成本

重置成本又称现行成本，是指按照当前市场条件，重新取得同样一项资产所需支付的现金或者现金等价物的金额。在重置成本计量下，资产按照现在购买相同或者相似资产所需支付的现金或者现金等价物的金额计量。负债按照现在偿付该项债务所需支付的现金或者现金等价物的金额计量。在实务工作中，重置成本多应用于盘盈固定资产的计量等。

3.可变现净值

可变现净值是指在正常生产经营过程中，以预计售价减去进一步加工成本和预计销售费用以及相关税费后的净值。在可变现净值计量下，资产按照其正常对外销售所能收到现金或者现金等价物的金额扣减该资产至完工时估计将要发生的成本、估计的

销售费用以及相关税费后的金额计量。可变现净值通常应用于存货资产减值情况下的后续计量。

4.现值

现值是指对未来现金流量以恰当的折现率进行折现后的价值，是考虑货币时间价值的一种计量属性。在现值计量下，资产按照预计从其持续使用和最终处置中所产生的未来净现金流入量的折现金额计量。负债按照预计期限内需要偿还的未来净现金流出量的折现金额计量。现值通常应用于非流动资产可收回金额和以摊余成本计量的金融资产价值的确定等。例如，在确定固定资产、无形资产等可收回金额时，通常需要计算资产预计未来现金流量的现值；对于债权投资、贷款等以摊余成本计量的金融资产，通常需要使用实际利率法将这些资产在预期存续期间或适用的更短期间内的未来现金流量折现，再通过相应的调整确定其摊余成本。

5.公允价值

公允价值，是指市场参与者在计量日发生的有序交易中，出售一项资产所能收到或者转移一项负债所需支付的价格（即脱手价格）。企业应当严格按照公允价值定义对相关资产或负债进行公允价值计量。在计量日，企业无论是否能够观察到相关资产或负债的交易价格或者其他市场信息（如类似资产或负债的报价、市场利率或其他输入值等），其公允价值计量的目标应当保持一致，即估计市场参与者在计量日的有序交易中出售一项资产或者转移一项负债的价格。公允价值计量适用于相关资产或负债的初始计量和后续计量。

在各种会计要素计量属性中，历史成本通常反映的是资产或者负债过去的价值，而重置成本、可变现净值、现值以及公允价值通常反映的是资产或者负债的现时成本或者现时价值，是与历史成本相对应的计量属性。当然，这种关系也并不是绝对的。例如，当前环境下某项资产或负债的历史成本可能是过去环境下该项资产或负债的公允价值，而当前环境下某项资产或负债的公允价值也许就是未来环境下该项资产或负债的历史成本。

企业在对会计要素进行计量时，一般应当采用历史成本；而采用重置成本、可变现净值、现值、公允价值计量的，应当保证所确定的会计要素金额能够取得并可靠计量。

（三）会计记录

将企业经济活动对有关会计要素的影响性质与数量正确地记录下来，这一过程通常称为会计记录。登记账簿是典型的会计记录方法。

（四）财务报告

分组任务

年报初体验

财务报告是企业对外提供的反映企业某一特定日期的财务状况和某一会计期间的经营成果、现金流量等会计信息的文件，是企业财务会计确认与计量的最终结果的体现。财务报告包括财务报表和其他应当在财务报告中披露的相关信息和资料。其中，财务报表是对企业财务状况、经营成果和现金流量的结构性表述。一套完整的财务报表至少应当包括“四表一注”，即资产负债表、利润表、现金流量表、所有者权益变动表和附注，并且这些组成部分在列报上具有同等的重要程度，企业不得强调某张报表或某些报表（或附注）较其他报表（或附注）更为重要。

二、会计要素的定义及其确认条件

（一）资产

1.资产的定义

资产是指企业过去的交易或者事项形成的、由企业拥有或者控制的、预期会给企业带来经济利益的资源。资产通常包括各种财产、债权和其他权利。这个定义强调了资产的三个特征：

（1）资产是由过去的交易或者事项形成的。也就是说，资产必须是现时的资产，而不是预期的资产，是由过去已经发生的交易或者事项所产生的结果。至于未来的交易或者事项以及未发生的交易或者事项可能产生的结果，则不属于现在的资产，不得作为资产确认。

（2）资产是企业拥有或者控制的。一般来说，一项资源要作为企业的资产予以确认，企业就必须拥有其所有权，可以按照自己的意愿使用或处置。对于一些特殊方式形成的资产，企业虽然对其不拥有所有权，但能够实际控制的，也应将其作为企业的资产予以确认。

（3）资产预期会给企业带来经济利益，即资产是可望给企业带来现金流入的经济资源。资产必须具有交换价值和使用价值，可以可靠地计量，即可以用货币进行计量。如果某一项目预期不能给企业带来经济利益，那么就不能将其确认为企业的资产。前期已经确认为资产的项目，如果不能再为企业带来经济利益，也不能再确认为企业的资产。例如，某企业在年末盘点存货时，发现存货毁损，就应以该存货管理责任不清为由，将毁损的存货计入待处理财产损溢，因为待处理财产损溢预期不能为企业带来经济利益，不符合资产的定义，所以不应再在资产负债表中确认为一项资产。

2.资产的确认条件

将一项资源确认为资产，既要符合资产的定义，还应同时满足以下两个条件：

（1）与该资源有关的经济利益很可能流入企业。从资产的定义来看，能否带来经济利益是资产的一个本质特征，但在现实生活中，由于经济环境瞬息万变，与资源有关的经济利益能否流入企业或者能够流入多少实际上带有不确定性。因此，资产的确认还应与对经济利益流入的不确定程度的判断结合起来。如果根据编制财务报表时所取得的证据，与资源有关的经济利益很可能流入企业，那么就应当将其作为资产予以确认；反之，不能确认为资产。

（2）该资源的成本或者价值能够可靠计量。只有当有关资源的成本或者价值能够可靠计量时，资产才能予以确认。在实务工作中，企业取得的许多资产都是发生了实际成本的。对于这些资产，只要实际发生的购买成本或者生产成本能够可靠计量，就视为符合资产确认的可计量条件。

（二）负债

1.负债的定义

负债是指企业过去的交易或者事项形成的、预期会导致经济利益流出企业的现时义务。负债具有如下基本特点：

（1）负债是企业的现时义务。负债作为企业承担的一种义务，是由企业过去的交易或者事项形成的、现已承担的义务。如银行借款是因为企业接受了银行贷款而形成的，如果企业没有接受贷款就不会发生银行借款这项负债。应付账款是因为赊购商品或接受劳务而形成的，在这种购买未发生之前，相应的应付账款并不存在。这里的义务可以是法定义务，也可以是推定义务。其中，法定义务是指具有约束力的合同约定的或者法律法规规定的义务，通常必须依法执行。

（2）负债的清偿预期会导致经济利益流出企业。无论负债以何种形式出现，其作为一种现时义务，最终的履行预期均会导致经济利益流出企业，具体表现为交付资产、提供劳务、将一部分股权转让给债权人等。对此，企业不能或很少可以回避。从这个意义上讲，企业能够回避的义务不能确认为一项负债。在履行现时义务清偿负债时，导致经济利益流出企业的形式多种多样，例如，以现金偿还或以实物资产形式偿还，以提供劳务形式偿还，以部分转移资产、部分提供劳务形式偿还，将负债转为权益等。

2.负债的确认条件

将一项现时义务确认为负债，既要符合负债的定义，又要同时满足以下两个条件：

（1）与该义务有关的经济利益很可能流出企业。根据负债的定义，预期会导致经济利益流出企业是负债的一个本质特征。但是，履行义务所需流出的经济利益带有不确定性，尤其是与推定义务相关的经济利益通常需要依赖于大量的估计。因此，负债的确认应当与对经济利益流出的确定程度的判断结合起来。如果有确凿证据表明，与现时义务有关的经济利益很可能流出企业，就应当将其作为负债予以确认；反之，如果企业承担了现时义务，但是导致经济利益流出企业的可能性已不复存在，就不符合负债的确认条件，不应将其作为负债予以确认。

（2）未来流出的经济利益的金额能够可靠计量。负债的确认在考虑经济利益流出企业的同时，对于未来流出的经济利益的金额应当能够可靠计量。对于与法定义务有关的经济利益流出的金额，通常可以根据合同约定或者法律规定的金额予以确定，考虑到经济利益流出的金额通常在未来期间，而未来期间有时较长，有关金额的计量需要考虑货币时间价值等因素的影响。对于与推定义务有关的经济利益流出的金额，通常需要较大程度的估计，企业应当根据履行相关义务所需支出的最佳估计数进行估计，并综合考虑货币时间价值、风险等因素的影响。

（三）所有者权益

1.所有者权益的定义

所有者权益是指企业资产扣除负债后由所有者享有的剩余权益。所有者权益是投资人对企业净资产的所有权。所有者权益是企业的主要资金来源，它等于全部资产减全部负债后的净额。企业所有者拥有的权益，最初以投入企业资产的形式取得，形成投入资本。随着企业生产经营活动的开展，投入资本本身增值，增值部分形成盈余公积和未分配利润，这部分资金归所有者所有，与投入资本一起构成企业的所有者权益。所有者权益具体包括投入资本、资本公积、直接计入所有者权益的利得或损失，以及留存收益（盈余公积和未分配利润）等部分。

2.所有者权益的确认条件

所有者权益体现的是所有者在企业中的剩余权益，因此，所有者权益的确认主要依赖于其他会计要素，尤其是资产和负债的确认；所有者权益金额的确定也主要取决于资产和负债的计量。

需要说明的是，所有者权益只是在整体上、在抽象的意义上与企业资产保持数量关系，它与企业特定的、具体的资产并无直接关系，也不与企业任何具体的资产发生对应关系。例如，在多个所有者对企业进行投资后，投资的资产就成为被投资企业这个特定会计主体的资产，而不再是企业所有者的资产。

（四）收入

1.收入的定义

收入是指企业在日常活动中形成的、会导致所有者权益增加的、与所有者投入资本无关的经济利益的总流入。根据收入的定义，收入具有以下特征：

（1）收入是在日常活动中形成的。日常活动是指企业为完成其经营目标所从事的经常性活动及与之相关的活动。例如，工业企业制造并销售产品、商品流通企业销售商品、保险公司签发保单、咨询公司提供咨询服务、软件企业为客户开发软件、安装公司提供安装服务、商业银行对外贷款等，均属于企业的日常活动。明确界定日常活动是为了将收入与利得相区分，因为企业非日常活动所形成的经济利益的流入不能确认为收入，而应当计入利得。

（2）收入会导致所有者权益的增加。与收入相关的经济利益的流入应当会导致所有者权益的增加。不会导致所有者权益增加的经济利益不符合收入的定义，不应确认为收入。

（3）收入是与所有者投入资本无关的经济利益的总流入。收入应当会导致经济利益的流入，从而导致资产的增加。但是，经济利益的流入有时是所有者投入资本的增加所导致的，所有者投入资本的增加不应确认为收入，应当将其直接确认为所有者权益。

2.收入的确认条件

企业收入的来源渠道多种多样，不同收入来源的特征有所不同，收入的确认条件也往往存在差别，如销售商品、提供劳务、让渡资产使用权等。一般而言，收入只有在经济利益很可能流入从而导致企业资产增加或者负债减少、经济利益的流入额能够可靠计量时才能予以确认。因此，收入的确认至少应当符合以下条件：（1）与收入相关的经济利益很可能流入企业；（2）经济利益流入企业会导致资产增加或者负债减少；（3）经济利益的流入额能够可靠计量。

（五）费用

1.费用的定义

费用是指企业在日常活动中发生的、会导致所有者权益减少的、与向所有者分配利润无关的经济利益的总流出。根据费用的定义，费用具有以下特征：

（1）费用是在日常活动中形成的。费用必须是企业在日常活动中形成的，这些日常活动的界定与收入定义中涉及的日常活动的界定相一致。日常活动所形成的费用通常包括销售成本（营业成本）、税金及附加、销售费用、管理费用、财务费用等。将费用界定为日常活动所形成的，目的是将其与损失相区分，企业非日常活动所形成的经济利益的流出不能确认为费用，而应当计入损失。

（2）费用会导致所有者权益的减少。与费用相关的经济利益的流出应当会导致所有者权益的减少。不会导致所有者权益减少的经济利益的流出不符合费用的定义，不应确认为费用。

(3) 费用是与向所有者分配利润无关的经济利益的总流出。费用的发生应当会导致经济利益的流出，从而导致资产减少或者负债增加（最终也会导致资产减少）。其表现形式包括现金或者现金等价物的流出，存货、固定资产和无形资产等的流出或者消耗等。企业所有者抽回投资或向所有者分配利润，也会导致经济利益的流出，但不属于企业发生费用的经济利益的流出，不应确认为费用。

2.费用的确认条件

费用的确认除了应当符合费用的定义外，也应当满足严格的条件，即费用只有在经济利益很可能流出企业从而导致企业资产减少或者负债增加、经济利益的流出额能够可靠计量时才能予以确认。因此，费用的确认至少应当符合以下条件：(1) 与费用相关的经济利益很可能流出企业；(2) 经济利益流出企业会导致资产减少或者负债增加；(3) 经济利益的流出额能够可靠计量。

（六）利润

1.利润的定义

利润是指企业在一定会计期间的经营成果。利润包括收入减去费用后的净额、直接计入当期利润的利得和损失等。其中，收入减去费用后的净额反映的是企业日常活动的经营业绩，直接计入当期利润的利得和损失反映的是企业非日常活动的业绩。直接计入当期利润的利得和损失，是指应当计入当期损益、最终会引起所有者权益发生增减变动的、与所有者投入资本或者向所有者分配利润无关的利得或者损失。企业应当严格区分收入和利得、费用和损失，以更加全面地反映企业的经营业绩。

头脑风暴

收入费用与利得损失的辨析

利润通常是评价企业管理层业绩的重要指标，也是投资者、债权人等进行投资决策、信贷决策时的重要参考指标。

2.利润的确认条件

利润反映的是收入减去费用、利得减去损失后的净额，因此，利润的确认主要依赖于收入和费用、利得和损失的确认，其金额的确定也主要取决于收入、费用、利得和损失金额的计量。

本节自测

复习思考题

1.财务会计与管理会计相比，有哪些特征？

2.什么是财务会计的目标？它具体包括哪些方面的内容？

3.会计的基本假设有哪些？

4.财务会计确认、计量的基本原则包括哪些方面的内容？

5.财务报告的要素由哪几部分构成？

本章自测

推荐阅读

姜煜．“2022年影响中国会计人员的十大信息技术”评选结果在沪发布［EB/OL］．［2022-07-31］．https：//www.sh.chinanews.com.cn/chanjing/2022-07-31/101802.shtml.

第二章

货币资金

学习目标

1. 掌握货币资金及其构成；
2. 掌握现金管理的具体内容；
3. 掌握现金、银行存款、其他货币资金和备用金的会计处理；
4. 掌握企业在银行开立账户的规定。

第一节 现金

货币资金是指企业资金在周转过程中处于货币形态的那部分资金。在企业的日常生产经营活动过程中，会发生大量的有关货币资金的收入和支付业务。比如，采购材料、支付职工薪酬、支付劳务费用、缴纳税费和归还银行借款等，以及销售产品、吸收投资者投资、取得银行借款等发生的收款业务。企业的这些交易和事项的完成都离不开货币资金。货币资金按其形态、存放地点和用途不同可以分为库存现金、银行存款和其他货币资金三个部分。

一、现金的管理

(一) 现金的定义及特征

现金是通用的交换媒介，也是对其他资产价值计量的一般尺度。在会计学领域，现金有狭义和广义之分。狭义的现金仅指库存现金，即企业金库中存放的现金，包括人们经常接触的纸币和硬币等。广义的现金包括库存现金、银行存款以及其他可以为人们普遍接受的流通手段，如银行本票、银行汇票、保付支票、个人支票、邮政汇票、旅行支票等。

我国的会计惯例是狭义的现金概念与广义的现金概念并存。在企业日常交易业务中所称的现金通常是狭义的现金概念，如企业的零星销售业务收到的现金、日常支出业务支付的现金等。在企业提供的财务报告中（现金流量表）以及金融资产中所涉及的现金多为广义的现金概念。与国际上流行的广义现金概念相比，我国的广义现金概念所包括的内容要更广泛一些，它还包括现金等价物等，对此会在财务报告一章予以详细解释。本节所指的现金为狭义的现金概念。

现金作为货币资金的重要组成部分，具有如下特征：

(1) 货币性。现金具有货币属性，它具有交易媒介、价值衡量尺度、会计记录的货币单位等作用。

(2) 流动性。企业资产的流动性是指资产变现能力，主要是指资产能够以一个合理的价格顺利变现的能力。流动性越大的资产越容易变现。现金是企业资产中流动性最强的资产。

(3) 通用性。通用性是指现金不论由谁持有，都不会改变其形态，都一样可以使用。

现金的上述特征就决定了企业现金资产管理的特殊性。

(二) 现金管理的依据

企业的日常支出业务纷繁复杂。为了加强对企业现金使用的监控和管理，我国政府颁布了《现金管理暂行条例》，该条例对企业现金的使用范围和库存现金限额作了明确的规定。

企业现金的使用要遵循其使用范围的规定。这是现金管理的一项重要内容。根据《现金管理暂行条例》的规定，在银行开立账户的企业可以用现金办理结算的具体经济业务如下：

（1）发放职工工资、津贴；

（2）发放个人劳动报酬；

（3）发放根据国家规定颁发给个人的科学技术、文化艺术、体育等各种奖金；

（4）发放各种劳保、福利费用以及国家规定的对个人的其他支出；

（5）支付向个人收购农副产品和其他物资的价款；

（6）支付出差人员必须随身携带的差旅费；

（7）支付结算起点以下的零星支出（结算起点为1 000元）；

（8）中国人民银行确定需要支付现金的其他支出。

企业必须根据《现金管理暂行条例》的规定，结合本单位的实际情况，确定本单位现金的使用范围。凡不属于现金开支范围的业务应当通过银行办理转账结算。

根据《现金管理暂行条例》的规定，企业的开户银行要根据企业日常零星开支所需的现金，对企业的库存现金核定一个最高的限额。这个最高限额一般需满足企业3～5天的日常零星开支所需的现金，边远地区和交通不便地区的企业库存现金可多于5天，但最多不能超过15天的日常零星开支。企业每日的库存现金结存数不得超过核定的限额，超过的部分应当及时送存银行，企业如需要增加或减少库存限额，应当向开户银行提出申请，由开户银行核定。

（三）现金管理的内部控制制度

现金的特点决定了现金管理内部控制的必要性。企业只有建立健全现金管理的内部控制制度，依赖严格的现金内部控制措施与手段，才能有效防止企业现金的短缺，减少现金收支过程中违法乱纪行为的发生，保证企业现金记录的完整和正确。现金的内部控制通常包括以下几方面内容：

（1）职能分离原则。库存现金的实物管理与账务记录应由不同人员分别进行，不能由一个人兼任。企业库存现金收支与保管由出纳人员负责。企业库存现金收入与支出的账簿登记工作由会计人员负责。

（2）印鉴分管原则。填写银行结算凭证的有关印鉴，不能集中由出纳人员一人保管，应实行印鉴分管制度。这样做有利于分清责任，形成一种互相牵制的控制机制，防止挪用现金以及隐匿收入的现金。

（3）保留完整的现金收付原始凭证和制备正确会计凭证的原则。企业收到现金时，要有现金收入的原始凭证，以保证现金收入来源的合法和可追溯；企业支付现金时，要按规定的审批授权程序进行，同时也要有付款的原始凭证，以保证支付的可核查性。企业对涉及现金收付交易的经济业务还应根据原始凭证编制收付款凭证，并在现金收妥与付讫时，在原始凭证与收付款凭证上加盖“现金收讫”与“现金付讫”印章。

（4）收据和发票的领用制度。领用的收据和发票必须登记数量和起讫编号，并由领用人员签字；收回收据和发票存根，应由保管人员办理签收手续。对空白收据和发票应定期检查，以防止短缺。

（5）加强监督与检查原则。对企业的库存现金，除了要求出纳人员做到日清月结之外，企业的审计部门和会计部门的领导对现金的管理工作要进行经常性的与突击性的监督与检查，包括现金收入与支出的所有记录的检查。对发现的现金溢余与短缺，必须认真及时地查明原因，并按规定的要求进行处理。

(6) 定期轮岗原则。一个人长期从事出纳工作，有可能会隐藏工作中存在的一些问题，并容易产生麻痹和侥幸心理，增加犯罪的机会和可能。通过出纳人员的及时轮换，可以避免上述情况的出现，对工作人员本身也是一种保护。

案例分析

企业现金管理内部控制缺失及建议

二、现金的会计处理

(一) 现金核算的凭证

现金核算的凭证主要有现金收入的原始凭证、现金付出的原始凭证、现金收款凭证、现金付款凭证和有关银行付款凭证。

企业发生现金收付业务，必须取得或填制现金收入或付出的原始凭证，作为收付款的书面证明。例如，企业从银行提取现金，要签发现金支票，以支票存根作为提取现金的证明；收到零星小额销售款，应以销售部门开出的发票副本作为收款证明。将现金存入银行，要填写进账单，以银行加盖印章后退回的进账单回单作为现金付出的证明；支付职工差旅费的借款，要取得经有关领导批准的借款单，作为付款证明等。

所有这些作为收付款证明的原始凭证，财会部门要进行认真的审核。审核时应注意每笔款项收支是否符合现金管理制度的规定，是否符合开支标准，原始凭证中规定的项目是否填写齐全，数字是否正确，手续是否完备等。

经过审核无误后的原始凭证，即可据以填制收款凭证或付款凭证，办理现金收支业务。出纳人员在收付现金以后，应在记账凭证或原始凭证上加盖“收讫”或“付讫”的戳记表示款项已经收付。经过审核签章后的收款凭证或付款凭证，即可据以登记账簿。

收款凭证和付款凭证是用于库存现金和银行存款收付业务核算的依据。为了避免填制凭证和记账的重复，在实务工作中，从银行提取现金或将现金存入银行时，应按照收付款业务涉及的贷方科目填制记账凭证。例如，从银行提取现金时只填制银行存款付款凭证，作为借记“库存现金”科目和贷记“银行存款”科目的依据，不再填制现金收款凭证；将现金存入银行时，只填制现金付款凭证，作为借记“银行存款”科目和贷记“库存现金”科目的依据，不再填制银行存款收款凭证。

(二) 科目设置及账务处理

“库存现金”科目用来总括反映和监督企业现金的收支结存情况。该科目借方登记现金收入数，贷方登记现金付出数，余额在借方，反映库存现金的实有数。

库存现金的核算分为序时核算和总分类核算。

库存现金的序时核算是指设置库存现金日记账，根据现金的收支业务逐日逐笔序时登记，以反映企业库存现金的增减及结存情况。

库存现金日记账是用以序时记录企业库存现金日常收付和结存情况的账簿。通过它可以全面、连续地了解和掌握企业每日现金的收支动态和库存余额，为日常分析、检查和监督企业的现金收支活动提供资料。有外币现金的企业，应分别按人民币现金、各种外币现金设置“库存现金日记账”进行序时核算。

库存现金总分类核算是通过设置库存现金总账进行的。库存现金总账的登记，可以根据现金收付款凭证和从银行提取现金时填制的银行存款付款凭证逐笔登记。在实务工作中，现金收付业务较多的企业，一般是把现金收付款凭证按照对方科目进行归类，定期（10天或半月）填制汇总收付款凭证或科目汇总表，据以登记库存现金总账。

【例2-1】阳光公司2×23年9月10日收到零星销售收入1 130元（其中应交增值税130元）。阳光公司的账务处理如下：

借：库存现金　　1 130

　贷：主营业务收入　　1 000

　　　应交税费——应交增值税（销项税额）　　130

【例2-2】阳光公司2×23年9月10日购买办公用品支出现金800元。阳光公司的账务处理如下：

借：管理费用　　800

　贷：库存现金　　800

（三）备用金的账务处理

备用金是指企业预付给职工和内部有关单位用作差旅费、零星采购和零星开支，事后报销的款项。备用金业务在企业日常的现金收支业务中所占比重较大，企业应建立和健全备用金的预借、使用和报销的手续制度。备用金制度主要包括以下内容：

（1）预借备用金时，要填写一式三联的"借款单"，说明借款的用途和金额，并经本部门和有关领导的批准后，方可领取。

（2）备用金的数额应根据实际需要确定，数额较大的借款，应以网银转账的方式解决，防止携带过多的现金，备用金应严格按照规定的用途使用，不得擅自挪作他用。

（3）备用金业务完成后，要在规定期限内到财会部门报销，剩余备用金要及时交回，不得拖欠。报销时，应由报销人填写"报销单"并附相关原始凭证，经有关领导审批。

企业的财会部门对备用金的预借使用和报销应认真审核，执行国家有关财经制度，不得任意提高开支标准，对于违反国家规定的开支，应坚持原则，拒绝支付或不予报销。

备用金的总分类核算，对于备用金数额较大或业务较多的企业而言，可以单独设置"备用金"科目进行核算。其他企业可以设置"其他应收款"科目，用来核算企业除应收票据、应收账款、预付账款等以外的其他各种应收、暂付款项，包括各种赔款、罚款、存出保证金、备用金、应向职工收取的各种垫付款项等。

备用金的明细分类核算，一般是按领取备用金的单位或个人设置三栏式明细账，根据预借和报销凭证进行登记。有的企业为了简化核算手续，用借款单的第三联代替明细账（借款单第一联是存根，第二联出纳据以付款），报销和交回现金时，予以注销。

常用的备用金管理办法有两种：一是随借随用、用后报销制度，该办法适用于不经常使用备用金的单位和个人；二是定额备用金制度，该办法适用于经常使用备用金的单位和个人。定额备用金制度的特点是对经常使用备用金的部门或车间，分别规定一个备用金定额。按定额拨付现金时，记入"其他应收款"或"备用金"科目的借方和“库存现金”科目的贷方。报销时，财会部门根据报销单付给现金，补足用掉数额，使备用金仍保持原有的定额数。报销的金额直接记入“库存现金”科目的贷方和有关科目的借方，不需要通过“其他应收款”或“备用金”科目核算。

【例2-3】阳光公司会计部门对采购部实行定额备用金制度。根据核定的定额，付给定额备用金5 000元。阳光公司的账务处理如下：

借：其他应收款——备用金（采购部）　　5 000

　贷：库存现金　　5 000

【例2-4】阳光公司采购部在一段时间内共发生备用金支出4 500元，持开支凭证到会计部门报销。会计部门审核以后付给现金，补足定额。阳光公司的账务处理如下：

借：材料采购　　4 500

　贷：库存现金　　4 500

三、现金的清查

为了保护现金的安全完整，做到账实相符，必须经常性地做好现金的清查工作。

现金清查的基本方法是清点库存现金，并将库存现金实存数与库存现金日记账上的余额进行核对。实存数是指企业金库内实有的现款额，不能用借条等单据抵充现金。

定期或不定期清查时，一般应组成清查小组，由清查小组负责现金清查工作。清查的时间一般在早晨上班前和下午下班后。清查人员应在出纳人员在场时清点现金，核对账实，并根据清查结果填制“现金盘点报告单”，注明实存数与账面余额。如发现现金账实不符或有其他问题，应查明原因，报告主管负责人或上级领导部门处理。对于预付给职工或内部单位尚未使用的备用金或剩余备用金，应及时催促报销或交回，采用定额备用金制度的企业，一般是在年终时进行一次清理，收回拨付的定额数，下一年度再根据实际需要重新规定定额，拨付现金。

为了防止挪用现金，各部门或车间必须配备备用金负责人进行管理，财会部门应定期或不定期地进行抽查。对于现金清查中发现的账实不符，即现金溢缺情况，通过“待处理财产损溢——待处理流动资产损溢”科目进行核算。现金清查中发现短缺的现金，应按短缺的金额，借记“待处理财产损溢——待处理流动资产损溢”科目，贷记“库存现金”科目；现金清查中发现溢余的现金，应按溢余的金额，借记“库存现金”科目，贷记“待处理财产损溢——待处理流动资产损溢”科目，待查明原因后按如下要求进行处理：

（1）现金短缺，属于应由责任人赔偿的部分，借记“其他应收款——应收现金短缺款”或“库存现金”等科目，贷记“待处理财产损溢——待处理流动资产损溢”科目；属于应由保险公司赔偿的部分，借记“其他应收款——应收保险赔款”科目，贷记“待处理财产损溢——待处理流动资产损溢”科目；属于无法查明原因的，应根据管理权限，经批准后作为盘亏损失处理，借记“管理费用”科目，贷记“待处理财产损溢——待处理流动资产损溢”科目。

（2）现金溢余，属于应支付给有关人员或单位的，应借记“待处理财产损溢——待处理流动资产损溢”科目，贷记“其他应付款——应付现金溢余”科目；属于无法查明原因的，经批准后作为盘盈利得处理，借记“待处理财产损溢——待处理流动资产损溢”科目，贷记“营业外收入——盘盈利得”科目。

【例2-5】 阳光公司2×23年9月30日，在对现金进行清查时，发现短缺180元。阳光公司的账务处理如下：

借：待处理财产损溢——待处理流动资产损溢　　180

　贷：库存现金　　180

【例2-6】 沿用【例2-5】的资料，上述现金短缺无法查明原因，转入管理费用。阳光公司的账务处理如下：

借：管理费用　　180

　贷：待处理财产损溢——待处理流动资产损溢　　180

【例2-7】 阳光公司2×23年9月30日，在对现金进行清查时，发现溢余180元。阳光公司的账务处理如下：

借：库存现金　　180

　贷：待处理财产损溢——待处理流动资产损溢　　180

本节自测

【例2-8】 沿用【例2-7】的资料，上述现金溢余原因不明，经批准计入营业外收入。阳光公司的账务处理如下：

借：待处理财产损溢——待处理流动资产损溢　　180

　贷：营业外收入——盘盈利得　　180

第二节　银行存款

一、银行存款和银行存款账户使用规定

银行存款是指企业存放在本地银行的那部分货币资金。企业收入的一切款项，除留存限额内的现金之外，都必须送存银行。企业的一切支出除规定可用现金支付之外，都必须遵守银行结算办法的有关规定，通过银行办理转账结算。

企业必须在银行开设账户，以办理存款、取款和转账等业务。为规范人民币银行结算账户的开立和使用，维护经济金融秩序稳定，中国人民银行制定了《人民币银行结算账户管理办法》。根据该办法，单位银行结算账户按用途分为基本存款账户、一般存款账户、专用存款账户、临时存款账户。

基本存款账户是企业办理日常结算和现金收付业务的账户，企业职工薪酬等现金的支取只能通过本账户办理。

一般存款账户是企业在基本存款账户以外的银行借款转存以及与基本存款账户的企业不在同一地点的附属非独立核算的单位的账户，企业可以通过本账户办理转账结算和现金缴存，但不能支取现金。

专用存款账户是企业因特定用途需要而开立的账户。

临时存款账户是企业因临时经营活动需要而开立的账户，企业可以通过本账户办理转账结算以及根据国家现金管理的规定办理现金收付。

一个企业只能在一家银行开立一个基本账户，不得在同一家银行的几个分支机构开立一般存款账户。企业在使用银行存款账户时应严格执行银行结算纪律的规定，合法使用银行账户，不得转借给其他单位或个人使用；不得利用银行账户进行非法活动；不得签发没有资金保证的票据和远期支票、套取银行信用；不得签发、取得和转让没有真实交易和债权债务的票据、套取银行和他人的资金；不准无理拒绝付款、任意占用他人资金；不准违反规定开立和使用账户。

二、银行存款的会计处理

银行存款的核算分为序时核算和总分类核算。

银行存款的序时核算是指设置银行存款日记账，根据银行存款的收支业务逐日逐笔地记录银行存款的增减及结存情况。

银行存款日记账是核算和监督银行存款日常收付结存情况的序时账簿。通过它可以全面、连续地了解和掌握企业每日银行存款的收支动态和余额，为日常分析、检查和控制企业的银行存款收支活动提供依据。

银行存款日记账应由财会部门出纳人员根据银行存款收、付款凭证及存入银行现金时的现金付款凭证，按照经济业务发生的先后顺序，逐日逐笔登记，同时要逐日加计收入合计、付出合计和结余数，月末还应结出本月收入、付出的合计数和月末结余数。

银行存款的总分类核算是通过设置银行存款总账，用来总括地反映和监督企业在银行开立的结算账户中的收支结存情况的。企业存入其他金融机构的存款也在本科目核算。企业的外埠存款、银行本票存款、银行汇票存款等在“其他货币资金”科目核算，不在本科目核算。“银行存款”科目应根据银行存款的收款凭证和付款凭证登记。在实务工作中，一些企业为了减少登记的工作量，通常把相关的收付款凭证按照对方科目进行归类，定期（10天或半月）填制汇总收付款凭证，据以登记银行存款总账科目。企业收入银行存款时，借记“银行存款”科目，贷记有关科目，如“库存现金”“应收账款”等科目；企业提取现金或支出存款时，借记“库存现金”“应付账款”等科目，贷记“银行存款”科目。

【例2-9】阳光公司于2×23年9月11日销售产品收到销售货款67 800元，其中应交增值税7 800元，均已通过银行收款。阳光公司的账务处理如下：

借：银行存款	67 800	
贷：主营业务收入		60 000
应交税费——应交增值税（销项税额）		7 800

【例2-10】阳光公司于2×23年9月23日采购生产用材料以银行存款支付56 500元，其中增值税进项税额6 500元；购买不需安装设备以银行存款支付33 900元，设备已运达企业；以银行存款预付购买材料货款80 000元。阳光公司的账务处理如下：

借：原材料	50 000	
应交税费——应交增值税（进项税额）	10 400	
固定资产	30 000	
预付账款	80 000	
贷：银行存款		170 400

三、银行存款的清查

银行存款对于企业而言有着重要的意义，企业应加强对银行存款的管理。

企业应定期将银行存款日记账的记录与银行转来的对账单进行核对，以便正确掌握企业银行存款的实有数及其与企业银行存款日记账余额的一致性。

银行存款日记账的余额与银行对账单的余额无论是否相等，为了掌握企业银行存款的实有数，企业在收到银行转来的对账单后，都要仔细将企业银行存款日记账的记录与对账单的记录进行核对，判明企业和银行双方是否有记账错误，同时确定所有的未达账项。最后，通过编制银行存款余额调节表来确定企业银行存款的实有数。

本节自测

企业还应定期对银行存款进行检查，如果有确凿证据表明存在银行或其他金融机构的款项已经部分不能收回或者全部不能收回，如吸收存款的金融企业已宣告破产，其破产财产不足以清偿的部分，或者全部不能清偿的，应作为当期损失，冲减银行存款，借记“营业外支出”科目，贷记“银行存款”科目。

第三节 其他货币资金

一、其他货币资金的内容

其他货币资金是指除库存现金、银行存款外的货币资金，包括外埠存款、信用卡存款、信用证保证金存款、存出投资款、支付宝和微信等平台存款①。

(1) 外埠存款，是指企业到外地进行临时或零星采购时，汇往采购地银行开立采购专户的款项。

(2) 信用卡存款，是指企业为取得信用卡按照规定存入银行的款项。

(3) 信用证保证金存款，是指企业为取得信用证按照规定存入银行的保证金。

(4) 存出投资款，是指企业已存入证券公司但尚未购买股票、基金等投资对象的款项。

(5) 支付宝和微信等平台存款，是指企业存放于支付宝、微信等平台的款项。

二、其他货币资金的核算

“其他货币资金”科目是企业用来进行其他货币资金的总分类核算的科目，它总括地反映了企业其他货币资金的增减变动和结余情况。同时，为了详细反映企业各项其他货币资金的增减变动及结余情况，还应在“其他货币资金”总账科目下按其他货币资金组成内容的不同分设明细科目，并且按外埠存款的开户银行等设置明细账。

（一）外埠存款的核算

企业将款项委托当地银行汇往采购地银行开立采购专户时，借记“其他货币资金”科目，贷记“银行存款”科目；会计部门在收到采购人员交来的供应单位的材料账单、货物运单等报销凭证时，借记“材料采购”“应交税费”等科目，贷记“其他

① 随着电子交易的普及和便捷，银行汇票、银行本票和支票逐渐很少使用，企业大量使用网银或平台转账，故本书此处未详细讲解与银行汇票、银行本票和支票相关的内容。

货币资金”科目。采购员在离开采购地时，采购专户如有余额，应将剩余的外埠存款转回企业当地银行结算户，会计部门根据银行的收账通知，借记“银行存款”科目，贷记“其他货币资金”科目。

（二）信用卡存款的核算

企业申请使用信用卡时，应按照规定填制申请表，并连同支票和有关资料一并送交发卡银行，根据银行盖章退回的进账单第一联，借记“其他货币资金”科目，贷记“银行存款”科目。企业用信用卡购物或支付有关费用时，借记“管理费用”“材料采购”等科目，贷记“其他货币资金”科目。企业在使用信用卡过程中，需要向其账户续存资金的，借记“其他货币资金”科目，贷记“银行存款”科目。

（三）信用证保证金存款的核算

企业在申请使用信用证进行结算时，应向银行交纳保证金，根据银行退回的进账单，借记“其他货币资金”科目，贷记“银行存款”科目。根据开证行交来的信用证来单通知书及有关单据列明的金额，借记“材料采购”或“原材料”、“库存商品”、“应交税费——应交增值税”等科目，贷记“其他货币资金”科目。

（四）存出投资款的核算

企业在向证券市场进行股票、债券投资时，应向证券公司申请资金账号并划出资金。会计部门应按实际划出的金额，借记“其他货币资金”科目，贷记“银行存款”科目；购买股票、债券时，应按实际支付的金额，借记“交易性金融资产”“债权投资”等科目，贷记“其他货币资金”科目。

【例2-11】 阳光公司于2×23年6月2日转入证券账户800 000元，并于当日以每股6元的价格购入H公司股票10万股，准备短期持有；2×23年9月20日，公司因需要资金，将证券账户资金150 000元转回基本存款户。阳光公司的账务处理如下：

分组任务

微信与支付宝结算方式辨析

（1）将存款转入证券账户。

借：其他货币资金——存出投资款　　800 000

　贷：银行存款　　800 000

（2）购入股票。

借：交易性金融资产　　600 000

　贷：其他货币资金——存出投资款　　600 000

（3）将证券账户资金转回。

借：银行存款　　150 000

　贷：其他货币资金——存出投资款　　150 000

（五）支付宝、微信等平台存款

企业通过银行转账存放于支付宝、微信等平台的款项，借记“其他货币资金——支付宝存款（或微信存款）”科目，贷记“银行存款”科目。

本节自测

通过支付宝、微信等平台收取的并暂存于相应平台的款项，借记“其他货币资金——支付宝存款（或微信存款）”科目，贷记“应收账款”等科目。

复习思考题

1. 如何建立和完善现金管理制度？
2. 如何进行备用金的账务处理？
3. 银行转账结算方式有哪些？
4. 如何进行银行存款的清查？
5. 其他货币资金包括哪些内容？

本章自测

推荐阅读

高翔．中国不再是企业全球现金管理的“孤岛”[N]．上海证券报，2014-11-07(F08)．

第三章

存货

学习目标

1. 了解存货的概念、特征、确认条件及分类；

2. 掌握存货资产初始计量、后续计量及期末计量的规则与方法；

3. 重点掌握外购存货和委托加工存货的会计处理，生产经营领用原材料、销售存货的会计处理；

4. 掌握发出存货计价方法的应用以及非货币性资产交换、作为企业合并对价等发出存货的会计处理；

5. 初步掌握计划成本法的基本核算程序；

6. 掌握存货可变现净值的确定方法及存货跌价准备的计提方法；

7. 了解存货清查的意义与方法，掌握存货盘盈与盘亏的会计处理。

第一节 存货概述

一、存货的概念与特征

存货，是指企业持有的用于日常生产过程或提供劳务过程中耗用的材料和物料，处在生产过程中的在产品和半成品，以及持有以备出售的产成品或商品等。存货具有如下特征：

（1）存货是具有实物形态的有形资产。例如，原材料、在产品、产成品、商品、周转材料等都具有有形的物质实体，它不同于应收款项、投资、无形资产等没有实物形态的资产，也有别于库存现金、银行存款等货币资金。

（2）存货具有较大的流动性和变现能力。存货通常都会在一年或超过一年的一个营业周期内被耗用或出售，并被重置，周而复始不断地循环，因此属于一项流动资产。存货也有较强的变现能力。存货的这一特征，使之明显不同于固定资产、在建工程等具有物质实体的非流动资产。

（3）企业持有存货的目的是用于生产经营过程中的耗用或出售。对于相同的物料，判断其是否属于存货的依据是取得该项资产的目的。例如，企业为生产产品或提供劳务而购入的材料，属于存货；但为建造固定资产而购入的材料，就不属于存货。再如，对于生产和销售机器设备的企业来说，机器设备属于存货；而对于使用机器设备进行生产的企业来说，机器设备则属于固定资产。

二、存货的确认条件

存货同时满足下列条件的，才能予以确认：

（1）与该存货有关的经济利益很可能流入企业；

（2）该存货的成本能够可靠地计量。

存货是企业资产的一部分，所以存货的确认，首先，必须符合资产的定义及确认条件，其次，一项资产是否确认为存货，取决于是否符合存货的定义。

三、存货的分类

存货分布于企业生产经营的各个环节，而且种类繁多、用途各异。为了加强存货管理，提供有用的会计信息，应当对存货进行适当的分类。

（一）存货按经济用途的分类

不同行业的企业，由于经济业务的具体内容各不相同，因而存货的构成也不尽相同。例如，服务性企业的主要业务是提供劳务，其存货以办公用品、家具用具以及少量消耗性的物料用品为主；商品流通企业的主要业务是商品购销，其存货以待销售的商品为主，也包括少量的周转材料和其他物料用品；制造企业的主要业务是生产和销售产品，其存货构成比较复杂，不仅包括各种将在生产经营过程中耗用的原材料、周转材料，也包括仍然处在生产过程中的在产品，还包括准备出售的产成品。因此，存货的具体内容和类别应依企业所处行业的性质而定。一般来说，存货按经济用途可作如下分类：

（1）原材料，是指在生产过程中经加工改变其形态或性质并构成产品主要实体的各种原料及主要材料、辅助材料、外购半成品（外购件）、修理用备件（备品备件）、包装材料、燃料等。

（2）在产品，是指仍处于生产过程中、尚未完工入库的生产物，包括正处于各个生产工序尚未制造完成的在产品，以及虽已制造完成但尚未检验或虽已检验但尚未办理入库手续的产成品。

（3）自制半成品，是指在本企业已经过一定生产过程的加工并经检验合格交付半成品仓库保管，但尚未最终制造完成、仍需进一步加工的中间产品。自制半成品不包括从一个生产车间转给另一个生产车间继续加工的半成品以及不能单独计算成本的半成品，这类半成品在生产成本账户核算，而自制半成品则在库存商品或原材料账户核算。

（4）产成品，是指工业企业已经完成全部生产过程并验收入库，可以按照合同规定的条件送交订货单位，或者可以作为商品对外销售的产品。企业接受外来原材料加工制造的代制品和为外单位加工修理的代修品，制造和修理完成验收入库后，应视同企业的产成品。

（5）商品，是指商品流通企业的商品，包括外购或委托加工完成验收入库的用于销售的各种商品。

（6）周转材料，是指企业能够多次使用、逐渐转移其价值但仍保持原有形态、不确认为固定资产的材料，包括包装物、低值易耗品，以及企业（建造承包商）的钢模板、木模板、脚手架等。其中，包装物，是指为了包装本企业产品及商品而储备的各种包装容器，如桶、箱、瓶、坛、袋等，其主要作用是盛装、装潢产品或商品；低值易耗品，是指在使用过程中基本保持其原有实物形态不变但单位价值相对较低、使用期限相对较短，或在使用过程中容易损坏，因而不能列入固定资产的各种用具物品，如工具、管理用具、玻璃器皿、劳动保护用品，以及在经营过程中周转使用的包装容器等。

（二）存货按存放地点的分类

企业的存货分布于供、产、销各个环节，并分别存放在不同的地点。企业的存货按存放地点可以分为以下四类：

（1）在途存货，是指已经取得所有权但尚在运输途中或虽已运抵企业但尚未验收入库的各种材料物资及商品。在拟订采购合同时，货物的交付方式可分为目的地交货和起运地交货两种。在目的地交货条款下，货物运至购货方指定的地点并交货后，所有权才转移给购货方，此时，购货方才将货物确认为本企业的存货。在起运地交货条款下，销货方根据合同或协议的约定，在起运地办理完货物发运手续后，货物的所有权即转移给购货方，此时，购货方就应将该货物归属在本企业的存货之中，这些货物属于企业的在途存货。

（2）在库存货，是指已经购进或生产完工并经过验收入库的各种原材料、周转材料、半成品、产成品以及商品。

（3）在制存货，是指处于本企业加工制造过程的各生产工序的在产品，以及委托外单位加工但尚未完成的材料物资。

（4）在售存货，是指已发运给购货方但尚不能完全满足收入确认条件，因而仍应视作销货方存货的发出商品、委托代销商品等。

在目的地交货销售的情况下，在货物未运至购货方指定的地点并交货前，所有权未转移给购货方，此时，销货方仍应将货物确认为本企业的存货，视作发出商品。

本节自测

（三）存货按取得方式的分类

存货按取得方式可以分为外购存货、自制存货、委托加工存货、投资者投入的存货、接受捐赠取得的存货、通过债务重组取得的存货、非货币性资产交换取得的存货、盘盈的存货等。

第二节 存货的初始计量

存货的初始计量，是指企业在取得存货时，对存货入账价值的确定。存货的初始计量应以取得存货的实际成本为基础，实际成本包括采购成本、加工成本和其他成本。由于存货的取得方式多种多样，而在不同的取得方式下，存货成本的具体构成内容并不完全相同。因此，存货的实际成本应结合存货的具体取得方式分别确定，作为存货入账的依据。

一、外购存货

（一）外购存货的计价

外购存货的成本主要包括购买价款、相关税费、运输费、装卸费、保险费以及其他可归属于存货采购成本的费用。

购买价款，是指所购货物发票账单上列明的价款，但不包括按规定可予抵扣的增值税税额；相关税费，是指进口关税以及购买、自制或委托加工存货发生的消费税、资源税和不能从增值税销项税额中抵扣的进项税额；其他可归属于存货采购成本的费用，是指存货采购过程中发生的除上述各项费用以外的仓储费、包装费、运输途中的合理损耗、大宗物资的市内运杂费、入库前的挑选整理费用等可直接归属于存货采购成本的费用。

头脑风暴

存货采购过程中的初始直接费用

存货在运输途中发生短缺，属于过失人造成的损失，应向过失人索取赔偿，不计入采购成本；属于自然灾害造成的非常损失，应将扣除保险赔款和可收回残值后的净损失计入营业外支出；属于无法查明原因的途中损耗，应先作为待处理财产损溢核算，查明原因后再作处理。此外，市内零星货物运杂费、采购人员的差旅费、采购机构的经费以及供应部门经费等，一般不应当包括在存货的采购成本中。

商品流通企业在采购商品过程中发生的运输费、装卸费、保险费以及其他可归属于存货采购成本的费用，可以计入存货采购成本，也可以先进行归集，期末根据所购商品的存销情况进行分摊：对于已售商品的进货费用，计入当期损益（主营业务成本）；对于未售商品的进货费用，计入期末存货成本。企业采购商品的进货费用金额较小的，也可在发生时直接计入当期损益（销售费用）。

（二）外购存货的账务处理

企业外购存货，由于运输、付款条件不同，货物验收入库和货款结算时间可能不同步完成。因此，企业外购的存货应根据具体情况分别进行会计处理。

1.货物验收入库，并已办理货款结算

在货物验收入库和货款已办理结算的情况下，企业应于货物验收入库、货款已支付或开出、承兑商业汇票后，按发票账单等结算凭证确定的存货成本，借记“原材料”“周转材料”“库存商品”等科目，按增值税专用发票上注明的增值税税额，借记“应交税费——应交增值税（进项税额）”科目，按实际支付的款项或应付票据面值，贷记“银行存款”“应付票据”等科目。

【例3-1】阳光公司购入一批原材料，增值税专用发票上列明的材料价款为70 000元，增值税税额为9 100元，材料已验收入库，货款通过银行转账支付。阳光公司的账务处理如下：

借：原材料	70 000	
应交税费——应交增值税（进项税额）	9 100	
贷：银行存款		79 100

2.货款已办理结算，货物尚在运输途中

在货款已支付或开出、承兑商业汇票，但存货尚在运输途中或虽已运达但尚未验收入库的情况下，企业应于支付货款或开出、承兑商业汇票时，按发票账单等结算凭证确定的存货成本，借记“在途物资”科目，按照增值税专用发票注明的税额，借记“应交税费——应交增值税（进项税额）”科目，贷记“银行存款”“应付票据”等科目。

待存货运达企业并验收入库后，再根据有关验货凭证，借记“原材料”“周转材料”“库存商品”等科目，贷记“在途物资”科目。

【例3-2】沿用【例3-1】的资料，假设货款已通过银行转账支付，材料尚在运输途中。阳光公司的账务处理如下：

（1）支付货款时，材料尚在运输途中。

借：在途物资	70 000	
应交税费——应交增值税（进项税额）	9 100	
贷：银行存款		79 100

（2）原材料运达企业，验收入库。

借：原材料	70 000	
贷：在途物资		70 000

3.货物已验收入库，但货款尚未结算

在货物已运抵企业并验收入库，但发票账单等结算凭证尚未到达，货款尚未结算的情况下，企业在收到货物时可先不进行会计处理。如果在本月内结算凭证到达企业，应在货款结算后进行相应的会计处理。

如果月末结算凭证仍未到达，为全面反映资产及负债情况，应对收到的存货按暂估价值入账，借记“原材料”“周转材料”“库存商品”等科目，贷记“应付账款——暂估应付账款”科目。下月初再编制相同的红字记账凭证予以冲回，待结算凭证到达企业并办理货款结算后，按发票账单等结算凭证列明的存货成本，借记“原材料”“周转材料”“库存商品”等科目，按照增值税专用发票注明的税额，借记“应交税费——应交增值税（进项税额）”科目，贷记“银行存款”“应付票据”“应付账款”等科目。

【例3-3】 阳光公司于2×23年7月21日购入一批原材料，材料已运达企业并已验收入库，但发票账单等结算凭证尚未到达。8月9日，结算凭证到达企业，增值税专用发票上注明原材料价款58 000元，增值税税额7 540元，货款通过银行转账支付。阳光公司的账务处理如下：

（1）7月21日，材料运达企业并验收入库，暂不作处理。

（2）7月31日，结算凭证仍未到达，对该批材料按暂估价值入账，暂估价值为52 000元。

借：原材料	52 000	
贷：应付账款——暂估应付账款		52 000

（3）8月1日，编制红字记账凭证冲回估价入账时的会计分录。

借：原材料	52 000	
贷：应付账款——暂估应付账款		52 000

（4）8月9日，收到结算凭证并支付货款。

借：原材料	58 000	
应交税费——应交增值税（进项税额）	7 540	
贷：银行存款		65 540

4.采用预付货款方式购入存货

在预付货款购入存货时，企业应于预付货款时，按照实际预付的金额，借记“预付账款”科目，贷记“银行存款”科目；购入的存货验收入库时，按发票账单等结算凭证列明的存货成本，借记“原材料”“周转材料”“库存商品”等科目，按增值税专用发票上注明的增值税税额，借记“应交税费——应交增值税（进项税额）”科目，按存货成本与增值税进项税额之和，贷记“预付账款”科目。在预付的货款不足须补付货款时，按照补付的金额，借记“预付账款”科目，贷记“银行存款”科目；在供货方退回多付的货款时，借记“银行存款”科目，贷记“预付账款”科目。

为了避免记账混乱，对同一家供货商通常只设置一个预付账款或一个应付账款明细账，不同时设置预付账款明细账和应付账款明细账。采用预付账款采购方式采购货物对应的供应商，设置预付账款明细账，不设置应付账款明细账，如实务中实际发生应付账款时，则记入预付账款明细账的贷方；采用赊购方式采购货物对应的供应商，设置应付账款明细账，不设置预付账款明细账，如实务中实际发生预付账款时，则记入应付账款明细账的借方。

【例3-4】 阳光公司于2×23年8月25日向华星公司预付货款40 000元，采购一批原材料。华星公司于9月12日交付所购材料，并开来增值税专用发票，材料价款为58 000元，增值税税额为7 540元。9月18日，阳光公司通过银行转账补付短缺的货款。阳光公司的账务处理如下：

（1）8月25日，预付货款。

借：预付账款——华星公司 40 000

贷：银行存款 40 000

（2）9月12日，材料验收入库。

借：原材料 58 000

应交税费——应交增值税（进项税额） 7 540

贷：预付账款——华星公司 65 540

注：因阳光公司对华星公司设置了预付账款明细账，没有设置应付账款明细账，截至9月12日，阳光公司对华星公司的货款合计65 540元，扣除8月25日的预付款40 000元尚欠华星公司25 540元，理论上应记入“应付账款——华星公司”明细账，但是由于阳光公司没有设置华星公司应付账款明细账，就记入了“预付账款——华星公司”明细账的贷方，实质上就是应付账款（负债）。

（3）9月18日，补付货款。

借：预付账款——华星公司 25 540

贷：银行存款 25 540

5.采用赊购方式购入存货

在采用赊购方式购入存货时，企业应于存货验收入库后，按发票账单等凭证列明的存货成本，借记“原材料”“周转材料”“库存商品”等科目，按增值税专用发票上注明的增值税税额，借记“应交税费——应交增值税（进项税额）”科目，按应付未付的货款，贷记“应付账款”科目；待支付款项或开出、承兑商业汇票后，再根据实际支付的货款金额或应付票据面值，借记“应付账款”科目，贷记“银行存款”“应付票据”等科目。

【例3-5】阳光公司于2×23年9月6日从华星公司赊购一批原材料，增值税专用发票上列明的原材料价款为50 000元，增值税税额为6 500元。根据购货合同约定，阳光公司应于10月30日之前支付货款。阳光公司的账务处理如下：

（1）9月6日，赊购原材料。

借：原材料 50 000

应交税费——应交增值税（进项税额） 6 500

贷：应付账款——华星公司 56 500

（2）10月30日，支付货款。

借：应付账款——华星公司 56 500

贷：银行存款 56 500

6.外购存货发生短缺的会计处理

企业在外购货物过程中，如果发生了货物短缺、毁损等情况，应及时查明原因，区别下列情况进行会计处理：

（1）属于运输途中的合理损耗，应计入有关存货的采购成本。

（2）属于供货单位或运输单位的责任造成的存货短缺，应由责任人补足存货或赔偿货款，不计入存货的采购成本。

（3）属于自然灾害或意外事故等非正常原因造成的存货毁损，先转入“待处理财产损溢”科目核算；待报经批准处理后，将扣除保险公司和过失人赔款后的净损失，计入营业外支出。

（4）尚待查明原因的存货短缺，先转入“待处理财产损溢”科目核算；待查明原因后，再按上述要求进行会计处理。

上列短缺存货涉及增值税的，还应进行相应处理。

【例3-6】阳光公司从华星公司购入原材料5 000件，单价为10元/件，增值税专用发票上注明的增值税税额为6 500元，货物尚在运输途中，款项已通过银行转账支付。待所购材料运抵企业交付验收时发现短缺150件，经核查后确认短缺的货物中有130件为供货方发货短缺，经与供货方协商，由其补足少发的货物，其余20件属于运输途中的合理损耗。阳光公司的账务处理如下：

（1）支付货款时，货物尚在运输途中。

借：在途物资　　50 000

　　应交税费——应交增值税（进项税额）　　6 500

　贷：银行存款　　56 500

（2）材料运达企业，验收时发现短缺，原因待查，其余材料入库。

借：原材料　　48 500

　　待处理财产损溢　　1 500

　贷：在途物资　　50 000

（3）短缺原因查明。

借：原材料　　200

　　应付账款——华星公司　　1 300

　贷：待处理财产损溢　　1 500

（4）收到供货方补发的材料，验收入库。

借：原材料　　1 300

　贷：应付账款——华星公司　　1 300

二、自制存货

（一）自制存货的计价

企业自制存货的成本由采购成本、加工成本和其他成本构成。

加工成本，是指存货制造过程中发生的直接人工以及按照一定方法分配计入的制造费用。制造费用是指企业为生产产品和提供劳务而发生的各项间接费用。企业应当根据制造费用的性质，合理地选择制造费用分配方法，在各种产品之间进行分配。

其他成本，是指除采购成本、加工成本以外的，使存货达到目前场所和状态所发生的其他支出，例如为特定客户设计产品所发生的、可直接确定的设计费用。企业发生的一般产品设计费用应当确认为当期损益。

企业在存货制造过程中发生的下列支出，应当于发生时直接确认为当期损益，不计入存货成本：

（1）非正常消耗的直接材料、直接人工和制造费用。例如，企业因遭受自然灾害而发生的直接材料、直接人工和制造费用损失，应将扣除残料和保险赔款后的净损失计入营业外支出。

（2）仓储费用。这里所说的仓储费用，仅指存货在加工和销售环节发生的仓储费用，不包括存货采购过程中发生的仓储费用，也不包括在生产过程中为使存货达到下一个生产阶段所必需的仓储费用。存货采购过程中发生的仓储费用以及在生产过程中为使存货达到下一个生产阶段所必需的仓储费用，应当计入存货成本，而不应计入当期损益。

（3）不能归属于使存货达到目前场所和状态的其他支出。

（二）自制存货的账务处理

企业自制并已验收入库的存货，应按计算确定的实际成本，借记“周转材料”“库存商品”等科目，贷记“生产成本”科目。

【例3-7】 阳光公司的生产车间制造完成一批产品，已验收入库。经计算，该批产品的实际成本为120 000元。阳光公司的账务处理如下：

借：库存商品　　120 000

　贷：生产成本　　120 000

三、委托加工存货

（一）委托加工存货的计价

委托加工存货的成本，一般包括加工过程中实际耗用的原材料或半成品成本、加工费、运输费、装卸费等，以及按规定应计入加工成本的税金。

（二）委托加工存货的账务处理

企业委托其他单位加工存货时，按发出材料物资的实际成本，借记“委托加工物资”科目，贷记“原材料”“库存商品”等科目；支付加工费和往返运杂费时，借记“委托加工物资”科目，贷记“银行存款”科目；支付应由受托加工方代收代缴的增值税时，借记“应交税费——应交增值税（进项税额）”科目，贷记“银行存款”科目；需要缴纳消费税的委托加工存货，由受托加工方代收代缴的消费税，应区别以下情况处理：

（1）委托加工存货收回后直接用于销售，由受托加工方代收代缴的消费税应计入委托加工存货成本，借记“委托加工物资”科目，贷记“银行存款”等科目；

（2）委托加工存货收回后用于连续生产应税消费品，由受托加工方代收代缴的消费税按规定准予抵扣的，借记“应交税费——应交消费税”科目，贷记“银行存款”等科目。

委托加工的存货加工完成验收入库并收回剩余物资时，按计算的委托加工存货实际成本和剩余物资实际成本，借记“原材料”“周转材料”“库存商品”等科目，贷记“委托加工物资”科目。

【例3-8】 阳光公司委托华星公司加工一批材料，发出A材料的实际成本为46 000元，支付加工费15 000元。华星公司适用的增值税税率为13%，加工完成的材料收回后用于连续生产。阳光公司的账务处理如下：

（1）发出委托加工的材料。

借：委托加工物资　　46 000
　贷：原材料——A材料　　46 000

（2）支付加工费。

借：委托加工物资　　15 000
　贷：银行存款　　15 000

（3）支付代收代缴的增值税。

借：应交税费——应交增值税（进项税额）　　1 950
　贷：银行存款　　1 950

（4）收回加工完成的材料。

借：原材料　　61 000
　贷：委托加工物资　　61 000

四、投资者投入的存货

（一）投资者投入存货的计价

投资者投入存货的成本，应当按照投资合同或协议约定的价值确定，合同或协议约定价值不公允的除外。

（二）投资者投入存货的账务处理

企业收到投资者投入的存货，按照投资合同或协议约定的存货价值，借记“原材料”“周转材料”“库存商品”等科目，按增值税专用发票上注明的增值税税额，借记“应交税费——应交增值税（进项税额）”科目，按投资者在注册资本中所占的份额，贷记“实收资本”或“股本”科目，按其差额，贷记“资本公积”科目。

【例3-9】阳光公司收到股东乙作为资本投入的一批原材料。该批原材料计税价格900 000元，增值税专用发票上注明的税额为117 000元，按投资协议确认该金额作为股东乙的投入资本，占阳光公司每股面值1元的普通股股票1 000 000股。阳光公司的账务处理如下：

借：原材料　　900 000
　　应交税费——应交增值税（进项税额）　　117 000
　贷：股本——乙　　1 000 000
　　　资本公积——股本溢价　　17 000

五、接受捐赠取得的存货

（一）接受捐赠取得存货的计价

企业接受捐赠取得的存货，应当区别以下情况确定入账成本：

（1）捐赠方提供了有关凭据（如发票、报关单、有关协议）的，按凭据上标明的金额加上应支付的相关税费作为入账成本。

（2）捐赠方没有提供有关凭据的，按如下顺序确定入账成本：

① 同类或类似存货存在活跃市场的，按同类或类似存货的市场价格估计的金额，加上应支付的相关税费，作为入账成本；

② 同类或类似存货不存在活跃市场的，按该接受捐赠存货预计未来现金流量的现值，作为入账成本。

（二）接受捐赠取得存货的账务处理

企业收到捐赠的存货时，应按照确定的存货入账成本，借记“原材料”“周转材料”“库存商品”等科目，按实际支付或应付的相关税费，贷记“银行存款”“应交税费”等科目，按其差额，贷记“营业外收入——捐赠利得”科目。

【例 3-10】 阳光公司接受一批捐赠商品，捐赠方提供的发票上标明的价值为160 000元，阳光公司支付运杂费5 600元，不考虑增值税。阳光公司的账务处理如下：

借：库存商品　　165 600

　贷：银行存款　　5 600

　　　营业外收入——捐赠利得　　160 000

本节自测

另外，企业以非货币性资产交换取得的存货和通过债务重组取得的存货将在后续章节介绍。

第三节　发出存货计价

一、存货实物流转和成本流转

企业在生产经营过程中取得存货，发出、耗用或销售，再取得存货，依次不断循环往复，就是企业存货的实物流转过程。发出存货的计价，就是将存货的取得成本真实、合理、高效地归属到发出存货上，也就是将存货的成本流转与实物流转相配属。在实务工作中，大多数企业存货品种繁多，流进流出数量很大，而且同一存货由于取得的时间、地点、方式不同，其单位成本也不同。因此，很难保证存货的成本流转与实物流转完全一致。

发出存货的计价方法，就是依据一个假定的成本流转方式来对发出存货进行计价，从而保证存货的成本流转真实、合理、高效、与实物流转相配属。目前，企业常用的发出存货计价方法有个别计价法、先进先出法、月末一次加权平均法、移动加权平均法等。不同的存货计价方法得出的计价结果不相同，对企业的财务状况和经营成果的影响也不同。例如，若低估期末存货，就会低估当期收益，同时会低估资产负债表上的流动资产总额、所有者权益等项目，影响当期收益的计算，从而影响应交所得税的计算。

案例分析

广州浪奇存货管理存在的问题

企业应当根据实际情况，综合考虑存货收发的特点和管理的要求选择适当的存货计价方法，合理确定发出存货的实际成本。存货计价方法一旦选定，前后各期应当保持一致，并在财务报表附注中予以披露。

二、发出存货的计价方法

（一）个别计价法

个别计价法，也称个别认定法或具体辨认法，是指本期发出存货和期末结存存货的成本，完全按照该存货所属购进批次或生产批次入账时的实际成本进行确定的一种方法。采用该方法要求发出存货必须可以逐一辨认所属的购进批次或生产批次，因此，需要对每一存货的品种规格、入账时间、单位成本、存放地点等作详细记录。

【例3-11】阳光公司2×23年9月份A材料的购进、发出和结存资料见表3-1。

表3-1 **原材料明细分类账**

原材料类别： 计量单位：件

原材料名称：A材料 金额单位：元

2×23年		凭证编号	摘要	收入			发出			结存		
月	日			数量	单价	金额	数量	单价	金额	数量	单价	金额
9	1		期初结存							300	50	15 000
	5		购进	600	55	33 000				900		
	8		发出				500			400		
	15		购进	400	60	24 000				800		
	18		发出				700			100		
	25		购进	500	64	32 000				600		
	28		发出				400			200		
9	30		本月合计	1 500		89 000	1 600			200		

经具体辨认，9月8日发出的500件A材料中，有200件属于期初结存的材料，有300件属于9月5日第一批购进的材料；9月18日发出的700件A材料中，有100件属于期初结存的材料，有200件属于9月5日第一批购进的材料，其余400件属于9月15日第二批购进的材料；9月28日发出的400件A材料，均属于9月25日第三批购进的材料。阳光公司采用个别计价法计算的A材料本月发出和期末结存成本如下：

9月8日发出A材料成本=200×50+300×55=26 500（元）

9月18日发出A材料成本=100×50+200×55+400×60=40 000（元）

9月28日发出A材料成本=400×64=25 600（元）

期末结存A材料成本=100×55+100×64=11 900（元）

根据上述计算，本月A材料的收入、发出和结存情况见表3-2。

表 3-2　　原材料明细分类账（个别计价法）

原材料类别：　　计量单位：件

原材料名称：A 材料　　金额单位：元

2×23 年		凭证编号	摘要	收入			发出			结存		
月	日			数量	单价	金额	数量	单价	金额	数量	单价	金额
9	1		期初结存							300	50	15 000
	5		购进	600	55	33 000				900		48 000
	8		发出				500		26 500	400		21 500
	15		购进	400	60	24 000				800		45 500
	18		发出				700		40 000	100		5 500
	25		购进	500	64	32 000				600		37 500
	28		发出				400		25 600	200		11 900
9	30		本月合计	1 500		89 000	1 600		92 100	200		11 900

个别计价法的特点是成本流转与实物流转完全一致，因而能准确地反映本期发出存货和期末结存存货的成本。但采用该方法必须具备详细的存货收、发、存记录，日常核算非常烦琐，存货实物流转的操作程序也相当复杂。

个别计价法适用于品种数量不多、单位价值较高或体积较大、容易辨认的存货的计价。

（二）先进先出法

先进先出法，是指以先入库的存货先发出这一存货实物流转假设为前提，对先发出的存货按先入库的存货单位成本计价，后发出的存货按后入库的存货单位成本计价，据以确定本期发出存货和期末结存存货成本的一种方法。

【例 3-12】 阳光公司 2×23 年 9 月份 A 材料的购进、发出和结存资料见表 3-1。阳光公司采用先进先出法计算的 A 材料本月发出和期末结存成本如下：

9 月 8 日发出 A 材料成本=300×50+200×55=26 000（元）

9 月 18 日发出 A 材料成本=400×55+300×60=40 000（元）

9 月 28 日发出 A 材料成本=100×60+300×64=25 200（元）

期末结存 A 材料成本=200×64=12 800（元）

根据上述计算，本月 A 材料的收入、发出和结存情况见表 3-3。

表 3-3　　原材料明细分类账（先进先出法）

原材料类别：　　计量单位：件

原材料名称：A 材料　　金额单位：元

2×23年		凭证编号	摘要	收入			发出			结存		
月	日			数量	单价	金额	数量	单价	金额	数量	单价	金额
9	1		期初结存							300	50	15 000
	5		购进	600	55	33 000				300 600	50 55	48 000
	8		发出				300 200	50 55	26 000	400	55	22 000
	15		购进	400	60	24 000				400 400	55 60	46 000
	18		发出				400 300	55 60	40 000	100	60	6 000
	25		购进	500	64	32 000				100 500	60 64	38 000
	28		发出				100 300	60 64	25 200	200	64	12 800
9	30		本月合计	1 500		89 000	1 600		91 200	200	64	12 800

采用先进先出法进行存货计价，可以随时确定发出存货的成本，进而保证产品成本和销售成本计算的及时性，并且期末存货成本是按最近购货成本确定的，比较接近现行的市场价值。但采用该方法计价，有时对同一批发出存货要采用两个或两个以上的单位成本计价，计算烦琐，对存货进出频繁的企业更是如此。从该方法对财务报告的影响来看，在物价上涨期间，会高估当期利润和存货成本；反之，会低估当期利润和存货成本。

（三）月末一次加权平均法

月末一次加权平均法，是指以月初结存存货数量和本月各批收入存货数量作为权数，计算本月存货的加权平均单位成本，据以确定本期发出存货成本和期末结存存货成本的一种方法。加权平均单位成本的计算公式如下：

$$加权平均单位成本=\frac{月初结存存货成本+本月购进存货成本}{月初结存存货数量+本月购进存货数量}$$

由于加权平均单位成本往往不能除尽，为了保证期末结存商品的数量、单位成本与总成本的一致性，应先按加权平均单位成本计算期末结存商品成本，然后倒减出本月发出商品成本，将计算尾差挤入发出商品成本。

【例 3-13】阳光公司 2×23 年 9 月份 A 材料的购进、发出和结存资料见表 3-1。阳光公司采用月末一次加权平均法计算的 A 材料本月加权平均单位成本及本月发出和期末结存成本如下：

加权平均单位成本=（15 000+89 000）÷（300+1 500）=57.78（元）

期末结存A材料成本=200×57.78=11 556（元）

本月发出A材料成本=（15 000+89 000）-11 556=92 444（元）

根据上述计算，本月A材料的收入、发出和结存情况见表3-4。

表3-4　原材料明细分类账（月末一次加权平均法）

原材料类别：　计量单位：件

原材料名称：A材料　金额单位：元

2×23年		凭证编号	摘要	收入			发出			结存		
月	日			数量	单价	金额	数量	单价	金额	数量	单价	金额
9	1		期初结存							300	50	15 000
	5		购进	600	55	33 000				900		
	8		发出				500			400		
	15		购进	400	60	24 000				800		
	18		发出				700			100		
	25		购进	500	64	32 000				600		
	28		发出				400			200		
9	30		本月合计	1 500		89 000	1 600	57.78	92 444	200	57.78	11 556

采用月末一次加权平均法，只在月末一次计算加权平均单位成本并结转发出存货成本即可，平时不对发出存货计价，因而日常核算工作量较小，简便易行，适用于存货收发比较频繁的企业。但也正因为存货计价集中在月末进行，所以平时无法提供发出存货和结存存货的单价及金额，不利于对存货的管理。

（四）移动加权平均法

移动加权平均法，是指平时每入库一批存货，就以原有存货数量和本批入库存货数量为权数，计算一个加权平均单位成本，据以对其后发出存货进行计价的一种方法。移动加权平均单位成本的计算公式如下：

$$移动加权平均单位成本=\frac{原有存货成本+本批入库存货成本}{原有存货数量+本批入库存货数量}$$

【例3-14】 阳光公司2×23年9月份A材料的购进、发出和结存资料见表3-1。阳光公司采用移动加权平均法计算的A材料本月移动加权平均单位成本及本月发出和期末结存成本如下：

9月5日购进后移动加权平均单位成本=（15 000+33 000）÷（300+600）=53.33（元）

9月8日结存A材料成本=400×53.33=21 332（元）

9月8日发出A材料成本=（15 000+33 000）-21 332=26 668（元）

9月15日购进后移动加权平均单位成本=（21 332+24 000）÷（400+400）=56.67（元）

9月18日结存A材料成本=100×56.67=5 667（元）

9月18日发出A材料成本=（21 332+24 000）-5 667=39 665（元）

9月25日购进后移动加权平均单位成本=（5 667+32 000）÷（100+500）=62.78（元）

9月28日结存A材料成本=200×62.78=12 556（元）

9月28日发出A材料成本=（5 667+32 000）－12 556=25 111（元）

期末结存A材料成本=200×62.78=12 556（元）

根据上述计算，本月A材料的收入、发出和结存情况见表3-5。

表3-5 原材料明细分类账（移动加权平均法）

原材料类别： 计量单位：件

原材料名称：A材料 金额单位：元

2×23年		凭证编号	摘要	收入			发出			结存		
月	日			数量	单价	金额	数量	单价	金额	数量	单价	金额
9	1		期初结存							300	50	15 000
	5		购进	600	55	33 000				900	53.33	48 000
	8		发出				500	53.33	26 668	400	53.33	21 332
	15		购进	400	60	24 000				800	56.67	45 332
	18		发出				700	56.67	39 665	100	56.67	5 667
	25		购进	500	64	32 000				600	62.78	37 667
	28		发出				400	62.78	25 111	200	62.78	12 556
9	30		本月合计	1 500		89 000	1 600		91 444	200	62.78	12 556

与月末一次加权平均法相比，移动加权平均法的特点是将存货的计价和明细账的登记分散在平时进行，从而可以随时掌握发出存货的成本和结存存货的成本，为存货管理及时提供所需信息。但采用这种方法，每次收货都要计算一次平均单位成本，计算工作量较大，不适合收发货比较频繁的企业使用。

我国企业会计准则规定，企业应当采用先进先出法、加权平均法（包括移动加权平均法）或者个别计价法确定发出存货的实际成本。对于性质和用途相似的存货，应当采用相同的存货计价方法。

三、发出存货的账务处理

（一）原材料发出的核算

（1）生产经营领用的原材料，应根据领用部门和用途，分别计入有关成本费用项目。领用原材料时，按计算确定的实际成本，借记“生产成本”“制造费用”“委托加工物资”“销售费用”“管理费用”等科目，贷记“原材料”科目。

【例3-15】阳光公司本月领用原材料的实际成本为460 000元。其中，基本生产领用425 000元，生产车间一般耗用18 000元，管理部门领用17 000元。阳光公司的账务处理如下：

借：生产成本	425 000
制造费用	18 000
管理费用	17 000

贷：原材料 460 000

（2）发出原材料用于出售，出售原材料时，按已收或应收的价款，借记“银行存款”“应收账款”等科目，按实现的营业收入，贷记“其他业务收入”科目，按增值税销项税额，贷记“应交税费——应交增值税（销项税额）”科目；同时，按出售原材料的实际成本结转销售成本，借记“其他业务成本”科目，贷记“原材料”科目。

【例3-16】阳光公司出售一批原材料，售价28 000元，增值税税额3 640元。原材料实际成本为21 000元。阳光公司的账务处理如下：

借：银行存款 31 640
　贷：其他业务收入 28 000
　　应交税费——应交增值税（销项税额） 3 640
借：其他业务成本 21 000
　贷：原材料 21 000

（3）发出原材料进行非货币性资产交换，该项非货币性资产交换具有商业实质且公允价值能够可靠计量，或发出原材料作为非同一控制下企业合并支付的对价等，应作为材料销售处理。按该原材料的公允价值确认销售收入，借记有关科目，贷记“其他业务收入”“应交税费——应交增值税（销项税额）”科目；同时，按原材料的账面价值结转销售成本，借记“其他业务成本”科目，贷记“原材料”科目。

【例3-17】阳光公司以一批A材料换入华星公司的一批B材料。换出A材料的账面价值为280 000元，公允价值为320 000元；换入B材料的公允价值为300 000元；阳光公司收取补价22 600元。阳光公司和华星公司的增值税税率均为13%。假定该项交换具有商业实质，应以公允价值为基础进行计量。阳光公司的账务处理如下：

借：原材料——B材料 300 000
　应交税费——应交增值税（进项税额） 39 000
　银行存款 22 600
　贷：其他业务收入 320 000
　　应交税费——应交增值税（销项税额） 41 600
借：其他业务成本 280 000
　贷：原材料——A材料 280 000

（4）发出原材料进行非货币性资产交换，该项交换不具有商业实质或公允价值不能够可靠计量，或发出原材料作为同一控制下企业合并支付的对价等，应视同销售，按原材料的计税价格计算增值税销项税额，连同原材料的账面价值一并作为相关资产的成本或合并对价。

【例3-18】阳光公司以一批A材料换入华星公司的一批B材料。换出A材料的账面价值为280 000元，A材料的计税价格为300 000元；换入B材料的计税价格为290 000元；阳光公司收取补价12 000元。阳光公司和华星公司的增值税税率为13%。假定该项交换不具有商业实质，应以账面价值为基础进行计量。阳光公司的账务处理如下：

换入B材料入账成本=280 000+300 000×13%-12 000-290 000×13%=269 300（元）

借：原材料——B材料　　269 300
　　应交税费——应交增值税（进项税额）　　37 700
　　银行存款　　12 000
　贷：原材料——A材料　　280 000
　　　应交税费——应交增值税（销项税额）　　39 000

（二）周转材料发出的核算

周转材料的领用核算首先应根据其用途计入相应的成本费用。生产部门领用的周转材料，构成产品实体一部分的，其账面价值应直接计入产品生产成本；属于车间一般性物料消耗的，其账面价值应计入制造费用。销售部门领用的周转材料，随同商品出售但不单独计价的，其账面价值应计入销售费用；随同商品出售并单独计价的，应视为材料销售，将取得的收入作为其他业务收入，相应的周转材料账面价值计入其他业务成本。用于出租的周转材料，收取的租金应作为其他业务收入并计算缴纳增值税，相应的周转材料账面价值应计入其他业务成本。用于出借的周转材料，其账面价值应计入销售费用。管理部门领用的周转材料，其账面价值应计入管理费用。建造承包商使用的钢模板、木模板、脚手架和其他周转材料等，其账面价值应计入工程施工成本。另外，应根据周转材料的消耗方式、价值大小、耐用程度等，选择适当的摊销方法，将其账面价值一次或分期计入有关成本费用。

企业常用的周转材料摊销方法有一次转销法、五五摊销法和分次摊销法等。

1.一次转销法

一次转销法是指在领用周转材料时，将其账面价值一次计入有关成本费用的一种方法。采用这种方法，领用周转材料时，按其账面价值，借记“管理费用”“生产成本”“其他业务成本”“销售费用”“工程施工”等科目，贷记“周转材料”科目。周转材料报废时，按其残料价值，借记“原材料”等科目，贷记“管理费用”“生产成本”“其他业务成本”“销售费用”“工程施工”等科目。一次转销法适用于一次领用金额不大的周转材料摊销。

【例3-19】 阳光公司销售一批产品，随同产品一并销售的包装物售价16 000元，增值税税额2 080元，账面价值13 800元，价款已收存银行。阳光公司的账务处理如下：

借：银行存款　　18 080
　贷：其他业务收入　　16 000
　　　应交税费——应交增值税（销项税额）　　2 080
借：其他业务成本　　13 800
　贷：周转材料　　13 800

2.五五摊销法

五五摊销法是指在领用周转材料时先摊销其账面价值的50%，待报废时再摊销其余50%的账面价值的一种摊销方法。

采用五五摊销法，周转材料应分别按“在库”、“在用”和“摊销”进行明细核算。领用周转材料时，按其账面价值，借记“周转材料——在用”科目，贷记“周转材料——在库”科目；摊销其账面价值的50%时，借记“管理费用”“生产成本”

“其他业务成本”“销售费用”“工程施工”等科目，贷记“周转材料——摊销”科目。报废周转材料时，摊销其余50%的账面价值，借记“管理费用”“生产成本”“其他业务成本”“销售费用”“工程施工”等科目，贷记“周转材料——摊销”科目；同时，转销周转材料全部已提摊销额，借记“周转材料——摊销”科目，贷记“周转材料——在用”科目。报废周转材料时，按其残料价值，借记“原材料”等科目，贷记“管理费用”“生产成本”“其他业务成本”“销售费用”“工程施工”等科目。

采用五五摊销法，会计处理略显烦琐，但周转材料在报废之前，始终有50%的价值保留在账面上，有利于加强对周转材料的管理与核算。该方法适用于领用数量多、金额大的周转材料摊销。

【例3-20】 阳光公司销售部门领用了一批包装箱，无偿供客户周转使用。该包装箱账面价值75 000元。采用五五摊销法摊销。该批包装箱报废时，残料估价6 500元。阳光公司的账务处理如下：

(1) 领用包装物并摊销其账面价值的50%。

借：周转材料——在用	75 000	
贷：周转材料——在库		75 000
借：销售费用	37 500	
贷：周转材料——摊销		37 500

(2) 包装物报废，摊销其余50%的账面价值并转销全部已提摊销额。

借：销售费用	37 500	
贷：周转材料——摊销		37 500
借：周转材料——摊销	75 000	
贷：周转材料——在用		75 000

(3) 报废包装物的残料作价入库。

借：原材料	6 500	
贷：销售费用		6 500

3.分次摊销法

分次摊销法是指根据周转材料可供使用的估计次数，将其成本分期计入有关成本费用的一种摊销方法。各期周转材料摊销额的计算公式如下：

$$\text{某期周转材料摊销额}=\frac{\text{周转材料账面价值}}{\text{预计可使用次数}}\times\text{该期实际使用次数}$$

分次摊销法的核算原理与五五摊销法相同，只是摊销的次数不同而已。

【例3-21】 阳光公司某生产车间领用低值易耗品，账面价值160 000元，预计该批低值易耗品可使用20次，采用分次摊销法摊销。领用当月，实际使用8次；领用第2个月，实际使用10次；领用第3个月，该批低值易耗品报废，残料售出，收取价款4 600元存入银行。阳光公司的账务处理如下：

(1) 领用低值易耗品。

借：周转材料——在用	160 000	
贷：周转材料——在库		160 000

（2）领用当月，采用分次摊销法摊销该批低值易耗品的账面价值。

本月摊销额=160 000÷20×8=64 000（元）

借：制造费用　64 000

　贷：周转材料——摊销　64 000

（3）领用第2个月，摊销该批低值易耗品的账面价值。

第2个月摊销额=160 000÷20×10=80 000（元）

借：制造费用　80 000

　贷：周转材料——摊销　80 000

（4）领用第3个月，该批低值易耗品报废，将账面摊余价值一次摊销并转销全部已提摊销额。

账面摊余价值=160 000-64 000-80 000=16 000（元）

借：制造费用　16 000

　贷：周转材料——摊销　16 000

借：周转材料——摊销　160 000

　贷：周转材料——在用　160 000

（5）售出报废低值易耗品残料，收取价款存入银行。

借：银行存款　4 600

　贷：制造费用　4 600

我国现行企业会计准则规定，企业应当采用一次转销法或者五五摊销法对低值易耗品和包装物进行摊销，计入相关资产的成本或者当期损益。

（三）发出库存商品核算

（1）库存商品发出对外销售，应按合同或协议价款确认销售收入，借记“银行存款”或“应收账款”等科目，贷记“主营业务收入”“应交税费——应交增值税（销项税额）”科目；同时，按库存商品的账面价值结转销售成本，借记“主营业务成本”科目，贷记“库存商品”科目。

【例3-22】阳光公司赊销A产品1 500件，每件售价80元，增值税销项税额15 600元。A产品的单位生产成本为60元。阳光公司的账务处理如下：

借：应收账款　135 600

　贷：主营业务收入　120 000

　　应交税费——应交增值税（销项税额）　15 600

借：主营业务成本　90 000

　贷：库存商品　90 000

（2）库存商品发出进行非货币性资产交换（该项非货币性资产交换具有商业实质且公允价值能够可靠计量）、作为非同一控制下企业合并支付的对价等，应作为商品销售处理，按该库存商品的公允价值确认销售收入，借记有关科目，贷记“主营业务收入”“应交税费——应交增值税（销项税额）”科目；同时，按库存商品的账面价值结转销售成本，借记“主营业务成本”科目，贷记“库存商品”科目。

【例3-23】阳光公司以一批产成品换入嘉禾公司的一辆货车。产成品的账面价值为230 000元，公允价值为265 000元，增值税销项税额为34 450元。阳光公司支付车辆过户等相关税费16 000元。该项交换具有商业实质，不涉及补价。阳光公司的账务处理如下：

固定资产入账成本=265 000+34 450+16 000=315 450（元）

借：固定资产	315 450	
贷：主营业务收入		265 000
应交税费——应交增值税（销项税额）		34 450
银行存款		16 000
借：主营业务成本	230 000	
贷：库存商品		230 000

（3）库存商品用于不具有商业实质或公允价值不能够可靠计量的非货币性资产交换和作为同一控制下企业合并支付的对价等，应视同销售，按库存商品的计税价格计算增值税销项税额，连同库存商品的账面价值一并作为相关资产的成本或合并对价。

本节自测

第四节　计划成本法

计划成本法是指存货的收入、发出和结存均按预先制定的计划成本计价入账，设置“材料成本差异”账户登记实际成本与计划成本之间的差异；月末，通过对存货成本差异的分摊，将发出存货和结存存货的计划成本调整为实际成本的一种存货核算方法。

头脑风暴

计划成本法的选择

一、计划成本法的基本处理程序

采用计划成本法进行存货日常核算的基本程序如下：

（1）制定存货的计划成本目录。采用计划成本法核算的前提是要对企业的每一品种、规格的存货统一名称、计量单位和类别，分别制定计划成本并编列成册。计划成本一般由会计部门会同采购等部门共同制定，制定的计划成本应尽可能接近实际，以利于发挥计划成本的考核和控制功能。除特殊情况外，计划成本在年度内一般不作调整。

（2）设置“材料成本差异”账户，登记存货实际成本与计划成本之间的差异，并区分“原材料”“周转材料”等，按照类别或品种进行明细核算。取得存货形成差异时，实际成本高于计划成本的超支差异登记在该账户的借方，实际成本低于计划成本的节约差异登记在该账户的贷方；发出存货分摊差异时，超支差异从该账户的贷方用蓝字转出，节约差异从该账户的贷方用红字转出。

（3）设置“材料采购”账户，对购入存货的实际成本与计划成本进行计价对比。该账户的借方登记购入存货的实际成本，贷方登记购入存货的计划成本，实际成本与计划成本的差额，转入“材料成本差异”账户。

（4）存货的日常收入与发出均按计划成本计价，月末，通过存货成本差异的分摊，将本月发出存货和月末结存存货的计划成本调整为实际成本。

二、存货成本差异形成的核算

（一）外购存货成本差异的核算

企业外购存货时，按确定的实际采购成本，借记“材料采购”科目。已购进的存货验收入库时，按计划成本，借记“原材料”“周转材料”等科目，贷记“材料采购”科目。已购进并已验收入库的存货，按实际成本大于计划成本的超支差额，借记“材料成本差异”科目，贷记“材料采购”科目；按实际成本小于计划成本的节约差额，借记“材料采购”科目，贷记“材料成本差异”科目。

【例3-24】阳光公司采用计划成本法核算存货。2×23年8月份，该公司发生下列材料采购业务：

（1）8月6日，购入一批原材料，增值税专用发票上注明的价款为80 000元，增值税税额为10 400元。货款已通过银行转账支付，材料也已验收入库。该批原材料的计划成本为82 400元。其账务处理如下：

①购入原材料。

借：材料采购　80 000
　　应交税费——应交增值税（进项税额）　10 400
　贷：银行存款　90 400

②原材料验收入库。

借：原材料　82 400
　贷：材料采购　82 400

③结转材料成本差异。

借：材料采购　2 400
　贷：材料成本差异——原材料　2 400

（2）8月12日，购入一批原材料，增值税专用发票上注明的价款为140 000元，增值税税额为18 200元。货款已通过银行转账支付，材料尚在运输途中。其账务处理如下：

借：材料采购　140 000
　　应交税费——应交增值税（进项税额）　18 200
　贷：银行存款　158 200

（3）8月16日，收到8月12日购进的原材料并验收入库。该批原材料的计划成本为134 400元。其账务处理如下：

①外购材料验收入库。

借：原材料　134 400
　贷：材料采购　134 400

②结转材料成本差异。

借：材料成本差异——原材料　5 600
　贷：材料采购　5 600

（4）8月27日，购入一批原材料，材料已经运达企业并已验收入库，但发票等结算凭证尚未收到，货款尚未支付。8月31日，该批材料的结算凭证仍未到达，企业按该批材料的计划成本160 000元暂估价入账。其账务处理如下：

借：原材料 160 000

　贷：应付账款——暂估应付账款 160 000

次月初，用红字将上述分录予以冲回。其账务处理如下：

借：原材料 160 000

　贷：应付账款——暂估应付账款 160 000

该项业务待收到发票等有关结算凭证并支付货款时，再按正常程序记账。

在实务工作中，为了简化收入存货和结转存货成本差异的核算手续，企业平时收到存货时，也可以先不记录存货的增加，也不结转形成的存货成本差异；月末时，再将本月已付款或已开出、承兑商业汇票并已验收入库的存货，按实际成本和计划成本分别汇总，一次登记本月存货的增加，并计算和结转本月存货成本差异。

（二）非外购取得存货的成本差异的核算

企业采用外购以外的其他方式取得存货，不需要通过“材料采购”科目确定存货成本差异，而应直接按取得存货的计划成本，借记“原材料”等科目，按确定的实际成本，贷记“生产成本”“委托加工物资”等相关科目，按实际成本与计划成本之间的差额，借记或贷记“材料成本差异”科目。

【例3-25】 阳光公司生产车间自制一批周转用包装材料，计划成本为135 000元，实际发生的生产成本为146 000元。阳光公司的账务处理如下：

（1）自制周转用包装材料验收入库。

借：周转材料——包装物 135 000

　贷：生产成本 135 000

（2）结转自制包装物成本差异。

借：材料成本差异——周转材料 11 000

　贷：生产成本 11 000

三、存货的发出及成本差异的分摊

（一）存货成本差异分摊的计算方法

采用计划成本法，发出存货时先按计划成本计价，即按发出存货的计划成本，借记“生产成本”“制造费用”“管理费用”等有关成本费用科目，贷记“原材料”等存货科目；月末，再将月初结存存货的成本差异和本月取得存货形成的成本差异，在本月发出存货和月末结存存货之间进行分摊，将本月发出存货和月末结存存货的计划成本调整为实际成本。

为了便于存货成本差异的分摊，企业应当计算材料成本差异率，作为分摊存货成本差异的依据。材料成本差异率分为本月材料成本差异率和月初材料成本差异率两种，计算公式如下：

$$\text{本月材料成本差异率}=\frac{\text{月初结存材料的成本差异}+\text{本月验收入库材料的成本差异}}{\text{月初结存材料的计划成本}+\text{本月验收入库材料的计划成本}}\times100\%$$

$$\text{月初材料成本差异率}=\frac{\text{月初结存材料的成本差异}}{\text{月初结存材料的计划成本}}\times100\%$$

企业应当区分原材料、周转材料等，按照类别或品种对存货成本差异进行明细核算，并计算相应的材料成本差异率，不能使用一个综合差异率。在计算发出存货应负担的成本差异时，除委托外部加工发出存货可按月初成本差异率计算外，应使用当月的实际差异率；月初成本差异率与本月成本差异率相差不大的，也可按月初成本差异率计算。计算方法一经确定，不得随意变更。如果确需变更，应在财务报表附注中予以说明。

本月发出存货应负担的成本差异及实际成本可按如下公式计算：

本月发出存货应负担的成本差异=发出存货的计划成本×材料成本差异率

本月发出存货的实际成本=发出存货的计划成本+发出存货应负担的超支差异

或　　　　=发出存货的计划成本-发出存货应负担的节约差异

月末结存存货应负担的成本差异及实际成本可按如下公式计算：

月末结存存货应负担的成本差异=结存存货的计划成本×材料成本差异率

月末结存存货的实际成本=结存存货的计划成本+结存存货应负担的超支差异

或　　　　=结存存货的计划成本-结存存货应负担的节约差异

（二）存货成本差异分摊的账务处理

发出存货应负担的成本差异必须按月分摊，不得在季末或年末一次分摊。企业在分摊发出存货应负担的成本差异时，按计算的各成本费用项目应负担的差异金额，借记“生产成本”“制造费用”“管理费用”等有关成本费用科目，贷记“材料成本差异”科目。实际成本大于计划成本的超支差异，用蓝字登记；实际成本小于计划成本的节约差异，用红字登记。

本月发出存货应负担的成本差异从“材料成本差异”科目转出之后，该科目余额为月末结存存货应负担的成本差异。在编制资产负债表时，月末结存存货应负担的成本差异应作为存货的调整项目，将结存存货的计划成本调整为实际成本列示。

【例3-26】2×23年10月1日，阳光公司上月结存原材料的计划成本为352 000元，“材料成本差异——原材料”科目的贷方余额为21 000元。本月已经付款或已开出、承兑商业汇票并已验收入库的原材料计划成本为687 000元，实际成本为745 000元，材料成本差异为超支58 000元。本月领用原材料的计划成本为864 000元，其中，基本生产车间领用原材料805 000元，车间一般耗用原材料26 000元，管理部门领用原材料5 000元，出售原材料28 000元。阳光公司的账务处理如下：

（1）按计划成本发出原材料。

借：生产成本	805 000	
制造费用	26 000	
管理费用	5 000	
其他业务成本	28 000	
贷：原材料		864 000

（2）计算本月材料成本差异率。

本月材料成本差异率=（-21 000+58 000）÷（352 000+687 000）×100%=3.56%

（3）计算发出材料应负担的成本差异（结果四舍五入取整）。

生产成本应负担的成本差异=805 000×3.56%=28 658（元）

制造费用应负担的成本差异=26 000×3.56%=926（元）

管理费用应负担的成本差异=5 000×3.56%=178（元）

其他业务成本应负担的成本差异=28 000×3.56%=997（元）

（4）分配成本差异。

借：生产成本	28 658	
制造费用	926	
管理费用	178	
其他业务成本	997	
贷：材料成本差异——原材料		30 759

（5）月末，计算结存原材料实际成本，据以编制资产负债表。

“原材料”科目月末余额=352 000+687 000-864 000=175 000（元）

“材料成本差异”科目月末余额=（-21 000+58 000）-30 759=6 241（元）

结存原材料实际成本=175 000+6 241=181 241（元）

月末编制资产负债表时，存货项目中的原材料应当按上述结存原材料实际成本181 241元列示。

四、计划成本法的优点

存货的日常核算若采用实际成本法，就要求存货的收入和发出凭证、明细分类账、总分类账全部按实际成本计价，这对于存货品种、规格、数量繁多且收发频繁的企业来说，日常核算工作量很大，核算成本较高，也会影响会计信息的及时性。

存货的收入、发出及结存的日常核算采用计划成本法具有以下优点：

（1）可以简化存货的日常核算手续。在计划成本法下，同一种存货只有一个单位计划成本，因此，存货明细账平时可以只登记收、发、存数量，而不必登记收、发、存金额。需要了解某项存货的收、发、存金额时，以该项存货的单位计划成本乘以相应的数量即可求得，避免了烦琐的发出存货计价，简化了存货的日常核算手续。

本节自测

（2）有利于考核采购部门的工作业绩。计划成本法的显著特点是可以通过实际成本与计划成本的比较，得出实际成本脱离计划成本的差异，并通过对差异的分析寻求实际成本脱离计划成本的原因，据以考核采购部门的工作业绩，促使采购部门不断降低采购成本。

第五节　存货的期末计量

对期末存货进行再计量，是为了使企业期末存货价值能更合理地反映在资产负债表上。依据我国企业会计准则的规定，资产负债表日，存货应当按照成本与可变现净值孰低计量。企业应当据此选择适当的计价方法对期末存货进行再计量。

一、成本与可变现净值孰低法的含义

成本与可变现净值孰低法，是指按照存货的成本与可变现净值两者之中较低者对

期末存货进行计量的一种方法。采用这种方法，当期末存货的成本低于可变现净值时，存货应按成本计量；当期末存货的可变现净值低于成本时，存货则按可变现净值计量。

存货的成本，是指期末存货的实际成本。若存货的日常核算采用的是先进先出法、加权平均法等存货计价方法，期末存货的实际成本就是指期末存货的账面成本。如果存货的日常核算采用计划成本法、售价金额核算法等方法，则期末存货的实际成本是指通过差异调整而确定的存货成本。

存货的可变现净值，是指存货的估计售价减去至完工时仍需要发生的成本、估计的销售费用以及相关税费后的金额。存货在市场上销售得以变现取得销售收入，销售收入即变现值扣除销售过程中发生的销售费用、相关税费以及为使存货达到预定可销售状态还可能发生的进一步加工成本后，才能确定存货的可变现净值。因此，可变现净值不是指存货的预计售价或合同价，而是指存货的预计未来净现金流入量。

采用成本与可变现净值孰低法对期末存货进行计量，当某项存货的可变现净值低于账面成本时，表明该项存货未来能为企业带来的经济利益将低于账面成本，企业应按可变现净值低于成本的差额确认存货跌价准备，并将其从存货价值中扣除，否则，就会虚计当期利润和存货价值；当可变现净值高于成本时，企业则不能按可变现净值高于成本的金额确认这种尚未实现的存货增值收益，否则，也会虚计当期利润和存货价值。因此，成本与可变现净值孰低法体现了谨慎性原则的要求。

二、确定存货可变现净值的基本原则

运用成本与可变现净值孰低法对期末存货进行计量，关键是合理确定存货的可变现净值。确定存货可变现净值应遵循以下基本原则：

1.确定存货的可变现净值应有客观的、可验证的证据

确定存货可变现净值应有客观的、可验证的证据，如产品或商品的市场销售价格、与企业产品或商品相同或类似商品的市场销售价格等。

2.确定存货的可变现净值应考虑持有存货的目的

企业持有存货不外乎两个目的：一是持有以备出售；二是持有以备继续加工或耗用。企业在确定存货的可变现净值时，应考虑持有存货的目的。持有存货的目的不同，可变现净值的确定方法也不尽相同：

（1）持有以备出售的商品存货，如产成品、商品和用于出售的材料等，应当以该存货的预期售价减去估计的销售费用和相关税费后的金额，确定其可变现净值。

（2）持有以备继续加工或耗用的材料存货，应当以所生产的产成品的预期售价减去至完工时估计将要发生的成本、估计的销售费用和相关税费后的金额，确定其可变现净值。

3.确定存货的估计售价应以资产负债表日为基准

如果当月存货价格变动较大，则应以当月该存货平均销售价格或资产负债表日最近几次销售价格的平均数作为估计售价的基础。如果存货有约定的销售合同，则应依据销售合同确定估计售价。

（1）为执行销售合同或者劳务合同而持有的存货，其可变现净值应当以产成品或

劳务合同价格作为计价基础。

（2）如果企业持有存货的数量多于销售合同订购数量，超出部分的存货的可变现净值应当以产成品或商品的一般销售价格作为计价基础。

（3）没有销售合同或者劳务合同约定的存货，其可变现净值应当以产成品或商品的一般销售价格或原材料的市场价格作为计价基础。

4.确定存货的可变现净值应考虑资产负债表日后事项的影响

存货的可变现净值，不仅受资产负债表日业已存在的相关事项的影响，而且受未来相关事项的影响。这些未来可能发生的相关事项对确定资产负债表日存货的可变现净值产生重大影响。例如，对明年石油价格走向的预期直接影响资产负债表日燃油存货可变现净值的确定。

三、原材料存货的期末计量

企业持有原材料主要用于生产产品，但也有部分直接对外出售。会计期末，运用成本与可变现净值孰低法对材料存货进行计量时，需要考虑持有材料的目的或用途。

（1）为出售而持有的材料，应直接比较材料的成本，根据材料估计售价确定其可变现净值。

（2）为生产而持有的原材料、在产品、委托加工材料等，应当区别以下情况分别确定其可变现净值:

① 如果用该材料生产的产成品的可变现净值预计高于生产成本，则该材料应当按成本计量。

② 如果用该材料生产的产成品的可变现净值预计低于生产成本，则该材料应当按可变现净值计量。通常，如果存在下列情况之一，表明该产品的可变现净值低于成本：该产品的市场价格持续下跌，并且在可预见的未来无回升的希望；企业使用该项原材料生产的产品的成本高于其销售价格；因产品更新换代，原有库存原材料已不适应新产品的需要，而该原材料的市场价格又低于其账面成本；因企业所提供的商品或劳务过时或消费者偏好改变，市场需求发生变化，导致市场价格逐渐下跌。

四、存货跌价准备的计提和账务处理

（一）存货跌价准备的计提方法

资产负债表日，有明显证据表明存货可变现净值低于其成本，应按可变现净值低于成本的部分，计提存货跌价准备。

企业应当按照每一存货项目分别计提存货跌价准备，即应当将各存货项目的成本与可变现净值分别进行比较，按每一存货项目可变现净值低于成本的差额作为计提各存货项目跌价准备的依据，但在某些特殊情况下，也可以合并计提存货跌价准备。例如，与在同一地区生产和销售的产品系列相关、最终用途相同或类似且难以与其他项目分开计量的存货，可以按产品系列合并计提存货跌价准备。此外，对于数量繁多、单价较低的存货，可以按照存货类别计提存货跌价准备。

资产负债表日，企业计提存货跌价准备时，首先应确定本期存货的减值金额，即本期存货可变现净值低于成本的差额，然后将本期存货的减值金额与“存货跌价准备”科目原有余额进行比较，按下列公式计算确定本期应计提的存货跌价准备：

本期应计提的存货跌价准备 = 本期存货可变现净值低于成本的差额 − “存货跌价准备”科目原有余额

（二）存货跌价准备计提的账务处理

根据上列公式，如果计提存货跌价准备前，“存货跌价准备”科目无余额，应按本期存货可变现净值低于成本的差额计提存货跌价准备，借记“资产减值损失”科目，贷记“存货跌价准备”科目；如果本期存货可变现净值低于成本的差额大于“存货跌价准备”科目原有贷方余额，应按两者之差补提存货跌价准备，借记“资产减值损失”科目，贷记“存货跌价准备”科目；如果本期存货可变现净值低于成本的差额与“存货跌价准备”科目原有贷方余额相等，则不需要计提存货跌价准备；如果本期存货可变现净值低于成本的差额小于“存货跌价准备”科目原有贷方余额，则表明以前引起存货减值的影响因素已经部分消失，存货的价值又得以部分恢复，企业应当相应地恢复存货的账面价值，即按两者之差冲减已计提的存货跌价准备，借记“存货跌价准备”科目，贷记“资产减值损失”科目；如果本期存货可变现净值高于成本，表明以前引起存货减值的影响因素已经完全消失，存货的价值全部得以恢复，企业应将存货的账面价值恢复至账面成本，即把已计提的存货跌价准备全部转回，借记“存货跌价准备”科目，贷记“资产减值损失”科目。

【例3-27】阳光公司从2×20年度开始，对期末存货按成本与可变现净值孰低法计量。

（1）2×20年12月31日，A材料账面成本270 000元，可变现净值250 000元。其账务处理如下：

可变现净值低于成本的差额=270 000−250 000=20 000（元）

借：资产减值损失　　20 000

　贷：存货跌价准备——A材料　　20 000

在2×20年12月31日的资产负债表中，A材料按可变现净值250 000元列示。

（2）2×21年度，在转出A材料时，相应地结转存货跌价准备10 000元。2×21年12月31日，A材料账面成本186 000元，可变现净值172 000元；计提存货跌价准备之前，“存货跌价准备”科目贷方余额10 000元。其账务处理如下：

可变现净值低于成本的差额=186 000−172 000=14 000（元）

本年应计提存货跌价准备=14 000−10 000=4 000（元）

借：资产减值损失　　4 000

　贷：存货跌价准备——A材料　　4 000

本年计提存货跌价准备之后，“存货跌价准备”科目贷方余额为14 000元；在2×21年12月31日的资产负债表中，A材料按可变现净值172 000元列示。

（3）2×22年度，在转出A材料时，相应地结转存货跌价准备6 000元。2×22年12月31日，A材料账面成本320 000元，可变现净值315 000元；计提存货跌价准备之前，“存货跌价准备”科目贷方余额8 000元。其账务处理如下：

可变现净值低于成本的差额=320 000−315 000=5 000（元）

本年应计提存货跌价准备=5 000-8 000=-3 000（元）

借：存货跌价准备——A材料　　3 000

　贷：资产减值损失　　3 000

本年计提存货跌价准备之后，“存货跌价准备”科目贷方余额为5 000元；在2×22年12月31日的资产负债表中，A材料按可变现净值315 000元列示。

（4）2×23年度，在转出A材料时，相应地结转存货跌价准备2 000元。2×23年12月31日，A材料账面成本360 000元，可变现净值378 000元；计提存货跌价准备之前，“存货跌价准备”科目贷方余额3 000元。其账务处理如下：

由于可变现净值高于账面成本，因此，应将存货的账面价值恢复至账面成本，即把已计提的存货跌价准备全部转回。

借：存货跌价准备——A材料　　3 000

　贷：资产减值损失　　3 000

在2×23年12月31日的资产负债表中，A材料按账面成本360 000元列示。

（三）存货跌价准备结转的核算

已计提跌价准备的存货，在生产经营领用、销售或其他原因转出时，应当根据不同情况对已计提的存货跌价准备进行适当的会计处理。

（1）生产经营领用的存货，领用时一般可不结转相应的存货跌价准备，待期末计提存货跌价准备时一并调整。如果需要同时结转已计提的存货跌价准备，应借记“存货跌价准备”科目，贷记“生产成本”等科目。

【例3-28】阳光公司某生产车间2×23年10月份领用一批A材料用于生产。领用的材料账面余额为140 000元，已计提存货跌价准备16 000元。阳光公司的账务处理如下：

借：生产成本　　140 000

　贷：原材料——A材料　　140 000

如果需要同时结转A材料已计提的跌价准备，则还应进行如下账务处理：

借：存货跌价准备——A材料　　16 000

　贷：生产成本　　16 000

（2）销售发出的存货，以及用于具有商业实质且公允价值能够可靠计量的非货币性资产交换、作为非同一控制下企业合并支付的对价的存货，在结转销售成本的同时，应结转相应的存货跌价准备，借记“存货跌价准备”科目，贷记“主营业务成本”“其他业务成本”等科目。

【例3-29】阳光公司将A材料按178 000元的价格售出，增值税销项税额为23 140元。A材料账面余额185 000元，已计提存货跌价准备23 000元。阳光公司的账务处理如下：

借：银行存款　　201 140

　贷：其他业务收入　　178 000

　　应交税费——应交增值税（销项税额）　　23 140

借：其他业务成本　　185 000

　贷：原材料——A材料　　185 000

借：存货跌价准备——A材料　　23 000
　贷：其他业务成本　　23 000

（3）用于不具有商业实质或公允价值不能够可靠计量的非货币性资产交换、作为同一控制下企业合并支付的对价的存货，在转出存货账面余额的同时，应结转相应的存货跌价准备，即换入资产的入账成本、支付的合并对价，应当以转出存货的账面价值为基础进行计量。

【例3-30】阳光公司以一批甲材料换入一批乙材料。甲材料的账面余额为230 000元，已计提存货跌价准备28 000元。换出甲材料的销项税额和换入乙材料允许抵扣的进项税额分别为34 340元和31 200元，不涉及补价，阳光公司支付材料运杂费1 200元。假定该项交换不具有商业实质。阳光公司的账务处理如下：

换出甲材料账面价值=230 000−28 000=202 000（元）

换入乙材料入账成本=202 000+34 340+1 200−31 200=206 340（元）

借：原材料——乙材料　　206 340
　　应交税费——应交增值税（进项税额）　　31 200
　　存货跌价准备——甲材料　　28 000
　贷：原材料——甲材料　　230 000
　　　应交税费——应交增值税（销项税额）　　34 340
　　　银行存款　　1 200

（4）可变现净值为零的存货，应当将其账面余额全部转销，同时转销相应的存货跌价准备。当存货存在以下情况之一时，表明存货的可变现净值为零：

① 已霉烂变质的存货；

② 已过期且无转让价值的存货；

③ 生产中已不再需要，并且已无使用价值和转让价值的存货；

④ 其他足以证明已无使用价值和转让价值的存货。

【例3-31】阳光公司的库存B材料已霉变，不可再使用，B材料的账面余额为13 000元，已计提存货跌价准备8 000元。阳光公司的账务处理如下：

借：管理费用　　5 000
　　存货跌价准备——B材料　　8 000
　贷：原材料——B材料　　13 000

本节自测

如果存货是按类别计提跌价准备的，在销售以及非货币性资产交换、支付合并对价等转出存货时，应按比例同时结转相应的存货跌价准备。

第六节　存货清查

一、存货清查的意义与方法

存货是企业资产的重要组成部分，且处于不断销售或耗用以及重置之中，具有较强的流动性。为了加强对存货的管理和控制，维护存货的安全完整，企业应当定期或不定期对存货进行实地盘点和抽查，以确定存货的实有数量，并与账面记录进行核对，确保存货账实相符。

存货清查采用实地盘点、账实核对的方法。在每次进行清查盘点前，应将已经收发的存货数量全部登记入账，并准备盘点清册，列明各种存货的编号、名称、规格和存放地点。盘点时，应在盘点清册上逐一登记各种存货的账面结存数量和实存数量，并进行核对。对于账实不符的存货，应查明原因，分清责任，并根据清查结果编制“存货盘存报告单”，作为存货清查的原始凭证。

在进行存货清查盘点时，如果发现存货盘盈或盘亏，应于期末前查明原因，并根据企业的管理权限，报经股东大会、董事会或经理（厂长）会议或者类似机构批准后，在期末结账前处理完毕。

二、存货盘盈与盘亏的会计处理

（一）存货盘盈

存货盘盈，是指存货的实存数量超过账面结存数量的差额。存货发生盘盈，应以相同或类似存货的市场价格作为实际成本及时登记入账，借记“原材料”“周转材料”“库存商品”等科目，贷记“待处理财产损溢——待处理流动资产损溢”科目；待查明原因，报经批准处理后，冲减当期管理费用。

【例3-32】阳光公司在存货清查中发现盘盈一批A材料，市场价格为8 300元。阳光公司的账务处理如下：

（1）发现盘盈。

借：原材料　　8 300

　贷：待处理财产损溢——待处理流动资产损溢　　8 300

（2）报经批准处理。

借：待处理财产损溢——待处理流动资产损溢　　8 300

　贷：管理费用　　8 300

（二）存货盘亏

存货盘亏，是指存货的实存数量少于账面结存数量的差额。存货发生盘亏，应将其账面成本及时转销，借记“待处理财产损溢——待处理流动资产损溢”科目，贷记“原材料”“周转材料”“库存商品”等科目；盘亏存货涉及增值税的，还应进行相应处理。待查明原因，报经批准处理后，根据造成盘亏的原因区别以下情况进行会计处理：

（1）属于定额内自然损耗造成的短缺，计入管理费用；

（2）属于收发计量差错和管理不善等原因造成的短缺或毁损，将扣除可收回的保险公司和过失人赔款以及残料价值后的净损失，计入管理费用；

（3）属于自然灾害或意外事故等非正常原因造成的毁损，将扣除可收回的保险公司和过失人赔款以及残料价值后的净损失，计入营业外支出。

根据增值税的相关规定，非正常损失的购进货物的进项税额和非正常损失的在产品、产成品所耗用的购进货物或应税劳务的进项税额不准予从销项税额中抵扣。

非正常损失，是指因管理不善造成被盗、丢失、霉烂变质的损失。

因地震、台风、海啸等不可抗力造成的货物损毁形成损失，其进项税额可以从销项税额中抵扣，不需要做进项税额转出。

【例3-33】阳光公司在存货清查中发现盘亏一批B材料，账面成本为6 000元。阳光公司的账务处理如下：

（1）发现盘亏。

借：待处理财产损溢——待处理流动资产损溢　　6 000

　贷：原材料　　6 000

（2）查明原因，属于收发计量差错，报经批准处理。

借：管理费用　　6 000

　贷：待处理财产损溢——待处理流动资产损溢　　6 000

本节自测

如果盘盈或盘亏的存货在期末结账前尚未经批准，在对外提供财务报告时，应先按上述方法进行会计处理，并在财务报表附注中予以说明。如果其后批准处理的金额与已处理的金额不一致，应当调整当期财务报表相关项目的年初数。

复习思考题

1. 什么是存货？存货有何特征？如何分类？
2. 如何确定取得存货的初始成本？
3. 发出存货的计价方法有哪些？适用性如何？
4. 什么是计划成本法？计划成本法有哪些主要优点？
5. 什么是存货的可变现净值？确定存货的可变现净值应考虑哪些主要因素？
6. 什么是存货盘盈和存货盘亏？如何进行会计处理？

本章自测

推荐阅读

张修权．数据资源入表新规服务数字经济建设［N］．中国会计报，2023-01-13（001）．

第四章

金融资产

学习目标

1. 了解金融资产的分类及其分类的意义和方法；

2. 重点掌握交易性金融资产的会计处理；

3. 初步掌握债权投资、其他债权投资和其他权益工具投资的会计处理；

4. 了解金融资产信用减值的基本原理，初步掌握金融资产减值的会计处理，重点掌握应收账款坏账准备计提的会计处理；

5. 基本掌握金融资产重分类的会计处理。

第一节　金融资产的内容及分类

一、金融资产的内容

金融是现代经济的重要组成部分，金融对经济发展和繁荣有着巨大的促进和推动作用。经济的发展离不开金融工具的运用和创新。金融工具是指形成一方的金融资产，并形成其他方的金融负债或权益工具的合同。金融工具包括金融资产、金融负债和权益工具。

金融资产一般包括库存现金、银行存款、应收账款、应收票据、债券投资、股权投资和衍生金融工具形成的金融资产。注意：预付账款的未来经济利益是商品或劳务而不是现金或权益工具，因此预付账款不是金融资产。

本章讲解的金融资产仅指《企业会计准则第22号——金融工具确认和计量》中涉及的金融资产，不涉及货币资金和长期股权投资。

二、金融资产的分类

金融资产的分类是对金融资产进行会计处理的基础。根据《企业会计准则第22号——金融工具确认和计量》，企业应当按照其管理金融资产的业务模式和金融资产合同现金流量的特征对金融资产进行分类。企业管理金融资产的业务模式，是指企业如何管理其金融资产以产生现金流量。业务模式决定企业所管理金融资产现金流量的来源是收取合同现金流量、出售金融资产还是两者兼有。金融资产的合同现金流量特征，是指金融工具合同约定的、反映相关金融资产经济特征的现金流量属性，即相关金融资产在特定日期产生的合同现金流量仅为对本金和以未偿付本金金额为基础的利息的支付。

（一）以摊余成本计量的金融资产

金融资产同时符合下列条件的，应当分类为以摊余成本计量的金融资产：

1. 企业管理该金融资产的业务模式是以收取合同现金流量为目标。

2. 该金融资产的合同条款规定，在特定日期产生的现金流量，仅为对本金和以未偿付本金金额为基础的利息的支付。

通常对企业来说，最终通过货币资金偿付本金和利息的各类债权都划分为以摊余成本计量的金融资产。例如，应收账款、应收票据和其他应收款等。再如，银行向客户发放的贷款（含固定利率和浮动利率）、普通债券通常可能符合本金加利息的合同现金流量特征。如果企业管理该债券的业务模式是以收取合同现金流量为目标，则该债券可以分类为以摊余成本计量的金融资产。

企业通常通过设置“应收账款”“应收票据”“其他应收款”“长期应收款”“债权投资”等科目核算以摊余成本计量的金融资产。

（二）以公允价值计量且其变动计入其他综合收益的金融资产

同时符合下列条件的金融资产，应当分类为以公允价值计量且其变动计入其他综合收益的金融资产：

（1）企业管理该金融资产的业务模式既以收取合同现金流量为目标又以出售该金

融资产为目标。例如，企业持有普通债券，如利率合适，企业可能一直持有，每期收取利息，到期收回本金，如果一旦市场利率发生变化或出于其他原因，企业可能打算出售该债券，但是企业持有该债券不是以交易为目的。

（2）该金融资产的合同条款规定，在特定日期产生的现金流量，仅为对本金和以未偿付本金金额为基础的利息的支付。

企业持有的普通债券的合同现金流量是到期收回本金及按约定利率在合同期间按时收取固定或浮动利息的权利。在没有其他特殊安排的情况下，普通债券的合同现金流量一般情况下可能符合仅为对本金和以未偿付本金金额为基础的利息支付的要求。如果企业管理该债券的业务模式以收取合同现金流量和出售该债券为目标，则该债券应当分类为以公允价值计量且其变动计入其他综合收益的金融资产。

权益工具不符合本金加利息的现金流量特征，权益工具不能分类为以摊余成本计量的金融资产。非交易性的权益工具，不是为了近期出售，因此不能分类或指定为以公允价值计量且其变动计入当期损益的金融资产。企业可以将非交易性权益工具投资指定为以公允价值计量且其变动计入其他综合收益的金融资产，并按规定确认股利收入。该指定一经作出，不得撤销。企业投资其他上市公司股票或者非上市公司股权的，都可能属于这种情形。

企业应当设置“其他债权投资”和“其他权益工具投资”科目核算以公允价值计量且其变动计入其他综合收益的金融资产。

（三）以公允价值计量且其变动计入当期损益的金融资产

以摊余成本计量的金融资产和以公允价值计量且其变动计入其他综合收益的金融资产以外的金融资产，应当分类为或指定为以公允价值计量且其变动计入当期损益的金融资产。

1.分类为以公允价值计量且其变动计入当期损益的金融资产

企业管理该类金融资产的业务模式是以近期（通常为1年内）出售以获取现金流量，即企业持有该金融资产的目的是交易性的。

金融资产满足下列条件之一的，表明企业持有该金融资产的目的是交易性的：

（1）取得相关金融资产的目的主要是近期出售或回购。例如，企业以赚取差价为目的从二级市场购入的股票、债券和基金等，或者发行人根据债务工具的公允价值变动计划在近期回购的、有公开市场报价的债务工具。

（2）相关金融资产在初始确认时属于集中管理的可辨认金融工具组合的一部分，且有客观证据表明近期实际存在短期获利模式。在这种情况下，即使组合中有某个组成项目持有的期限稍长也不受影响。

（3）相关金融资产或金融负债属于衍生工具。但符合财务担保合同定义的衍生工具以及被指定为有效套期工具的衍生工具除外。

2.指定为以公允价值计量且其变动计入当期损益的金融资产

在初始确认时，如果能够消除或显著减少会计错配，企业可以将金融资产指定为以公允价值计量且其变动计入当期损益的金融资产。该指定一经作出，不得撤销。

本节自测

企业应当设置“交易性金融资产”科目核算分类为以公允价值计量且其变动计入当期损益的金融资产和指定为以公允价值计量且其变动计入当期损益的金融资产。

第二节 以公允价值计量且其变动计入当期损益的金融资产

一、以公允价值计量且其变动计入当期损益的金融资产的初始计量

企业应当设置“交易性金融资产”科目核算分类为以公允价值计量且其变动计入当期损益的金融资产和指定为以公允价值计量且其变动计入当期损益的金融资产，并按照交易性金融资产的类别和品种，设置“成本”“公允价值变动”明细科目进行明细核算。其中“成本”明细科目反映交易性金融资产的初始确认金额，按照取得时的公允价值计量；“公允价值变动”明细科目反映交易性金融资产在持有期间的公允价值变动金额。

交易性金融资产应当按照取得时的公允价值作为初始入账金额，相关交易费用直接计入当期损益。其中，交易费用是指可直接归属于购买、发行或处置金融工具新增的外部费用，包括支付给代理机构、咨询公司、券商等的手续费和佣金及其他必要支出。但实际支付的价款中所包含的已宣告但尚未发放的现金股利或已到付息期但尚未领取的债券利息，应当单独确认为应收项目，不计入交易性金融资产的初始确认金额。

企业取得交易性金融资产时，按其公允价值，借记“交易性金融资产——成本”科目，按发生的交易费用，借记“投资收益”科目，按已宣告但尚未发放的现金股利或已到付息期但尚未领取的债券利息，借记“应收股利”或“应收利息”科目，按实际支付的金额，贷记“银行存款”等科目。

【例4-1】2×23年3月15日阳光公司以每股6.5元的价格从二级市场购入华联公司的股票10 000股，华联公司已于3月10日宣告每股发放0.3元的现金股利，阳光公司另支付720元的交易费用。阳光公司将该股票分类为以公允价值计量且其变动计入当期损益的金融资产。阳光公司的账务处理如下：

（1）购入股票，支付相关交易费用。

借：交易性金融资产——华联公司股票（成本）	62 000
应收股利	3 000
投资收益	720
贷：银行存款	65 720

（2）华联公司于2×23年4月20日实际发放现金股利，阳光公司收到现金股利。

借：银行存款	3 000
贷：应收股利	3 000

【例4-2】2×23年1月1日阳光公司支付10 600元（包含500元已到付息期但尚未支付的利息）自二级市场购入A公司于2×22年1月1日发行的债券，面值10 000元，3年期，票面利率为5%，每年1月10日付息，另支付手续费150元。阳光公司将该债券分类为以公允价值计量且其变动计入当期损益的金融资产。阳光公司的账务处理如下：

(1) 购入债券，支付相关手续费。

借：交易性金融资产——A公司债券（成本） 10 100

应收利息 500

投资收益 150

贷：银行存款 10 750

(2) 2×23年1月10日阳光公司收到利息。

借：银行存款 500

贷：应收利息 500

二、以公允价值计量且其变动计入当期损益的金融资产持有收益的确认

企业持有的以公允价值计量且其变动计入当期损益的金融资产，如果是股票，应在被投资单位宣告发放现金股利时，借记“应收股利”科目，贷记“投资收益”科目；收到现金股利时，借记“银行存款”科目，贷记“应收股利”科目。如果是债券，应在资产负债表日或付息日计提债券利息，借记“应收利息”科目，贷记“投资收益”科目；收到债券利息时，借记“银行存款”科目，贷记“应收利息”科目。

【例4-3】沿用【例4-1】的资料，2×23年9月10日，华联公司宣告每股发放现金股利0.4元，并于2×23年10月10日实际发放。阳光公司的账务处理如下：

(1) 2×23年9月10日宣告发放时：

借：应收股利 4 000

贷：投资收益 4 000

(1) 2×23年10月10日实际发放时：

借：银行存款 4 000

贷：应收股利 4 000

【例4-4】沿用【例4-2】的资料，2×23年12月31日，阳光公司确认持有A公司债券2×23年的债券利息。阳光公司的账务处理如下：

(1) 2×23年12月31日，确认利息。

借：应收利息 500

贷：投资收益 500

(2) 2×24年1月10日，付息日，收到利息。

借：银行存款 500

贷：应收利息 500

三、以公允价值计量且其变动计入当期损益的金融资产的期末计量

以公允价值计量且其变动计入当期损益的金融资产，在资产负债表日，按照公允价值进行二次确认，公允价值与账面价值之间的差额计入当期损益，即公允价值变动损益。按照期末公允价值大于账面价值的差额，借记“交易性金融资产——公允价值变动”科目，贷记“公允价值变动损益”科目；按照期末公允价值小于账面价值的差额，借记“公允价值变动损益”科目，贷记“交易性金融资产——公允价值变动”科目。

【例4-5】沿用【例4-1】和【例4-3】的资料，2×23年12月31日，华联公司股

票每股收盘价为7元。阳光公司的账务处理如下：

借：交易性金融资产——华联公司股票（公允价值变动）　8 000

　贷：公允价值变动损益　8 000

【例4-6】沿用【例4-2】和【例4-4】的资料，2×23年12月31日，阳光公司持有A公司债券的公允价值为10 300元。阳光公司的账务处理如下：

借：交易性金融资产——A公司债券（公允价值变动）　200

　贷：公允价值变动损益　200

四、以公允价值计量且其变动计入当期损益的金融资产的终止确认

以公允价值计量且其变动计入当期损益的金融资产处置或出售时应当予以终止确认，主要解决该类金融资产处置的损益问题，应按出售该类金融资产实际收到的价款，减去所处置该类金融资产账面余额后的差额，确认投资收益。如果出售该类金融资产时，已计入应收项目的现金股利或债券利息尚未收回，还应先从实际收到的价款中扣除该部分现金股利或债券利息之后，再确认处置损益。

处置交易性金融资产时，应按实际收到的处置价款，借记“银行存款”科目，按该交易性金融资产的初始入账金额，贷记“交易性金融资产——成本”科目，按该项交易性金融资产的累计公允价值变动金额，贷记或借记“交易性金融资产——公允价值变动”科目，按已计入应收项目但尚未收回的现金股利或债券利息，贷记“应收股利”或“应收利息”科目，按上列差额，贷记或借记“投资收益”科目。

【例4-7】沿用【例4-5】的资料，2×24年2月15日，阳光公司将持有的华联公司股票出售，出售价款扣除交易费用后的净额为75 000元。阳光公司的账务处理如下：

借：银行存款　75 000

　贷：交易性金融资产——华联公司股票（成本）　62 000

　　　　　　　　　——华联公司股票（公允价值变动）　8 000

　　投资收益　5 000

【例4-8】沿用【例4-6】的资料，2×24年2月10日，阳光公司将持有的A公司债券以10 450元（扣除交易费用后的净额）的价格出售。

借：银行存款　10 450

　贷：交易性金融资产——A公司债券（成本）　10 100

　　　　　　　　　——A公司债券（公允价值变动）　200

　　投资收益　150

【例4-9】2×22年1月1日，阳光公司从二级市场购入A公司债券，分类为以公允价值计量且其变动计入当期损益的金融资产，债券面值1 000 000元，票面利率6%，取得时支付价款1 035 000元（含已到付息期但尚未领取的利息30 000元），另支付交易费用2 000元，剩余期限为2年，每半年付息一次。其他资料如下：（1）2×22年1月5日，收到该债券2×21年下半年利息30 000元；（2）2×22年6月30日，该债券的公允价值为1 013 000元（不含利息）；（3）2×22年7月5日，收到该债券2×22年上半年利息；（4）2×22年12月31日，该债券的公允价值为1 010 000元（不含利息）；

（5）2×23年1月5日，收到该债券2×22年下半年利息30 000元；（6）2×23年1月10日，阳光公司将该债券全部出售，取得价款1 025 000元。阳光公司的账务处理如下：

（1）2×22年1月1日，购入A公司债券。

借：交易性金融资产——A公司债券（成本）　1 005 000
　　应收利息　30 000
　　投资收益　2 000
　贷：银行存款　1 037 000

2×22年1月5日，收到最初支付价款中包含的2×21年下半年利息。

借：银行存款　30 000
　贷：应收利息　30 000

（2）2×22年6月30日，确认2×22年上半年利息和公允价值变动。

借：应收利息　30 000
　贷：投资收益　30 000
借：交易性金融资产——A公司债券（公允价值变动）　8 000
　贷：公允价值变动损益　8 000

（3）2×22年7月5日，收到2×22年上半年利息。

借：银行存款　30 000
　贷：应收利息　30 000

（4）2×22年12月31日，确认2×22年下半年利息和公允价值变动。

借：应收利息　30 000
　贷：投资收益　30 000
借：公允价值变动损益　3 000
　贷：交易性金融资产——A公司债券（公允价值变动）　3 000

（5）2×23年1月5日，收到2×22年下半年利息。

借：银行存款　30 000
　贷：应收利息　30 000

（6）2×23年1月10日，阳光公司将该债券全部出售。

借：银行存款　1 025 000
　贷：交易性金融资产——A公司债券（成本）　1 005 000
　　　　　　　　　——A公司债券（公允价值变动）　5 000
　　投资收益　15 000

本节自测

第三节　以摊余成本计量的金融资产

以摊余成本计量的金融资产，从会计核算角度，可以进一步分类为债权投资和应收款项，应分别设置“债权投资”、“应收账款”、“应收票据”和“其他应收款”等科目进行核算。

一、债权投资

债权投资是指企业以购买债券方式进行投资，分期或到期一次性向债券发行单位收取利息和收回本金的投资方式。企业应设置“债权投资”一级科目，按照债券的种类和类别，分别设置“成本”、“利息调整”和“应计利息”（到期一次性还本付息的债券）明细科目进行明细核算。其中“成本”明细科目反映债券的面值；“利息调整”明细科目反映初始投资成本（初始入账金额）与面值（“成本”）的差额，以及按实际利率法分期摊销后该差额的摊销余额；“应计利息”明细科目反映一次性还本付息债券每个资产负债表日计提的利息。

（一）债权投资的初始计量

债权投资应按照取得时的公允价值和交易费用作为初始入账金额或初始投资成本。初始入账金额（初始投资成本）就是明细科目“成本”（面值）、“利息调整”与“应计利息”（一次性还本付息债券）之和。按照支付的价款中包含的已到付息期但尚未支付的利息，借记“应收利息”科目。值得提醒的是，对于分期付息的债券，上一次计息日到购买日的利息应记入“应收利息”科目；对于一次性还本付息的债券，债券发行日到购买日的利息应记入“应计利息”明细科目。

企业取得债权投资时，应按该投资的面值，借记“债权投资——成本”科目；如果该投资是分期付息、一次还本的债券，按支付的价款中包含的已到付息期但尚未领取的利息或上一次计息日到购买日的利息，借记“应收利息”科目；如果该投资是到期一次性还本付息的债券，则按债券发行日到购买日的利息，借记“债权投资——应计利息”科目；按实际支付的金额，贷记“银行存款”等科目；按其差额，借记或贷记“债权投资——利息调整”科目。收到支付的价款中包含的已到付息期但尚未领取的利息或上一次计息日到购买日的利息时，借记“银行存款”科目，贷记“应收利息”科目。

【例4-10】 2×23年1月1日，阳光公司自二级市场购入A公司债券，该债券于2×22年1月1日发行，每年1月10日付息，5年期，票面利率6%，面值1 000 000元。购买价款1 070 000元（含2×22年的利息），另支付交易费用1 000元。阳光公司的账务处理如下：

（1）2×23年1月1日，购买债券时：

借：债权投资——成本（面值）	1 000 000	
——利息调整	11 000	
应收利息	60 000	
贷：银行存款		1 071 000

（2）收到债券包含的2×22年的利息时：

借：银行存款	60 000	
贷：应收利息		60 000

【例4-11】 2×23年7月1日阳光公司自二级市场购入A公司债券，该债券于2×22年1月1日发行，每年1月10日付息，5年期，票面利率6%，面值1 000 000元。购买价款1 050 000元（含2×23年1—6月的利息），另支付交易费用1 000元。阳光公司的

账务处理如下：

自上一计息日到购买日的利息=1 000 000×6%÷12×6=30 000（元）

借：债权投资——成本（面值）　1 000 000

——利息调整　21 000

应收利息　30 000

贷：银行存款　1 051 000

【例4-12】2×23年7月1日阳光公司自二级市场购入A公司债券，该债券于2×22年1月1日发行，到期一次性还本付息，5年期，票面利率6%，面值1 000 000元。购买价款1 120 000元（含2×22年及2×23年1—6月的利息），另支付交易费用1 000元。阳光公司的账务处理如下：

自发行日到购买日累计应计利息=1 000 000×6%÷12×18=90 000（元）

借：债权投资——成本（面值）　1 000 000

——应计利息　90 000

——利息调整　31 000

贷：银行存款　1 121 000

（二）债权投资利息收入的确认与计量

1.债券的溢价、平价和折价

公司债券的发行方式有三种，即平价发行、溢价发行、折价发行。假设其他条件不变，债券的票面利率高于同期市场利率时，可按超过债券面值的价格发行，称为溢价发行。溢价是企业以后各期多付利息而事先得到的补偿。对于债券购买者来说，初始的溢价购入会在以后期间多获得利息而得到补偿。如果债券的票面利率低于同期市场利率，可按低于债券面值的价格发行，称为折价发行。折价是企业以后各期少付利息而预先给投资者的补偿。对于债券购买者来说，初始的折价购入是以后各期少收到利息而事先得到的补偿。如果债券的票面利率与同期市场利率相同，可按票面价格发行，称为平价发行。溢价或折价是发行债券企业在债券存续期间内对利息费用的一种调整。

2.利息收入的确认与计量

企业溢价购入债券，后期会多收到利息以补偿其溢价，因此，债权投资每期收到的利息，有一部分是为了补偿债券购入成本，这一部分不是真正意义上的利息收入，而是债券初始投资成本的补偿。每期债权投资的利息收入采用实际利率法确认。

（1）账面余额与摊余成本

以摊余成本计量的金融资产的账面余额就是一级科目“债权投资”的账面实际余额，即“债权投资——成本”、“债权投资——利息调整”和“债权投资——应计利息”科目账面余额之和。

债权投资的摊余成本是指金融资产的初始入账金额经下列调整后的金额：

① 扣除已偿还的本金。

② 加上或减去采用实际利率法将该初始确认金额与到期日金额之间的差额进行摊销形成的累计摊销额。

③ 扣除计提的累计信用减值准备（仅适用于金融资产）。

在会计处理上，以摊余成本计量的金融资产发生的信用减值通过“债权投资减值准备”科目进行核算。账面余额与摊余成本的关系如下：

摊余成本=账面余额-债权投资减值准备

（2）实际利率与经信用调整的实际利率

实际利率是指金融资产在预计存续期的估计未来现金流量折现为该金融资产账面余额（不考虑减值）所使用的利率。在确定实际利率时，应当在考虑金融资产所有合同条款（如提前还款、展期、看涨期权或其他类似期权等）的基础上估计预期现金流量，但不应当考虑预期信用损失。

初始确认时未发生信用减值的债权投资，应按照实际利率进行利息收入确认和计量。

经信用调整的实际利率，是指将购入或源生的已发生信用减值的金融资产在预计存续期的估计未来现金流量，折现为该金融资产摊余成本的利率。在确定经信用调整的实际利率时，应当在考虑金融资产的所有合同条款（例如提前还款、展期、看涨期权或其他类似期权等）以及初始预期信用损失的基础上估计预期现金流量。

初始确认时已发生信用减值的债权投资，应按照经信用调整的实际利率对利息收入进行确认和计量。

（3）实际利率法

实际利率法是指以实际利率（或经信用调整的实际利率）为基础确定金融资产的账面余额（或摊余成本）以及将利息收入计入各会计期间的方法。

对于没有发生信用减值的债权投资，采用实际利率法确认利息收入并确定账面余额的程序如下：

① 以债权投资的面值乘以票面利率确定应收利息或应计利息。

② 以债权投资的账面余额乘以实际利率确定利息收入（总额法，投资收益）。

③ 以债权投资的利息收入与应收利息（或应计利息）的差额作为利息调整摊销。

④ 债权投资的账面余额就是“债权投资”科目的余额，即“成本”“利息调整”“应计利息”三个明细科目余额之和。账面余额的计算必须以每期都采用总额法计算利息收入为基础。

（三）分期付息的债券利息收入的确认与计量

以摊余成本计量的金融资产，对于分期付息的债券，其利息收入的确认与计量的会计处理如下：

付息日或资产负债表日，按照以债权投资的面值和票面利率计算确定的应收利息，借记“应收利息”科目，按照以债权投资的账面余额（或摊余成本）和实际利率计算确定的利息收入，贷记“投资收益”科目，按其差额，借记或贷记“债权投资——利息调整”科目。收到上述应计未收的利息时，借记“银行存款”科目，贷记“应收利息”科目。

注：对于已发生信用减值的债权投资，上述“投资收益”=摊余成本×实际利率；对于未计提预期信用损失准备的债权投资和已计提预期信用损失准备但尚未发生信用减值的债权投资，“投资收益”=账面余额×实际利率，有关信用减值的内容将在本章第六节中讲解。

【例 4-13】 2×22 年 1 月 1 日阳光公司购入 A 公司当日发行的债券，面值 1 000 000

元，5年期，票面利率6%，每年1月10日付息，到期还本。购买价款1 024 000元，另支付手续费1 600元。阳光公司将该债券分类为以摊余成本计量的金融资产。阳光公司的账务处理如下：

2×22年1月1日，购入债券：

借：债权投资——成本（面值）　　1 000 000

　　　　　　——利息调整　　25 600

　贷：银行存款　　1 025 600

（1）计算实际利率

该项债权投资未来5年每年收到60 000元（1 000 000×6%）利息，到期收到1 000 000元本金。假设实际利率为r，摊余成本=1 000 000+25 600=1 025 600（元），则：

1 025 600=60 000×（P/A，r，5）+1 000 000×（P/F，r，5）

其中，（P/A，r，5）表示5年期、利率为r的年金现值系数，（P/F，r，5）表示5年期、利率为r的复利现值系数。

该项债权投资的初始投资成本（摊余成本）1 025 600元高于面值，则属于溢价购入，实际利率应低于票面利率。（P/A，5%，5）=4.3295，（P/A，6%，5）=4.2124，（P/F，5%，5）=0.7835，（P/F，6%，5）=0.7473。

当折现率为5%时，利息和面值的现值=60 000×4.3295+1 000 000×0.7835=1 043 270（元）

当折现率为6%时，利息和面值的现值=60 000×4.2124+1 000 000×0.7473=1 000 044（元）

因为，1 000 044<1 025 600<1 043 270，所以，实际利率r介于5%与6%之间。使用插值法计算实际利率如下：

实际利率=5%+（6%−5%）×（1 025 600−1 043 270）÷（1 000 044−1 043 270）=5.4%

（2）计算利息收入

阳光公司采用实际利率法编制利息收入与摊余成本计算表，见表4-1。

表4-1　**利息收入与摊余成本计算表**　金额单位：元

日期	应收利息	实际利率	利息收入	利息调整摊销	摊余成本
2×22年1月1日					1 025 600
2×22年12月31日	60 000	5.4%	55 382	4 618	1 020 982
2×23年12月31日	60 000	5.4%	55 133	4 867	1 016 115
2×24年12月31日	60 000	5.4%	54 870	5 130	1 010 985
2×25年12月31日	60 000	5.4%	54 593	5 407	1 005 578
2×26年12月31日	60 000	5.4%	54 422	5 578	1 000 000
合计	300 000		274 400	25 600	

注：考虑由于四舍五入导致的计算尾差，2×26年12月31日利息调整摊销是倒挤的，2×26年12月31日利息调整摊销=25 600−4 618−4 867−5 130−5 407=5 578（元），利息收入=60 000−5 578=54 422（元）。

（3）利息收入确认的会计处理

①2×22年12月31日，确认利息收入。

借：应收利息　　60 000

贷：投资收益　55 382

　　债权投资——利息调整　4 618

②2×23年1月10日，收到利息。

借：银行存款　60 000

　贷：应收利息　60 000

③2×23年12月31日，确认利息收入。

借：应收利息　60 000

　贷：投资收益　55 133

　　债权投资——利息调整　4 867

④2×24年1月10日，收到利息。

借：银行存款　60 000

　贷：应收利息　60 000

⑤2×24年12月31日，确认利息收入。

借：应收利息　60 000

　贷：投资收益　54 870

　　债权投资——利息调整　5 130

⑥2×25年1月10日，收到利息。

借：银行存款　60 000

　贷：应收利息　60 000

⑦2×25年12月31日，确认利息收入。

借：应收利息　60 000

　贷：投资收益　54 593

　　债权投资——利息调整　5 407

⑧2×26年1月10日，收到利息。

借：银行存款　60 000

　贷：应收利息　60 000

⑨2×26年12月31日，确认利息收入。

借：应收利息　60 000

　贷：投资收益　54 422

　　债权投资——利息调整　5 578

⑩2×27年1月10日，收到本金和利息。

借：银行存款　1 060 000

　贷：应收利息　60 000

　　债权投资——成本（面值）　1 000 000

【例4-14】2×22年1月1日阳光公司购入B公司当日发行的债券，面值1 000 000元，5年期，票面利率5%，每年1月10日付息，到期还本。购买价款974 000元，另支付手续费1 600元。阳光公司将该债券分类为以摊余成本计量的金融资产。阳光公司的账务处理如下：

2×22年1月1日，购入债券：

借：债权投资——成本（面值） 1 000 000

贷：银行存款 975 600

债权投资——利息调整 24 400

（1）计算实际利率

该项债权投资未来5年每年收到50 000元（1 000 000×5%）利息，到期收到1 000 000元本金。假设实际利率为r，摊余成本=1 000 000-24 400=975 600（元），则：

975 600=50 000×（P/A，r，5）+1 000 000×（P/F，r，5）

其中，（P/A，r，5）表示5年期、利率为r的年金现值系数，（P/F，r，5）表示5年期、利率为r的复利现值系数。

该项债权投资的初始投资成本（摊余成本）975 600元低于面值，则属于折价购入，实际利率应高于票面利率。（P/A，5%，5）=4.3295，（P/A，6%，5）=4.2124，（P/F，5%，5）=0.7835，（P/F，6%，5）=0.7473。

当折现率为5%时，利息和面值的现值=50 000×4.3295+1 000 000×0.7835=999 975（元）

当折现率为6%时，利息和面值的现值=50 000×4.2124+1 000 000×0.7473=957 920（元）

因为，957 920<975 600<999 975，所以，实际利率r介于5%与6%之间。使用插值法计算实际利率如下：

实际利率=5%+（6%-5%）×（975 600-999 975）÷（957 920-999 975）=5.58%

（2）计算利息收入

阳光公司采用实际利率法编制利息收入与摊余成本计算表，见表4-2。

表4-2 利息收入与摊余成本计算表 金额单位：元

日期	应收利息	实际利率	利息收入	利息调整摊销	摊余成本
2×22年1月1日					975 600
2×22年12月31日	50 000	5.58%	54 438	4 438	980 038
2×23年12月31日	50 000	5.58%	54 686	4 686	984 724
2×24年12月31日	50 000	5.58%	54 948	4 948	989 672
2×25年12月31日	50 000	5.58%	55 224	5 224	994 896
2×26年12月31日	50 000	5.58%	55 104	5 104	1 000 000
合计	250 000		274 400	24 400	

注：考虑由于四舍五入导致的计算尾差，2×26年12月31日利息调整摊销是倒挤的，2×26年12月31日利息调整摊销=24 400-4 438-4 686-4 948-5 224=5 104（元），利息收入=50 000+5 104=55 104（元）。

（3）利息收入确认的会计处理

①2×22年12月31日，确认利息收入。

借：应收利息 50 000

债权投资——利息调整 4 438

贷：投资收益 54 438

②2×23年1月10日，收到利息。

借：银行存款 50 000

贷：应收利息 50 000

③2×23年12月31日，确认利息收入。

借：应收利息　50 000

　　债权投资——利息调整　4 686

　贷：投资收益　54 686

④2×24年1月10日，收到利息。

借：银行存款　50 000

　贷：应收利息　50 000

⑤2×24年12月31日，确认利息收入。

借：应收利息　50 000

　　债权投资——利息调整　4 948

　贷：投资收益　54 948

⑥2×25年1月10日，收到利息。

借：银行存款　50 000

　贷：应收利息　50 000

⑦2×25年12月31日，确认利息收入。

借：应收利息　50 000

　　债权投资——利息调整　5 224

　贷：投资收益　55 224

⑧2×26年1月10日，收到利息。

借：银行存款　50 000

　贷：应收利息　50 000

⑨2×26年12月31日，确认利息收入。

借：应收利息　50 000

　　债权投资——利息调整　5 104

　贷：投资收益　55 104

⑩2×27年1月10日，收到本金和利息。

借：银行存款　1 050 000

　贷：应收利息　50 000

　　　债权投资——成本（面值）　1 000 000

（四）到期一次性还本付息的利息收入确认与计量

以摊余成本计量的金融资产，对于到期一次性还本付息的债券的利息收入确认与计量的会计处理如下：

资产负债表日，按照以债权投资的面值和票面利率计算确定的应收利息，借记“债权投资——应计利息”科目，按照以债权投资的账面余额（或摊余成本）和实际利率计算确定的利息收入，贷记“投资收益”科目，按其差额，借记或贷记“债权投资——利息调整”科目。

注：对于已发生信用减值的债权投资，上述“投资收益”=摊余成本×实际利率；对于未计提预期信用损失准备的债权投资和已计提预期信用损失准备但尚未发生信用减值的债权投资，“投资收益”=账面余额×实际利率，有关信用减值的内容将在本章

第六节中讲解。

【例4–15】沿用【例4–13】的资料，由分期付息改成到期一次性还本付息，其他条件不变。阳光公司的账务处理如下：

2×22年1月1日，取得债权投资：

借：债权投资——成本（面值）　　1 000 000

　　　　　　——利息调整　　25 600

　贷：银行存款　　1 025 600

（1）计算实际利率

1 025 600=1 000 000×（P/F，r，5）+1 000 000×6%×5×（P/F，r，5）

　　　　=1 300 000×（P/F，r，5）

则，r=4.86%

（2）计算利息收入

阳光公司采用实际利率法编制利息收入与摊余成本计算表，见表4–3。

表4–3　**利息收入与摊余成本计算表**　金额单位：元

日期	应计利息	实际利率	利息收入	利息调整摊销	摊余成本
2×22年1月1日					1 025 600
2×22年12月31日	60 000	4.86%	49 844	10 156	1 075 444
2×23年12月31日	60 000	4.86%	52 267	7 733	1 127 711
2×24年12月31日	60 000	4.86%	54 807	5 193	1 182 518
2×25年12月31日	60 000	4.86%	57 470	2 530	1 239 988
2×26年12月31日	60 000	4.86%	60 012	–12	1 300 000
合计	300 000		274 400	25 600	

注：考虑由于四舍五入导致的计算尾差，2×26年12月31日利息调整摊销是倒挤的，2×26年12月31日利息调整摊销=25 600–10 156–7 733–5 193–2 530=–12（元），利息收入=60 000–（–12）=60 012（元）。

（3）利息收入确认的会计处理

①2×22年12月31日，确认利息收入。

借：债权投资——应计利息　　60 000

　贷：投资收益　　49 844

　　　债权投资——利息调整　　10 156

②2×23年12月31日，确认利息收入。

借：债权投资——应计利息　　60 000

　贷：投资收益　　52 267

　　　债权投资——利息调整　　7 733

③2×24年12月31日，确认利息收入。

借：债权投资——应计利息　　60 000

　贷：投资收益　　54 807

　　　债权投资——利息调整　　5 193

④2×25年12月31日，确认利息收入。

借：债权投资——应计利息　60 000
　贷：投资收益　57 470
　　　债权投资——利息调整　2 530

⑤2×26年12月31日，确认利息收入。

借：债权投资——应计利息　60 000
　贷：投资收益　60 012
　　　债权投资——利息调整　-12

⑥2×27年1月1日，收到本金和利息。

借：银行存款　1 300 000
　贷：债权投资——成本（面值）　1 000 000
　　　　　　　——应计利息　300 000

【例4-16】 2×22年1月1日阳光公司购入C公司当日发行的债券，面值1 000 000元，5年期，票面利率5%，到期一次性还本付息。购买价款960 000元，另支付手续费1 600元。阳光公司将该债券分类为以摊余成本计量的金融资产。阳光公司的账务处理如下：

2×22年1月1日，取得债券：

借：债权投资——成本（面值）　1 000 000
　贷：银行存款　961 600
　　　债权投资——利息调整　38 400

（1）计算实际利率

961 600=1 000 000×（P/F，r，5）+1 000 000×5%×5×（P/F，r，5）
　　　=1 250 000×（P/F，r，5）

则，r=5.39%

（2）计算利息收入

阳光公司采用实际利率法编制利息收入与摊余成本计算表，见表4-4。

表4-4　**利息收入与摊余成本计算表**　金额单位：元

日期	应计利息	实际利率	利息收入	利息调整摊销	摊余成本
2×22年1月1日					961 600
2×22年12月31日	50 000	5.39%	51 830	1 830	1 013 430
2×23年12月31日	50 000	5.39%	54 624	4 624	1 068 054
2×24年12月31日	50 000	5.39%	57 568	7 568	1 125 622
2×25年12月31日	50 000	5.39%	60 671	10 671	1 186 293
2×26年12月31日	50 000	5.39%	63 707	13 707	1 250 000
合计	250 000		288 400	38 400	

注：考虑由于四舍五入导致的计算尾差，2×26年12月31日利息调整摊销是倒挤的，2×26年12月31日利息调整摊销=38 400-1 830-4 624-7 568-10 671=13 707（元），利息收入=50 000+13 707=63 707（元）。

（3）利息收入确认的会计处理

①2×22年12月31日，确认利息收入。

借：债权投资——应计利息　50 000
　　　　　　——利息调整　1 830
　贷：投资收益　51 830

②2×23年12月31日，确认利息收入。

借：债权投资——应计利息　50 000
　　　　　　——利息调整　4 624
　贷：投资收益　54 624

③2×24年12月31日，确认利息收入。

借：债权投资——应计利息　50 000
　　　　　　——利息调整　7 568
　贷：投资收益　57 568

④2×25年12月31日，确认利息收入。

借：债权投资——应计利息　50 000
　　　　　　——利息调整　10 671
　贷：投资收益　60 671

⑤2×26年12月31日，确认利息收入。

借：债权投资——应计利息　50 000
　　　　　　——利息调整　13 707
　贷：投资收益　63 707

⑥2×27年1月1日，收到本金和利息。

借：银行存款　1 250 000
　贷：债权投资——成本　1 000 000
　　　　　　　——应计利息　250 000

（五）可提前赎回的债券利息收入的确认与计量

以摊余成本计量的金融资产的账面余额应等于未来现金流经实际利率折现的金额。以摊余成本计量的金融资产如果是附有可提前赎回条款的债券，发行债券企业一旦提出提前赎回计划时或持有债券企业预计发行债券企业将会提前赎回部分或全部债券时，该金融资产的未来现金流会发生变化，企业应相应调整债券的期初余额，以保证债券的期初余额等于未来现金流经实际利率折现的金额。调整后的期初余额与调整前的期初余额之差计入当期损益，即投资收益。

【例4-17】 沿用【例4-13】的资料，根据合同约定，A公司可以提前赎回部分或全部债券，且不需要为提前赎回支付额外款项。2×24年1月1日，A公司发布提前赎回债券的公告，将于2×24年12月31日赎回债券面值总额的50%，剩余50%的债券到期赎回。

2×24年1月1日，未来现金流为2×24年12月31日500 000元本金和相应30 000元利息，2×24年12月31日、2×25年12月31日和2×26年12月31日各30 000元利息和2×26年12月31日500 000元本金。

期初调整后账面余额=530 000×（P/F，5.4%，1）+500 000×（P/F，5.4%，3）+30 000×（P/A，5.4%，3）=502 846+427 020+81 090=1 010 956（元），期初调整前的

账面余额为1 016 115元，差额为5 159元（1 016 115−1 010 956）。

阳光公司采用实际利率法编制利息收入与调整后的摊余成本计算表，见表4−5。

表4−5 **利息收入与调整后的摊余成本计算表** 金额单位：元

日期	应收利息	实际利率	利息收入	利息调整摊销	摊余成本
2×24年1月1日					1 010 956
2×24年12月31日	60 000	5.4%	54 592	5 408	1 005 548
赎回50%本金后					505 548
2×25年12月31日	30 000	5.4%	27 300	2 700	502 848
2×26年12月31日	30 000	5.4%	27 152	2 848	500 000
合计	120 000				

注：考虑由于四舍五入导致的计算尾差，2×26年12月31日利息调整摊销是倒挤的，2×26年12月31日利息调整摊销=10 956−5 408−2 700=2 848（元），利息收入=30 000−2 848=27 152（元）。

①2×24年1月1日会计处理如下：

借：投资收益 5 159

  贷：债权投资——利息调整 5 159

②2×24年12月31日，确认利息收入。

利息收入=摊余成本×实际利率=1 010 956×5.4%=54 592（元）

借：应收利息 60 000

  贷：投资收益 54 592

    债权投资——利息调整 5 408

收到利息和提前赎回本金：

借：银行存款 560 000

  贷：债权投资——成本（面值） 500 000

    应收利息 60 000

③2×25年12月31日：

借：应收利息 30 000

  贷：投资收益 27 300

    债权投资——利息调整 2 700

收到利息：

借：银行存款 30 000

  贷：应收利息 30 000

④2×26年12月31日：

借：应收利息 30 000

  贷：投资收益 27 152

    债权投资——利息调整 2 848

收到利息：

借：银行存款 30 000

  贷：应收利息 30 000

（六）债权投资的处置

通常情况下，企业持有债权投资的意图是持有至到期收回本金和利息，但是情况发生变化时，企业持有债权投资的意图发生变化，企业会处置全部或部分债权投资。企业处置债权投资时，应将处置价款与债权投资的账面价值之间的差额计入当期损益，即投资收益。债权投资的账面价值就是债权投资的账面余额扣除债权投资的减值准备后的金额。

企业处置债权投资时，应按实际收到的处置价款，借记"银行存款"科目；按债权投资的面值，贷记"债权投资——成本"科目；按应计未收的利息，贷记"应收利息"科目（分期付息）或"债权投资——应计利息"科目（一次性还本付息）；按利息调整摊余金额，贷记或借记"债权投资——利息调整"科目；按上列差额，贷记或借记"投资收益"科目。

【例4-18】 沿用【例4-13】的资料，2×24年1月5日，阳光公司改变持有A公司债券的意图，出售该债券，获得价款1 080 000元（已扣除交易费用）。由【例4-13】可知，处置时，"债权投资——成本（面值）"科目余额为1 000 000元，"债权投资——利息调整"科目余额为16 115元。阳光公司的账务处理如下：

借：银行存款	1 080 000	
贷：债权投资——成本（面值）		1 000 000
——利息调整		16 115
应收利息		60 000
投资收益		3 885

【例4-19】 沿用【例4-14】的资料，2×25年1月8日，阳光公司改变持有B公司债券的意图，出售该债券，获得价款1 035 000元（已扣除交易费用）。由【例4-14】可知，处置时，"债权投资——成本（面值）"科目余额为1 000 000元，"债权投资——利息调整"科目余额为10 328元（贷方）。阳光公司的账务处理如下：

借：银行存款	1 035 000	
债权投资——利息调整	10 328	
投资收益	4 672	
贷：债权投资——成本（面值）		1 000 000
应收利息		50 000

【例4-20】 沿用【例4-15】的资料，2×24年3月5日，阳光公司改变持有A公司债券的意图，出售该债券，获得价款1 140 000元（已扣除交易费用）。处置时，"债权投资——成本（面值）"科目余额为1 000 000元，"债权投资——利息调整"科目余额为7 711元（借方），"债权投资——应计利息"科目余额为120 000元。阳光公司的账务处理如下：

借：银行存款（处置价款）	1 140 000	
贷：债权投资——成本（面值）		1 000 000
——利息调整		7 711
——应计利息		120 000
投资收益		12 289

【例40-21】沿用【例4-16】的资料，2×25年4月10日，阳光公司改变持有C公司债券的意图，出售该债券，获得价款1 130 000元（已扣除交易费用）。处置时，“债权投资——成本（面值）”科目余额为1 000 000元，“债权投资——利息调整”科目余额为24 378元（贷方），“债权投资——应计利息”科目余额为150 000元。阳光公司的账务处理如下：

借：银行存款	1 130 000	
债权投资——利息调整	24 378	
贷：债权投资——成本（面值）		1 000 000
——应计利息		150 000
投资收益		4 378

二、应收款项

应收款项是指企业在日常生产经营过程中发生的各项债权。应收款项包括应收账款、应收票据和其他应收款等。企业应严格将不同内容的应收款项分类核算，以便正确反映和监督各种债权的发生及收回情况，保证企业这部分资产的安全完整，加速企业流动资产的周转。

（一）应收账款

1.应收账款的计价

应收账款是指企业销售商品或提供劳务等，应向购货或接受劳务单位收取的款项。应收账款应当按照实际发生额记账。其入账价值包括销售货物或提供劳务等的价款、增值税，以及代购货方垫付的包装费、运杂费等。在确认应收账款的入账价值时，应当考虑有关的折扣因素。

（1）商业折扣

商业折扣是指企业为促进销售在不同的时段或针对不同的顾客在商品标价上给予的扣除。例如，企业为鼓励买方购买更多的商品而规定购买10件以上者给予10%的折扣。商业折扣一般在交易发生时已确定，实际销售价格就是根据商业折扣的多少而定的。因此，在存在商业折扣的情况下，企业应收账款入账金额应按扣除商业折扣后的实际售价确定。

（2）现金折扣

现金折扣是指债权人为鼓励债务人在规定的期限内付款，而向债务人提供的债务扣除。在以赊销方式销售商品及提供劳务等交易中，企业为了鼓励客户提前偿付货款，通常与债务人达成协议，债务人在不同期限内付款可享受不同比例的折扣。现金折扣一般用符号“折扣/付款期限”表示。例如，买方在10天内付款按售价给予2%的折扣，用“2/10”表示；在20天内付款按售价给予1%的折扣，用“1/20”表示；在30天内付款则不给折扣，用“N/30”表示。

执行《企业会计制度》或《小企业会计准则》（财会〔2011〕17号）的企业，销售商品涉及现金折扣的，应当按照扣除现金折扣前的金额确定销售商品收入金额。现金折扣应当在实际发生时，计入当期损益。

执行2017年发布的《企业会计准则第14号——收入》（财会〔2017〕22号，以下简称“新收入准则”）的企业，根据财政部会计司2020年12月11日发布的收入准则实施问答，企业在销售商品时给予客户的现金折扣，应当按照新收入准则中关于可变对价的相关规定进行会计处理。（1）在确认销售收入时，企业应当按照期望值或最可能发生金额确定现金折扣的最佳估计数，以现金折扣最佳估计数抵减交易价格后的金额确认为销售收入；（2）每一资产负债表日，企业应当重新估计现金折扣，并调整销售收入；（3）实际发生时，企业应当根据现金折扣实际发生额与估计金额的差额，调整发生当期的销售收入。由此可见，新收入准则将现金折扣考虑为可变对价，应作为销售收入的调整项，不作为财务费用列示。

2.应收账款的会计处理

企业应设置“应收账款”科目核算企业的应收账款。企业销售商品、材料或提供劳务等发生应收款项时，应借记“应收账款”科目，贷记“主营业务收入”“应交税费——应交增值税（销项税额）”“其他业务收入”等科目；待收回款项时，借记“银行存款”等科目，贷记“应收账款”科目。

企业代购货单位垫付包装费、运杂费时，借记“应收账款”科目，贷记“银行存款”等科目；收回代垫费用时，借记“银行存款”等科目，贷记“应收账款”科目。如果企业应收账款改用应收票据结算，在收到承兑的商业汇票时，借记“应收票据”科目，贷记“应收账款”科目。

【例4-22】阳光公司赊销给瑞邦公司一批货物，总计80 000元，适用的增值税税率为13%，代垫运杂费6 000元（假设不作为计税基数）。阳光公司的账务处理如下：

（1）确认销售收入。

借：应收账款	96 400	
贷：主营业务收入		80 000
应交税费——应交增值税（销项税额）		10 400
银行存款		6 000

（2）收到货款及代垫运杂费。

借：银行存款	96 400	
贷：应收账款		96 400

【例4-23】沿用【例4-22】的资料，若双方在业务洽谈时商定阳光公司在这批货物销售时给予买方10%的商业折扣，则阳光公司的账务处理如下：

（1）确认销售收入。

借：应收账款	87 360	
贷：主营业务收入		72 000
应交税费——应交增值税（销项税额）		9 360
银行存款		6 000

（2）收到货款及代垫运杂费。

借：银行存款	87 360	
贷：应收账款		87 360

【例4-24】阳光公司于2×23年11月20日销售一批商品给甲公司，销售价格为1 000 000元（不含增值税），增值税税率13%，现金折扣条件为“2/30，1/60，N/90”，

增值税不享受折扣。甲公司实际于2×23年1月15日付款，享受现金折扣10 000元。2×23年11月20日阳光公司预估甲公司将会在1个月内付款。

(1) 2×23年11月20日销售商品时：

借：应收账款　　1 130 000

　贷：主营业务收入　　980 000

　　　应交税费——应交增值税（销项税额）　　130 000

　　　合同负债——可变对价　　20 000

(2) 2×23年12月31日，甲公司未付款，阳光公司预估最可能在60天内付款，则：

借：合同负债——可变对价　　10 000

　贷：主营业务收入　　10 000

(3) 甲公司于2×23年1月15日付款时：

借：银行存款　　1 120 000

　　合同负债——可变对价　　10 000

　贷：应收账款　　1 130 000

如果甲公司于2×23年2月18日付款，则：

借：银行存款　　1 130 000

　　合同负债——可变对价　　10 000

　贷：应收账款　　1 130 000

　　　主营业务收入　　10 000

（二）应收票据

1.应收票据的确认和计价

应收票据是指企业持有的尚未到期、兑现的商业汇票。在我国会计实务工作中，支票、银行本票和银行汇票都属于即期票据，无须列为应收票据。商业汇票可以背书转让，符合条件的商业汇票在尚未到期前可以向银行申请贴现，并按银行规定的贴现率向银行支付贴现息。

商业汇票按承兑人不同，分为商业承兑汇票和银行承兑汇票。商业汇票按是否计息分为不带息商业汇票和带息商业汇票。不带息商业汇票是指商业汇票到期时，承兑人只需按票据面值向收款人或被背书人支付款项的票据。带息商业汇票是指商业汇票到期时，承兑人必须按票面金额加上应计利息向收款人或被背书人支付票款的票据。

在我国，应收票据一般按其面值计价，即企业收到应收票据时，应按照票据的票面价值入账。但对于带息的应收票据，应于期末按应收票据的票面价值和确定的利率计提利息，计提的利息应增加应收票据的账面价值。

2.应收票据的账务处理

企业应设置“应收票据”科目，用以核算和反映应收票据的取得、票款收回等经济业务，该科目借方登记取得的应收票据的面值和计提的票据利息，贷方登记到期收回票款或到期前向银行贴现的应收票据的票面余额，期末余额在借方，反映企业尚未收回且未申请贴现的应收票据的面值和应计利息。本科目应按照商业汇票的种类设置明细科目，并设置“应收票据备查簿”，逐笔登记每一商业汇票的种类、号数和出票日、票面金额、交易合同号和付款人、承兑人、背书人的姓名或单位名称、到期日、背书转让日、贴现日、贴现率和贴现净额以及收款日、收回金额、退票情况等资料，商业汇票到期结清票款或退票后，应当在备查簿内逐笔注销。

（1）不带息应收票据的账务处理

不带息票据的到期价值等于应收票据的面值。企业销售产品或提供劳务收到承兑的商业汇票时，应按票据的面值，借记“应收票据”科目，按确认的销售收入，贷记“主营业务收入”科目，按增值税专用发票上注明的税额，贷记“应交税费——应交增值税（销项税额）”科目。应收票据到期收回时，按票面金额，借记“银行存款”科目，贷记“应收票据”科目。商业承兑汇票到期，承兑人违约拒绝付款或无力支付票款，企业收到银行退回的商业承兑汇票、委托收款凭证、未付票款通知书或拒绝付款证明等，借记“应收账款”科目，贷记“应收票据”科目。

【例4-25】阳光公司销售一批产品给嘉诚公司，货款300 000元，增值税税额为39 000元。按合同约定120天付款，货物发出，嘉诚公司交给阳光公司一张不带息120天期的商业承兑汇票，面额339 000元。应收票据到期，阳光公司收到票据款，存入银行。阳光公司的账务处理如下：

（1）收到商业承兑汇票。

借：应收票据	339 000	
贷：主营业务收入		300 000
应交税费——应交增值税（销项税额）		39 000

（2）应收票据到期，收回款项。

借：银行存款	339 000	
贷：应收票据		339 000

（3）若该票据到期，嘉诚公司无力偿还票款，阳光公司应将到期票据的票面金额转入“应收账款”科目。

借：应收账款	339 000	
贷：应收票据		339 000

（2）带息应收票据的账务处理

带息应收票据，除了上述核算内容外，在会计期末还应按规定计提票据利息，同时，调增应收票据的账面余额，冲减财务费用。票据到期收回款项时，应按收到的本息，借记“银行存款”科目，按账面余额，贷记“应收票据”科目，按其差额（未计提利息部分），贷记“财务费用”科目。

带息应收票据若到期无法收回，应转入“应收账款”科目，期末不再计提利息。相关利息在备查簿中登记，待实际收到时再冲减当期的财务费用。

票据利息的计算公式为：

应收票据利息=票据面值×票面利率×票据期限

若票面利率为年利率，应换算为票据期限相同的利率。票据期限是指票据签发日至到期日的时间。票据的期限有按日表示和按月表示两种。若票据期限按月表示，则以到期月份中与出票日相同的那一天为到期日，而不论各月份实际日历天数为多少。若票据期限按日表示，则从出票日起按实际天数计算至到期日，通常出票日和到期日只能计算其中的一天，即“算头不算尾”或“算尾不算头”。

【例4-26】沿用【例4-25】的资料，若阳光公司收到的是带息商业承兑汇票，利率为8%，出票日期是2×23年10月19日。阳光公司的账务处理如下：

（1）收到票据。

借：应收票据　339 000

　贷：主营业务收入　300 000

　　应交税费——应交增值税（销项税额）　39 000

（2）资产负债表日（2×23年12月31日），计提票据利息。

票据利息=339 000×8%×73÷360=5 499.33（元）

借：应收票据　5 499.33

　贷：财务费用　5 499.33

（3）2×24年2月17日，票据到期收回款项。

票据到期值=339 000×［1+（8%×120÷360）］=348 040（元）

2×23年年末未计提的票据利息为3 540.67元。

借：银行存款　348 040

　贷：应收票据　344 499.33

　　财务费用　3 540.67

3.应收票据贴现的核算

应收票据的贴现是指票据持有人将未到期的票据在背书后送交银行，银行受理后从票据到期值中扣除按银行贴现率计算确定的贴现息，然后将贴现额付给票据持有人的一种融资行为。应收票据的贴现根据票据的风险是否转移分为两种情况：一种带追索权，贴现企业在法律上负连带责任；另一种不带追索权，企业将应收票据上的风险和未来经济利益全部转让给银行。

若企业持未到期的应收票据向银行背书贴现。银行接受票据贴现，将扣除按银行的贴现率计算确定的贴现息后的余额支付给企业。票据贴现的有关计算公式如下：

票据到期值=票据面值+票据面值×票面利率×票据期限

对于不带息票据来说，票据到期值就是票据面值。

贴现息=票据到期值×贴现率×贴现期

贴现净额=票据到期值-贴现息

贴现期=票据期限-企业已持有票据期限

（1）不带追索权的票据贴现

如果企业与银行等金融机构签订的协议中规定，在贴现的应收债权到期而债务人未按期偿还时，申请贴现的企业不负有任何偿还责任。对不带追索权的票据贴现，企业将应收票据上的风险和未来经济利益全部转让给银行，贴现时冲减应收票据的账面价值，应收票据贴现值（即贴现所得金额）与账面价值的差额记入“财务费用”科目（可能在借方，也可能在贷方）。对已贴现的无追索权的商业汇票到期，因贴现企业不承担连带偿付责任，不作任何会计处理。

【例4-27】阳光公司收到购货单位交来2×23年12月31日签发的带息商业票据一张，票面利率为4%，金额为600 000元，承兑期限为5个月。2×24年1月31日，企业持汇票向银行申请贴现，年贴现率为5%，不带追索权。阳光公司的账务处理如下：

票据到期值=600 000×4%÷12×5+600 000=610 000（元）

贴现息=610 000×5%÷12×4=10 166.67（元）

贴现净额=票据到期值-贴现息=610 000-10 166.67=599 833.33（元）

借：银行存款　　599 833.33

　　财务费用　　166.67

　贷：应收票据　　600 000

（2）带追索权的票据贴现

企业在销售商品、提供劳务以后，以取得的应收票据向银行等金融机构申请贴现，如企业与银行等金融机构签订的协议中规定，在贴现的应收票据到期而债务人未按期偿还时，申请贴现的企业负有向银行等金融机构还款的责任。该类协议从实质上看，与所贴现应收债权有关的风险和报酬并未转移，应收债权可能产生的风险仍由申请贴现的企业承担，属于以应收债权为质押取得的借款，申请贴现的企业应按照以应收债权为质押取得借款进行会计处理。这体现了会计核算的实质重于形式的原则。

企业将应收票据贴现时应按实际收到的贴现金额，借记“银行存款”“财务费用”等科目，贷记“短期借款”等科目。票据到期，承兑人按期付款，应借记“短期借款”科目，贷记“应收票据”“财务费用”等科目。若到期承兑人无力支付款项，银行将支款通知随同汇票、付款人未付票款通知书送交申请贴现的企业，贴现企业有义务将有关款项按票据的到期值支付给银行，则应借记“应收账款”科目，贷记“应收票据”“财务费用”科目，同时借记“短期借款”科目，贷记“银行存款”科目。

【例4-28】沿用【例4-27】的资料，阳光公司收到购货单位交来2×23年12月31日签发的不带息商业汇票一张，金额为600 000元，承兑期限5个月。2×24年1月31日，企业持汇票向银行申请贴现，带追索权，年贴现率5%。票据到期因承兑人的银行账户金额不足支付，企业现已收到银行退回的应收票据、支款通知和付款人未付票款通知书。阳光公司的账务处理如下：

（1）票据贴现。

票据到期值=600 000元

贴现息=600 000×5%×4÷12=10 000（元）

贴现净额=600 000-10 000=590 000（元）

借：银行存款　　590 000

　　财务费用　　10 000

　贷：短期借款　　600 000

（2）票据到期承兑人无力支付票款。

借：应收账款　　600 000

　贷：应收票据　　600 000

借：短期借款　　600 000

　贷：银行存款　　600 000

（3）如果票据到期承兑人支付了票款，则：

借：短期借款　　600 000

　贷：应收票据　　600 000

4.应收票据转让的账务处理

商业汇票可以背书转让。背书是指票据持有人在票据背面或者粘单上签字盖章确认票据转让行为。凡被拒绝承兑、拒绝付款或者超过付款提示期限的商业汇票不得背书转让。商业汇票经背书转让后，背书人即票据转让方对票据承担连带追索责任。

企业可以背书转让所持有的商业票据，用以偿还债务、购买物料或取得劳务。企业在背书转让所持有的商业票据购取所需物料时，应按物料的价值和专用发票上载明的增值税税额，借记“材料采购”或“原材料”、“库存商品”、“应交税费——应交增值税（进项税额）”科目，按应收票据的账面余额，贷记“应收票据”科目，如有差额，借记或贷记“银行存款”等科目。如果背书转让的是带息票据，除了按应收票据的账面余额贷记“应收票据”科目外，还应按尚未计提的利息贷记“财务费用”科目，如有差额，再按应收或应付的金额借记或贷记“银行存款”等科目。

（三）其他应收款

1.其他应收款的含义

其他应收款是指除应收票据、应收账款、预付账款以外的其他各种应收、暂付款项。其他应收款主要包括以下内容：

（1）应收的各种赔款、罚款，如企业财产等遭受意外损失应向保险公司收取的赔款等。

（2）应收的出租包装物的租金。

（3）应向职工收取的各种垫付款项，如为职工垫付的水电费，应由职工负担的医药费、房租费等。

（4）向企业各有关部门拨出的备用金。

（5）存出保证金，如租入包装物支付的押金。

（6）其他各种应收、暂付款项。

2.其他应收款的账务处理

企业应设置“其他应收款”科目，用以反映和监督其他应收款的增减变动和结存情况。该科目借方登记发生的各种其他应收款，贷方登记企业收到的款项和结转情况，余额一般在借方，表示应收未收的其他应收款项。企业应在“其他应收款”科目下按债务人设置明细科目，进行明细核算。

【例4-29】阳光公司为职工李为垫付应由其个人负担的水电费280元，付薪日从其工资中扣回。阳光公司的账务处理如下：

（1）垫付水电费。

借：其他应收款　　280

　贷：银行存款　　280

（2）从应付工资中扣款。

借：应付职工薪酬　　280

　贷：其他应收款　　280

【例4-30】阳光公司租入包装物一批，以银行存款向出租方支付押金8 000元。

阳光公司的账务处理如下：

（1）用银行存款支付押金。

借：其他应收款 8 000

　贷：银行存款 8 000

（2）收到出租方退还的押金。

借：银行存款 8 000

　贷：其他应收款 8 000

若企业发生的备用金业务频繁，金额也比较大，可以单独设置“备用金”科目核算；反之，则可以不单独设置“备用金”科目，而是在“其他应收款”科目下设置“备用金”明细科目加以核算。

（四）应收债权的出售和融资

1.应收债权出售和融资业务的核算原则

企业将其应收债权让渡给银行等金融机构，应按照实质重于形式的原则确定交易性质。有明确的证据表明该交易事项符合销售确认条件，与应收债权有关的风险和报酬实质上已经发生转移，会计上应按照出售应收债权处理，并确认相关损益。反之，会计上应按照质押应收债权取得借款处理。

2.质押应收债权取得借款的会计处理

若企业将应收债权质押给银行从银行取得借款，该项质押借款应确认为企业对银行等金融机构的一项负债，会计上应作为短期借款来核算。

借款期间发生的借款利息及向银行等金融机构偿付借入款项的本息时，应按有关短期借款核算的规定进行会计处理。会计期末，企业应根据债务单位的情况，对已质押的应收债权计提坏账准备。

企业应设置备查簿登记质押期限及回款情况等。

【例4-30】阳光公司于2×23年4月10日，销售一批产品给嘉诚公司，销售价款为350 000元，增值税销项税额为45 500元。销售合同约定，嘉诚公司应于2×23年10月10日付款。2×23年6月1日，阳光公司因急需流动资金，经与本地商业银行协商，以应收嘉诚公司货款为质押取得3个月流动资金借款280 000元，年利率为7.2%，每月末偿付利息。对该项业务，若不考虑其他因素，阳光公司的账务处理如下：

（1）销售货物。

借：应收账款 395 500

　贷：主营业务收入 350 000

　　应交税费——应交增值税（销项税额） 45 500

（2）质押应收债权取得短期借款。

借：银行存款 280 000

　贷：短期借款 280 000

（3）月末偿付利息。

借：财务费用 1 680

　贷：银行存款 1 680

（4）质押到期，偿付短期借款本金及最后一期利息。

借：财务费用　　　　　　　　　　　　　　1 680
　　短期借款　　　　　　　　　　　　　　280 000
　贷：银行存款　　　　　　　　　　　　　　　281 680

3.出售应收债权的会计处理

本节自测

企业将应收债权出售给银行等金融机构，是指企业将应收债权让渡给银行等金融机构时，企业与银行等金融机构之间签有协议，在所让渡的应收债权到期无法收回时，银行等金融机构不得向出售应收债权的企业进行追偿。企业应将所售应收债权予以转销，结转计提的相关坏账准备，确认按销售合同约定预计可能发生的销售退回、销售折让等，并确认应收债权的出售损益。

第四节　以公允价值计量且其变动计入其他综合收益的金融资产

一、其他债权投资

企业应当设置“其他债权投资”科目，核算企业取得的以公允价值计量且其变动计入其他综合收益的债券投资，并按照债券投资的类别和种类，分别设置“成本”、“利息调整”、“应计利息”（到期一次性还本付息的债券）、“公允价值变动”等进行明细核算。其中“成本”明细科目反映债券的面值；“利息调整”明细科目反映初始投资成本（或初始入账金额）与面值（“成本”）的差额，以及按实际利率法分期摊销后该差额的摊销余额；“应计利息”明细科目反映一次性还本付息债券每个资产负债表日计提的利息；“公允价值变动”明细科目反映其他债权投资的公允价值变动金额。

（一）其他债权投资的初始计量

其他债权投资应按照取得时的公允价值和交易费用作为初始入账金额或初始投资成本。初始入账金额（或初始投资成本）就是明细科目“成本”（面值）、“利息调整”与“应计利息”（一次性还本付息债券）之和。按照支付的价款中包含的已到付息期但尚未支付的利息，借记“应收利息”科目。值得提醒的是，分期付息的债券，上一次计息日到购买日的利息也应记入“应收利息”科目。对于一次性还本付息的债券，债券发行日到购买日的利息记入“应计利息”明细科目。

企业取得其他债权投资时，应按其面值，借记“其他债权投资——成本（面值）”科目；对于分期付息、一次还本的债券，按支付的价款中包含的已到付息期但尚未领取的利息或上一次计息日到购买日的利息，借记“应收利息”科目；对于到期一次性还本付息的债券，按债券发行日到购买日的利息，借记“其他债权投资——应计利息”科目；按实际支付的金额，贷记“银行存款”等科目；按上列差额，借记或贷记“其他债权投资——利息调整”科目。

收到支付的价款中包含的已到付息期但尚未领取的利息或上一次计息日到购买日的利息，借记“银行存款”科目，贷记“应收利息”科目。

【例4-31】2×22年4月1日，阳光公司自二级市场购入D公司债券，分类为以公允价值计量且其变动计入其他综合收益的金融资产。购买价款1 060 000元（含交易费用），D公司债券于2×22年1月1日发行，面值1 000 000元，每年1月10日付息，票面利率7.2%。

2×22年4月1日，购入债券，自上一计息日到购买日的利息为：

1 000 000×7.2%÷12×3=18 000（元）

借：其他债权投资——成本（面值） 1 000 000

——利息调整 42 000

应收利息 18 000

贷：银行存款 1 060 000

【例4-32】沿用【例4-31】的资料，每年付息改为到期一次性还本付息，其他条件不变。

2×22年4月1日，购入债券，自上一计息日到购买日的利息为：

1 000 000×7.2%÷12×3=18 000（元）

借：其他债权投资——成本（面值） 1 000 000

——利息调整 42 000

——应计利息 18 000

贷：银行存款 1 060 000

（二）其他债权投资持有期间利息收入的确认与计量

其他债权投资持有期间利息收入的确认与债权投资相同，利息收入等于摊余成本乘以实际利率，计入投资收益。值得注意的是，摊余成本不包含公允价值变动。

其他债权投资如为分期付息、一次还本的债券，应于付息日或资产负债表日，按照以其他债权投资的面值和票面利率计算确定的应收利息，借记“应收利息”科目，按照以其他债权投资的账面余额（不包括“公允价值变动”明细科目的余额）和实际利率计算确定的利息收入，贷记“投资收益”科目，按其差额，借记或贷记“其他债权投资——利息调整”科目；收到上列应计未收的利息时，借记“银行存款”科目，贷记“应收利息”科目。其他债权投资如为到期一次性还本付息的债券，应于资产负债表日，按照以其他债权投资的面值和票面利率计算确定的应收利息，借记“其他债权投资——应计利息”科目，按照以其他债权投资的账面余额（不包括“公允价值变动”明细科目的余额）和实际利率计算确定的利息收入，贷记“投资收益”科目，按其差额，借记或贷记“其他债权投资——利息调整”科目。

【例4-33】沿用【例4-31】的资料。

（1）计算实际利率

该项其他债权投资，2×22年12月31日确认54 000元的利息，以后4年，每年收到72 000元（1 000 000×7.2%）利息，到期收到1 000 000元本金。假设实际利率为r，则：

摊余成本=1 000 000+42 000=1 042 000（元）

1 042 000=［72 000×（P/A，r，4）+1 000 000×（P/F，r，4）+54 000］×（P/F，r，0.75）

其中，（P/A，r，4）表示4年期、利率为r的年金现值系数，（P/F，r，4）表示4年期、利率为r的复利现值系数，（P/F，r，0.75）表示0.75年期、利率为r的复利现值系数。

该项其他债权投资的初始投资成本（摊余成本）1 042 000元高于面值，则属于溢价购入，实际利率应低于票面利率。（P/A，6%，4）=3.4651，（P/A，7.2%，4）=3.3720，（P/F，6%，4）=0.7921，（P/F，7.2%，4）=0.7572，（P/F，6%，0.75）=0.9572，（P/F，7.2%，0.75）=0.9492。

当折现率为6%时：

利息和面值的现值=［72 000×3.4651+1 000 000×0.7921+54 000］×0.9572=1 048 696（元）

当折现率为7.2%时：

利息和面值的现值=［72 000×3.3720+1 000 000×0.7572+54 000］×0.9492=1 000 442（元）

因为，1 000 442<1 042 000<1 048 696，则实际利率r介于6%与7.2%之间。使用插值法计算实际利率如下：

实际利率=6%+（7.2%−6%）×（1 042 000−1 048 696）÷（1 000 442−1 048 696）=6.17%

（2）计算利息收入

阳光公司采用实际利率法编制利息收入与摊余成本计算表，见表4-6。

表4-6 利息收入与摊余成本计算表 金额单位：元

日期	应收利息	实际利率	利息收入	利息调整摊销	摊余成本
2×22年4月1日					1 042 000
2×22年12月31日	54 000	6.17%	47 856	6 144	1 035 856
2×23年12月31日	72 000	6.17%	63 912	8 088	1 027 768
2×24年12月31日	72 000	6.17%	63 413	8 587	1 019 181
2×25年12月31日	72 000	6.17%	62 883	9 117	1 010 064
2×26年12月31日	72 000	6.17%	61 936	10 064	1 000 000
合计	342 000		300 000	42 000	

注：考虑由于四舍五入导致的计算尾差，2×26年12月31日利息调整摊销是倒挤的，2×26年12月31日利息调整摊销=42 000−6 144−8 088−8 587−9 117=10 064（元），利息收入=72 000−10 064=61 936（元）。2×22年12月31日利息收入=1 042 000×（F/P，6.17%，0.75）−1 042 000=47 856（元）。本表为了便于说明，列出了全部的利息收入，事实上，其他债权投资往往不会持有至到期。

（3）会计处理

①2×22年12月31日，确认利息收入。

借：应收利息 54 000

　贷：投资收益 47 856

　　其他债权投资——利息调整 6 144

②2×23年1月10日，收到利息。

借：银行存款 72 000

　贷：应收利息 72 000

③2×23年12月31日，确认利息收入。

借：应收利息 72 000

　贷：投资收益 63 912

　　其他债权投资——利息调整 8 088

④2×24年1月10日，收到利息。

借：银行存款　72 000

　贷：应收利息　72 000

2×25年、2×26年的会计处理同上。

【例4-34】沿用【例4-32】的资料。

（1）计算实际利率

该项其他债权投资，2×22年12月31日确认54 000元的利息，以后4年，每年确认72 000元（1 000 000×7.2%）利息，到期收到1 000 000元本金和360 000元全部利息。假设实际利率为r，则：

摊余成本=1 000 000+42 000+18 000=1 060 000（元）

1 060 000=1 360 000×（P/F，r，4.75）

则，r=5.39%

（2）计算利息收入

阳光公司采用实际利率法编制利息收入与摊余成本计算表，见表4-7。

表4-7　**利息收入与摊余成本计算表**　金额单位：元

日期	应计利息	实际利率	利息收入	利息调整摊销	摊余成本
2×22年4月1日					1 060 000
2×22年12月31日	54 000	5.39%	42 568	11 432	1 102 568
2×23年12月31日	72 000	5.39%	59 428	12 572	1 161 996
2×24年12月31日	72 000	5.39%	62 632	9 368	1 224 628
2×25年12月31日	72 000	5.39%	66 007	5 993	1 290 635
2×26年12月31日	72 000	5.39%	69 365	2 635	1 360 000
合计	342 000		300 000	42 000	

注：考虑由于四舍五入导致的计算尾差，2×26年12月31日利息调整摊销是倒挤的，2×26年12月31日利息调整摊销=42 000−11 432−12 572−9 368−5 993=2 635（元），利息收入=72 000−2 635=69 365（元）。2×22年12月31日利息收入=1 060 000×（F/P，5.39%，0.75）−1 060 000=42 568（元）。本表为了便于说明，列出了全部的利息收入，事实上，其他债权投资往往不会持有至到期。

（3）会计处理

①2×22年12月31日：

借：其他债权投资——应计利息　54 000

　贷：投资收益　42 568

　　　其他债权投资——利息调整　11 432

②2×23年12月31日：

借：其他债权投资——应计利息　72 000

　贷：投资收益　59 428

　　　其他债权投资——利息调整　12 572

2×24年、2×25年、2×26年的会计处理同上。

（三）其他债权投资的期末计量

资产负债表日，其他债权投资应按公允价值反映，公允价值与账面价值的差额，即公允价值变动，计入其他综合收益。

资产负债表日，其他债权投资的公允价值高于其账面余额时，应按二者之间的差额，调增其他债权投资的账面余额，同时将公允价值变动计入其他综合收益，借记“其他债权投资——公允价值变动”科目，贷记“其他综合收益——其他债权投资公允价值变动”科目；其他债权投资的公允价值低于其账面余额时，应按二者之间的差额，调减其他债权投资的账面余额，同时按公允价值变动减记其他综合收益，借记“其他综合收益——其他债权投资公允价值变动”科目，贷记“其他债权投资——公允价值变动”科目。

【例 4-35】 沿用【例 4-33】的资料，2×22 年 12 月 31 日，“其他债权投资——成本（面值）”科目余额为 1 000 000 元，“其他债权投资——利息调整”科目余额为 35 856 元，该项债权投资的公允价值为 1 040 000 元。2×23 年 12 月 31 日，“其他债权投资——成本（面值）”科目余额为 1 000 000 元，“其他债权投资——利息调整”科目余额为 27 768 元，该项债权投资的公允价值为 1 025 000 元。阳光公司的账务处理如下：

（1）2×22 年 12 月 31 日：

公允价值变动=1 040 000-（1 000 000+35 856）=4 144（元）

借：其他债权投资——公允价值变动　　4 144

　贷：其他综合收益——其他债权投资公允价值变动　　4 144

（2）2×23 年 12 月 31 日：

公允价值变动=1 025 000-（1 000 000+27 768+4 144）=-6 912（元）

借：其他综合收益——其他债权投资公允价值变动　　6 912

　贷：其他债权投资——公允价值变动　　6 912

（四）其他债权投资的处置

处置其他债权投资时，应将取得的处置价款与其他债权投资的账面价值之间的差额，计入投资收益，并将原计入其他综合收益的累计金额转入投资收益。在处置其他债权投资时已计入应收利息但尚未收到的利息（应作为应收债权的收回），应从处置价款中扣除，再确认处置收益（投资收益）。

处置其他债权投资时，应按实际收到的处置价款，借记“银行存款”科目，按其他债权投资的面值，贷记“其他债权投资——成本（面值）”科目，按应计未收的利息，贷记“应收利息”科目或“其他债权投资——应计利息”科目，按利息调整摊余金额，贷记或借记“其他债权投资——利息调整”科目，按累计公允价值变动金额，贷记或借记“其他债权投资——公允价值变动”科目，按上列差额，贷记或借记“投资收益”科目。同时，将原计入其他综合收益的累计利得或损失对应处置部分的金额转出，借记或贷记“其他综合收益——其他债权投资公允价值变动”科目，贷记或借记“投资收益”科目。

【例 4-36】 沿用【例 4-35】的资料，2×23 年 6 月 5 日，阳光公司将持有的 D 公司债券全部出售。出售价款 1 035 000 元（扣除交易费用）。出售日阳光公司持有的 D 公司债券，“其他债权投资——成本（面值）”科目余额为1 000 000元，“其他债权投资——利息调整”科目余额为27 768元，“其他债权投资——公允价值变动”科目余额为2 768元（贷方）。阳光公司的账务处理如下：

借：银行存款　　1 035 000
　　其他债权投资——公允价值变动　　2 768
　贷：其他债权投资——成本（面值）　　1 000 000
　　　　　　　　——利息调整　　27 768
　　投资收益　　10 000
借：投资收益　　2 768
　贷：其他综合收益——其他债权投资公允价值变动　　2 768

二、其他权益工具投资

权益工具投资一般不符合本金加利息的合同现金流量特征，因此应当分类为以公允价值计量且其变动计入当期损益的金融资产。然而在初始确认时，企业可以将非交易性权益工具投资指定为以公允价值计量且其变动计入其他综合收益的金融资产，并按照规定确认股利收入。该指定一经作出，不得撤销。企业投资其他上市公司股票或者非上市公司股权的，都可能属于这种情形。

（一）其他权益工具投资的初始计量

企业应当设置“其他权益工具投资”核算指定为以公允价值计量且其变动计入其他综合收益的非交易性权益工具投资，并按投资的类别和品种，分别设置“成本”和“公允价值变动”进行明细核算。其中“成本”反映取得时的公允价值与交易费用之和，即初始成本；“公允价值变动”反映持有期间其他权益工具投资公允价值的变化。取得其他权益工具投资时，包含的已宣告但尚未发放的现金股利，应作为一项应收债权，即应收股利，不构成其他权益工具投资的初始投资成本。

企业取得其他权益工具投资时，应按其公允价值与交易费用之和，借记“其他权益工具投资——成本”科目，按支付的价款中包含的已宣告但尚未发放的现金股利，借记“应收股利”科目，按实际支付的金额，贷记“银行存款”等科目。

收到支付的价款中包含的已宣告但尚未发放的现金股利，借记“银行存款”科目，贷记“应收股利”科目。

【例4-37】阳光公司于2×23年3月20日从二级市场以每股8.2元的价格购入A公司股票100 000股，并支付交易费用1 200元。股票购买价款中包含A公司已于2×23年3月15日宣告每10股发放2元的现金股利。初始确认时，该股票被指定为以公允价值计量且其变动计入其他综合收益的金融资产。阳光公司的账务处理如下：

借：其他权益工具投资——A公司股票（成本）　　801 200
　　应收股利　　20 000
　贷：银行存款　　821 200
收到现金股利时：
借：银行存款　　20 000

贷：应收股利 20 000

（二）其他权益工具投资持有收益的确认与计量

企业持有其他权益工具，在持有期间，被投资单位宣告发放的现金股利应计入投资收益。被投资单位宣告发放的现金股利同时满足股利收入的确认条件时，企业按应享有的份额，借记“应收股利”科目，贷记“投资收益”科目；收到发放的现金股利时，借记“银行存款”科目，贷记“应收股利”科目。

【例4-38】 沿用【例4-37】的资料，2×23年9月10日，A公司宣告每10股发放3元的现金股利。阳光公司的账务处理如下：

借：应收股利 30 000

贷：投资收益 30 000

收到现金股利时：

借：银行存款 30 000

贷：应收股利 30 000

（三）其他权益工具投资的期末计量

资产负债表日，其他权益工具投资应按公允价值反映，公允价值与账面价值的差额，计入其他综合收益。

【例4-39】 沿用【例4-37】和【例4-38】的资料，2×23年12月31日，A公司股票的市场价格为每股8.8元。2×24年12月31日A公司股票的市场价格为每股8.7元。阳光公司的账务处理如下：

（1）2×23年12月31日：

公允价值变动=100 000×8.8−801 200=78 800（元）

借：其他权益工具投资——A公司股票（公允价值变动） 78 800

贷：其他综合收益——其他权益工具投资公允价值变动 78 800

（2）2×24年12月31日：

公允价值变动=100 000×8.7−880 000=−10 000（元）

借：其他综合收益——其他权益工具投资公允价值变动 10 000

贷：其他权益工具投资——A公司股票（公允价值变动） 10 000

（四）其他权益工具投资的处置

处置其他权益工具投资时，应将取得价款（扣除交易费用）与该金融资产账面价值的差额计入留存收益，并将原计入其他综合收益的累计金额转出，计入留存收益。在处置其他权益工具投资时已计入应收股利但尚未收到的现金股利，应从处置价款中扣除，再确认处置损益（留存收益）。

处置其他权益工具投资时，应按实际收到的处置价款，借记“银行存款”科目，按其他权益工具投资的初始入账金额，贷记“其他权益工具投资——成本”科目，按累计公允价值变动金额，贷记或借记“其他权益工具投资——公允价值变动”科目，按上列差额，贷记或借记“盈余公积”“利润分配——未分配利润”科目；同时，将原计入其他综合收益的累计利得或损失对应处置部分的金额转出，借记或贷记“其他综合收益——其他权益工具投资公允价值变动”科目，贷记或借记“盈余公积”“利润分配——未分配利润”科目。

【例4-40】沿用【例4-39】的资料，2×25年3月25日，阳光公司将持有的A公司股票全部出售，出售价款为900 000元（扣除交易费用）。A公司已于2×25年3月20日宣告每10股发放2元的现金股利，截至3月25日尚未发放。阳光公司按照净利润的10%提取盈余公积。阳光公司的账务处理如下：

分组任务

“三无投资”的核算

借：银行存款	900 000	
贷：其他权益工具投资——A公司股票（成本）		801 200
——A公司股票（公允价值变动）		68 800
应收股利		20 000
盈余公积		1 000
利润分配——未分配利润		9 000

同时，

本节自测

借：其他综合收益——其他权益工具投资公允价值变动	68 800	
贷：盈余公积		6 880
利润分配——未分配利润		61 920

第五节　金融资产的重分类

企业改变其管理金融资产的业务模式时，应当按照规定对所有受影响的相关金融资产进行重分类。企业对金融资产进行重分类的，应当自重分类日起采用未来适用法进行相关会计处理，不得对以前已经确认的利得、损失（包括减值损失或利得）或利息进行追溯调整。重分类日，是指导致企业对金融资产进行重分类的业务模式发生变更后的首个报告期间的第一天。在极少数情况下，企业会改变其管理金融资产的业务模式，进而企业需要对金融资产进行重分类。金融资产的重分类包括：

（1）以摊余成本计量的金融资产重分类为以公允价值计量且其变动计入其他综合收益的金融资产和以公允价值计量且其变动计入当期损益的金融资产；

（2）以公允价值计量且其变动计入其他综合收益的金融资产重分类为以摊余成本计量的金融资产和以公允价值计量且其变动计入当期损益的金融资产；

（3）以公允价值计量且其变动计入当期损益的金融资产重分类为以摊余成本计量的金融资产和以公允价值计量且其变动计入其他综合收益的金融资产。

需要注意的是，指定为以公允价值计量且其变动计入其他综合收益的金融资产（其他权益工具投资）和指定为以公允价值计量且其变动计入当期损益的金融资产不得进行重分类。

一、以摊余成本计量的金融资产的重分类

（一）以摊余成本计量的金融资产重分类为以公允价值计量且其变动计入其他综合收益的金融资产

企业将一项以摊余成本计量的金融资产重分类为以公允价值计量且其变动计入其他综合收益的金融资产，应按照重分类日的公允价值计量，公允价值与原账面价值

（摊余成本）之间的差额计入其他综合收益。该金融资产重分类不影响其实际利率和预期信用损失的计量。

【例4-41】2×23年1月1日，阳光公司自二级市场购入A公司债券，该债券于2×22年1月1日发行，票面利率6%，面值1 000 000元，购买价款1 122 000元（含交易费用和2×22年的利息），每年1月10日付息，到期还本。分类为以摊余成本计量的金融资产。购买日确定的实际利率为4.29%。2×24年12月15日，阳光公司决定改变A公司债券的业务模式，不打算持有至到期，既以收取合同现金流量为目标又以出售该金融资产为目标。2×25年1月1日，该债券的公允价值为1 045 000元。阳光公司的账务处理如下：

（1）2×23年1月1日，取得债券。

借：债权投资——成本（面值）　1 000 000
　　　　　　——利息调整　62 000
　　应收利息　60 000
　贷：银行存款　1 122 000

（2）2×23年1月10日，收到利息。

借：银行存款　60 000
　贷：应收利息　60 000

（3）2×23年12月31日，确认利息收入。

利息收入=1 062 000×4.29%=45 560（元）

借：应收利息　60 000
　贷：投资收益　45 560
　　债权投资——利息调整　14 440

2×23年12月31日，债权投资的账面价值为1 047 560元，其中“成本”明细科目余额1 000 000元，“利息调整”明细科目余额47 560元。

（4）2×24年12月31日，确认利息收入。

利息收入=1 047 560×4.29%=44 940（元）

借：应收利息　60 000
　贷：投资收益　44 940
　　债权投资——利息调整　15 060

2×24年12月31日，债权投资的账面价值为1 032 500元，其中“成本”明细科目余额1 000 000元，“利息调整”明细科目余额32 500元。

（5）由于重分类日是指导致企业对金融资产进行重分类的业务模式发生变更后的首个报告期间的第一天，所以该债权投资的重分类日为2×25年1月1日。2×25年1月1日，该债券的公允价值为1 045 000元，公允价值与账面价值的差额为12 500元（1 045 000-1 032 500）。

2×25年1月1日，重分类日的会计处理如下：

借：其他债权投资——成本（面值）　1 000 000
　　　　　　　　——利息调整　32 500
　　　　　　　　——公允价值变动　12 500

贷：债权投资——成本（面值）　1 000 000
　　　　　　——利息调整　32 500
　　其他综合收益——其他债权投资公允价值变动　12 500

A公司债券重分类为以公允价值计量且其变动计入其他综合收益的金融资产后，仍然按照4.29%的实际利率确定以公允价值计量且其变动计入其他综合收益的金融资产的利息收入。

（二）以摊余成本计量的金融资产重分类为以公允价值计量且其变动计入当期损益的金融资产

企业将一项以摊余成本计量的金融资产重分类为以公允价值计量且其变动计入当期损益的金融资产，应按照重分类日的公允价值计量，公允价值与原账面价值（摊余成本）之间的差额计入当期损益。

【例4-42】沿用【例4-41】的资料，债权投资重分类为以公允价值计量且其变动计入当期损益的金融资产，其他不变。阳光公司的账务处理如下：

借：交易性金融资产——成本（重分类日的公允价值）　1 045 000
　贷：债权投资——成本（面值）　1 000 000
　　　　　　——利息调整　32 500
　　公允价值变动损益　12 500

二、以公允价值计量且其变动计入其他综合收益的金融资产的重分类

（一）以公允价值计量且其变动计入其他综合收益的金融资产重分类为以摊余成本计量的金融资产

企业将一项以公允价值计量且其变动计入其他综合收益的金融资产重分类为以摊余成本计量的金融资产，在重分类日，将原因公允价值变动计入其他综合收益的利得或损失转出（与原确认公允价值变动相反的会计分录），视同该金融资产一直以摊余成本计量，实际利率不变。

【例4-43】2×23年1月1日，阳光公司自二级市场购入A公司债券，该债券于2×22年1月1日发行，票面利率6%，面值1 000 000元，购买价款1 122 000元（含交易费用和2×22年的利息），每年1月10日付息，到期还本。分类为以公允价值计量且其变动计入其他综合收益的金融资产。购买日确定的实际利率为4.29%。2×23年12月31日，该债券的公允价值为1 050 000元。2×24年12月15日，阳光公司决定改变持有A公司债券的业务模式，由既以收取合同现金流量为目标又以出售该金融资产为目标，调整为以收取合同现金流量为目标。2×24年12月31日，该债券的公允价值为1 045 000元。阳光公司的账务处理如下：

（1）2×23年1月1日，取得债券。

借：其他债权投资——成本（面值）　1 000 000
　　　　　　　——利息调整　62 000
　　应收利息　60 000
　贷：银行存款　1 122 000

（2）2×23年1月10日，收到利息。

借：银行存款　　60 000

　贷：应收利息　　60 000

（3）2×23年12月31日，确认利息收入。

利息收入=1 062 000×4.29%=45 560（元）

借：应收利息　　60 000

　贷：投资收益　　45 560

　　其他债权投资——利息调整　　14 440

确认公允价值变动：

借：其他债权投资——公允价值变动　　2 440

　贷：其他综合收益——其他债权投资公允价值变动　　2 440

2×23年12月31日，债权投资的账面价值为1 050 000元，其中所属“成本”明细科目余额1 000 000元，“利息调整”47 560元，“公允价值变动”2 440元（借方）。

（4）2×24年12月31日，确认利息收入。

利息收入=1 047 560×4.29%=44 940（元）

借：应收利息　　60 000

　贷：投资收益　　44 940

　　其他债权投资——利息调整　　15 060

确认公允价值变动：

借：其他债权投资——公允价值变动　　10 060

　贷：其他综合收益——其他债权投资公允价值变动　　10 060

2×24年12月31日，债权投资的账面价值为1 045 000元，其中所属“成本”明细科目余额1 000 000元，“利息调整”32 500元，“公允价值变动”12 500元（借方）。

（5）2×25年1月1日，重分类日的会计处理如下：

借：债权投资——成本（面值）　　1 000 000

　　——利息调整　　32 500

　其他综合收益——其他债权投资公允价值变动　　12 500

　贷：其他债权投资——成本（面值）　　1 000 000

　　——利息调整　　32 500

　　——公允价值变动　　12 500

（二）以公允价值计量且其变动计入其他综合收益的金融资产重分类为以公允价值计量且其变动计入当期损益的金融资产

企业将一项以公允价值计量且其变动计入其他综合收益的金融资产重分类为以公允价值计量且其变动计入当期损益的金融资产，在重分类日，继续以公允价值计量，并将原计入其他综合收益的利得或损失转入当期损益（公允价值变动损益）。

【例4-44】沿用【例4-43】的资料，其他债权投资重分类为以公允价值计量且其变动计入当期损益的金融资产，其他条件不变。阳光公司的账务处理如下：

2×25年1月1日，重分类日的会计处理如下：

借：交易性金融资产——成本　　1 045 000

贷：其他债权投资——成本（面值）　　1 000 000
　　——利息调整　　32 500
　　——公允价值变动　　12 500
借：其他综合收益　　12 500
　贷：公允价值变动损益　　12 500

三、以公允价值计量且其变动计入当期损益的金融资产的重分类

（一）以公允价值计量且其变动计入当期损益的金融资产重分类为以摊余成本计量的金融资产

以公允价值计量且其变动计入当期损益的金融资产（仅限于债权）重分类为以摊余成本计量的金融资产，应当按照重分类日的公允价值确定其实际利率。

【例4-45】2×22年4月1日，阳光公司自二级市场购入A公司债券，该债券于2×22年1月1日发行，票面利率6%，面值1 000 000元，期限5年。购买价款1 020 000元（不含交易费用），每年1月10日付息，到期还本。2×22年12月20日，阳光公司改变其业务管理模式，将其重分类为以摊余成本计量的金融资产。重分类日为2×23年1月1日。2×22年12月31日，该债券的公允价值为1 010 000元（不含2×22年的利息）。阳光公司的账务处理如下：

（1）2×22年4月1日，购入债券。

借：交易性金融资产——A公司债券（成本）　　1 020 000
　贷：银行存款　　1 020 000

（2）2×22年12月31日，确认利息和公允价值变动。

借：应收利息　　60 000
　贷：投资收益　　60 000
借：公允价值变动损益　　10 000
　贷：交易性金融资产——A公司债券（公允价值变动）　　10 000

（3）2×23年1月1日，重分类日。

借：债权投资——A公司债券（成本）　　1 000 000
　　——A公司债券（利息调整）　　10 000
　交易性金融资产——A公司债券（公允价值变动）　　10 000
　贷：交易性金融资产——A公司债券（成本）　　1 020 000

（4）计算确定实际利率。

假定实际利率为r，该债券每年利息为60 000元，到期收回1 000 000元本金，则：

1 010 000=60 000×（P/A，r，4）+1 000 000×（P/F，r，4）

由于债权投资的初始入账金额（成本与利息调整之和）大于面值，属于溢价，r应小于票面利率6%。（P/A，6%，4）=3.4651，（P/F，6%，4）=0.7921，（P/A，5%，4）=3.5460，（P/F，5%，4）=0.8227。

60 000×（P/A，6%，4）+1 000 000×（P/F，6%，4）=1 000 006（元）

60 000×（P/A，5%，4）+1 000 000×（P/F，5%，4）=1 035 460（元）

由于，1 000 006<1 010 000<1 035 460，则实际利率r介于5%与6%之间。

r=5%+（6%-5%）×（1 010 000-1 035 460）÷（1 000 006-1 035 460）=5.72%

（5）2×23年12月31日，确认利息收入。

利息收入=1 010 000×5.72%=57 772（元）

借：应收利息　60 000

　贷：投资收益　57 772

　　债权投资——A公司债券（利息调整）　2 228

（二）以公允价值计量且其变动计入当期损益的金融资产重分类为以公允价值计量且其变动计入其他综合收益的金融资产

以公允价值计量且其变动计入当期损益的金融资产重分类为以公允价值计量且其变动计入其他综合收益的金融资产，应当按照重分类日的公允价值确定其实际利率。实际利率的计算与重分类为以摊余成本计量的金融资产相同。

【例4-46】沿用【例4-45】的资料，重分类为以公允价值计量且其变动计入其他综合收益的金融资产。2×23年12月31日，该债券的公允价值为1 015 000元，其他条件不变。

2×22年12月31日确认利息和公允价值变动的会计处理同【例4-45】。

（1）2×23年1月1日，重分类日。

借：其他债权投资——A公司债券（成本）　1 000 000

　　——A公司债券（利息调整）　10 000

　交易性金融资产——A公司债券（公允价值变动）　10 000

　贷：交易性金融资产——A公司债券（成本）　1 020 000

（2）实际利率的计算同【例4-45】，r=5.72%。

（3）2×23年12月31日，确认利息收入和公允价值变动。

利息收入=1 010 000×5.72%=57 772（元）

借：应收利息　60 000

　贷：投资收益　57 772

　　其他债权投资——A公司债券（利息调整）　2 228

公允价值变动=1 015 000-（1 010 000-2 228）=7 228（元）

借：其他债权投资——A公司债券（公允价值变动）　7 228

　贷：其他综合收益——其他债权投资公允价值变动　7 228

头脑风暴

金融资产的重分类与盈余管理

本节自测

第六节　金融资产的减值

一、金融资产减值概述

根据《企业会计准则第22号——金融工具确认和计量》，资产负债表日，以公允价值计量且其变动计入当期损益的金融资产，每期确认公允价值变动，不需进行减值处理，指定为以公允价值计量且其变动计入其他综合收益的金融资产无须进行减值处理。企业应当以预期信用损失为基础，对分类为以摊余成本计量的金融资产和以公允价值计量且其变动计入其他综合收益的金融资产进行减值会计处理并确认损失准备。

二、已发生信用减值和预期信用损失

（一）已发生信用减值

根据《企业会计准则第22号——金融工具确认和计量》第四十条，当对金融资产预期未来现金流量具有不利影响的一项或多项事件发生时，该金融资产成为已发生信用减值的金融资产。金融资产已发生信用减值的证据包括下列可观察信息：

1. 发行方或债务人发生重大财务困难；

2. 债务人违反合同，如偿付利息或本金违约或逾期等；

3. 债权人出于与债务人财务困难有关的经济或合同考虑，给予债务人在任何其他情况下都不会作出的让步；

4. 债务人很可能破产或进行其他财务重组；

5. 发行方或债务人财务困难导致该金融资产的活跃市场消失；

6. 以大幅折扣购买或源生一项金融资产，该折扣反映了发生信用损失的事实。

金融资产发生信用减值，有可能是多个事件的共同作用所致，未必是可单独识别的事件所致。

以已发生信用减值为基础计提金融资产损失准备的方法，称为已发生信用损失法或已发生信用损失模型。采用已发生信用损失法计提金融资产损失准备，以信用减值已实际发生为前提，按资产负债表日估计的已发生损失金额计量应当确认的损失准备。在已发生信用损失法下，相关金融资产利息收入的确认采用净额法。

（二）预期信用损失

根据《企业会计准则第22号——金融工具确认和计量》第四十七条，预期信用损失，是指以发生违约的风险为权重的金融工具信用损失的加权平均值。信用损失，是指企业按照原实际利率折现的、根据合同应收的所有合同现金流量与预期收取的所有现金流量之间的差额，即全部现金短缺的现值。其中，对于企业购买或源生的已发生信用减值的金融资产，应按照该金融资产经信用调整的实际利率折现。由于预期信用损失考虑付款的金额和时间分布，因此即使企业预计可以全额收款但收款时间晚于合同规定的到期期限，也会产生信用损失。

以预期信用损失为基础计提金融资产损失准备的方法，称预期信用损失法或预期信用损失模型。采用预期信用损失法计提金融资产损失准备，不以信用减值已实际发生为前提，而是以未来可能的违约事件造成的损失的期望值来计量资产负债表日应当确认的损失准备。如果金融资产未发生信用减值，即不存在表明金融资产发生信用减值的客观证据，相关金融资产利息收入应采用总额法；如果金融资产已发生信用减值，即已存在表明金融资产发生信用减值的客观证据，则相关金融资产利息收入的确认应采用净额法。

值得注意的是，预期信用损失法与实际已发生减值损失确认损失准备的方法有着根本性不同。在预期信用损失法下，减值准备的计提不以减值的实际发生为前提，而是以未来可能的违约事件造成的损失的期望值来计量当前（资产负债表日）应当确认的损失准备。

三、金融资产损失准备计提方法

（一）金融资产信用减值的三阶段模型

一般情况下，企业应当在每个资产负债表日评估相关金融资产的信用风险自初始确认后是否已显著增加，可以将金融资产发生信用减值的过程分为三个阶段，并按照下列情形分别计量其损失准备、确认预期信用损失及其变动。

1.第一阶段：信用风险自初始确认后未显著增加

对于处于该阶段的金融资产，企业应当按照未来12个月的预期信用损失计量损失准备，并按其账面余额（即未扣除减值准备）和实际利率计算利息收入。

2.第二阶段：信用风险自初始确认后已显著增加但尚未发生信用减值

对于处于该阶段的金融资产，企业应当按照该工具整个存续期的预期信用损失计量损失准备，并按其账面余额和实际利率计算利息收入。

3.第三阶段：初始确认后发生信用减值

对于处于该阶段的金融资产，企业应当按照该工具整个存续期的预期信用损失计量损失准备，但对利息收入的计算不同于处于前两个阶段的金融资产。对于已发生信用减值的金融资产，企业应当按其摊余成本（账面余额减已计提减值准备，也即账面价值）和实际利率计算利息收入，即净额法。

值得说明的是，第n期的信用风险评估，已发生信用减值的金融资产，在第n+1期的利息收入采用净额法。

上述三阶段的划分，适用于购买或源生时未发生信用减值的金融工具。对于购买或源生时已发生信用减值的金融资产，企业应当仅将初始确认后整个存续期内预期信用损失的变动确认为损失准备，并按其摊余成本和经信用调整的实际利率计算利息收入。

（二）金融资产的信用风险评估

企业在评估金融资产预期信用损失时，应当考虑所有合理且有依据的信息，包括前瞻性信息。为确保自金融工具初始确认后信用风险显著增加即确认整个存续期预期信用损失，企业在一些情况下应当以组合为基础考虑评估信用风险是否显著增加。整个存续期预期信用损失，是指因金融资产整个预计存续期内所有可能发生的违约事件而导致的预期信用损失。

企业在评估金融资产的信用风险自初始确认后是否已显著增加时，应当考虑金融资产预计存续期内发生违约风险的变化，而不是预期信用损失金额的变化。企业应当通过比较金融工具在资产负债表日发生违约的风险与在初始确认日发生违约的风险，以确定金融资产预计存续期内发生违约风险的变化情况。

在为确定是否发生违约风险而对违约进行界定时，企业所采用的界定标准，应当与其内部针对相关金融资产的信用风险管理目标保持一致，并考虑财务限制条款等其他定性指标。

企业通常应当在金融资产逾期前确认该资产整个存续期预期信用损失。企业在确定信用风险自初始确认后是否显著增加时，企业无须付出不必要的额外成本或努力即可获得合理且有依据的前瞻性信息的，不得仅依赖逾期信息来确定信用风险自初始确认后是否显著增加；企业必须付出不必要的额外成本或努力才可获得合理且有依据的逾期信息以外的单独或汇总的前瞻性信息的，可以采用逾期信息来确定信用风险自初始确认后是否显著增加。

无论企业采用何种方式评估信用风险是否显著增加，通常情况下，如果逾期超过30日，则表明金融资产的信用风险已经显著增加。除非企业在无须付出不必要的额外成本或努力的情况下即可获得合理且有依据的信息，证明即使逾期超过30日，信用风险自初始确认后仍未显著增加。如果企业在合同付款逾期超过30日前已确定信用风险显著增加，则应当按照整个存续期的预期信用损失确认损失准备。

如果交易对手方未按合同规定时间支付约定的款项，则表明该金融资产发生逾期。

企业在评估金融资产的信用风险自初始确认后是否已显著增加时，应当考虑违约风险的相对变化，而非违约风险变动的绝对值。在同一后续资产负债表日，对于违约风险变动的绝对值相同的两项金融资产，初始确认时违约风险较低的金融资产比初始确认时违约风险较高的金融资产的信用风险变化更为显著。

企业确定金融工具在资产负债表日只具有较低的信用风险的，可以假设该金融资产的信用风险自初始确认后并未显著增加。

如果金融资产的违约风险较低，借款人在短期内履行其合同现金流量义务的能力很强，并且较长时期内经济形势和经营环境的不利变化可能但未必降低借款人履行其合同现金流量义务的能力，该金融资产被视为具有较低的信用风险。

（三）预期信用损失的计量

企业应当以概率加权平均为基础对预期信用损失进行计量。企业对预期信用损失的计量应当反映发生信用损失的各种可能性，但不必识别所有可能的情形。对于金融资产，信用损失应为企业应收取的合同现金流量与预期收取的现金流量之间差额的现值。对于资产负债表日已发生信用减值但并非购买或源生已发生信用减值的金融资产，信用损失应为该金融资产账面余额与按原实际利率折现的估计未来现金流量的现值之间的差额。在计量预期信用损失时，企业需考虑的最长期限为企业面临信用风险的最长合同期限(包括考虑续约选择权)，而不是更长期间，即使该期间与业务实践相一致。

企业计量金融资产预期信用损失的方法应当反映下列各项要素：

1. 通过评价一系列可能的结果而确定的无偏概率加权平均金额。

2. 货币时间价值。

3. 在资产负债表日无须付出不必要的额外成本或努力即可获得的有关过去事项、当前状况以及未来经济状况预测的合理且有依据的信息。

四、金融资产减值损失的会计处理

（一）债权投资减值损失的会计处理

资产负债表日，企业应当对以摊余成本计量的金融资产自初始确认后的信用风险进行评估，以确定信用风险是否已显著增加，按照金融资产减值的三阶段模型计算预期信用损失并进行相应的会计处理。

1.债权投资减值准备的计提和转回

资产负债表日，企业应当计算债权投资预期信用损失。如果该预期信用损失大于该资产当前减值准备的账面金额，企业应当将其差额确认为减值损失，借记“信用减值损失”科目，贷记“债权投资减值准备”科目；如果该预期信用损失小于该资产当前减值准备的账面金额，企业应当将其差额确认为减值利得，借记“债权投资减值准备”科目，贷记“信用减值损失”科目。

2.利息收入的确认与计量

每期确认利息收入时，如果上期的信用风险评估表明该债券信用风险自初始确认以来没有显著增加或信用风险显著增加但不存在表明该债券已发生信用减值的客观证据，则本期确认利息收入采用总额法，利息收入等于债券的账面余额与实际利率的乘积；如果上期的信用风险评估表明该债券信用风险自初始确认以来信用风险显著增加并且存在表明该债券已发生信用减值的客观证据，则本期确认利息收入采用净额法，利息收入等于债券的摊余成本与实际利率的乘积。具体会计处理与债权投资的利息确认相同。

3.已发信用减值的客观证据已经消失

如果上期的信用风险评估表明，以前期间曾经存在已发生信用减值的客观证据已消失或不存在了，首先，本期要将因以前期间采用净额法少确认的利息收入和多摊销的利息调整转回，然后按照总额法确认利息收入。

4.债权投资处置

债权投资到期收回，按照实际收回的金额，借记“银行存款”“债权投资减值准备”科目，贷记“债权投资——成本”（面值）、“应收利息”（分期付息，一次还本）科目或“债权投资——应计利息”（到期一次性还本付息）科目，按照上述差额借记或贷记“信用减值损失”科目。债券未到期处置债权投资，按照实际收回的金额，借记“银行存款”“债权投资减值准备”科目，贷记“债权投资——成本”（面值）、“应收利息”（分期付息，一次还本）科目或“债权投资——应计利息”（到期一次性还本付息）科目，借记或贷记“债权投资——利息调整”科目，按照上述差额借记或贷记“投资收益”科目。

【例4-47】2×21年1月1日，阳光公司购入嘉华公司当日发行的面值1 000 000元的债券，期限6年，票面利率6%，购买价款1 035 000元（含交易费用），每年1月10日付息，到期还本。阳光公司将该债券分类为以摊余成本计量的金融资产。初始确认的实际利率为5.31%。阳光公司采用实际利率法编制利息收入与摊余成本计算表，见表4-8。

表4-8 **利息收入与摊余成本计算表** 金额单位：元

日期	应收利息	实际利率	利息收入	利息调整摊销	账户余额	累计计提减值准备	摊余成本
2×21年1月1日		5.31%			1 035 000		1 035 000
2×21年12月31日	60 000	5.31%	54 959	5 041	1 029 959	4 026	1 022 933
2×22年12月31日	60 000	5.31%	54 691	5 309	1 024 650	102 465	922 185
2×23年12月31日	60 000	5.31%	54 409	5 591	1 019 059	607 869	411 190
2×24年12月31日	60 000	5.31%	21 834	38 166	980 893	151 976	
按照总额计算		5.31%	54 112	5 888	1 013 171		
2×25年12月31日	60 000	5.31%	53 799	6 201	1 006 970	88 110	
2×26年12月31日	60 000	5.31%	53 030	6 970	1 000 000		
合计	360 000		325 000	35 000			

2×21年1月1日，取得债权投资：

借：债权投资——嘉华公司债券（成本） 1 000 000

——嘉华公司债券（利息调整） 35 000

贷：银行存款 1 035 000

（1）2×21年12月31日：

①确认利息收入。

借：应收利息 60 000

贷：投资收益 54 959

债权投资——嘉华公司债券（利息调整） 5 041

②对嘉华公司进行信用风险评估，计算预期信用损失计提减值准备。

自初始确认后，嘉华公司信用良好，阳光公司通过信用评估后确认，嘉华公司的信用风险没有显著增加，阳光公司应计算未来12个月的预期信用损失。阳光公司预计未来12个月债券发生违约的概率为1%，发生违约的损失率为40%，不发生违约的概率为99%。

未来12个月的预期信用损失=（1 000 000+60 000）×（P/F，5.31%，1）×40%×1%

=1 060 000×0.9496×40%×1%=4 026（元）

其中，（P/F，5.31%，1）=0.9496，是1期、利率为5.31%的复利现值系数。相应的会计处理为：

借：信用减值损失 4 026

贷：债权投资减值准备 4 026

③2×22年1月10日，收到利息。

借：银行存款 60 000

贷：应收利息 60 000

（2）2×22年12月31日：

①确认利息收入（总额法）。

阳光公司上期期末判断自初始确认到上期期末，嘉华公司债券的信用风险并未显著增加，因此本期嘉华公司债券利息收入的确认应当采用总额法。

利息收入=账户余额×实际利率=1 029 959×5.31%=54 691（元）

借：应收利息 60 000

贷：投资收益 54 691

债权投资——嘉华公司债券（利息调整） 5 309

②评估嘉华公司的信用风险。

自初始确认后，到本期期末，嘉华公司部分产品出现滞销，不得不降价亏本处理，如果不及时调整，很有可能会出现财务危机，但是嘉华公司没有出现财务违约等客观证据表明已发生信用减值的情形。阳光公司通过信用风险评估认为，嘉华公司的信用风险已显著增加，但没有客观证据表明已发生信用减值。因此，阳光公司应当计算嘉华公司债券整个存续期内预期信用损失确认信用减值。阳光公司预计嘉华公司债券在整个存续期内的违约概率为25%，如果发生违约，债券的损失率为40%，不发生违约的概率为75%。

存续期内未来现金流量的现值就等于账户余额。

整个存续期内预期信用损失=1 024 650×25%×40%=102 465（元）

本期应计提的预期信用减值损失=102 465-4 026=98 439（元）

借：信用减值损失　98 439

　贷：债权投资减值准备　98 439

③2×23年1月10日，收到利息。

借：银行存款　60 000

　贷：应收利息　60 000

（3）2×23年12月31日：

①确认利息收入（总额法）。

阳光公司上期期末判断自初始确认到上期期末，嘉华公司债券的信用风险显著增加，但是没有客观证据表明该债券已发生信用减值，因此本期嘉华公司债券利息收入的确认应当采用总额法。

利息收入=账户余额×实际利率=1 024 650×5.31%=54 409（元）

借：应收利息　60 000

　贷：投资收益　54 409

　　债权投资——嘉华公司债券（利息调整）　5 591

②评估嘉华公司的信用风险。

自初始确认后，到本期期末，嘉华公司产品滞销愈发严重，亏损也更加严重，现金流紧张，出现财务危机，并出现逾期债务。阳光公司通过信用风险评估认为，嘉华公司的信用风险已显著增加，有客观证据表明已发生信用减值。因此，阳光公司应当计算嘉华公司债券整个存续期内预期信用损失确认信用减值。阳光公司预计嘉华公司债券在整个存续期内违约并损失55%的概率为75%，在整个存续期内违约并损失80%的概率为23%，不发生违约的概率为2%。

存续期内未来现金流量的现值等于账户余额。

整个存续期内预期信用损失=1 019 059×55%×75%+1 019 059×80%×23%=607 869（元）

本期应计提的预期信用减值损失=607 869-4 026-98 439=505 404（元）

借：信用减值损失　505 404

　贷：债权投资减值准备　505 404

③2×24年1月10日，收到利息。

借：银行存款　60 000

　贷：应收利息　60 000

（4）2×24年12月31日：

①确认利息收入（净额法）。

阳光公司上期期末判断自初始确认到上期期末，嘉华公司债券的信用风险显著增加，有客观证据表明该债券已发生信用减值，因此本期嘉华公司债券利息收入的确认应当采用净额法。

利息收入=摊余成本×实际利率=411 190×5.31%=21 834（元）

借：应收利息　60 000

贷：投资收益　21 834

债权投资——嘉华公司债券（利息调整）　38 166

②评估嘉华公司的信用风险并计提减值准备。

自上期期末至今，嘉华公司采取了一系列措施，调整了产品结构，销售明显好转，开始盈利，资金周转趋于正常。阳光公司通过信用风险评估认为，嘉华公司的信用风险虽然显著，但是表明已发生信用减值的客观证据已不存在。阳光公司预计嘉华公司债券在未来存续期违约并损失50%的概率为30%，不发生违约的概率为70%。

整个存续期内预期信用损失=1 013 171×50%×30%=151 976（元）

本期应计提的预期信用减值损失=151 976-607 869=-455 893（元）

借：债权投资减值准备　455 893

贷：信用减值损失　455 893

③2×25年1月10日，收到利息。

借：银行存款　60 000

贷：应收利息　60 000

（5）2×25年12月31日：

①确认利息收入。

阳光公司上期期末判断，嘉华公司债券的信用风险显著，但发生减值的客观证据已不存在，本期应采用总额法确认利息收入。首先，将上期采用净额法少确认的利息收入和多摊销的利息调整到按总额法确认；其次，按总额法确认2×25年利息收入。

2×24年如果按照总额法：

应确认的利息收入=1 019 059×5.31%=54 112（元）

应摊销的利息调整=60 000-54 112=5 888（元）

少确认的利息收入=54 112-21 834=32 278（元）

多摊销的利息调整=38 166-5 888=32 278（元）

借：债权投资——嘉华公司债券（利息调整）　32 278

贷：投资收益　32 278

2×25年的利息收入=1 013 171×5.31%=53 799（元）

借：应收利息　60 000

贷：投资收益　53 799

债权投资——嘉华公司债券（利息调整）　6 201

②评估嘉华公司的信用风险并计提减值准备。

2×25年，嘉华公司经营状况得到进一步改善。阳光公司经过评估认为，嘉华公司债券的信用风险显著，但是表明嘉华公司债券已发生减值的客观证据不存在。阳光公司应当计算嘉华公司债券在整个存续期内的预期信用损失。阳光公司预计嘉华公司债券在未来存续期违约并损失35%的概率为25%，不发生违约的概率为75%。

整个存续期内预期信用损失=1 006 970×35%×25%=88 110（元）

本期应计提的预期信用减值损失=88 110-151 976=-63 866（元）

借：债权投资减值准备　63 866

贷：信用减值损失　63 866

③2×26年1月10日，收到利息。

借：银行存款　　60 000

　贷：应收利息　　60 000

（6）2×26年12月31日：

①确认利息收入。

借：应收利息　　60 000

　贷：投资收益　　53 030

　　债权投资——嘉华公司债券（利息调整）　　6 970

②嘉华公司债券到期，根据还本付息的实际结果进行会计处理。

如果收回全部本金和利息：

借：银行存款　　1 060 000

　贷：债权投资——嘉华公司债券（成本）　　1 000 000

　　应收利息　　60 000

借：债权投资减值准备　　88 110

　贷：信用减值损失　　88 110

如果本金和利息收到1 000 000元，则：

借：银行存款　　1 000 000

　债权投资减值准备　　88 110

　贷：债权投资——嘉华公司债券（成本）　　1 000 000

　　应收利息　　60 000

　　信用减值损失　　28 110

如果本金和利息收到900 000元，则：

借：银行存款　　900 000

　债权投资减值准备　　88 110

　信用减值损失　　71 890

　贷：债权投资——嘉华公司债券（成本）　　1 000 000

　　应收利息　　60 000

（二）应收款项损失准备的会计处理

企业对于新收入准则所规定的，不含重大融资成分的应收款项，应当始终按整个存续期内的预期信用损失的金额计量其损失准备。可以不采用预期信用损失的三阶段模型，简化处理。由于应收款项属于短期债权，不超过1年，未来现金流量折现与否差异较小，确定应收款项的预期信用损失金额时，对于未来现金流量可以不折现。即应收款项的预期信用损失等于应收款项的合同现金流量与预期收到金额之间的差额。会计实务中，通常采用应收款项余额百分比法和账龄分析法确定应收款项预期信用损失。

1.应收款项余额百分比法

应收账款余额百分比法是指根据应收款项的预期信用损失率确定应收款项预期信用损失，进而确定应收款项的预期信用减值金额的方法。预期信用损失率是指应收款项的预期信用损失占应收账款余额的比例。预期信用损失率以应收款项的历史实际违约损失为基础，结合经济形势和企业的经营状况并考虑无须付出不必要的额外成本或努力即可获得合理且有依据的前瞻性信息，合理确定预期信用损失率。预期信用损失率应当能够反映应收款项整个存续期内的实际损失，即合同现金流和实际收到金额之间的差额。企业应定期对预期信用损失率进行检查，并进行调整修正，以尽可能消除预期信用损失与实际损失之间的差额。

企业应设置“坏账准备”和“信用减值损失”科目，进行应收款项的信用减值会计处理。

本期预期信用损失金额=应收账款余额×预期信用损失率

本期应计提的坏账准备金额=本期预期信用损失金额−坏账准备贷方余额（+借方余额）

如果计提坏账准备前，“坏账准备”科目无余额，应按本期预期信用损失金额计提坏账准备，借记“信用减值损失”科目，贷记“坏账准备”科目。如果计提坏账准备前，“坏账准备”科目已有贷方余额，应按本期预期信用损失金额大于“坏账准备”科目原有贷方余额的差额补提坏账准备，借记“信用减值损失”科目，贷记“坏账准备”科目；按本期预期信用损失金额小于“坏账准备”科目原有贷方余额的差额转回已计提的坏账准备，借记“坏账准备”科目，贷记“信用减值损失”科目；本期预期信用损失金额等于“坏账准备”科目原有贷方余额时，不计提坏账准备。如果计提坏账准备前，“坏账准备”科目已有借方余额，应按本期预期信用损失金额与“坏账准备”科目原有借方余额之和计提坏账准备，借记“信用减值损失”科目，贷记“坏账准备”科目。经过上述会计处理后，各期期末“坏账准备”科目的贷方余额应等于本期预期信用损失金额。

如果有确凿证据表明无法收回应收款项或收回的可能性极小，应根据企业的管理权限报经批准后，转销该应收账款。如果已核销的应收账款又重新收回，则先转回应收账款，然后作应收账款收回处理。

【例 4-48】 阳光公司采用应收账款余额百分比法确定应收账款的预期信用损失，预期信用损失率为4%，2×21年12月31日，计提坏账准备前“坏账准备”科目贷方余额为1 200 000元。具体应收账款情况如下：

（1）2×21年12月31日，应收账款余额为50 000 000元。

（2）2×22年，实际发生坏账损失1 260 000元，12月31日，应收账款余额为65 000 000元。

（3）2×23年，收回以前期间核销的应收账款900 000元，实际发生坏账损失1 620 000元。2×23年经济环境恶化，原有的预期信用损失率不能反映企业实际信用损失，将原有的预期信用损失率调整为5%。12月31日，应收账款余额为35 000 000元。

（4）2×24年，实际发生坏账损失1 820 000元，12月31日，应收账款余额为52 000 000元。

阳光公司的账务处理如下：

（1）2×21年12月31日：

应计提的坏账准备金额=50 000 000×4%−1 200 000=800 000（元）

借：信用减值损失	800 000	
贷：坏账准备		800 000

2×21年12月31日，“坏账准备”科目贷方余额为2 000 000元。

（2）2×22年，实际发生坏账。

借：坏账准备　　1 260 000

　贷：应收账款　　1 260 000

应计提坏账准备金额=65 000 000×4%-（2 000 000-1 260 000）=1 860 000（元）

借：信用减值损失　　1 860 000

　贷：坏账准备　　1 860 000

2×22年12月31日，“坏账准备”科目贷方余额为2 600 000元。

（3）2×23年收回以前核销的坏账损失。

借：应收账款　　900 000

　贷：坏账准备　　900 000

借：银行存款　　900 000

　贷：应收账款　　900 000

实际发生坏账损失：

借：坏账准备　　1 620 000

　贷：应收账款　　1 620 000

应计提的坏账准备金额=35 000 000×5%-（2 600 000+900 000-1 620 000）=-130 000（元）

借：坏账准备　　130 000

　贷：信用减值损失　　130 000

2×23年12月31日，“坏账准备”科目贷方余额为1 750 000元。

（4）2×24年实际发生坏账损失。

借：坏账准备　　1 820 000

　贷：应收账款　　1 820 000

应计提的坏账准备金额=52 000 000×5%-（1 750 000-1 820 000）=2 670 000（元）

借：信用减值损失　　2 670 000

　贷：坏账准备　　2 670 000

2.应收款项账龄分析法

应收款项账龄分析法是指根据应收款项的账龄长短分组分别确定预期信用损失率，在此基础上计算应收款项预期信用损失，进而确定应收款项的预期信用减值金额的方法。

【例4-49】阳光公司会计部根据2×23年12月31日的应收账款资料编制账龄分析表，见表4-9。2×22年12月31日，“坏账准备”科目贷方余额为156 200元。2×23年发生坏账损失120 000元，收回以前期间核销的应收账款80 000元。

表4-9　　应收账款账龄分析表　　单位：元

客户名称	余额	未到期	已过期			
			1个月	2个月	3个月	3个月以上
A	2 238 125	820 000	630 000	200 000	460 000	128 125
B	1 200 000	600 000		400 000	200 000	
C	350 000	128 000	125 000	30 000	67 000	
合计	3 788 125	1 548 000	755 000	630 000	727 000	128 125

根据应收账款账龄分析表和事先确定的不同账龄的应收账款估计坏账百分比，编制坏账损失估计表，见表4-10。

表4-10　　坏账损失估计表　　金额单位：元

应收账款账龄	应收账款余额	预期信用损失率（%）	预期信用损失金额
未到期	1 548 000	1	15 480
过期1个月	755 000	3	22 650
过期2个月	630 000	5	31 500
过期3个月	727 000	10	72 700
过期3个月以上	128 125	16	20 500
合计	3 788 125	—	162 830

阳光公司的账务处理如下：

（1）发生坏账损失时：

借：坏账准备　　120 000

　贷：应收账款　　120 000

（2）收回以前期间核销的应收账款时：

借：应收账款　　80 000

　贷：坏账准备　　80 000

借：银行存款　　80 000

　贷：应收账款　　80 000

本期应计提的坏账准备金额=162 830-（156 200-120 000+80 000）=46 630（元）

（3）本期计提坏账准备时：

借：信用减值损失　　46 630

　贷：坏账准备　　46 630

（三）其他债权投资减值损失的会计处理

资产负债表日，应对以公允价值计量且其变动计入其他综合收益的其他债权投资，应用预期信用损失的三阶段模型确定预期信用损失，进而确认预期信用减值损失。具体会计处理如下：

1.确认利息收入

总额法下：利息收入=账户余额×实际利率（账户余额为“成本”、“应计利息”与“利息调整”之和），计入投资收益；净额法下：利息收入=（账户余额-已计提的减值准备）×实际利率（账户余额为“成本”、“应计利息”与“利息调整”之和），计入投资收益。

对于分期付息、一次还本债券，应借记“应收利息”科目，贷记“投资收益”科目，按上述差额借记或贷记“其他债权投资——利息调整”科目。

对于到期一次性还本付息的债券，应借记“其他债权投资——应计利息”科目，贷记“投资收益”科目，按上述差额借记或贷记“其他债权投资——利息调整”科目。

2.确认公允价值变动

公允价值变动 = 资产负债表日的公允价值 − (上期末公允价值 ± 本期摊销或转回的利息调整 + 其他债权投资本期确认的应计利息)

注：转回或摊销的利息调整若在借方则“+”，若在贷方则“−”。

公允价值变动为正时，借记“其他债权投资——公允价值变动”科目，贷记“其他综合收益——其他债权投资公允价值变动”科目；公允价值变动为负时，则编制相反的会计分录。

3.确认预期信用损失

本期应计提信用减值准备金额=预期信用损失−前期累计已计提信用减值准备金额

本期应计提信用减值准备金额如为正，借记“信用减值损失”科目，贷记“其他综合收益——信用减值准备”科目；如为负，则表明信用减值准备转回，编制相反的会计分录。

4.终止确认（处置或到期收回本金和利息）

处置其他债权投资或到期收回本金和利息时，将其他债权投资相关账户余额全部转出，即将“其他债权投资——成本”“其他债权投资——利息调整”“其他债权投资——公允价值变动”“其他债权投资——应计利息”科目余额转出，按取得处置价款或到期收到的本金和利息，借记“银行存款”科目，差额记入“投资收益”科目，同时还要将“其他综合收益——其他债权投资公允价值变动”和“其他综合收益——信用减值准备”科目余额转入“投资收益”科目。

【例4-50】 沿用【例4-47】的资料，阳光公司将购入嘉华公司的债券分类为以公允价值计量且其变动计入其他综合收益的金融资产，其他条件不变。阳光公司采用实际利率法编制利息收入与摊余成本计算表，见表4-11。

表4-11　　利息收入与摊余成本计算表　　金额单位：元

日期	应收利息	实际利率	利息收入	利息调整摊销	账户余额	累计计提减值准备	公允价值变动
2×21年1月1日		5.31%			1 035 000		
2×21年12月31日	60 000	5.31%	54 959	5 041	1 029 959	4 026	2 041
2×22年12月31日	60 000	5.31%	54 691	5 309	1 024 650	102 465	−1 691
2×23年12月31日	60 000	5.31%	54 409	5 591	1 019 059	607 869	3 591
2×24年12月31日	60 000	5.31%	21 834	38 166	980 893	151 976	15 166
按照总额计算		5.31%	54 112	5 888	1 013 171		
2×25年12月31日	60 000	5.31%	53 799	6 201	1 006 970	88 110	1 923
2×26年12月31日	60 000	5.31%	53 030	6 970	1 000 000		
合计	360 000		325 000	35 000			21 030

2×21年1月1日，取得债权投资：

借：其他债权投资——嘉华公司债券（成本）　　1 000 000

——嘉华公司债券（利息调整）　　35 000

贷：银行存款　　1 035 000

（1）2×21年12月31日：

①确认利息收入。

借：应收利息 60 000

贷：投资收益 54 959

其他债权投资——嘉华公司债券（利息调整） 5 041

摊销利息调整后嘉华公司债券账面价值=1 035 000−5 041=1 029 959（元）

②确认公允价值变动。

2×21年12月31日，该债券的市价（公允价值）（不含2×21年利息）为1 032 000元。

公允价值变动=1 032 000−1 029 959=2 041（元）

借：其他债权投资——嘉华公司债券（公允价值变动） 2 041

贷：其他综合收益——其他债权投资公允价值变动 2 041

③确认预期信用损失。

自初始确认后，嘉华公司信用良好，阳光公司通过信用评估后确认，嘉华公司的信用风险没有显著增加，阳光公司应计算未来12个月的预期信用损失。阳光公司预计未来12个月债券发生违约的概率为1%，发生违约的损失率为40%，不发生违约的概率为99%。

未来12个月的预期信用损失=（1 000 000+60 000）×（P/F，5.31%，1）×40%×1%

=1 060 000×0.9496×40%×1%=4 026（元）

其中，（P/F，5.31%，1）=0.9496，是1期、利率为5.31%的复利现值系数。相应的会计处理为：

借：信用减值损失 4 026

贷：其他综合收益——信用减值准备 4 026

④2×22年1月10日收到利息。

借：银行存款 60 000

贷：应收利息 60 000

（2）2×22年12月31日：

①确认利息收入（总额法）。

阳光公司上期期末判断自初始确认到上期期末，嘉华公司债券的信用风险并未显著增加，因此本期嘉华公司债券利息收入的确认应当采用总额法。

利息收入=账户余额×实际利率=1 029 959×5.31%=54 691（元）

借：应收利息 60 000

贷：投资收益 54 691

其他债权投资——嘉华公司债券（利息调整） 5 309

摊销利息调整后嘉华公司债券账面价值=1 032 000−5 309=1 026 691（元）

②确认公允价值变动。

2×22年12月31日，该债券的市价（公允价值）（不含2×22年利息）为1 025 000元。

公允价值变动=1 025 000−1 026 691=−1 691（元）

借：其他综合收益——其他债权投资公允价值变动 1 691

贷：其他债权投资——嘉华公司债券（公允价值变动） 1 691

③确认预期信用损失。

自初始确认后，到本期期末，嘉华公司部分产品出现滞销，不得不降价亏本处理，如果不及时调整，很有可能会出现财务危机，但是嘉华公司没有出现财务违约等客观证据表明已发生信用减值的情形。阳光公司通过信用风险评估认为，嘉华公司的信用风险已显著增加，但没有客观证据表明已发生信用减值。因此，阳光公司应当计算嘉华公司债券整个存续期内预期信用损失确认信用减值。阳光公司预计嘉华公司债券在整个存续期内的违约概率为25%，如果发生违约，债券的损失率为40%，不发生违约的概率为75%。

整个存续期内未来现金流量的现值就等于账户余额（不含公允价值变动）。

整个存续期内预期信用损失=1 024 650×25%×40%=102 465（元）

本期应计提的预期信用减值损失=102 465−4 026=98 439（元）

借：信用减值损失　98 439

　贷：其他综合收益——信用减值准备　98 439

④2×23年1月10日，收到利息。

借：银行存款　60 000

　贷：应收利息　60 000

（3）2×23年12月31日：

①确认利息收入（总额法）。

阳光公司上期期末判断自初始确认到上期期末，嘉华公司债券的信用风险显著增加，但是没有客观证据表明该债券已发生信用减值，因此本期嘉华公司债券利息收入的确认应当采用总额法。

利息收入=账户余额×实际利率=1 024 650×5.31%=54 409（元）

借：应收利息　60 000

　贷：投资收益　54 409

　　　其他债权投资——嘉华公司债券（利息调整）　5 591

摊销利息调整后嘉华公司债券账面价值=1 025 000−5 591=1 019 409（元）

②确认公允价值变动。

2×23年12月31日，该债券的市价（公允价值）（不含2×23年利息）为1 023 000元。

公允价值变动=1 023 000−1 019 409=3 591（元）

借：其他债权投资——嘉华公司债券（公允价值变动）　3 591

　贷：其他综合收益——其他债权投资公允价值变动　3 591

③确认预期信用损失。

自初始确认后，到本期期末嘉华公司产品滞销愈发严重，亏损也更加严重，现金流紧张，出现财务危机，并出现逾期债务。阳光公司通过信用风险评估认为，嘉华公司的信用风险已显著增加，有客观证据表明已发生信用减值。因此，阳光公司应当计算嘉华公司债券整个存续期内预期信用损失确认信用减值。阳光公司预计嘉华公司债券在整个存续期内违约并损失55%的概率为75%，嘉华公司债券在整个存续期内违约并损失80%概率为23%，不发生违约的概率为2%。

存续期内未来现金流量的现值就等于账户余额。

整个存续期内预期信用损失=1 019 059×55%×75%+1 019 059×80%×23%=607 869（元）

本期应计提的预期信用减值损失=607 869−4 026−98 439=505 404（元）

借：信用减值损失　505 404

贷：其他综合收益——信用减值准备　　505 404

④2×24年1月10日，收到利息。

借：银行存款　　60 000

贷：应收利息　　60 000

（4）2×24年12月31日：

①确认利息收入（净额法），因为阳光公司上期期末判断自初始确认到上期期末，嘉华公司债券的信用风险显著增加，有客观证据表明该债券已发生信用减值，因此本期嘉华公司债券利息收入的确认应当采用净额法。

利息收入=摊余成本×实际利率=411 190×5.31%=21 834（元）

借：应收利息　　60 000

贷：投资收益　　21 834

其他债权投资——嘉华公司债券（利息调整）　　38 166

摊余成本=其他债权投资的账户余额-其他债权投资减值准备=1 019 059-607 869=411 190（元）

摊销利息调整后嘉华公司债券账面价值=1 023 000-38 166=984 834（元）

②确认公允价值变动。

2×24年12月31日，该债券的市价（公允价值）（不含2×24年利息）为1 000 000元。

公允价值变动=1 000 000-984 834=15 166（元）

借：其他债权投资——嘉华公司债券（公允价值变动）　　15 166

贷：其他综合收益——其他债权投资公允价值变动　　15 166

③确认预期信用损失。

自上期期末至今，嘉华公司采取了一系列措施，调整了产品结构，销售明显好转，开始盈利，资金周转趋于正常。阳光公司通过信用风险评估认为，嘉华公司的信用风险虽然显著，但是表明已发生信用减值的客观证据不存在。阳光公司预计嘉华公司债券在未来存续期违约并损失50%的概率为30%，不发生违约的概率为70%。

整个存续期内预期信用损失=1 013 171×50%×30%=151 976（元）

本期应计提的预期信用减值损失=151 976-607 869=-455 893（元）

借：其他综合收益——信用减值准备　　455 893

贷：信用减值损失　　455 893

④2×25年1月10日，收到利息。

借：银行存款　　60 000

贷：应收利息　　60 000

（5）2×25年12月31日：

①确认利息收入。

阳光公司上期期末判断，嘉华公司债券的信用风险显著，但已发生减值的客观证据已不存在，本期应采用总额法确认利息收入。首先，将上期采用净额法少确认的利息收入和多摊销的利息调整到按总额法确认；其次，按总额法确认2×25年利息收入。

2×24年如果按照总额法：

应确认的利息收入=1 019 059×5.31%=54 112（元）

应摊销的利息调整=60 000-54 112=5 888（元）

少确认的利息收入=54 112−21 834=32 278（元）

多摊销的利息调整=38 166−5 888=32 278（元）

借：其他债权投资——嘉华公司债券（利息调整）　32 278

　贷：投资收益　32 278

2×25 年的利息收入=1 013 171×5.31%=53 799（元）

借：应收利息　60 000

　贷：投资收益　53 799

　　其他债权投资——嘉华公司债券（利息调整）　6 201

转回和利息调整后嘉华公司债券账面价值=1 000 000+32 278−6 201=1 026 077（元）

②确认公允价值变动。

2×25年12月31日，该债券的市价（公允价值）（不含2×25年利息）为1 028 000元。

公允价值变动=1 028 000−1 026 077=1 923（元）

借：其他债权投资——嘉华公司债券（公允价值变动）　1 923

　贷：其他综合收益——其他债权投资公允价值变动　1 923

③确认预期信用损失。

2×25年，嘉华公司经营状况得到进一步改善。阳光公司经过评估认为，嘉华公司债券的信用风险显著，但是表明嘉华公司债券已发生减值的客观证据不存在。阳光公司应当计算嘉华公司债券在整个存续期内的预期信用损失。阳光公司预计嘉华公司债券在未来存续期违约并损失35%的概率为25%，不发生违约的概率为75%。

整个存续期内预期信用损失=1 006 970×35%×25%=88 110（元）

本期应计提的预期信用减值损失=88 110−151 976=−63 866（元）

借：其他综合收益——信用减值准备　63 866

　贷：信用减值损失　63 866

④2×26年1月10日，收到利息。

借：银行存款　60 000

　贷：应收利息　60 000

（6）2×26年12月31日：

①确认利息收入。

借：应收利息　60 000

　贷：投资收益　53 030

　　其他债权投资——嘉华公司债券（利息调整）　6 970

②嘉华公司债券到期，根据还本付息的实际结果进行会计处理。

如果收回全部本金和利息：

借：银行存款　1 060 000

　　投资收益　21 030

　贷：其他债权投资——嘉华公司债券（成本）　1 000 000

　　　——嘉华公司债券（公允价值变动）　21 030

　　应收利息　60 000

借：其他综合收益——其他债权投资公允价值变动　　21 030
　　　　　　　——信用减值准备　　88 110
　贷：投资收益　　109 140

如果本金和利息收到980 000元，则：

借：银行存款　　980 000
　　投资收益　　101 030
　贷：其他债权投资——嘉华公司债券（成本）　　1 000 000
　　　　　　　　——嘉华公司债券（公允价值变动）　　21 030
　　　应收利息　　60 000
借：其他综合收益——其他债权投资公允价值变动　　21 030
　　　　　　　——信用减值准备　　88 110
　贷：投资收益　　109 140

假设2×25年3月8日，阳光公司出售了嘉华公司的债券，出售价款为1 020 000元，则会计处理如下：

截至2×25年3月8日，“其他债权投资”各明细科目余额：成本1 000 000元，利息调整19 107元（35 000−5 041−5 309−5 591−38 166）（贷方），公允价值变动19 107元（借方）；“其他综合收益——信用减值准备”科目余额：151 976元（贷方）。

头脑风暴

投资与投机

借：银行存款　　1 020 000
　　其他债权投资——嘉华公司债券（利息调整）　　19 107
　贷：其他债权投资——嘉华公司债券（成本）　　1 000 000
　　　　　　　　——嘉华公司债券（公允价值变动）　　19 107
　　　投资收益　　20 000
借：其他综合收益——信用减值准备　　151 976
　　　　　　　——其他债权投资公允价值变动　　19 107
　贷：投资收益　　171 083

本节自测

复习思考题

1. 什么是金融资产？如何分类？请举例说明。

2. 分类为以公允价值计量且其变动计入当期损益的金融资产与指定为以公允价值计量且其变动计入当期损益的金融资产有何区别？通过什么会计科目核算？

3. 什么是以摊余成本计量的金融资产？包括权益性投资吗？

4. 什么是摊余成本？与账面价值有何区别？

5. 什么是以公允价值计量且其变动计入其他综合收益的金融资产？通过什么会计科目核算？

6. 其他债权投资与债权投资的会计处理有何异同？

7. 什么是金融资产的重分类？哪些金融资产可以重分类？

8. 什么是预期信用损失？与已发生减值有何区别？

9. 什么是预期信用损失三阶段模型？

本章自测

推荐阅读

1. 金先锋. 新金融工具准则下企业理财业务会计处理研究［J］. 当代会计，2021（6）：80-82.

2. 于国灿. 金融工具摊余成本计量中实际利率法的运用研究［J］. 财务管理研究，2021（5）：100-104.

第五章

长期股权投资

学习目标

1.掌握长期股权投资的核算范围，尤其是长期股权投资与金融资产的划分；

2.初步掌握同一控制下企业合并的会计处理，掌握非同一控制下企业合并的会计处理；

3.掌握非企业合并形成的长期股权投资的会计处理；

4.掌握控制、共同控制和重大影响的概念；

5.熟练掌握长期股权投资的成本法和权益法核算；

6.初步掌握长期股权投资核算方法的转换；

7.基本掌握长期股权投资与金融资产之间转换的会计处理。

第一节 长期股权投资概述

企业对外进行的投资，根据性质的不同可以分为债权性投资和权益性投资。权益性投资根据持股比例以及投资单位对被投资单位的生产经营活动是否能够控制或重大影响等进一步分类：长期股权投资是指投资方对被投资单位实施控制、重大影响的权益性投资，以及对其合营企业的权益性投资。投资方对被投资单位不具有控制和重大影响，也不是对其合营企业的投资，则属于以公允价值计量且其变动计入当期损益的金融资产或以公允价值计量且其变动计入其他综合收益的金融资产，按照金融工具确认和计量准则进行核算。

一、对被投资单位能够实施控制的权益性投资

投资企业能够对被投资单位实施控制的权益性投资，即对子公司投资。控制，是指投资方拥有对被投资单位的权力，通过参与被投资单位的相关活动而享有可变回报，并且有能力运用对被投资单位的权力影响其回报金额。投资企业能够对被投资单位实施控制的，该被投资单位为其子公司。

投资方要实现控制，必须具备两项基本要素，一是因涉入被投资单位而享有可变回报；二是拥有对被投资单位的权力，并且有能力运用对被投资单位的权力影响其回报金额。下列情况，一般表明投资方对被投资单位拥有权力：

（1）投资方持有被投资单位半数以上表决权的；

（2）投资方持有被投资单位半数或以下表决权，但通过与其他表决权持有人之间的协议能够控制半数以上表决权的。

投资企业能够对被投资单位实施控制的，被投资单位为其子公司，投资企业应当将子公司纳入合并财务报表的合并范围。

二、对被投资单位具有重大影响的权益性投资

投资企业对被投资单位具有重大影响的权益性投资，即对联营企业投资。重大影响，是指投资方对被投资单位的财务和经营政策有参与决策的权力，但并不能够控制或者与其他方一起共同控制这些政策的制定。在实务工作中，投资企业直接或间接拥有被投资单位20%以上但低于50%的表决权股份时，一般认为对被投资单位具有重大影响，除非有明确证据表明该种情况下不能参与被投资单位的生产经营决策，不具有重大影响。

企业通常可以通过以下一种或几种情形来判断是否对被投资单位具有重大影响：

（1）在被投资单位的董事会或类似机构中派有代表。这种情况下，由于在被投资单位的董事会或类似机构中派有代表，并享有实质性的参与决策权，投资方可以通过该代表参与被投资单位经营决策的制定，达到对被投资单位施加重大影响的目的。

（2）参与被投资单位财务和经营政策制定过程，包括股利分配政策等的制定。这种情况下，因可以参与被投资单位的政策制定过程，在政策制定过程中可以为其自身

利益提出建议和意见，从而对被投资单位施加重大影响。

（3）与被投资单位之间发生重要交易。有关的交易因对被投资单位的日常经营具有重要性，一定程度上可以影响被投资单位的生产经营决策。

（4）向被投资单位派出管理人员。这种情况下，投资方通过向被投资单位派出管理人员，管理人员有权力并负责被投资单位的财务和经营活动，从而能够对被投资单位施加重大影响。

（5）向被投资单位提供关键技术资料。因被投资单位的生产经营需要依赖投资方的技术或技术资料，表明投资方对被投资单位具有重大影响。

三、对合营企业的权益性投资

投资企业与其他合营方一同对被投资单位实施共同控制的权益性投资，即对合营企业投资。共同控制，是指按照相关约定对某项安排所共有的控制，并且该安排的相关活动必须经过分享控制权的参与方一致同意后才能决策。任何一个参与方均不能单独控制合营安排的相关活动；涉及合营安排相关活动的决策需要分享控制权参与方一致同意。合营安排具有下列特征：

（1）各参与方均受到该安排的约束；

（2）两个或两个以上的参与方对该安排实施共同控制。任何一个参与方都不能够单独控制该安排，对该安排具有共同控制的任何一个参与方均能够阻止其他参与方或参与方组合单独控制该安排。

合营安排分为共同经营和合营企业。共同经营，是指合营方享有该安排相关资产且承担该安排相关负债的合营安排。合营企业，是指合营方仅对该安排的净资产享有权利的合营安排。

共同控制的参与方对合营企业的权益性投资通过长期股权投资准则核算，即适用《企业会计准则第2号——长期股权投资》。对于共同控制的参与方对共同经营的投资，合营安排中的合营方应当确认自身所承担的以及按比例享有或承担的合营安排中按照合同、协议等的规定归属于本企业的资产、负债、收入及费用。该处理方法一定程度上类似于比例合并，但与比例合并又存在差异，适用于《企业会计准则第40号——合营安排》。

以上三类权益性投资都通过“长期股权投资”科目核算。

课程思政

应时而动，顺势而为——诚实守信地反映股权投资业务的实质

本节自测

第二节 企业合并形成的长期股权投资

一、企业合并形成的长期股权投资的初始计量

企业合并，是指将两个或者两个以上单独的企业合并形成一个报告主体的交易或者事项。按照合并前后是否受同一方或相同的多方最终控制，企业合并可以分为同一控制下企业合并与非同一控制下企业合并。按照合并方式，企业合并又可以分为控股合并、吸收合并和新设合并。其中，控股合并属于企业合并形成的长期股权投资。对于形成控股合并的长期股权投资，应区分同一控制下企业控股合并与非同一控制下企

业控股合并两种情况确定长期股权投资的初始投资成本，但无论是同一控制下企业合并还是非同一控制下企业合并形成的长期股权投资，实际支付的价款或对价中包含的已宣告但尚未领取的现金股利或利润，都应作为应收项目处理，不构成取得长期股权投资的初始投资成本。

（一）同一控制下企业合并形成的长期股权投资

同一控制下的企业合并是指参与合并的企业在合并前后均受同一方或相同的多方最终控制且该控制并非暂时性的。对于同一控制下的企业合并，从能够对参与合并各方在合并前及合并后均实施最终控制的一方来看，最终控制方在企业合并前后能够控制的资产并没有发生变化。合并方对被合并方的长期股权投资，其成本代表的是在被合并方账面所有者权益中享有的份额。

1.合并方以支付现金、转让非现金资产或承担债务方式作为合并对价

合并方以支付现金、转让非现金资产或承担债务方式作为合并对价形成的长期股权投资，应当在合并日按照被合并方所有者权益在最终控制方合并财务报表中的账面价值的份额与最终控制方收购被合并方而形成的商誉之和作为长期股权投资的初始投资成本。长期股权投资的初始投资成本与支付的现金、转让的非现金资产以及所承担债务的账面价值之间的差额应当调整资本公积（资本溢价或股本溢价），资本公积（资本溢价或股本溢价）余额不足冲减的，调整留存收益。

合并方应当在企业合并日，按取得的被合并方所有者权益在最终控制方合并财务报表中的账面价值的份额，借记“长期股权投资”科目，按应享有被合并方已宣告但尚未发放的现金股利或利润，借记“应收股利”科目，按支付的合并对价的账面价值，贷记有关资产或负债科目，按其差额，贷记“资本公积——资本溢价（或股本溢价）”科目。如为借方差额，则应借记“资本公积——资本溢价（或股本溢价）”科目，资本公积（资本溢价或股本溢价）不足冲减的，应依次借记“盈余公积”“利润分配——未分配利润”科目。

为进行企业合并，合并方发生的审计、法律服务、评估咨询等中介费用以及其他相关管理费用，应当于发生时计入当期损益（管理费用）。

【例 5-1】阳光公司和B公司为同一母公司所控制的两个子公司，2×23年6月30日，阳光公司和B公司达成合并协议，约定阳光公司以固定资产和银行存款作为合并对价，取得B公司80%的股权，能够对B公司实施控制，合并后B公司仍保持其独立法人资格继续经营。阳光公司投出固定资产的账面原价为2 000万元，已计提折旧500万元，已计提固定资产减值准备100万元；投出银行存款的金额为3 000万元。2×23年6月30日，B公司所有者权益在母公司合并报表中的账面价值为5 000万元，母公司当初合并B公司时形成的合并商誉为100万元；阳光公司“资本公积——股本溢价”科目余额为250万元、“盈余公积”科目余额为600万元。为了本次并购，阳光公司支付审计、咨询和评估费用共计35万元。

在本例中，阳光公司和B公司在合并前后均受同一母公司控制，通过合并，阳光公司能够对B公司实施控制，因此，该合并为同一控制下企业控股合并，阳光公司为合并方，B公司为被合并方，合并日为2×23年6月30日。合并日支付的现金、转让的非现金资产的账面价值=（2 000-500-100）+3 000=4 400（万元），合并日享有被合

并方（被投资单位）所有者权益账面价值的份额和商誉之和=5 000×80%+100=4 100（万元），即长期股权投资的初始投资成本为4 100万元。长期股权投资的初始投资成本小于支付的现金、转让的非现金资产的账面价值，差额为300万元（4 400–4 100）。首先冲减资本公积（股本溢价）250万元，不足冲减的部分再冲减盈余公积50万元。

阳光公司在合并日的账务处理如下：

（1）将参与合并的固定资产转入清理。

借：固定资产清理　　14 000 000
　　固定资产减值准备　　1 000 000
　　累计折旧　　5 000 000
　贷：固定资产　　20 000 000

（2）确定长期股权投资的初始投资成本。

借：长期股权投资——B公司（成本）　　41 000 000
　　资本公积——股本溢价　　2 500 000
　　盈余公积　　500 000
　贷：固定资产清理　　14 000 000
　　　银行存款　　30 000 000

（3）支付审计、咨询和评估费用。

借：管理费用　　350 000
　贷：银行存款　　350 000

本例中，如长期股权投资的初始投资成本大于支付的现金、转让的非现金资产的账面价值，其差额应增加资本公积（股本溢价）。假设支付的现金为2 500万元，则阳光公司的账务处理如下：

（1）将参与合并的固定资产转入清理。

借：固定资产清理　　14 000 000
　　固定资产减值准备　　1 000 000
　　累计折旧　　5 000 000
　贷：固定资产　　20 000 000

（2）确定长期股权投资的初始投资成本。

借：长期股权投资——B公司（成本）　　41 000 000
　贷：固定资产清理　　14 000 000
　　　银行存款　　25 000 000
　　　资本公积——股本溢价　　2 000 000

2.合并方以发行权益性证券作为合并对价

合并方以发行权益性证券作为合并对价的，应当在合并日按照被合并方所有者权益在最终控制方合并财务报表中的账面价值的份额与最终控制方收购被合并方而形成的商誉之和作为长期股权投资的初始投资成本。按照发行股份的面值总额作为股本，长期股权投资初始投资成本与所发行股份面值总额之间的差额，应当调整资本公积；资本公积不足冲减的，调整留存收益。为发行权益性证券支付的交易费用冲减权益性证券产生的股本溢价。

合并方应当在企业合并日，按取得的被合并方所有者权益在最终控制方合并财务报表中的账面价值的份额，借记“长期股权投资”科目，按应享有被合并方已宣告但尚未发放的现金股利或利润，借记“应收股利”科目，按所发行权益性证券的面值总额，贷记“股本”科目，按其差额，贷记“资本公积——股本溢价”科目。如为借方差额，则应借记“资本公积——股本溢价”科目，资本公积（股本溢价）不足冲减的，应依次借记“盈余公积”“利润分配——未分配利润”科目。同时，按发行权益性证券过程中支付的手续费、佣金等费用，借记“资本公积——股本溢价”科目，贷记“银行存款”等科目，溢价发行收入不足冲减的，应依次借记“盈余公积”“利润分配——未分配利润”科目。

为进行企业合并，合并方发生的审计、法律服务、评估咨询等中介费用以及其他相关管理费用，应当于发生时计入当期损益（管理费用）。

【例5-2】阳光公司与C公司为同一母公司所控制的两个子公司，2×23年3月1日，阳光公司和C公司达成合并协议，约定阳光公司向C公司原股东定向增发3 000万股普通股（每股面值1元，每股市价4元），取得C公司80%的股权，并能够于当日起对C公司实施控制。合并后C公司仍维持其独立法人资格继续经营。合并日，C公司的账面所有者权益总额为6 000万元，母公司当初合并B公司时形成的合并商誉为200万元。为了本次并购，阳光公司支付审计、咨询和评估费用共计35万元，阳光公司定向增发普通股以银行存款支付发行费用50万元。阳光公司的账务处理如下：

长期股权投资的初始投资成本=6 000×80%+200=5 000（万元）

股本溢价=5 000−3 000×1=2 000（万元）

（1）确认长期股权投资的初始成本

借：长期股权投资——C公司（成本）	50 000 000	
贷：股本		30 000 000
资本公积——股本溢价		20 000 000

（2）支付发行费用。

借：资本公积——股本溢价	500 000	
贷：银行存款		500 000

（3）支付审计、咨询和评估费用。

借：管理费用	350 000	
贷：银行存款		350 000

注意：在按照合并日应享有的被合并方账面所有者权益的份额确定长期股权投资的初始投资成本时，应当考虑以下几个因素：

第一，合并前被合并方与合并方采用的会计政策、会计期间是否一致。如果企业合并前合并方与被合并方采用的会计政策、会计期间不同，应当在按照合并方的会计政策、会计期间对被合并资产、负债的账面价值进行调整的基础上，计算确定长期股权投资的初始投资成本。

第二，长期股权投资的初始投资成本是合并日按照持股比例与被合并方所有者权益在最终控制方合并财务报表上的账面价值中享有的份额和最终控制方收购被合并方而形成的商誉之和计算的结果。例如，A公司拥有B和C两家子公司，2×23年1月1

日，C公司从集团外部购入D公司80%股权（非同一控制）并能控制D公司的财务和经营政策，购买日，D公司可辨认净资产公允价值为5 000万元，账面价值为3 500万元。C公司支付合并对价4 600万元。此项并购形成合并商誉600万元。假定购买日D公司有一项无形资产，公允价值为2 000万元，账面价值为500万元，按10年采用直线法摊销，预计净残值为0，其他资产、负债公允价值与账面价值相等。2×25年1月1日，B公司购入C公司所持D公司的80%股权，形成同一控制下的企业合并。2×23年1月1日至2×24年12月31日，D公司账面净利润为1 500万元，无其他所有者权益变动；按购买日公允价值持续计算的净利润为1 200万元（1 500-（2 000-500）÷10×2=1 200（万元），不考虑所得税影响）。自2×23年1月1日至2×24年12月31日，D公司按购买日公允价值持续计算的净资产账面价值为6 200万元（5 000+1 200）。6 200万元就是D公司在最终控制方A公司合并财务报表中的所有者权益的账面价值，而不是按照D公司本身（个别报表）的所有者权益的账面价值4 700万元（3 500+1 200）来计算享有的份额。2×25年1月1日，B公司购入A公司所持有D公司的80%股权，其长期股权投资的初始投资成本为5 560万元，即被合并方所有者权益在最终控制方合并财务报表上的账面价值中享有的份额（6 200×80%=4 960（万元））与最终控制方收购被合并方而形成的商誉（600万元）之和。

第三，如果被合并方按照改制时经评估确认的资产和负债的价值调整资产、负债账面价值，合并方应当取得被合并方经评估确认的净资产的份额与并购商誉作为长期股权投资的初始投资成本。

（二）非同一控制下企业合并形成的长期股权投资

非同一控制下企业合并，是指参与合并的各方在合并前后不受同一方或相同的多方最终控制的企业合并。非同一控制下企业合并中，购买方应当按照确定的企业合并成本作为长期股权投资的初始投资成本。合并成本包括购买方付出的资产、发生或承担的负债、发行的权益性证券的公允价值。非同一控制下的企业合并中，购买方为企业合并发生的各项直接相关费用应当于发生时计入当期损益，即管理费用。为进行企业合并发生的各项直接相关费用，是指为进行企业合并而直接支付的审计费用、评估费用、法律咨询服务费用等，但不包括为进行企业合并而发行权益性证券发生的手续费、佣金等，该部分费用应当计入权益性证券的初始确认金额，即冲减发行权益性证券产生的股本溢价。此外，在合并合同或协议中对可能影响合并成本的未来事项作出约定的，购买日如果估计未来事项很可能发生且对合并成本的影响金额能够可靠计量，购买方应当将其计入合并成本。

购买方应当在购买日，按照确定的企业合并成本（不含应自被购买方收取的现金股利或利润），借记“长期股权投资”科目，按应享有被购买方已宣告但尚未发放的现金股利或利润，借记“应收股利”科目，按支付合并对价的账面价值，贷记有关资产或负债科目，合并对价账面价值与公允价值的差额，根据不同的情况进行账务处理。

作为企业合并对价付出的非货币性资产的账面价值与公允价值的差额作为资产处置损益处理。付出的资产为固定资产、无形资产的，付出资产的账面价值与公允价值的差额，计入资产处置损益；付出的资产为长期股权投资的，长期股权投资的账面价值与公允价值的差额计入投资收益；付出的资产为存货的，应当作为销售处理，以其公允价值确认主营业务收入，同时结转相应的成本，涉及增值税的，还应进行相应的处理，初始投资成本还应包括增值税销项税额。

【例 5-3】阳光公司与A公司为两个互不关联的独立企业，属于非同一控制下的两家独立法人，合并之前不存在任何投资关系。2×23年3月1日，阳光公司与A公司约定：阳光公司以库存商品和银行存款作为合并对价，取得A公司70%的股权。投出库存商品的公允价值按阳光公司同类产品的市场销售价确定为3 000万元，增值税税率为13%，该库存商品的账面价值为2 200万元，未计提存货跌价准备。投出银行存款的金额为1 500万元。为此项合并，阳光公司另支付相关咨询费和评估费用30万元。2×23年3月1日，阳光公司对A公司实施控制。购买日，阳光公司的账务处理如下：

合并成本=3 000+3 000×13%+1 500=4 890（万元）

借：长期股权投资——A公司（成本）	48 900 000	
贷：主营业务收入		30 000 000
应交税费——应交增值税（销项税额）		3 900 000
银行存款		15 000 000
借：主营业务成本	22 000 000	
贷：库存商品		22 000 000

【例 5-4】阳光公司与C公司为两个互不关联的独立企业，属于非同一控制下的两家独立法人，合并之前不存在任何投资关系。2×23年3月1日，阳光公司与C公司约定：阳光公司以固定资产和发行的权益性证券作为合并对价，取得C公司80%的股权。阳光公司投出固定资产的账面原价为3 000万元，已计提折旧350万元，以银行存款支付固定资产清理费用10万元，未计提固定资产减值准备，经评估，固定资产的公允价值为2 800万元；增发普通股股票2 000万股，每股面值1元，每股市价2.8元，发生手续费及佣金等发行费用100万元。在合并中，阳光公司以银行存款支付审计、评估费用等直接相关费用共计50万元。阳光公司的账务处理如下：

（1）将参与合并的固定资产转入清理。

借：固定资产清理	26 500 000	
累计折旧	3 500 000	
贷：固定资产		30 000 000

（2）以银行存款支付清理费用。

借：固定资产清理	100 000	
贷：银行存款		100 000

（3）确定长期股权投资的初始投资成本。

固定资产处置收益=2 800−2 650−10=140（万元）

企业合并成本=2 800+2 000×2.8=8 400（万元）

股本溢价=2 000×2.8−2 000−100=3 500（万元）

借：长期股权投资——C公司（成本）	84 000 000	
管理费用	500 000	

贷：固定资产清理 26 600 000
银行存款 1 500 000
资产处置损益 1 400 000
股本 20 000 000
资本公积——股本溢价 35 000 000

二、企业合并形成长期股权投资的后续计量

投资企业能够对被投资单位实施控制的，被投资单位为其子公司，投资企业应当将子公司纳入合并财务报表的合并范围。投资企业对子公司的长期股权投资，应当采用成本法核算，编制合并财务报表时按照权益法进行调整。会计处理要点如下：

（1）初始投资或追加投资时，按照初始投资或追加投资的成本，增加长期股权投资的账面价值，记入“长期股权投资”科目的借方。

（2）减少投资时，按照处置投资的比例相应结转初始投资成本，减少长期股权投资的账面价值，记入“长期股权投资”科目的贷方。

（3）采用成本法核算的长期股权投资，除取得投资时实际支付的价款或对价中包含的已宣告但尚未发放的现金股利或利润外，投资企业应当按照享有被投资单位宣告发放的现金股利或利润确认投资收益，不管有关利润分配是属于对取得前还是取得投资后被投资单位实现净利润的分配。当被投资单位宣告分派现金股利或利润时，属于本企业应享有的部分，借记“应收股利”科目，贷记“投资收益”科目。

（4）企业按照上述规定确认自被投资单位应分得的现金股利或利润后，应当考虑长期股权投资是否发生减值。在判断长期股权投资是否存在减值迹象时，应当关注长期股权投资的账面价值是否大于享有被投资单位净资产（包括相关商誉）账面价值的份额等类似情况。出现类似情况时，企业应当按照《企业会计准则第8号——资产减值》对长期股权投资进行减值测试，可收回金额低于长期股权投资账面价值的，应当计提减值准备。

（5）被投资单位宣告分派股票股利，投资企业只进行辅助登记，不进行具体的账务处理。

（6）被投资单位发生经营亏损，投资企业无须作任何会计处理，除非该项长期股权投资发生了减值。

（7）子公司将未分配利润或盈余公积转增股本（或实收资本），且未向投资方提供等值现金股利或利润的选择权时，投资方并没有获得收取现金股利或者利润的权力，该项交易通常属于子公司自身权益结构分类，投资方不应确认相关的投资收益。

【例5-5】阳光公司2×23年1月1日以1 800万元的价格购入甲公司80%的股权。阳光公司取得股权后，能够有权力控制甲公司的相关活动并获得可变回报。阳光公司采用成本法核算。取得投资后，甲公司于2×23年3月25日宣告2×22年度利润分配方案，分派现金股利600万元；2×23年4月10日，甲公司发放上述现金股利。阳光公司的账务处理如下：

（1）2×23年1月1日购入股票。

借：长期股权投资——甲公司（成本）　18 000 000

　贷：银行存款　18 000 000

（2）2×23年3月25日，甲公司宣告2×22年度利润分配方案，分派现金股利600万元，阳光公司按持股比例应享有的部分为480万元。

借：应收股利　4 800 000

　贷：投资收益　4 800 000

（3）2×23年4月10日，收到现金股利。

借：银行存款　4 800 000

　贷：应收股利　4 800 000

三、企业合并形成长期股权投资的处置

案例分析

“以小博大”类企业并购案例——以吉利收购沃尔沃为例

处置全部或部分企业合并形成的长期股权投资，将长期股权投资的账面价值按处置比例转出，处置价款与处置的长期股权投资账面价值的差额，计入投资收益，处置价款中包含的已宣告但尚未发放的现金股利，应予以扣除。如已提取减值准备，应同时结转。

【例5-6】2×23年4月10日，阳光公司将持有的甲公司80%的股权全部售出。出售价款为3 200万元。该项股权为2×22年1月1日购入，账面价值1 800万元，合计960万股。甲公司已于2×23年3月25日宣告每10股发放5元的现金股利。处置时阳光公司尚未收到现金股利。阳光公司的账务处理如下：

本节自测

借：银行存款　32 000 000

　贷：长期股权投资——甲公司（成本）　18 000 000

　　应收股利　4 800 000

　　投资收益　9 200 000

第三节　非企业合并形成的长期股权投资

一、非企业合并形成的长期股权投资的初始计量

除控股合并形成的长期股权投资应遵循特定会计处理原则外，其他方式取得的长期股权投资，即对联营企业和合营企业的投资，应根据具体出资方式进行初始确认与计量。

（一）以支付现金取得的长期股权投资

以支付现金取得的长期股权投资，应当按照实际支付的购买价款作为长期股权投资的初始投资成本，包括与取得长期股权投资直接相关的费用、税金及其他必要支出。但是，所支付的价款中包含已宣告但尚未发放的现金股利或利润应作为应收项目核算，不构成初始投资成本。

企业支付现金取得长期股权投资时，按照确定的初始投资成本，借记“长期股权投资——成本”科目，按应享有被投资方已宣告但尚未发放的现金股利或利润，借记“应收股利”科目，按照实际支付的买价及手续费、税金等，贷记“银行存款”等

科目。

【例5-7】阳光公司于2×23年4月1日以支付现金的方式取得P公司20%的股权作为长期股权投资，实际支付价款1 200万元，其中包含阳光公司应享有的P公司已宣告但尚未发放的现金股利80万元，另在购买过程中支付手续费等相关费用30万元。阳光公司的账务处理如下：

初始投资成本=1 200-80+30=1 150（万元）

借：长期股权投资——P公司（成本）	11 500 000	
应收股利	800 000	
贷：银行存款		12 300 000

（二）以发行权益性证券方式取得的长期股权投资

以发行权益性证券方式取得的长期股权投资，应当按照发行权益性证券的公允价值作为初始投资成本，但不包括被投资单位已宣告但尚未发放的现金股利或利润。

为发行权益性证券而向有关证券承销机构等支付手续费、佣金等与权益性证券发行直接相关的费用，不构成初始投资成本。该部分费用应自权益性证券的溢价发行收入中扣除，不足扣除的，应冲减盈余公积和未分配利润。

企业发行权益性证券取得长期股权投资时，按照确定的初始投资成本，借记“长期股权投资——成本”科目，按应享有被投资方已宣告但尚未发放的现金股利或利润，借记“应收股利”科目，按照权益性证券的面值，贷记“股本”科目，按其差额，贷记“资本公积——股本溢价”科目。发行权益性证券所支付的手续费、佣金等相关税费及其他直接相关支出，借记“资本公积——股本溢价”科目，贷记“银行存款”等科目；溢价发行收入不足冲减的，应依次借记“盈余公积”“利润分配——未分配利润”科目。

【例5-8】阳光公司于2×23年7月增发本公司普通股股票2 000万股（每股面值1元）作为对价向E公司投资，取得E公司20%的股权，每股发行价格4元。为增发该部分股份，以银行存款支付300万元的手续费及佣金。阳光公司按照发行股份的公允价值作为取得长期股权投资的成本，其账务处理如下：

初始投资成本=2 000×4=8 000（万元）

借：长期股权投资——E公司（成本）	80 000 000	
贷：股本		20 000 000
资本公积——股本溢价		60 000 000

发行权益性证券过程中支付的手续费及佣金等相关费用，应冲减权益性证券的溢价收入，其账务处理如下：

借：资本公积——股本溢价	3 000 000	
贷：银行存款		3 000 000

（三）以债务重组方式取得的长期股权投资

以债务重组方式取得的长期股权投资，应当以取得的长期股权投资的公允价值作为初始投资成本。取得的长期股权投资公允价值与重组债权账面余额之间的差额，计入投资收益。

（四）以非货币性资产交换取得的长期股权投资

以非货币性资产交换取得的长期股权投资，其初始投资成本应当按照非货币性资产交换处理的原则确定，参见本教材第十章。

二、非企业合并形成的长期股权投资的后续计量

非企业合并形成的长期股权投资的后续计量应采用权益法核算。权益法，是指长期股权投资以初始投资成本计量后，在投资持有期间，根据被投资单位所有者权益份额的变动，投资企业按应享有（或应分担）被投资单位所有者权益的份额调整其投资的账面价值的方法。投资企业对被投资单位具有共同控制或重大影响的长期股权投资，即对合营企业投资及对联营企业投资，应当采用权益法核算。

（一）初始投资成本的调整

在取得对合营企业投资或对联营企业投资时应按初始投资成本入账。投资以后，对于取得时的初始投资成本与应享有被投资单位可辨认净资产公允价值的份额之间的差额，应区分下列情况进行处理：

（1）初始投资成本大于投资时应享有被投资单位可辨认净资产公允价值份额的，不调整长期股权投资的成本。该部分差额从本质上讲属于投资企业在取得投资过程中通过作价体现出的与所取得股权份额相对应的商誉及不符合确认条件的资产价值。

（2）初始投资成本小于投资时应享有被投资单位可辨认净资产公允价值份额的，两者之间的差额体现为双方在交易作价过程中转让方的让步。该部分差额应当计入取得投资当期的营业外收入，同时调增长期股权投资的初始投资成本。

【例5-9】阳光公司于2×23年1月1日取得M公司30%的股权，支付价款7 000万元（含相关税费）。取得投资时，被投资单位可辨认净资产公允价值为23 000万元。阳光公司在取得该部分股权后能够对M公司实施重大影响，因而对该投资应当采用权益法核算。取得投资时，阳光公司的账务处理如下：

借：长期股权投资——M公司（投资成本）	70 000 000	
贷：银行存款		70 000 000

阳光公司对M公司投资的初始投资成本为7 000万元，大于取得投资时应享有的被投资单位可辨认净资产公允价值的份额6 900万元（23 000×30%），两者之间的差额不调整长期股权投资的初始投资成本。

如果本例中取得投资时被投资单位可辨认净资产公允价值为25 000万元，阳光公司取得投资时应享有的被投资单位可辨认净资产公允价值的份额为7 500万元，其初始投资成本小于取得投资时应享有的被投资单位可辨认净资产公允价值的份额，差额500万元需要调增初始投资成本，同时计入投资当期的营业外收入。阳光公司的账务处理如下：

借：长期股权投资——M公司（投资成本）	70 000 000	
贷：银行存款		70 000 000
借：长期股权投资——M公司（投资成本）	5 000 000	
贷：营业外收入		5 000 000

（二）投资期间投资损益的确认

投资企业取得长期股权投资后，应当按照应享有被投资单位实现的净利润或应分担被投资单位发生的净亏损份额确认投资损益，并调整长期股权投资的账面价值，借记或贷记“长期股权投资——损益调整”科目，贷记或借记“投资收益”科目。被投资单位宣告分派现金股利或利润时，投资企业按被投资单位宣告分派的现金股利或利润计算应分得的部分，相应减少长期股权投资的账面价值，借记“应收股利”科目，贷记“长期股权投资——损益调整”科目。收到被投资单位发放的现金股利或利润时，按收到的金额，借记“银行存款”科目，贷记“应收股利”科目。

【例5-10】沿用【例5-9】的资料，M公司2×23年度实现净利润800万元，经股东大会决议通过，宣告分派现金股利600万元，并于10天内向股东发放。阳光公司的账务处理如下：

（1）取得M公司股权

投资损益=800×30%=240（万元）

借：长期股权投资——M公司（损益调整）　　2 400 000

　贷：投资收益　　2 400 000

（2）M公司宣告分派现金股利

应收股利=600×30%=180（万元）

借：应收股利　　1 800 000

　贷：长期股权投资——M公司（损益调整）　　1 800 000

2×23年年末“长期股权投资”科目余额=7 000+240−180=7 060（万元）

（3）收到现金股利

借：银行存款　　1 800 000

　贷：应收股利　　1 800 000

投资企业确认应分担被投资单位发生的亏损，应当以长期股权投资的账面价值以及其他实质上构成对被投资单位净投资的长期权益减记至零为限，投资企业负有承担额外损失义务的除外。其中，其他实质上构成对被投资单位净投资的长期权益通常是指长期应收项目，比如企业对被投资单位的某项长期债权，该债权没有明确的清收计划，且在可预见的未来期间不准备收回，则实质上构成对被投资单位的净投资，但不包括投资企业与被投资单位之间因销售商品、提供劳务等日常活动而产生的长期债权。

投资企业在确认应分担被投资单位发生的亏损时，应当按照以下顺序进行处理：

①冲减长期股权投资的账面价值。

②在长期股权投资的账面价值减记至零的情况下，仍不足以冲减的，应当以其他实质上构成对被投资单位净投资的长期权益账面价值为限继续确认投资损失，冲减长期应收项目等的账面价值。

③经过上述处理，按照投资合同或协议约定，投资企业仍需要承担额外损失弥补义务的，应按预计承担的义务确认预计负债，计入当期投资损失。

企业在确认应分担被投资单位发生的亏损时，借记“投资收益”科目，贷记“长期股权投资——损益调整”科目。在长期股权投资的账面价值减记至零后，如存在其他实质上构成对被投资单位净投资的长期权益账面价值，继续确认投资损失，借记“投资收益”科目，贷记“长期应收款”科目。

因投资合同或协议约定导致投资企业仍需要承担额外义务的，按照或有事项准则的规定，对于符合确认条件的义务，应确认为当期损失，同时确认预计负债，借记“投资收益”科目，贷记“预计负债”科目。

按照上述顺序确认应分担的亏损份额后，如仍有未确认的亏损分担额，将这部分超额损失在账外作备查登记。待被投资单位以后年度实现盈利时，再按应享有的收益份额，扣除未确认的亏损分担额，随后再按照与上述顺序相反的顺序进行处理，减记已确认预计负债的账面余额，恢复其他实质上构成对被投资单位净投资的长期权益及长期股权投资的账面价值，同时确认投资收益，即应当按顺序分别借记“预计负债”“长期应收款”“长期股权投资——损益调整”科目，贷记“投资收益”科目。

【例5-11】沿用【例5-10】、【例5-9】的资料，M公司报告2×24年度发生亏损15 000万元。2×25年度继续发生亏损，亏损额为10 000万元。2×24年和2×25年未进行利润分配。2×26年，M公司经过资产重组经营状况开始好转，2×26年和2×27年分别实现净利润8 000万元和18 000万元。除了对M公司的长期股权投资外，阳光公司账面上还有应向M公司收取的长期应收款300万元，该项债权目前没有明确的清收计划，且在可预见的未来期间不准备收回。投资合同未约定投资企业需要承担额外义务。阳光公司未对该项股权投资计提减值准备。阳光公司的账务处理如下：

（1）2×24年度确认当年应分担的亏损份额

应分担的亏损份额=15 000×30%=4 500（万元）

借：投资收益　　45 000 000

　　贷：长期股权投资——损益调整　　45 000 000

确认投资损失后，2×24年年末“长期股权投资”科目借方余额为2 560万元，其中“成本”明细科目借方余额为7 000万元、“损益调整”明细科目贷方余额为4 440万元，阳光公司未对该项股权投资计提减值准备，所以长期股权投资的账面价值为2 560万元。

（2）2×25年度确认当年应分担的亏损份额

应分担的亏损份额=10 000×30%=3 000（万元）

由于应分担的亏损份额大于该项长期股权投资的账面价值，因此，阳光公司应以该项长期股权投资的账面价值减记至零为限确认投资损失，剩余的亏损分担额为440万元，应继续冲减实质上构成对被投资单位净投资的长期应收款，并确认投资损失。由于该项长期应收款账面余额为300万元，因此只能以长期应收款账面余额为限继续确认投资损失。经过上述处理后，仍有未确认的亏损分担额140万元，应在备查登记簿中作备查登记，留待以后年度M公司实现盈利后抵销。

①冲减长期股权投资账面价值。

借：投资收益　　25 600 000

　　贷：长期股权投资——损益调整　　25 600 000

②冲减长期应收款。

借：投资收益　　3 000 000

贷：长期应收款　　3 000 000

确认投资损失后，2×25年年末“长期股权投资”科目余额为零，其中“成本”明细科目借方余额为7 000万元、“损益调整”明细科目贷方余额为7 000万元，长期股权投资的账面价值为零。

（3）2×26年度确认当年应享有的收益份额

应享有的收益份额=8 000×30%=2 400（万元）

2×26年度应享有的收益份额首先应当扣除未确认的亏损分担额140万元，扣除后当年应享有的收益份额有余额2 260万元，按顺序恢复长期应收款及长期股权投资的账面价值，同时确认投资收益。对扣除的未确认亏损分担额，阳光公司不需要作正式的账务处理，但应在备查登记簿中记录已抵销的未确认亏损分担额。

借：长期应收款　　3 000 000

　贷：投资收益　　3 000 000

借：长期股权投资——损益调整　　19 600 000

　贷：投资收益　　19 600 000

2×26年年末“长期股权投资”科目借方余额为1 960万元，其中“成本”明细科目借方余额为7 000万元、“损益调整”明细科目贷方余额为5 040万元，长期股权投资的账面价值为1 960万元。此时，仍有5 100万元的长期股权投资的账面价值尚未恢复。

（4）2×27年度确认当年应享有的收益份额

应享有的收益份额=18 000×30%=5 400（万元）

借：长期股权投资——损益调整　　54 000 000

　贷：投资收益　　54 000 000

投资企业在确认投资损益时，应当考虑以下因素的影响并对被投资单位账面净利润进行适当调整：

一是被投资单位采用的会计政策及会计期间与投资企业是否一致，如不一致，投资企业应当基于重要性原则，按照投资企业的会计政策对被投资单位的财务报表进行调整，并据以确认投资收益和其他综合收益等。

二是取得投资时被投资单位各项可辨认资产如固定资产、无形资产等的公允价值与账面价值是否一致，如不一致，投资企业应以取得投资时有关资产的公允价值为基础，对被投资单位的净利润进行调整。这是因为，被投资单位是以固定资产、无形资产的账面价值为基础计提折旧额、摊销额以及资产减值准备的，而投资企业以取得投资时被投资单位的固定资产、无形资产的公允价值为基础计提折旧额、摊销额以及资产减值准备，两者之间存在差额的，应按其差额对被投资单位净损益进行调整。按照经过调整的净损益和持股比例计算确认投资损益。但是，在对被投资单位的净损益进行有关调整时，应当考虑具有重要性的项目，不具有重要性的项目可不予调整。符合下列条件之一的，投资企业可以被投资单位的账面净利润为基础计算确认投资损益，同时应在财务报表附注中说明不能按照准则规定进行核算的原因：

①无法可靠确定投资时被投资单位各项可辨认资产等的公允价值；

②投资时被投资单位可辨认资产等的公允价值与其账面价值相比，两者之间的差

额不具有重要性；

③其他原因导致无法对被投资单位净损益进行调整。

三是在评估投资方对被投资单位是否具有重大影响时，应当考虑潜在表决权的影响，但在确定应享有的被投资单位实现的净损益、其他综合收益和其他所有者权益变动的份额时，潜在表决权所对应的权益份额不应予以考虑。

四是在确认应享有或分担的被投资单位净利润（或净亏损）时，法规或章程规定不属于投资企业的净损益应当予以剔除后计算，例如，被投资单位发行了分类为权益的可累积优先股等类似的权益工具，无论被投资单位是否宣告分配优先股股利，投资方计算应享有被投资单位的净利润时，均应将归属于其他投资方的累积优先股股利予以扣除。

五是在确认投资收益时，除考虑公允价值的调整外，对于投资企业与其联营企业及合营企业之间发生的未实现内部交易损益应予抵销，即投资企业与联营企业及合营企业之间发生的未实现内部交易损益按照持股比例计算归属于投资企业的部分应当予以抵销，在此基础上确认投资收益。投资企业与被投资单位发生的内部交易损失，按照《企业会计准则第8号——资产减值》的规定，应当全额确认。

（三）其他综合收益的处理

其他综合收益是指企业根据相关会计准则规定未在当期损益中确认的各项利得或损失（有关内容参阅本教材第十二章）。其他综合收益属于所有者权益的组成部分，采用权益法核算时，投资企业对于被投资单位确认的其他综合收益及其变动，应当按照持股比例计算应归属于本企业的部分，相应调整长期股权投资的账面价值，同时增加或减少其他综合收益。

【例5-12】阳光公司持有K公司30%的股权，能够对K公司实施重大影响。当期K公司因持有的其他权益工具投资的公允价值上升，计入了其他综合收益700万元。按权益法，阳光公司确认应享有被投资单位其他综合收益的账务处理如下：

应享有的其他综合收益=700×30%=210（万元）

借：长期股权投资——其他综合收益　　2 100 000

　　贷：其他综合收益　　2 100 000

（四）被投资单位所有者权益其他变动的处理

被投资单位所有者权益其他变动是指被投资单位除净损益、其他综合收益以及利润分配以外所有者权益的其他变动，主要包括被投资单位接受其他股东的资本性投入、被投资单位发行可分离交易的可转换公司债券中包含的权益成分、以权益结算的股份支付等。采用权益法核算时，投资企业对于被投资单位除净损益、其他综合收益以及利润分配以外所有者权益的其他变动，应按持有比例与被投资单位所有者权益的其他变动计算的归属于本企业的部分，相应调整长期股权投资的账面价值，同时增加或减少资本公积（其他资本公积）。

（五）股票股利的处理

被投资单位分派的股票股利，投资企业不作账务处理，但应于除权日注明所增加的归属于本公司的股数，并重新计算每股的投资成本，以便在处置部分股权时结转投资成本。

三、非企业合并形成的长期股权投资的处置

投资企业决定将所持有的联营企业或合营企业的股权全部或部分对外出售时，应当采用与被投资单位直接处置相关资产或负债相同的基础，处置长期股权投资的账面价值与实际取得的价款之间的差额，应确认为投资收益。已计提减值准备的长期股权投资，与出售股权相对应的部分，在处置的同时应结转已计提的长期股权投资减值准备；处置时还应将可以转入损益的其他综合收益（不能结转损益的除外）或资本公积（其他资本公积）中的金额与出售股权相对应的部分转入处置当期的损益，对于被投资单位只能转入留存收益的其他综合收益（被投资单位其他权益工具投资的公允价值变动产生的其他综合收益），投资企业应将其拥有的份额转入留存收益。

【例5-13】阳光公司持有K公司40%的股权，2×23年3月25日，阳光公司决定出售其持有的K公司40%股权的1/4，实际收到价款1 860万元，其中包括阳光公司应收K公司已宣告但尚未发放的现金股利160万元。出售时，该项股权投资的账面价值为6 580万元，其中，成本5 000万元，损益调整借方余额1 320万元，其他综合收益借方余额200万元（其中150万元是因K公司持有的其他债权投资公允价值变动产生的，50万元是因K公司持有的其他权益工具投资公允价值变动产生的），其他权益变动借方余额60万元。阳光公司未对该投资计提减值准备。盈余公积按10%提取。阳光公司的账务处理如下：

（1）确认处置损益。

应确认处置损益=1 860−160−6 580÷4=55（万元）

借：银行存款	18 600 000	
贷：长期股权投资——K公司（投资成本）		12 500 000
——K公司（损益调整）		3 300 000
——K公司（其他综合收益）		500 000
——K公司（其他权益变动）		150 000
应收股利		1 600 000
投资收益		550 000

（2）同时，还应将原计入其他综合收益或资本公积的部分按比例转入当期损益和留存收益，其他综合收益50万元，其中计入留存收益的部分为12.5万元（50÷4）。

借：资本公积——其他资本公积	150 000	
其他综合收益	500 000	
贷：投资收益		525 000
盈余公积		12 500
未分配利润		112 500

阳光公司出售其持有的K公司40%股权的1/4后依然对K公司产生重大影响，因此，长期股权投资仍采用权益法核算。

案例分析

不顾浮亏近4亿元，大股东紧急减持

本节自测

第四节 长期股权投资的转换

一、长期股权投资核算方法的转换

长期股权投资在持有期间由于投资企业追加投资或减少投资等原因导致其对被投资单位的控制或影响程度发生变化，可能导致其核算方法需要由一种方法转换为另一种方法，即成本法与权益的转换。

（一）成本法转为权益法

在因处置投资导致持股比例下降，进而导致对被投资单位的影响能力由控制转为具有重大影响或与其他投资方一起实施共同控制的情况下，成本法转为权益法时，应当按以下顺序进行处理：

（1）按处置或收回投资的比例结转应终止确认的长期股权投资账面成本。

（2）比较剩余的长期股权投资成本与按照剩余持股比例计算的原投资时应享有被投资单位可辨认净资产公允价值的份额，属于投资作价中体现的商誉部分（即投资成本大于原投资时应享有被投资单位可辨认净资产公允价值份额的部分），不调整长期股权投资的账面价值；属于投资成本小于原投资时应享有被投资单位可辨认净资产公允价值的份额，应调整长期股权投资账面价值，同时调整留存收益。

（3）对于原取得投资后至转为权益法核算之间被投资单位实现的净损益中享有的份额，需要分两个时间段分别处理。对于原取得投资时至处置投资当期期初被投资单位实现的净损益（扣除已发放及宣告发放的现金股利或利润）中应享有的份额，在调整长期股权投资成本的同时调整留存收益；对于处置投资当期期初至处置投资之日被投资单位实现的净损益中应享有的份额，调整长期股权投资成本的同时，调整当期损益。属于其他原因导致的被投资单位可辨认净资产公允价值变动中应享有的份额，在调整长期股权投资账面价值的同时，应当计入其他综合收益或资本公积（其他资本公积）。

【例5-14】 2×23年1月1日，阳光公司支付6 000万元取得T公司100%的股权，取得投资时，T公司可辨认净资产公允价值总额为5 800万元（假定公允价值与账面价值相等），阳光公司对其采用成本法核算。2×23年1月1日至2×24年12月31日，T公司的净资产增加了1 000万元，其中实现净利润800万元，持有其他债权投资的公允价值上升200万元。2×25年1月1日至6月30日T公司实现净利润300万元。

2×25年7月1日，阳光公司转让T公司60%股权，收取现金4 000万元存入银行。转让后阳光公司对T公司的持股比例变为40%，能对其施加重大影响。2×25年7月1日为阳光公司丧失对T公司控制权的日期。阳光公司、T公司均按净利润的10%提取盈余公积。假定T公司未分配现金股利，并不考虑其他因素。阳光公司个别报表中的账务处理如下：

（1）确认部分股权处置收益

部分股权处置收益=4 000-6 000×60%=400（万元）

借：银行存款	40 000 000	
贷：长期股权投资——T公司		36 000 000
投资收益		4 000 000

（2）对剩余股权改按权益法核算

剩余股权投资成本2 400万元（6 000×40%）大于原投资时应享有被投资单位可辨认净资产公允价值的份额2 320万元（5 800×40%），不调整长期股权投资成本。

2×23年1月1日至2×24年12月31日T公司实现净利润800万元，剩余股权应享有的份额为320万元（800×40%），应调整长期股权投资成本的同时调整留存收益，其中盈余公积32万元（800×40%×10%）、未分配利润288万元（800×40%×90%）；T公司持有其他债权投资的公允价值上升200万元属于其他原因导致的被投资单位可辨认净资产公允价值变动，剩余股权应享有的份额为80万元（200×40%），在调整长期股权投资账面价值的同时，应当计入其他综合收益。

2×25年1月1日至6月30日T公司实现净利润300万元，剩余股权应享有的份额为120万元（300×40%），应调整长期股权投资成本的同时调整当期损益（投资收益）。

借：长期股权投资——T公司（损益调整）	4 400 000	
——T公司（其他综合收益）	800 000	
贷：盈余公积		320 000
利润分配——未分配利润		2 880 000
其他综合收益		800 000
投资收益		1 200 000

经上述调整后，阳光公司个别报表中剩余股权的账面价值为2 920万元（6 000×40%+520）。

【例5-15】沿用【例5-14】的资料，2×23年1月1日，阳光公司支付5 000万元取得T公司100%的股权，其他条件不变。

（1）确认部分股权处置收益

部分股权处置收益=4 000-5 000×60%=1 000（万元）

借：银行存款	40 000 000	
贷：长期股权投资——T公司		30 000 000
投资收益		10 000 000

（2）对剩余股权改按权益法核算

剩余股权投资成本2 000万元（5 000×40%）小于原投资时应享有被投资单位可辨认净资产公允价值的份额2 320万元（5 800×40%），需要调整长期股权投资初始成本。

借：长期股权投资——T公司（投资成本）	3 200 000	
贷：盈余公积		320 000
利润分配——未分配利润		2 880 000

其他会计处理与【例5-14】相同。

经上述调整后，阳光公司个别报表中剩余股权的账面价值为2 840万元（5 800×40%+520）。

（二）权益法转为成本法

1.同一控制

因追加投资原因导致对联营企业或合营企业的投资形成同一控制下的企业合并，

应当在合并日按照被合并方所有者权益在最终控制方合并财务报表中的账面价值的份额与最终控制方收购被合并方而形成的商誉之和作为长期股权投资的初始投资成本。原长期股权投资的账面价值与追加投资之和与长期股权投资的初始投资成本之间的差额应当调整资本公积（资本溢价或股本溢价），资本公积（资本溢价或股本溢价）余额不足冲减的，调整留存收益。购买日之前持有的股权投资因采用权益法核算而确认的其他综合收益，暂不作账务处理，在处置该项投资时采用与被投资单位直接处置相关资产或负债相同的基础进行会计处理。

【例5-16】2×23年1月1日，甲公司取得A公司25%的股权，实际支付款项6 000万元，能够对A公司施加重大影响，同日A公司可辨认净资产公允价值为22 000万元（与账面价值相等）。2×23年度，A公司实现净利润1 000万元，持有的其他权益工具投资公允价值上升60万元，无其他所有者权益变动。2×24年1月1日，甲公司以定向增发股票的方式购买同一集团内另一企业持有的A公司40%股权。为取得该股权，甲公司增发2 000万股普通股，每股面值为1元，每股公允价值为3.5元；另支付承销商佣金50万元。

（1）2×23年1月1日，购买25%的股权。

借：长期股权投资——A公司（投资成本）	60 000 000	
贷：银行存款		60 000 000

（2）2×23年12月31日：

借：长期股权投资——A公司（损益调整）	2 500 000	
——A公司（其他综合收益）	150 000	
贷：投资收益		2 500 000
其他综合收益		150 000

（3）2×24年1月1日：

长期股权投资的初始投资成本=（22 000+1 000+60）×65%=14 989（万元）

借：长期股权投资——A公司	149 890 000	
贷：长期股权投资——A公司（投资成本）		60 000 000
——A公司（损益调整）		2 500 000
——A公司（其他综合收益）		150 000
股本		20 000 000
资本公积——股本溢价		67 240 000

（4）支付承销商佣金。

借：资本公积——股本溢价	500 000	
贷：银行存款		500 000

2.非同一控制

因追加投资原因导致对联营企业或合营企业的投资形成非同一控制下的企业合并，在编制个别财务报表时，应当按照原持有的股权投资账面价值加上新增投资成本之和，作为改按成本法核算的初始投资成本。购买日之前持有的股权投资因采用权益法核算而确认的其他综合收益，暂不作账务处理，在处置该项投资时采用与被投资单位直接处置相关资产或负债相同的基础进行账务处理。

【例5-17】2×23年1月1日，甲公司取得A公司25%的股权，实际支付款项6 000万元，能够对A公司施加重大影响，同日A公司可辨认净资产公允价值为22 000万元（与账面价值相等）。2×23年度，A公司实现净利润1 000万元，持有的其他权益工具投资公允价值上升60万元，无其他所有者权益变动。2×24年1月1日，甲公司以定向增发股票的方式购买同一集团外另一企业持有的A公司40%股权。为取得该股权，甲公司增发2 000万股普通股，每股面值为1元，每股公允价值为3.5元；另支付承销商佣金50万元。

2×23年1月1日购入25%的股权和2×23年12月31日确认收益的会计处理与【例5-16】相同。

2×24年1月1日的并购属于非同一控制下的企业并购，会计处理如下：

截至2×23年12月31日，

25%的股权对应的账面价值=6 000+250+15=6 265（万元）

新增部分的投资成本=2 000×3.5=7 000（万元）

2×24年1月1日，长期股权投资的初始投资成本=6 265+7 000=13 265（万元）

借：长期股权投资——A公司	132 650 000	
贷：长期股权投资——A公司（投资成本）		60 000 000
——A公司（损益调整）		2 500 000
——A公司（其他综合收益）		150 000
股本		20 000 000
资本公积——股本溢价		50 000 000

支付承销商佣金：

借：资本公积——股本溢价	500 000	
贷：银行存款		500 000

二、以公允价值计量的金融资产与长期股权投资的转换

（一）公允价值计量转换为权益法核算

投资企业原持有的对被投资单位不具有控制、共同控制或重大影响因追加投资等原因能够对被投资单位施加重大影响或实施共同控制但不构成控制的而转按权益法核算的，应按以下原则进行会计处理：

1.转换日，应当将按照《企业会计准则第22号——金融工具确认和计量》确定的原持有的股权投资的公允价值加上新增投资成本之和，作为改按权益法核算的初始投资成本。

2.原持有的股权投资为以公允价值计量且其变动计入当期损益的金融资产，转换日原投资公允价值与账面价值之间的差额计入投资收益。

3.原持有的股权投资为以公允价值计量且其变动计入其他综合收益的金融资产，转换日原投资公允价值与账面价值之间的差额计入留存收益，原计入其他综合收益的累计公允价值变动也应当计入留存收益。

4.长期股权投资初始投资成本与获得被投资单位共同控制或重大影响时应享有被投资单位可辨认净资产公允价值的份额进行比较，如果初始投资成本大于应享有被投

资单位可辨认净资产公允价值的份额，不调整长期股权投资的账面价值；如果投资成本小于应享有被投资单位可辨认净资产公允价值的份额，其差额调整长期股权投资的账面价值，并计入转换日当期的营业外收入。

【例5-18】阳光公司于2×23年1月1日支付600万元取得B公司10%的股权，对B公司不具有控制、共同控制和重大影响，阳光公司将其分类为以公允价值计量且其变动计入当期损益的金融资产，取得投资时，B公司可辨认净资产公允价值总额为5 800万元（假定公允价值与账面价值相等）。2×23年12月31日，B公司10%股权的公允价值为620万元。

2×24年2月1日，阳光公司又以1 600万元的价款（包括相关税费）取得B公司20%的股权，当日B公司可辨认净资产公允价值总额为7 500万元。至此，阳光公司已累计持有B公司30%的股权，能够对B公司施加重大影响，因此，对该项长期股权投资转为权益法核算。假定阳光公司在取得10%的股权后，双方未发生任何内部交易，未分派现金股利或利润，除实现净利润700万元外，未发生其他所有者权益变动。2×24年2月1日，阳光公司对B公司投资原10%股权的公允价值为680万元。

阳光公司的账务处理如下：

（1）2×23年1月1日购入B公司10%股权时：

借：交易性金融资产——B公司股票（成本）　　6 000 000

　贷：银行存款　　6 000 000

（2）2×23年12月31日，确认10%股权的公允价值变动收益20万元（620–600）。

借：交易性金融资产——B公司股票（公允价值变动）　　200 000

　贷：公允价值变动损益　　200 000

（3）2×24年2月1日追加投资，能够对B公司施加重大影响，转按长期股权投资权益法核算。

长期股权投资初始投资成本=680+1 600=2 280（万元）

交易性金融资产的账面价值=600+20=620（万元）

原股权投资于转换日的公允价值与账面价值的差额=680–620=60（万元）

借：长期股权投资——B公司（投资成本）　　22 800 000

　贷：银行存款　　16 000 000

　　交易性金融资产——B公司股票（成本）　　6 000 000

　　　　　　　　——B公司股票（公允价值变动）　　200 000

　　投资收益　　600 000

本例中，长期股权投资初始投资成本为2 280万元，应享有B公司可辨认净资产公允价值的份额为2 250万元（7 500×30%），因前者大于后者，所以不需要调整长期股权投资的账面价值。

（二）公允价值计量转换为成本法核算

投资企业原持有的对被投资单位不具有控制、共同控制或重大影响因追加投资等原因形成对被投资单位实施控制的，即实现企业合并，应按照合并类型确定对子公司长期股权投资的初始投资成本。

1.追加投资形成同一控制下的企业合并

企业原持有以公允价值计量的金融资产因追加投资原因形成同一控制下的企业合并，应当在合并日按照被合并方所有者权益在最终控制方合并财务报表中的账面价值的份额与最终控制方收购被合并方而形成的商誉之和作为长期股权投资的初始投资成本。原金融资产的账面价值与追加投资之和与长期股权投资的初始投资成本之间的差额应当调整资本公积（资本溢价或股本溢价），资本公积（资本溢价或股本溢价）余额不足冲减的，调整留存收益。

【例5-19】阳光公司于2×23年1月1日支付600万元取得B公司10%的股权，对B公司不具有控制、共同控制和重大影响，阳光公司将其分类为以公允价值计量且其变动计入当期损益的金融资产。2×23年12月31日，B公司10%股权的公允价值为650万元。

2×24年2月1日，阳光公司又以4 800万元的价款（包括相关税费）从集团内部购入甲公司持有的B公司60%的股权。至此，阳光公司已累计持有B公司70%的股权，能够控制B公司，采用成本法核算。B公司系甲公司2×21年1月1日从集团外部购入的，甲公司能够控制B公司的生产经营决策，购买价款3 500万元，2×21年1月1日B公司净资产的公允价值为5 000万元（与账面价值相等）。2×21年B公司实现净利润200万元，未进行利润分配；2×22年B公司实现净利润300万元，未进行利润分配；2×23年1月1日到2×24年1月31日B公司实现净利润400万元；B公司所有者权益未发生其他变动。假设阳光公司“资本公积——股本溢价”科目余额为900万元（贷方）。

分析：2×21年1月1日甲公司自外部购入B公司60%的股权时形成的商誉=3 500-5 000×60%=500（万元）；截至2×24年1月31日B公司在甲公司合并报表上净资产的账面价值=5 000+200+300+400=5 900（万元）；2×24年2月1日（合并日）长期股权投资的初始投资成本=5 900×70%+500=4 630（万元）。会计分录如下：

借：长期股权投资——B公司	46 300 000	
资本公积——股本溢价	8 200 000	
贷：交易性金融资产——B公司股票（成本）		6 000 000
——B公司股票（公允价值变动）		500 000
银行存款		48 000 000

2.追加投资形成非同一控制下的企业合并

企业原持有以公允价值计量的金融资产因追加投资原因形成非同一控制下的企业合并，合并日，应当以原以公允价值计量的金融资产的公允价值与新追加投资之和作为长期股权投资的初始投资成本。对于交易性金融资产，金融资产的公允价值与账面价值之间的差额计入投资收益；对于其他权益工具投资，金融资产的公允价值与账面价值之间的差额计入留存收益，原计入其他综合收益的累计公允价值变动应当计入留存收益。

【例5-20】阳光公司于2×23年3月以2 000万元取得A公司6%的股权，对A公司不具有重大影响，阳光公司将其指定为以公允价值计量且其变动计入其他综合收益的金融资产，按公允价值计量。2×24年4月1日，阳光公司又斥资25 000万元自B公司取得A公司另外48%的股权。假定阳光公司在取得对A公司的股权投资后，A公司未宣告发放现金股利。阳光公司原持有的6%股权在2×23年12月31日的公允价值为2 400万元，在2×24年4月1日的公允价值为2 600万元。阳光公司与A公司不存在任何关联方关系。阳光公司按净利润的10%提取法定盈余公积。

合并日长期股权投资的初始投资成本=25 000+2 600=27 600（万元）

借：长期股权投资——A公司　　276 000 000
　贷：其他权益工具投资——A公司股票（成本）　　20 000 000
　　　　——A公司股票（公允价值变动）　　4 000 000
　　盈余公积　　200 000
　　利润分配——未分配利润　　1 800 000
　　银行存款　　250 000 000

同时，

借：其他综合收益　　4 000 000
　贷：盈余公积　　400 000
　　利润分配——未分配利润　　3 600 000

（三）长期股权投资转换为以公允价值计量的金融资产

投资方因处置部分股权投资等原因，导致持股比例下降，丧失了对被投资单位实施控制、共同控制或重大影响，应于处置日对处置后的剩余股权改按《企业会计准则第22号——金融工具确认和计量》核算，会计处理如下：

1.处置部分投资导致剩余股权转换为以公允价值计量的金融资产，剩余股权的公允价值与原采用权益法或成本法核算的股权投资的账面价值之间的差额计入投资收益。

2.原采用权益法核算时确认的其他综合收益应当在终止采用权益法核算时，采用与被投资单位直接处置相关资产或负债相同的基础进行会计处理。

3.因被投资单位除净损益、其他综合收益和利润分配以外的其他所有者权益变动而确认的所有者权益，应当在终止采用权益法核算时全部转入当期损益。

【例5-21】阳光公司持有BC公司40%的股权，能够对BC公司施加重大影响，采用权益法核算。2×23年4月1日，阳光公司将持有的BC公司30%股权对外出售，取得价款4 000万元。出售后，阳光公司对BC公司的持股比例降至10%，不再具有重大影响，因此将其指定为其他权益工具投资核算。出售日，该项股权投资的账面价值为4 300万元。其中，投资成本为3 000万元，损益调整为1 120万元，享有被投资单位其他权益工具投资累计公允价值变动部分为100万元，享有除净损益、其他综合收益和利润分配外的其他所有者权益变动为80万元。处置当天剩余股权的公允价值为1 100万元。阳光公司的账务处理如下：

（1）2×23年4月1日，转让BC公司30%的股权。

转让股权的账面价值=4 300÷40%×30%=3 225（万元）

其中，投资成本为2 250万元（3 000÷40%×30%），损益调整为840万元（1 120÷40%×30%），公允价值变动为75万元（100÷40%×30%），其他权益变动为60万元（80÷40%×30%）。

借：银行存款　　40 000 000

　贷：长期股权投资——BC公司（投资成本）　　22 500 000

　　——BC公司（损益调整）　　8 400 000

　　——BC公司（其他综合收益）　　750 000

　　——BC公司（其他权益变动）　　600 000

　　投资收益　　7 750 000

（2）处置日，将原采用权益法核算时确认的其他综合收益全部转入当期损益。

借：其他综合收益　　1 000 000

　贷：盈余公积　　100 000

　　利润分配——未分配利润　　900 000

（3）处置日，将原采用权益法核算时确认的计入资本公积的其他所有者权益变动全部转入当期损益。

借：资本公积——其他资本公积　　800 000

　贷：投资收益　　800 000

（4）剩余股权投资转为其他权益工具投资，其处置日公允价值与账面价值的差额计入当期损益。

处置当天剩余股权的公允价值为1 100万元。

剩余股权的账面价值=4 300−3 225=1 075（万元）

其中，投资成本为750万元（3 000−2 250）；损益调整为280万元（1 120−840）；公允价值变动25万元（100−75）；其他所有者权益变动20万元（80−60）。

投资收益=1 100−1 075=25（万元）

借：其他权益工具投资——BC公司股票（成本）　　11 000 000

　贷：长期股权投资——BC公司（投资成本）　　7 500 000

　　——BC公司（损益调整）　　2 800 000

　　——BC公司（其他综合收益）　　250 000

　　——BC公司（其他权益变动）　　200 000

　　投资收益　　250 000

分组任务

股票投资赚取差价抑或兼并控制？

【例5-22】阳光公司原持有AD公司55%的股权，能够对AD公司实施控制而采用成本法核算，投资成本为1 650万元。2×23年6月1日，阳光公司将持有的AD公司50%股权出售给非关联方，取得价款2 000万元。出售后，阳光公司对AD公司的持股比例降至5%，剩余股权于丧失控制权日的公允价值为200万元。阳光公司将其作为交易性金融资产核算。假定不考虑其他因素，阳光公司于丧失控制权日的账务处理如下：

（1）出售股权。

借：银行存款　　20 000 000

　贷：长期股权投资——AD公司　　15 000 000

　　投资收益　　5 000 000

（2）剩余股权的处理。

借：交易性金融资产——AD公司股票（成本）　　2 000 000

本节自测

贷：长期股权投资——AD公司　　1 500 000

投资收益　　500 000

复习思考题

1.权益性投资何种情况下作为长期股权投资核算？何种情况下作为金融资产核算？

2.什么是同一控制下的企业合并？初始投资成本如何确定？初始投资成本与合并对价账面价值的差额如何处理？

3.什么是非同一控制下的企业合并？初始投资成本如何确定？

4.什么是非企业合并形成的长期股权投资？初始投资成本如何确定？初始投资成本与合并对价的差额如何处理？

5.什么是成本法？其适用范围什么？

6.什么是权益法？其适用范围什么？

7.权益法核算要点有哪些？

8.什么情况下成本法应转换为权益法核算？如何进行会计处理？

9.什么情况下权益法应转换为成本法核算？如何进行会计处理？

本章自测

10.简述成本法核算转换为以公允价值计量的金融资产的会计处理。

11.简述权益法核算转换为以公允价值计量的金融资产的会计处理。

12.简述以公允价值计量的金融资产转换为成本法核算的会计处理。

13.简述以公允价值计量的金融资产转换为权益法核算的会计处理。

推荐阅读

1.孙丽．长期股权投资一揽子交易会计核算研究［J］．中国管理信息化，2023（11）．

2.刘立燕，叶洲，王晖，等．从“控制”到“重大影响”，玄机几何？——以联络互动处置三尚传媒部分股权为例［J］．商业会计，2023（7）：53-57.

第六章

固定资产

学习目标

1. 掌握固定资产的基本概念、特征与分类；

2. 熟练掌握固定资产初始计量的方法及后续计量的原则与方法的应用；

3. 熟练掌握固定资产的计价方法以及固定资产折旧的各种计算方法；

4. 熟练掌握企业通过不同的来源取得的固定资产业务以及关于固定资产的后续支出业务；

5. 熟练掌握固定资产处置业务的账务处理方法。

第一节　固定资产概述

一、固定资产的概念与特征

固定资产是指同时具有下列特征的有形资产：

（1）为生产商品、提供劳务、出租或经营管理而持有的；

（2）使用寿命超过一个会计年度。

从定义看，固定资产具有以下三个特征：

（1）固定资产是为生产商品、提供劳务、出租或经营管理而持有的。企业持有固定资产的目的是生产商品、提供劳务、出租或经营管理，该项资产在企业里起着劳动工具或劳动手段的作用，服务于企业自身的生产经营活动，而不是直接用于出售。其中，为出租而持有的固定资产，是指企业以租赁方式出租的机器设备类固定资产，不包括以租赁方式出租的建筑物，后者属于企业的投资性房地产，而不属于固定资产。

（2）固定资产的使用寿命超过一个会计年度。固定资产的定义强调固定资产的使用寿命超过一个会计年度，意味着固定资产属于非流动资产，其在核算和管理等方面有别于其他资产。

（3）固定资产是有形资产。所谓有形，是指资产具有实物存在形态，人们可以"看得见、摸得着"，可以直观感知它的存在，如机器设备、厂房建筑等。因此，固定资产具有实物特征，被视为一种有形资产或硬资产。凡是没有实物存在形态的资产，就不是固定资产。例如，专利权、商标权等无形资产，虽然也是为生产商品、提供劳务而持有的，使用寿命也超过一个会计年度，但因为其不具有实物存在形态，所以不能确认为企业的固定资产。

二、固定资产的确认条件

一项资产是否可以确认为固定资产，除了符合固定资产的定义外，还应当同时满足以下两个条件：

1.与该固定资产有关的经济利益很可能流入企业

资产的最基本的特征是预期能给企业带来经济利益。如果某一项目预期不能给企业带来经济利益，就不能将其确认为企业的资产。对于固定资产来说，如果某一固定资产预期不能给企业带来经济利益，就不能将其确认为企业的固定资产。

在实务工作中，首先需要判断该项固定资产所包含的经济利益是否很可能流入企业。如果该项固定资产所包含的经济利益不能流入企业，那么，即使满足固定资产确认的其他条件，企业也不应将其确认为固定资产。如果该项固定资产所包含的经济利益很可能流入企业，并同时满足固定资产确认的其他条件，那么，企业应将其确认为固定资产；否则，企业不应将其确认为固定资产。

企业在对固定资产进行确认时，还应当注意：固定资产的各组成部分拥有不同的使用寿命，或者以不同的方式为企业提供经济利益，适用不同的折旧率或折旧方法，那么，各组成部分实际上是以相对独立的方式为企业提供经济利益，企业应当分别将各组成部分确认为单项固定资产。

2.该固定资产的成本能够可靠地计量

成本能够可靠地计量是资产确认的一项基本条件。企业确认固定资产的成本，必须能够取得准确的凭据，并且能够可靠地计量。企业为取得该项固定资产而发生的支出，必须能够可靠地计量。如果该项固定资产的成本能够可靠地计量，并同时满足其他确认条件，就可以将其确认为企业的固定资产；否则，就不能将其确认为企业的固定资产。

三、固定资产的分类

由于企业的固定资产数量多、种类也多，为了加强管理，便于组织会计核算，有必要对其进行科学、合理的分类。通常可按以下标准对固定资产进行分类：

（一）按经济用途分类

固定资产按照经济用途可以划分为以下两类：

（1）经营用固定资产，是指直接服务于生产经营过程的各种固定资产，如用于企业生产经营的房屋、建筑物、机器设备、运输设备和工器具等。

（2）非经营用固定资产，是指不直接服务于生产经营过程的各种固定资产，如用于职工住宅、公共福利设施、文化娱乐和卫生保健等方面的房屋、建筑物、设施和器具等。

按照固定资产的经济用途分类，有利于归类反映和监督经营用固定资产和非经营用固定资产之间，以及经营用各类固定资产之间的组成和变化情况，便于考核和分析企业固定资产的利用情况，有利于企业合理配备固定资产，充分发挥其效用。

（二）按来源渠道分类

固定资产按照来源渠道主要划分为以下七类：

（1）外购的固定资产，是指企业从外部购入的固定资产。

（2）自行建造的固定资产，是指企业自行组织技术人员或施工人员，自行研制的设备、建造的房屋和建筑物等。

（3）投资者投入的固定资产，是指企业收到的投资者以设备和房屋等向企业投入的，作为资本投资的固定资产。

（4）租入的固定资产，是指企业以租赁方式租入的固定资产。

（5）改建、扩建新增的固定资产，是指企业通过改建或扩建而形成的固定资产。固定资产的改建，一般是指企业在不扩大产品生产能力的情况下对原有固定资产的改造；固定资产的扩建，一般是指企业以扩大产品生产能力为目的对原有固定资产的改造。但是，不论改建还是扩建，一般都会增加企业的固定资产。

（6）接受捐赠的固定资产，是指企业接受其他单位或个人捐赠的固定资产。

（7）盘盈的固定资产，是指企业在财产清查中发现的实有数大于账面数的那部分固定资产。

此外，固定资产的来源渠道还包括合并形成、政府补助形成、非货币性资产交换形成和债务重组形成等。

（三）综合分类

固定资产按照经济用途和使用情况等可以划分为以下七类：

（1）生产经营用固定资产。

（2）非生产经营用固定资产。

（3）出租固定资产（指在租赁方式下出租给外单位使用的固定资产）。

（4）不需用固定资产。

（5）未使用固定资产。

（6）土地（指过去已经估价单独入账的土地。因征地而支付的补偿费，应计入与土地有关的房屋、建筑物的价值内，不单独作为土地价值入账。企业取得的土地使用权，应作为无形资产管理，而不作为固定资产管理）。

（7）租入固定资产（指企业以租赁方式租入的固定资产，在租赁期内，应视同自有固定资产进行管理）。

企业应当根据固定资产的定义，结合本企业的具体情况，制定适合于本企业的固定资产目录和分类方法，作为固定资产管理和价值核算的依据。

四、固定资产的计量

固定资产的计量是指以货币为计量单位计算固定资产的价值，是进行固定资产价值核算的重要内容。固定资产的计量包括初始计量和后续计量两个方面。固定资产的初始计量是指确定固定资产的取得成本。固定资产的后续计量主要包括固定资产折旧的计提、减值损失的确定以及后续支出的计量。固定资产在计量时可以选择的会计计量属性包括：

（1）历史成本，又称实际成本。在历史成本计量下，固定资产按照购置时支付的现金、现金等价物的金额，或者按照购置时所付出的对价的公允价值计量。

（2）重置成本，又称现行成本。在重置成本计量下，固定资产按照现在购买相同或者相似资产所需支付的现金或者现金等价物的金额计量。在取得无法确定原始价值的固定资产时，如在企业的财产清查中发现的盘盈固定资产、接受捐赠而捐赠方并未提供相关票据的固定资产等，可以采用这种计量属性对固定资产进行计价。

（3）可变现净值。在可变现净值计量下，固定资产按照其正常对外销售所能收到的现金或者现金等价物的金额，扣减该项资产至完工时估计将要发生的成本、估计的销售费用以及相关税费后的金额计量。

（4）现值。在现值计量下，固定资产按照预计从其持续使用和最终处置中所产生的未来净现金流入量的折现金额计量。

（5）公允价值。在公允价值计量下，固定资产按照市场参与者在计量日发生的有序交易中出售一项资产所能收到或者转移一项负债所需支付的金额计量。

企业在对固定资产进行计量时，一般应当采用历史成本计量。采用重置成本、可变现净值、现值、公允价值计量时，应当保证能够取得所确定的会计要素的金额，并且能够对其进行可靠计量。

五、固定资产核算的科目设置

为了核算企业固定资产的取得、计提折旧和处置业务，一般需要设置“固定资产”“累计折旧”“在建工程”“工程物资”“固定资产清理”等科目。

（1）“固定资产”科目：核算企业持有的固定资产的原价。该科目借方登记企业增加的固定资产原价，贷方登记企业减少的固定资产原价；期末借方余额，反映企业期末固定资产的原价。本科目可按固定资产的类别和项目进行明细核算。

（2）“累计折旧”科目：属于“固定资产”的备抵科目，核算企业固定资产的累计折旧。该科目贷方登记企业计提的固定资产折旧，借方登记处置固定资产时转出的累计折旧；期末贷方余额，反映企业固定资产的累计折旧额。本科目可按固定资产的类别和项目进行明细核算。

（3）“在建工程”科目：核算企业基建、更新改造等在建工程发生的支出。该科目借方登记企业各项在建工程的实际支出，贷方登记完工工程转出的成本；期末借方余额，反映企业尚未达到预定可使用状态的在建工程的成本。本科目可设置“建筑工程”“安装工程”“在安装设备”“待摊支出”“单项工程”等明细科目进行明细核算。

（4）“工程物资”科目：核算企业为在建工程而准备的各种物资的实际成本。该科目借方登记企业购入工程物资的成本，贷方登记领用工程物资的成本；期末借方余额，反映企业为在建工程而准备的各种物资的成本。本科目可设置“专用材料”“专用设备”“工器具”等明细科目进行明细核算。

（5）“固定资产清理”科目：核算企业因出售、报废、毁损、对外投资、非货币性资产交换、债务重组等原因转出的固定资产价值以及在清理过程中发生的费用等。该科目借方登记转出的固定资产账面价值、在清理过程中应支付的相关税费及其他费用，以及清理完成后结转的固定资产清理净收益，贷方登记固定资产在清理过程中发生的清理收入、赔偿的损失以及清理完成后结转的固定资产清理净损失；期末借方余额，反映企业尚未清理完毕的固定资产清理净损失。本科目可按被清理的固定资产项目进行明细核算。

本节自测

此外，企业固定资产、在建工程、工程物资发生减值的，还应当设置“固定资产减值准备”“在建工程减值准备”“工程物资减值准备”等科目进行核算。

第二节 固定资产的初始计量

固定资产应当按照成本进行初始计量。企业取得固定资产的方式是多种多样的，包括外购、自行建造、投资者投入以及非货币性资产交换、债务重组、企业合并和租赁等。取得的方式不同，其成本的具体构成内容及核算方法也有所不同。

一、外购的固定资产

企业外购的固定资产，应按实际支付的购买价款、相关税费（不包括允许抵扣的增值税进项税额）以及使固定资产达到预定可使用状态前所发生的可归属于该项资产的运输费、装卸费、安装费和专业人员服务费等，作为固定资产的取得成本。增值税一般纳税人购进或自制固定资产所发生的固定资产进项税额，符合条件的，允许从销项税额中抵扣，不计入固定资产成本。企业购入的固定资产，可以分为不需要安装的固定资产和需要安装的固定资产两种情形。

1.企业购入不需要安装的固定资产

企业购入不需要安装的固定资产，应按实际支付的购买价款、相关税费以及使固定资产达到预定可使用状态前所发生的可归属于该项资产的运输费、装卸费和专业人员服务费等。

借：固定资产（购买价款、运输费、装卸费、专业人员服务费等）

　　应交税费——应交增值税（进项税额）

　贷：银行存款/应付账款/应付票据等

2.企业购入需要安装的固定资产

（1）购入固定资产。

借：在建工程（购买价款、运输费、装卸费）

　　应交税费——应交增值税（进项税额）

　贷：银行存款/应付账款/应付票据等

（2）安装调试，发生安装费、调试费以及人员工资等。

借：在建工程

　贷：银行存款/应付账款/应付票据等

　　应付职工薪酬

（3）安装完毕，并达到预定可使用状态。

借：固定资产

　贷：在建工程

【例6-1】阳光公司购入一台不需要安装即可投入使用的生产经营设备，取得的增值税专用发票上注明的设备价款为80 000元，增值税税额为10 400元，款项以银行存款支付。阳光公司的账务处理如下：

借：固定资产	80 000	
应交税费——应交增值税（进项税额）	10 400	
贷：银行存款		90 400

【例6-2】阳光公司用银行存款购入一台需要安装的设备，取得的增值税专用发票上注明的设备价款为300 000元，增值税税额为39 000元，款项已通过银行支付；安装设备时，领用本公司原材料一批，其成本为25 000元，购进该批原材料所支付的增值税进项税额为3 250元，应支付安装工人的工资为9 000元。阳光公司的账务处理如下：

（1）购入设备，支付设备价款、增值税税额合计339 000元。

借：在建工程	300 000	
应交税费——应交增值税（进项税额）	39 000	
贷：银行存款		339 000

（2）安装设备，领用本公司的原材料、支付安装工人的工资合计34 000元。

借：在建工程　　34 000

　贷：原材料　　25 000

　　应付职工薪酬　　9 000

（3）设备安装完毕，并达到预定可使用状态。

固定资产的成本=300 000+34 000=334 000（元）

借：固定资产　　334 000

　贷：在建工程　　334 000

企业基于产品价格等因素的考虑，在购买多项可以独立使用的固定资产时，通常采用“一揽子”的购买方式。在这种情况下，企业支付的是捆绑在一起的各项资产的总成本，而单项固定资产并没有标价。在此情况下，应将各项资产单独确认为固定资产，并按各项固定资产公允价值的比例对总成本进行分配，分别确定各项固定资产的成本。

【例6-3】阳光公司为降低采购成本，“一揽子”购买了三套不同型号的不需要安装的设备A、B、C，以银行存款支付了货款3 600 000元和增值税468 000元。三套不同型号的设备A、B、C均满足固定资产的定义和确认条件。经评估，三套设备的公允价值分别为1 720 000元、1 240 000元、1 040 000元。阳光公司的账务处理如下：

（1）计算设备A、B、C的分配比例。

设备A的分配比例=1 720 000÷（1 720 000+1 240 000+1 040 000）×100%=43%

设备B的分配比例=1 240 000÷（1 720 000+1 240 000+1 040 000）×100%=31%

设备C的分配比例=1 040 000÷（1 720 000+1 240 000+1 040 000）×100%=26%

（2）计算设备A、B、C的入账价值。

设备A的入账价值=3 600 000×43%=1 548 000（元）

设备B的入账价值=3 600 000×31%=1 116 000（元）

设备C的入账价值=3 600 000×26%=936 000（元）

（3）编制相关会计分录。

借：固定资产——设备A　　1 548 000

　　　　　——设备B　　1 116 000

　　　　　——设备C　　936 000

　　应交税费——应交增值税（进项税额）　　468 000

　贷：银行存款　　4 068 000

二、自行建造的固定资产

企业自行建造固定资产，应按建造该项资产达到预定可使用状态前所发生的必要支出，作为固定资产的成本，包括工程用物资成本、人工成本、缴纳的相关税费、应予以资本化的借款费用以及应分摊的间接费用等。自行建造的固定资产，应先通过“在建工程”科目核算，当工程达到预定可使用状态时，再从“在建工程”科目转入“固定资产”科目。企业自建固定资产，主要有自营和出包两种方式。由于采用的建造方式不同，其会计处理也有所不同。但是，无论采用何种方式，在建工程都应当按照实际发生的支出确定其工程成本并单独核算。

（一）以自营方式建造固定资产

企业以自营方式建造固定资产，意味着企业自行组织工程物资采购、自行组织施工人员从事工程施工。企业以自营方式建造固定资产，其成本应当按照直接材料、直接人工、直接机械施工费等计量。

按照相关规定，纳税人新建、改建、扩建、修缮、装饰不动产，均属于不动产在建工程。

（1）为建造生产经营用房屋、建筑物而购入工程物资的价款。

借：工程物资

　　应交税费——应交增值税（进项税额）

　贷：银行存款等

（2）领用工程物资。

借：在建工程

　贷：工程物资

（3）在建工程应负担的职工薪酬。

借：在建工程

　贷：应付职工薪酬

（4）辅助生产部门为工程提供的水、电、设备安装、修理、运输等劳务。

借：在建工程

　贷：生产成本——辅助生产成本等

（5）在建工程进行负荷联合试车发生的费用，计入工程成本（待摊支出）。

借：在建工程

　贷：银行存款/原材料等

（6）试车期间形成的产品或副产品对外销售或转为库存商品。

借：银行存款/库存商品等

　贷：在建工程

（7）建设期间发生的工程物资盘亏、报废及毁损净损失，计入工程成本；盘盈的工程物资或处置净收益，冲减所建工程项目的成本。由于自然灾害等造成的在建工程报废或毁损，减去残料价值和过失人或保险公司等赔款后的净损失，计入营业外支出。

（8）在建工程达到预定可使用状态时，对发生的待摊支出（包括为建造工程而发生的管理费、可行性研究费、公证费、监理费等），应分配计入各项工程成本。

（9）为建造固定资产通过出让方式取得的土地使用权而支付的土地出让金，不计入在建工程成本，应确认为无形资产（土地使用权）。

【例6-4】阳光公司自建办公大楼一幢，通过出让方式取得的土地使用权而支付的土地出让金3 000 000元；购入为工程准备的各种物资4 000 000元；领用本公司生产的产品一批，实际成本360 000元；应计发的工程人员工资250 000元；辅助生产部门为工程提供的水、电等劳务支出共计75 000元；工程完工，并达到预定可使用状态。阳光公司的账务处理如下：

（1）通过出让方式取得的土地使用权而支付的土地出让金。

借：无形资产——土地使用权 3 000 000

贷：银行存款 3 000 000

（2）购入工程物资。

借：工程物资 4 000 000

应交税费——应交增值税（进项税额） 520 000

贷：银行存款 4 520 000

（3）领用工程物资。

借：在建工程 4 000 000

贷：工程物资 4 000 000

（4）领用本公司生产的产品，确定应计入在建工程成本的金额。

借：在建工程 360 000

贷：库存商品 360 000

（5）结转应由工程负担的工程人员工资。

借：在建工程 250 000

贷：应付职工薪酬 250 000

（6）结转应由工程负担的水电费。

借：在建工程 75 000

贷：生产成本——辅助生产成本 75 000

（7）工程完工并达到预定可使用状态，计算并结转工程成本。

工程完工转入固定资产的成本=4 000 000+360 000+250 000+75 000=4 685 000（元）

借：固定资产 4 685 000

贷：在建工程 4 685 000

（二）以出包方式建造固定资产

企业以出包方式建造固定资产，是指企业通过招标等方式将工程项目发包给建造承包商，由建造承包商组织建筑工程和安装工程的施工。企业应当与建造承包商签订建造合同，企业是建造合同的甲方（发包方），通常称为建设单位，负责筹集资金、支付工程进度款和组织管理工程建设；建造承包商是建造合同的乙方（出包方），负责建筑、安装工程的施工任务。

企业以出包方式建造固定资产，其成本由建造该项固定资产达到预定可使用状态前所发生的必要支出构成，包括发生的建筑工程支出、安装工程支出以及需要分摊计入各项固定资产的待摊支出。待摊支出是指在建设期间发生的、不能直接计入某项固定资产价值，而应由所建造固定资产共同负担的相关费用，包括为建造工程而发生的管理费、征地费、可行性研究费、临时设施费、公证费、监理费、应负担的税费、符合资本化条件的借款费用，以及建设期间发生的工程物资盘亏、报废及毁损净损失和在建工程进行负荷联合试车发生的费用等。

企业以出包方式建造固定资产，其工程的具体支出主要由建造承包商进行核算，出包方应当设置“在建工程”等科目。该科目主要是企业与建造承包商办理工程价款结算的科目，可按企业支付给建造承包商的工程价款作为工程成本，通过“在建工程”科目核算。

（1）企业发包的在建工程，按合同规定预付工程款。

借：预付账款

  贷：银行存款

（2）按合同规定向建造承包商结算进度款。

借：在建工程

  贷：银行存款

    预付账款

（3）工程达到预定可使用状态时，转入固定资产。

借：固定资产

  贷：在建工程

【例6-5】阳光公司将仓库的建造工程发包给光达建筑公司承建，合同总造价为1 240 000元。按照合同规定，工程开工前向光达建筑公司支付30%的工程款，其余工程款于工程完工验收合格结算时补付。该工程完工办理工程结算，收到光达建筑公司有关工程结算单据，结清70%的工程款。假定不考虑增值税，阳光公司的账务处理如下：

（1）按合同规定向光达建筑公司预付30%的工程款。

1 240 000×30%=372 000（元）

借：预付账款	372 000	
贷：银行存款		372 000

（2）工程完工验收合格，结清70%的工程款。

借：在建工程	1 240 000	
贷：银行存款		868 000
预付账款		372 000

（3）工程交付使用，结转工程成本。

借：固定资产	1 240 000	
贷：在建工程		1 240 000

三、投资者投入的固定资产

企业收到投资者投入的固定资产，在办理固定资产移交手续后，应按投资合同或协议约定的价值（合同或协议约定的价值不公允的除外）加上应支付的相关税费（允许抵扣的增值税除外）作为固定资产的入账价值，借记"固定资产""应交税费"科目，贷记"实收资本（或股本）"等科目。

【例6-6】阳光公司收到投资者投入的设备一套，经双方商定，其价值确认为780 000元，按协议可折换成500 000股股票，每股面值1元。假设不考虑增值税，阳光公司的账务处理如下：

借：固定资产	780 000	
贷：股本		500 000
资本公积——股本溢价		280 000

四、以非货币性资产交换方式取得的固定资产

以非货币性资产交换方式取得的固定资产，参照第十章有关非货币性资产交换的相关规定处理。

五、以债务重组方式取得的固定资产

以债务重组方式取得的固定资产，参照第十一章有关债务重组的相关规定处理。

六、接受捐赠的固定资产

接受捐赠的固定资产，应根据具体情况合理确定其入账价值。一般分为以下两种情况：

（1）捐赠方提供有关凭据的，按凭据上标明的金额，加上应支付的相关税费，作为入账价值。

（2）捐赠方没有提供有关凭据的，按如下顺序确定其入账价值：

① 同类或类似固定资产存在活跃市场的，按同类或类似固定资产的市场价格估计的金额，加上应支付的相关税费，作为入账价值。

② 同类或类似固定资产不存在活跃市场的，按该接受捐赠的固定资产预计未来现金流量的现值，加上应支付的相关税费，作为入账价值。

【例6-7】 阳光公司接受一台专用设备的捐赠，捐赠方提供的有关凭据上标明的价格为93 600元。阳光公司的账务处理如下：

借：固定资产　　93 600

　贷：营业外收入——捐赠利得　　93 600

七、盘盈的固定资产

企业在财产清查中盘盈的固定资产，经查明属于本企业所有的，应按固定资产的重置成本入账，并设置固定资产明细账进行明细核算。

盘盈的固定资产，应作为前期差错，通过“以前年度损益调整”科目核算。按盘盈的固定资产重置成本，借记“固定资产”科目，贷记“以前年度损益调整”科目；同时，应在发现当期的财务报表中调整比较数据。

八、存在弃置义务的固定资产

分组任务

固定资产的弃置费用

对于特殊行业的特定固定资产，确定其初始入账成本时，还应考虑弃置费用。弃置费用通常是指根据国家法律和行政法规、国际公约等规定，企业承担的环境保护和生态恢复等义务所确定的支出，如油井设施的弃置和环境恢复义务。弃置费用的金额与其现值，通常相差较大，需要考虑货币时间价值。对于特殊行业的特定固定资产，企业应当根据《企业会计准则第13号——或有事项》的规定，按照现值计算确定应计入固定资产成本的金额和相应的预计负债。在取得存在弃置义务的固定资产时，按预计弃置费用的现值，借记“固定资产”科目，贷记“预计负债”科目。在该项固定资产的使用寿命内，按照预计负债的摊余成本和实际利率计算确定

本节自测

利息费用，应当在发生时，借记“财务费用”科目，贷记“预计负债”科目。一般企业的固定资产发生的报废清理费用，不属于弃置费用，应当在发生时，作为固定资产处置费用处理。

第三节 固定资产的后续计量

一、固定资产折旧

（一）固定资产折旧的定义及影响因素

1.固定资产折旧的定义

固定资产折旧是指在固定资产的使用寿命内，按照确定的方法对应计折旧额进行的系统分摊。应计折旧额是指应当计提折旧的固定资产的原价，扣除其预计净残值后的余额。例如，已计提减值准备的固定资产，还应当扣除已计提的固定资产减值准备累计金额。

固定资产损耗可分为有形损耗和无形损耗两种。有形损耗是指固定资产在使用过程中由于物理磨损而发生的使用性损耗和受自然力影响而发生的自然损耗；无形损耗是指技术进步、消费偏好变化和经营规模扩充等原因而引起的损耗。一般而言，有形损耗决定了固定资产的预计使用寿命，无形损耗决定了固定资产的实际使用寿命。

2.固定资产折旧的影响因素

影响固定资产折旧的因素主要有以下几个方面：

（1）固定资产原价，是指固定资产的成本。

（2）预计净残值，是指假定固定资产预计使用寿命已满并处于使用寿命终了时的预期状态，即企业从该项资产处置中获得的扣除预计处置费用后的余额，也即固定资产的预计残值收入扣除预计清理费用后的净额。预计残值收入，是指固定资产报废清理时预计可收回的器材、零件和材料等的残料价值收入；预计清理费用，是指固定资产报废清理时预计发生的拆卸、整理和搬运等费用。固定资产原价减去预计净残值后的数额为应计折旧额。

（3）固定资产减值准备，是指固定资产已计提的固定资产减值准备累计金额。固定资产计提减值准备后，应当在剩余使用寿命内根据调整后的固定资产账面价值（固定资产账面余额扣减累计折旧和累计减值准备后的金额）和预计净残值重新计算确定折旧率和折旧额。

（4）固定资产的使用寿命，是指企业使用固定资产的预计期间，或者该项固定资产所能生产产品或提供劳务的数量。确定固定资产的使用寿命，应当考虑下列因素：预计生产能力或实物产量；预计有形损耗和无形损耗；法律或者类似规定对资产使用的限制。

企业应当根据固定资产的性质和使用情况，合理确定固定资产的使用寿命和预计净残值。固定资产的使用寿命和预计净残值一经确定，不得随意变更。

（二）固定资产的折旧范围

除了以下情况外，企业应对所有的固定资产计提折旧：

（1）已提足折旧仍继续使用的固定资产；

（2）单独入账的土地。

在确定计提折旧的范围时，还应注意以下几点：

（1）固定资产应当按月计提折旧，当月增加的固定资产，当月不计提折旧，从下月起计提折旧；当月减少的固定资产，当月仍计提折旧，从下月起不计提折旧。

（2）固定资产提足折旧后，不论能否继续使用，均不再计提折旧；提前报废的固定资产，也不再补提折旧。所谓提足折旧，是指已经提足该项固定资产的应计折旧额。

（3）已达到预定可使用状态但尚未办理竣工决算的固定资产，无论是否交付使用，都应当按照估计价值确定其成本，并计提折旧；待办理竣工决算后，再按照实际成本调整原来的暂估价值，但不需要调整原已计提的折旧额。

因处于更新改造过程而停用的固定资产，应将其账面价值转入在建工程，不再计提折旧。更新改造项目达到预定可使用状态转为固定资产后，再按照重新确定的折旧方法和该项固定资产尚可使用的寿命计提折旧。因大修理而停用的固定资产，应当照提折旧。

（三）固定资产的折旧方法

企业应当根据与固定资产有关的经济利益的预期实现方式，合理选择固定资产的折旧方法。通常采用的折旧方法包括年限平均法、工作量法、双倍余额递减法和年数总和法等。固定资产的折旧方法一经确定，不得随意变更。

1.年限平均法

年限平均法，也称使用年限法或直线法，是指将固定资产的应计折旧额均衡分摊到固定资产预计使用寿命内的一种方法。

采用这种方法计算的每期折旧额均相等，不受固定资产在一个会计期间内实际使用时间长短、频率高低或产品生产数量、劳务提供数量多少的影响。其计算公式如下：

年折旧额=（固定资产原价-预计净残值）÷预计使用寿命（年）

在实务工作中，固定资产折旧额是根据折旧率计算的。折旧率是指折旧额占固定资产原价的比重。其计算公式如下：

年折旧率=年折旧额÷固定资产原价×100%=（1-预计净残值率）÷预计使用寿命×100%

预计净残值率=预计净残值÷固定资产原价×100%

月折旧率=年折旧率÷12

月折旧额=年折旧额÷12=固定资产原价×月折旧率

【例6-8】 阳光公司的一台机器设备原价为198 000元，预计净残值率为4%，预计使用10年，采用年限平均法计提折旧。

年折旧率=（1-4%）÷10×100%=9.6%

月折旧率=9.6%÷12=0.8%

月折旧额=198 000×0.8%=1 584（元）

从上例可以看出，采用年限平均法计提固定资产折旧，每期折旧额相等，其特点是将固定资产的应计折旧额均衡分摊到固定资产预计使用寿命内。这种方法具有计算简便、易于理解的优点，所以被广泛应用到企业会计实务工作中。但其缺点也较为明显：首先，这种方法只考虑时间因素，而不考虑固定资产在使用过程中发生的后续支出（修理、保养等费用），固定资产由于前期的使用而后期发生修理、保养费用，而且随着时间的推移，该项固定资产日益陈旧，后续支出会越来越多，导致固定资产使用成本负担不均衡，不符合收入与费用相配比的原则；其次，只注重固定资产的使用时间，而忽视其使用情况，没有考虑固定资产的服务效能在不同期间内的发挥程度可能不同的因素。

2.工作量法

工作量法，是指根据实际完成的工作量计算每期应计折旧额的一种方法。采用这种折旧方法的计算步骤为：首先，预计在固定资产使用寿命内完成的总工作量（如机器工作时数、汽车行驶里程等）；其次，根据应计折旧额和预计总工作量，计算单位工作量的折旧额；最后，根据每期实际完成工作量的多少，计算当期的折旧额。其计算公式如下：

单位工作量折旧额=［固定资产原价×（1-预计净残值率）］÷预计总工作量

某项固定资产月折旧额=该项固定资产当月实际完成工作量×单位工作量折旧额

采用工作量法，不同的固定资产应按不同的工作量标准计算折旧额，如机器设备应按工作小时计算折旧额，运输工具应按行驶里程计算折旧额，建筑施工机械应按工作台班时数计算折旧额等。

【例6-9】阳光公司的一辆运输工具按工作量法计提折旧，原价为450 000元，预计净残值率为2%，预计可行驶里程为500 000千米，本月实际行驶里程为2 500千米。

单位行驶里程折旧额=［450 000×（1-2%）］÷500 000=0.882（元/千米）

该辆运输工具本月折旧额=2 500×0.882=2 205（元）

从上例可以看出，工作量法将每期计提折旧额的多少与固定资产的使用程度及各期的服务效能相联系，克服了年限平均法只注重资产使用年限的不足，同时也具有计算简便的优点。但是，工作量法只注重固定资产的使用程度，将固定资产在使用过程中的物质损耗即有形损耗作为计提折旧的唯一因素。从上述计算公式可以观察到，如果固定资产当期未能使用，当期就不能计提折旧，因而忽视了固定资产的无形损耗。工作量法适用于使用情况非常不均衡，预计在使用寿命内工作量可以估计的制造企业的大型机器设备、施工企业的大型施工机械以及运输企业客、货运汽车等固定资产折旧的计算。

3.双倍余额递减法

双倍余额递减法，是指在不考虑固定资产预计净残值的情况下，根据每期期初固定资产的原价减去累计折旧后的金额和双倍的直线法折旧率计算固定资产折旧的一种方法。采用这种方法，各期的折旧率是固定的，但固定资产的原价减去累计折旧后的金额逐期下降，因此，计提的折旧额呈现递减趋势。其计算公式如下：

年折旧率=1÷预计使用寿命×2×100%

月折旧率=年折旧率÷12

某年应计折旧额=该年年初固定资产账面价值×年折旧率

某月应计折旧额=该年应计折旧额÷12

采用这种方法计提折旧时应当注意：各期计提折旧后，固定资产账面价值不能低于预计固定资产净残值；当某个会计年度按双倍余额递减法计算的年折旧额小于按使用年限法计算的年折旧额时，应改用年限平均法计提折旧。在实务工作中，为了简化折旧的计算，实行双倍余额递减法计算折旧的固定资产，应在其折旧年限到期前2年内，将固定资产账面净值扣除净残值后的余额平均摊销。

举例来说，有关固定资产账面净值（净额）、原价、账面余额和账面价值的计算方法如下：假设某项固定资产的初始取得成本为1 000万元，已提折旧300万元，计提减值准备50万元。则有：

固定资产账面余额=固定资产原价=1 000万元

固定资产账面净值（净额）=固定资产原价-累计折旧=1 000-300=700（万元）

固定资产账面价值=固定资产原价-累计折旧-固定资产减值准备=1 000-300-50=650（万元）

【例6-10】 阳光公司的某项设备原价为100万元，预计净残值为4万元，预计使用5年。

阳光公司按双倍余额递减法计算折旧，每年折旧额的计算如下：

年折旧率=1÷5×2×100%=40%

第1年应计折旧额=100×40%=40（万元）

第2年应计折旧额=（100-40）×40%=24（万元）

第3年应计折旧额=（100-40-24）×40%=14.4（万元）

阳光公司从第4年起改按年限平均法（直线法）计提折旧，每年折旧额的计算如下：

第4年和第5年应计折旧额=［（100-40-24-14.4）-4］÷2=8.8（万元）

采用双倍余额递减法计算的各年折旧额见表6-1。

表6-1 **双倍余额递减法各年折旧额计算表** 金额单位：元

使用年份	年折旧率	年折旧额	累计折旧额	账面净值
第0年				1 000 000
第1年	40%	400 000	400 000	600 000
第2年	40%	240 000	640 000	360 000
第3年	40%	144 000	784 000	216 000
第4年	—	88 000	872 000	128 000
第5年	—	88 000	960 000	40 000
合计		960 000		

4.年数总和法

年数总和法，也称年限合计法，是指企业以固定资产的原价减去预计净残值后的余额为基数乘以一个以固定资产尚可使用年限为分子、以预计使用寿命的年数总和为分母的逐年递减的分数计算每年折旧额的折旧方法。采用这种方法，各年的折旧基数是固定不变的，均为应计折旧额，各年的折旧率是一个递减的分数，因此，计算的年折旧额呈现逐年递减趋势。其计算公式如下：

年折旧率=尚可使用年限÷预计使用寿命的年数总和×100%

月折旧率=年折旧率÷12

年折旧额=（固定资产原价-预计净残值）×年折旧率

月折旧额=（固定资产原价-预计净残值）×月折旧率

上式中，尚可使用年限是以各年年初这一时点来确定的，假设某项设备的使用年限为5年，第1年尚可使用年限为5年，第2年尚可使用年限为4年，逐年减1，最后1年尚可使用年限为1年；预计使用寿命的年数总和，就是将各年的尚可使用年限数额相加，即1+2+3+…+n，也可表示为n（n+1）/2。

【例6-11】沿用【例6-10】资料，该项固定资产的预计使用寿命的年数总和为15年（1+2+3+4+5）。采用年数总和法计算的各年折旧额见表6-2。

表6-2 年数总和法各年折旧额计算表 金额单位：元

年份	尚可使用年限（年）	原价-预计净残值	年折旧率（%）	年折旧额	累计折旧额
第1年	5	960 000	5/15	320 000	320 000
第2年	4	960 000	4/15	256 000	576 000
第3年	3	960 000	3/15	192 000	768 000
第4年	2	960 000	2/15	128 000	896 000
第5年	1	960 000	1/15	64 000	960 000

与直线法相比，加速折旧法使固定资产的成本在使用前期加快得到补偿，从而相对加快折旧速度，规避企业风险。采用加速折旧法，在整个固定资产使用年限内应计提的折旧总额、折旧年限与直线法相同；而不同的是，采用加速折旧法，对固定资产应计提的折旧总额在各使用年限之间分摊的数额不等。

根据《企业会计准则》的相关规定，企业可以采用的加速折旧法是双倍余额递减法和年数总和法，企业选择的固定资产折旧方法一经确定，一般不得随意变更。但由于在固定资产使用过程中，其所处的经济环境、技术环境以及其他环境的变化对固定资产的使用寿命、预计净残值可能产生较大的影响，为真实反映固定资产为企业提供经济利益的期间以及各期实际的固定资产消耗，企业至少应当于每年年度终了对固定资产的使用寿命、预计净残值和折旧方法进行复核。如果经复核，固定资产使用寿命的预计数与原先预计的使用年限有差异，应当调整固定资产使用寿命；如果经复核，固定资产的预计净残值与原先的预计数有差异，应当调整预计净残值；如果经复核，与固定资产有关的经济利益的预期实现方式有重大改变，应当改变固定资产折旧方法。固定资产使用寿命、预计净残值和折旧方法的改变，应当作为会计估计变更处理。

二、固定资产折旧的账务处理

固定资产应当按月计提折旧，计提的折旧应当记入“累计折旧”科目，并根据固定资产的使用地点和用途计入有关资产的成本或者当期损益。

借：制造费用（生产车间使用的固定资产）
　　管理费用（行政管理部门使用的固定资产）
　　销售费用（销售部门使用的固定资产）
　　在建工程（自行建造固定资产过程中使用的固定资产）
　　其他业务成本（经营租出的固定资产）
　贷：累计折旧

【例6-12】阳光公司于2×23年10月计提固定资产折旧536 400元。其中，生产车间使用的固定资产计提折旧425 000元；行政管理部门使用的固定资产计提折旧96 700元，销售部门使用的固定资产计提折旧14 700元。月末，阳光公司的账务处理如下：

借：制造费用　　425 000

　　管理费用　　96 700

　　销售费用　　14 700

　贷：累计折旧　　536 400

在实务工作中，固定资产应当按月计提折旧，当月增加的固定资产，当月不计提折旧，从下月起计提折旧；当月减少的固定资产，当月仍计提折旧，从下月起不计提折旧。在采用年限平均法、加速折旧法计提固定资产折旧时，可以在上月计提折旧的基础上，对上月增加或减少的固定资产情况进行调整，调整后再计算当月应计提的折旧额。其计算公式如下：

$$\text{当月固定资产应计提的折旧额} = \text{上月固定资产应计提的折旧额} + \text{上月增加的固定资产应计提的月折旧额} - \text{上月减少的固定资产应计提的月折旧额}$$

需要注意的是，加速折旧法计提的折旧额是以年为时间单位计提折旧的，而且每年计提的固定资产折旧额是不同的，需要根据每年计算的应计提的年折旧额按12个月平均分摊。例如，增加的固定资产是在上年的12月份，当年将计算的应计提的年折旧额按12个月平均分摊，从而计算出应计提的月折旧额。如果增加的固定资产不是在上年的12月份，而是在当年的某个月份，那么应先计算出应计提的年折旧额，然后在跨年度的12个月平均分摊。假设2×21年9月增加某生产设备一台，计算第1年应计提的年折旧额应在2×21年10月至2×22年9月之间的12个月平均分摊；第2年应计提的年折旧额应在2×22年10月至2×23年9月之间的12个月平均分摊；其他各年的加速折旧额的分配依此类推。

企业一般通过编制“固定资产折旧计算表”进行折旧的计算和分配。

【例6-13】2×23年8月31日，阳光公司编制的“固定资产折旧计算表”见表6-3。

表6-3　固定资产折旧计算表

2×23年8月31日　　单位：元

使用部门	固定资产项目	上月折旧额	上月增加固定资产应提月折旧额	上月减少固定资产应提月折旧额	本月折旧额
生产车间	厂房	50 000			50 000
	设备	150 000	18 400	1 200	167 200
	小计	200 000	18 400	1 200	217 200
厂部	办公楼	30 000			30 000
	办公设备	18 000		900	17 100
	小计	48 000		900	47 100
销售部门	设备	9 000			9 000
合计		257 000	18 400	2 100	273 300

阳光公司根据“固定资产折旧计算表”进行的账务处理如下：

借：制造费用　　217 200

　　管理费用　　47 100

　　销售费用　　9 000

　贷：累计折旧　　273 300

三、固定资产的后续支出

分组任务

固定资产折旧方法的选择会影响企业的税费吗

固定资产的后续支出是指取得固定资产后，在使用过程中发生的更新改造支出、修理费用等。固定资产在使用过程中由于各个零部件或各组成部分的磨损程度不同或者使用的条件不同，因而往往会发生固定资产的局部损坏，或者为了提高固定资产的使用效能、降低产品的成本等，需要对固定资产进行更新改造、修理而发生必要的后续支出。

根据是否符合固定资产的确认条件，固定资产的后续支出可以分为资本化的后续支出和费用化的后续支出。固定资产的更新改造等后续支出，满足固定资产确认条件的，应当计入固定资产成本，同时将被替换的部分的账面价值从该固定资产的原价中扣除；与固定资产有关的修理费用等后续支出，不满足固定资产确认条件的，应当在发生时计入当期损益。

（一）资本化的后续支出

固定资产发生可资本化的后续支出时，企业一般应将该固定资产的原价、已计提的累计折旧和减值准备转销，将固定资产的账面价值转入在建工程，在此基础上重新确定固定资产的原价。由于该固定资产已转入在建工程，因此可以停止计提折旧。固定资产发生的可资本化的后续支出，通过“在建工程”科目核算。

（1）固定资产进入改扩建状态，将固定资产的账面价值转入在建工程。

借：在建工程

　　累计折旧

　　固定资产减值准备

　贷：固定资产

（2）扣除被替换部分的价值（出售）。

借：银行存款

　　营业外支出

　贷：在建工程

（3）发生资本化的后续支出。

借：在建工程

　贷：银行存款/原材料/应付职工薪酬等

（4）固定资产发生的后续支出完工并达到预定可使用状态。

借：固定资产

　贷：在建工程

此时，应当按照重新确定的固定资产原价、使用寿命、预计净残值和折旧方法计提折旧。

【例6-14】阳光公司因产品的市场销路较好，原有的生产设备已难以满足生产发展的需要，但若新购置设备，则需要扩建厂房，建设周期较长、投资较大。该公司决定对现有设备进行技术改造，以提高生产能力，同时预计还可以延长设备的使用寿命。该设备原价为765 000元，预计净残值率为3%，预计使用寿命为6年，目前已使用2年，采用年限平均法，已提折旧247 350元，未计提固定资产减值准备。在技术改造过程中，发生技术改造工程支出213 000元、增值税27 690元，均通过银行支付；该设备拆除部分的残料，作价2 000元并验收入库。该设备技术改造工程达到预定可使用状态后，生产能力得到大大提高，预计可以延长设备使用寿命3年，即为9年。假定技术改造后，该设备预计净残值率为3%，仍采用年限平均法计提折旧。阳光公司的账务处理如下：

（1）设备转入技术改造工程，注销固定资产原价、累计折旧。

借：在建工程　　517 650

　累计折旧　　247 350

　贷：固定资产　　765 000

（2）支付技术改造工程支出。

借：在建工程　　213 000

　应交税费——应交增值税（进项税额）　　27 690

　贷：银行存款　　240 690

（3）残料作价入库，冲减工程成本。

借：原材料　　2 000

　贷：在建工程　　2 000

（4）工程完工，固定资产达到预定可使用状态。

重新确定的固定资产成本=517 650+213 000−2 000=728 650（元）

借：固定资产　　728 650

　贷：在建工程　　728 650

转为固定资产后，按照重新确定的固定资产原价、使用寿命、预计净残值和折旧方法计提折旧。

（二）费用化的后续支出

固定资产由于使用、自然侵蚀等会发生不同程度的损坏，影响其正常使用。为了恢复固定资产的使用效能，维护固定资产的正常运转和使用，企业应当定期或不定期地对固定资产进行维护保养，并对损坏的部分进行及时修复。

按照《企业会计准则》的相关规定，与固定资产有关的修理费用等后续支出，不符合固定资产确认条件的，应当根据不同的情况分别在发生时计入当期管理费用或销售费用。固定资产的日常修理费用和大修理费用等支出，只是确保固定资产的正常工作状态，一般不会产生未来经济利益，因此，通常不符合固定资产的确认条件，应当在发生时直接计入当期损益。企业生产车间（部门）和行政管理部门等发生的固定资产修理费用等后续支出，计入管理费用，借记“管理费用”科目，贷记“银行存款”等科目；企业专设销售机构的，其发生的与专设销售机构相关的固定资产修理费用等后续支出，计入销售费用，借记“销售费用”科目，贷记“银行存款”等科目。

【例6-15】2×23年6月1日，阳光公司某生产车间对现有的一台机器设备进行日常修理，在修理过程中领用原材料一批，价值75 200元，应支付的维护人员工资13 000元。该机器设备修理属于日常维护性修理，发生的后续支出不符合固定资产的确认条件，因此，在其发生时计入当期损益。阳光公司的账务处理如下：

本节自测

借：管理费用　　88 200

　贷：原材料　　75 200

　　应付职工薪酬　　13 000

第四节　固定资产的处置

一、固定资产处置的含义及应设置的会计科目

固定资产处置，是指固定资产在使用过程中由于各种原因而需要退出生产经营过程所进行的处理活动，包括固定资产的出售、转让、报废、毁损、对外投资、非货币性资产交换、债务重组等。

固定资产在处置过程中会产生处置收益或损失，称为固定资产处置损益，其由处置固定资产所取得的各项收入与固定资产的账面价值、发生的清理费用以及应支付的相关税费之间的差额来确定。其中，处置固定资产所取得的各项收入包括出售价款、残料变价收入、保险及过失人赔款等；清理费用包括处置固定资产所发生的拆卸、整理等清理费用以及应支付的相关税费等。

为核算企业因出售、转让、报废、毁损、对外投资、非货币性资产交换、债务重组等转出的固定资产的价值以及在清理过程中发生的相关费用等，企业应设置“固定资产清理”科目。需要处置的固定资产账面价值、发生的清理费用以及应支付的相关税费等，记入该科目的借方；收回出售价款、残料变价收入、保险及过失人赔款等收入，记入该科目的贷方。固定资产清理完成后，借方与贷方的差额即为固定资产处置净损益，作为处置非流动资产利得或损失转入资产处置损益或营业外支出。期末借方余额，反映企业尚未清理完毕的固定资产清理净损失。

二、固定资产处置的会计处理

固定资产处置的会计处理的一般步骤如下：

（1）将固定资产转入清理的处理。

企业因出售、报废、毁损、对外投资、非货币性资产交换、债务重组等转出的固定资产，应当按照该项固定资产的账面价值进行处理。

借：固定资产清理

　　累计折旧

　　固定资产减值准备

　贷：固定资产

（2）发生清理费用等的处理。

借：固定资产清理

贷：银行存款

（3）收回出售价款、残料变价收入的处理。

企业收回出售价款、残料变价收入等，应当冲减清理支出。

借：银行存款/原材料等

贷：固定资产清理

应交税费——应交增值税（销项税额）

（4）保险赔偿的处理。

按照应由保险公司或过失人赔偿的损失，冲减清理支出。

借：其他应收款

贷：固定资产清理

（5）清理净损益的处理。

固定资产清理完毕后，属于正常出售、转让所产生的利得或损失，借记或贷记“资产处置损益”科目，贷记或借记“固定资产清理”科目；属于已丧失使用功能正常报废所产生的损失，借记“营业外支出——非流动资产报废损失”科目，贷记“固定资产清理”科目；属于自然灾害等非正常原因造成的损失，借记“营业外支出——非常损失”科目，贷记“固定资产清理”科目。

【例6-16】阳光公司出售一座建筑物给A公司，该建筑物于2×23年5月1日以后购入，原价为3 500 000元，已提折旧1 500 000元；出售价格（含税）为2 725 000元，假定增值税税率为9%，款项已存入银行。以银行存款支付过户费等清理费用6 000元，未计提固定资产减值准备。阳光公司的账务处理如下：

（1）固定资产转入清理。

借：固定资产清理	2 000 000	
累计折旧	1 500 000	
贷：固定资产		3 500 000

（2）收到价款，并已存入银行。

借：银行存款	2 725 000	
贷：固定资产清理		2 500 000
应交税费——应交增值税（销项税额）		225 000

（3）在清理过程中，以银行存款支付清理费用。

借：固定资产清理	6 000	
贷：银行存款		6 000

（4）计算并结转出售固定资产净损益。

出售固定资产净收益=2 500 000–（2 000 000+6 000）=494 000（元）

借：固定资产清理	494 000	
贷：资产处置损益		494 000

【例6-17】阳光公司现有一台设备由于性能等原因决定提前报废，原价为350 000元，已提折旧260 000元，计提减值准备10 000元。在清理过程中，以银行存款支付清理费用3 600元，收到残料变价收入20 000元，适用增值税税率为13%，款项已存入银行。阳光公司的账务处理如下：

（1）将报废的固定资产转入清理。

借：固定资产清理　　80 000
　　累计折旧　　260 000
　　固定资产减值准备　　10 000
　贷：固定资产　　350 000

（2）收回残料变价收入。

借：银行存款　　22 600
　贷：固定资产清理　　20 000
　　　应交税费——应交增值税（销项税额）　　2 600

（3）支付清理费用。

借：固定资产清理　　3 600
　贷：银行存款　　3 600

（4）计算并结转报废固定资产清理净损益。

报废固定资产净损失=80 000−20 000+3 600=63 600（元）

借：营业外支出——非流动资产报废损失　　63 600
　贷：固定资产清理　　63 600

【例6-18】 阳光公司于2×23年12月20日转让一台于同年1月10日购入并当日投入使用的生产经营设备，售价为50 000元，增值税销项税额为6 500元，款项已存入银行。该设备原价为80 000元，预计使用年限为5年，预计净残值为2 000元。以银行存款支付清理费用300元。阳光公司的账务处理如下：

（1）固定资产转入清理。

已计提折旧额=（80 000−2 000）÷60×11=14 300（元）

借：固定资产清理　　65 700
　　累计折旧　　14 300
　贷：固定资产　　80 000

（2）收到转让设备价款，并已存入银行。

借：银行存款　　56 500
　贷：固定资产清理　　50 000
　　　应交税费——应交增值税（销项税额）　　6 500

（3）以银行存款支付清理费用。

借：固定资产清理　　300
　贷：银行存款　　300

（4）计算并结转出售固定资产净损益。

出售固定资产净损失=65 700−50 000+300=16 000（元）

借：资产处置损益　　16 000
　贷：固定资产清理　　16 000

【例6-19】 阳光公司因遭受水灾而毁损一座仓库，该仓库原价为3 400 000元，已提折旧1 730 000元，未计提减值准备。残料估计价值为113 000元，残料已办理入库。发生的清理费用为122 000元，以银行存款支付。应收的保险公司赔偿损失为

1 210 000元。阳光公司的账务处理如下：

（1）注销毁损仓库的原价及累计折旧。

借：固定资产清理 1 670 000

累计折旧 1 730 000

贷：固定资产 3 400 000

（2）残料入库。

借：原材料 113 000

贷：固定资产清理 113 000

（3）支付清理费用。

借：固定资产清理 122 000

贷：银行存款 122 000

（4）应收保险公司理赔的损失。

借：其他应收款 1 210 000

贷：固定资产清理 1 210 000

（5）计算并结转毁损净损失。

毁损固定资产净损失=1 670 000+122 000−1 210 000−113 000=469 000（元）

借：营业外支出——非常损失 469 000

贷：固定资产清理 469 000

【例6-20】阳光公司捐赠一台设备给B公司，原价为350 000元，已提折旧78 000元，以银行存款支付有关费用1 000元，暂不考虑增值税等相关税费。阳光公司的账务处理如下：

（1）注销固定资产的原价及累计折旧。

借：固定资产清理 272 000

累计折旧 78 000

贷：固定资产 350 000

（2）支付有关费用。

借：固定资产清理 1 000

贷：银行存款 1 000

（3）结转捐赠净额。

借：营业外支出 273 000

贷：固定资产清理 273 000

三、持有待售固定资产的会计处理

（一）持有待售类别资产及其划分条件

企业主要通过出售而非持续使用一项非流动资产或处置组收回其账面价值的，应当将其划分为持有待售类别。处置组是指在一项交易中作为整体通过出售或其他方式一并处置的一组资产，以及在该交易中转让的与这些资产直接相关的负债。处置组中可能包含企业的任何资产和负债，如流动资产、流动负债、非流动资产和非流动负债。按照《企业会计准则第8号——资产减值》的规定，企业合并中取得的商誉，应当按照合理的方法分摊至相关的资产组或资产组组合，如果处置组即为该资产组或者包括在该资产组或资产组组合中，处置组也应当包含分摊的商誉。

非流动资产或处置组划分为持有待售类别，应当同时满足以下两个条件：

（1）可立即出售。根据类似交易中出售此类资产或处置组的惯例，在当前状况下即可立即出售。为满足该条件，企业应当具有在当前状态下出售该非流动资产或处置组的意图和能力。为了符合类似交易中出售此类资产或处置组的惯例，企业应当在出售前做好相关准备，例如，按照惯例允许买方在报价和签署合同前对资产进行尽职调查等。

（2）出售极可能发生。出售极可能发生，即企业已经就一项出售计划作出决议且获得确定的购买承诺，预计出售将在一年内完成。具体来说，出售极可能发生应当包含以下几层含义：一是企业出售非流动资产或处置组的决议一般需要由企业相应级别的管理层作出，如果有关规定要求企业相关权力机构或者监管部门批准后方可出售，应当已经获得批准。二是企业已经获得确定的购买承诺，确定的购买承诺是企业与其他方签订的具有法律约束力的购买协议，该协议包含交易价格、时间和足够严厉的违约惩罚等主要条款，使协议出现重大调整或者撤销的可能性极小。三是预计自划分为持有待售类别起一年内，出售交易能够完成。

如果由于一些企业无法控制的原因，可能导致出售未能在一年内完成，且有充分证据表明企业仍然承诺出售非流动资产或处置组，企业可以继续将非流动资产或处置组划分为持有待售类别。企业无法控制的原因包括：

（1）意外设定条件。买方或其他方意外设定导致出售延期的条件，企业针对这些条件已经及时采取行动，且预计能够自设定导致出售延期的条件起一年内顺利化解延期因素。

（2）发生罕见情况。发生罕见情况导致持有待售的非流动资产或处置组未能在一年内完成出售，企业在最初一年内已经针对这些新情况采取了必要措施且重新满足了持有待售类别的划分条件。即非流动资产或处置组在初始分类时满足了持有待售类别的所有条件。

（二）持有待售固定资产的账务处理

企业持有的固定资产在划分为持有待售固定资产时，应当将其账面价值转入“持有待售资产”账户。

借：持有待售资产
　　累计折旧
　　固定资产减值准备
　　贷：固定资产

同时，持有待售资产的账面价值高于公允价值减去处置费用后的金额，应当作为资产减值损失计入当期损益，按其差额记入“资产减值损失”账户。

借：资产减值损失
　　贷：持有待售资产减值准备

持有待售的固定资产从划归持有待售之日起停止计提折旧和减值测试。资产负债表日，如果持有待售固定资产的账面价值高于公允价值减去出售费用后的净额，应当将账面价值减记至公允价值减去出售费用后的净额，减记的金额确认为资产减值损失，计入当期损益，同时计提持有待售资产减值准备。如果后续资产负债表日，持有待售的非流动资产公允价值减去出售费用后的净额增加，以前减记的金额应当予以恢复，并在划分为持有待售类别后非流动资产确认的资产减值损失金额内转回，转回金额计入当期损益，划分为持有待售类别前确认的资产减值损失不得转回。

持有待售的固定资产出售时：

借：银行存款

　　持有待售资产减值准备

　贷：持有待售资产

　　　应交税费——应交增值税（销项税额）

按照上述差额，借记或贷记“资产处置损益”科目。

【例6-21】2×22年4月6日，阳光公司因产能过剩，就一台不再使用的大型设备与A公司签订不可撤销转让协议，协议约定于2×22年年底或2×23年年初将此设备出售给A公司，转让价款1 200万元，预计处置费用10万元，暂不考虑增值税等相关税费。该设备是阳光公司于2×17年12月购入的，购买价款3 750万元，预计净残值150万元，预计使用8年。该设备于2×21年12月31日计提150万元的减值准备，预计净残值未发生变化。假定2×22年12月31日该设备尚未出售。

（1）2×22年4月6日，将该设备划分为持有待售资产。

该设备截至2×21年12月31日已计提的折旧额为1 800万元（（3 750-150）÷8×4），2×22年1至4月的折旧额为137.5万元（（3 750-1 800-150-150）÷4÷12×4）。

借：持有待售资产	16 625 000	
累计折旧	19 375 000	
固定资产减值准备	1 500 000	
贷：固定资产		37 500 000

持有待售资产应计提的减值准备为472.5万元（（3 750-150-1 800-137.5）-（1 200-10））。

借：资产减值损失	4 725 000	
贷：持有待售资产减值准备		4 725 000

（2）2×22年12月31日，由于整体经济形势下行，该设备生产的产品价格下降，处于滞销状态。A公司要求重新商议设备购买价款，估计该设备的市场价格为1 000万元，处置费用不变。

借：资产减值损失	2 000 000	
贷：持有待售资产减值准备		2 000 000

（3）2×23年3月6日，该设备处置完成，处置价款为1 000万元，处置费用实际发生8万元。

借：银行存款	10 000 000	
持有待售资产减值准备	6 725 000	
贷：持有待售资产		16 625 000
资产处置损益		100 000

支付处置费用时：

借：资产处置损益　　80 000

　　贷：银行存款　　80 000

四、固定资产盘亏

为加强固定资产管理，企业应当定期或至少于每年年末对固定资产进行清查盘点，以保证固定资产核算的真实性和完整性。通过清查，如果发现账簿记录的企业所拥有的固定资产实物并不存在，应当及时查明原因，在期末结账前处理完毕。

企业在清查中盘亏的固定资产，应当通过“待处理财产损溢——待处理固定资产损溢”科目进行核算。清查中盘亏的固定资产，按照盘亏的固定资产账面原价、累计折旧和固定资产减值准备及时予以注销，其账面价值记入“待处理财产损溢——待处理固定资产损溢”科目。报经批准处理后，再将盘亏造成的损失转入“营业外支出——盘亏损失”科目。

分组任务

固定资产的披露

【例6-22】阳光公司年末在对固定资产进行清查时，发现丢失一台电子设备。该设备原价为12 600元，已计提折旧3 900元，已计提减值准备5 000元，购入时的适用增值税税率为13%。经查明，该设备丢失的原因是保管人员的管理不当，经批准，由保管人员赔偿2 000元。阳光公司的账务处理如下：

（1）发现电子设备丢失。

借：待处理财产损溢——待处理固定资产损溢　　4 181

　　累计折旧　　3 900

　　固定资产减值准备　　5 000

　　贷：固定资产　　12 600

　　　　应交税费——应交增值税（进项税额转出）　　481

本节自测

（2）报经批准处理。

借：其他应收款　　2 000

　　营业外支出——盘亏损失　　2 181

　　贷：待处理财产损溢——待处理固定资产损溢　　4 181

复习思考题

本章自测

1. 固定资产有哪些特征？
2. 固定资产的确认需要同时满足哪些条件？
3. 固定资产取得成本的具体构成内容有哪些？
4. 我国对固定资产折旧的方法和范围是如何规定的？
5. 什么是固定资产的后续支出？何时资本化？何时费用化？

推荐阅读

1. 马永强，张志远．固定资产信息与宏观经济增长预测［J］．会计研究，2020（10）：50-56.

2. 马永义．资产处置损益确认、计量与列报规则解析［J］．财务与会计，2020（19）：57-59.

第七章

无形资产

学习目标

1. 掌握无形资产的基本概念、基本特征与分类；

2. 了解无形资产初始计量、后续计量以及无形资产处置等诸多问题的有关会计规定；

3. 熟练掌握无形资产各项业务的会计处理方法，包括企业从各种不同的来源渠道取得无形资产以及无形资产的摊销、出售、报废等业务。

第一节 无形资产概述

一、无形资产的概念及基本特征

无形资产是指企业拥有或控制的没有实物形态的可辨认非货币性资产。无形资产除了具备一项资产的本质特征外，还具有以下特征：

（一）不具有实物形态

无形资产与有形资产（如固定资产）不同，有形资产看得见、摸得着、具有实物形态，而无形资产看不见、摸不着、不具有实物形态，其所代表的是企业拥有的某些特殊权利或优势。所以，无形资产与固定资产等有形资产为企业带来经济利益的实现方式不同，其在很大程度上通过自身具有的技术等优势为企业带来未来经济利益。因此，无形资产通常表现为某种权利、某项技术或某种获取超额利润的综合能力。

（二）具有可辨认性

无形资产虽然不具有实物形态，但该资产必须是能够区别于其他资产可单独辨认的，如企业持有的专利权、非专利技术、商标权、著作权、特许权、土地使用权等。无形资产的这一特征，将商誉排除在无形资产之外。根据《企业会计准则》的规定，商誉是由企业合并形成的，是企业合并成本大于合并中取得的各项可辨认资产、负债公允价值的差额，是一种合并商誉，代表的是企业未来现金流量大于每一单项资产产生未来现金流量的合计金额，其存在无法单独辨认，不具有实物形态。虽然商誉也是没有实物形态的非货币性资产，但其是与企业整体价值合并在一起的，是不可单独辨认的，因而不构成无形资产。

符合以下条件之一的，认为其具有可辨认性：①能够从企业中分离或者划分出来，并能单独用于出售或转让等。在某些情况下，无形资产可能需要与有关合同一起用于出售、转让等，此时也视为具有可辨认性。②源自合同性权利或其他法定权利，无论这些权利是否可以从企业或其他权利和义务中转移或者分离。如一方通过与另一方签订特许权使用合同而获得的特许使用权，通过法律程序申请获得的商标权、专利权等。

如果企业有权获得一项无形资产产生的未来经济利益，并能约束其他方获取这些利益，则表明企业控制了该项无形资产。例如，对于会产生经济利益的技术知识，若其受到版权、贸易协议约束（如果允许）等法定权利或雇员保密法定职责的保护，那么说明该企业控制了相关利益。客户关系、人力资源等，由于企业无法控制其带来的未来经济利益，不符合无形资产的定义，因此不应将其确认为无形资产。内部产生的品牌、报刊名、刊头、客户名单和实质上类似项目的支出不能与整个业务开发成本区分开来，因此，这类项目也不应确认为无形资产。

（三）属于非货币性资产

非货币性资产是指企业持有的货币资金和将以固定或可确定的金额收取的资产以外的其他资产。无形资产由于没有发达的交易市场，一般不易转化成现金，在持有过程中为企业带来未来经济利益的情况也不确定，不属于以固定或可确定的金额收取的资产，属于非货币性资产。货币性资产主要包括库存现金、银行存款、应收账款、应收票据和债权投资等，这些资产中有的直接表现为固定的货币数额，如库存现金和银行存款，属于货币资金；有的表现为将来收到一定货币数额的权利，如应收账款等。应收账款等资产与无形资产都是没有实物形态的资产，但两者的区别在于无形资产属于非货币性资产，而应收账款等资产属于货币性资产。

二、无形资产的内容

无形资产通常包括专利权、非专利技术、商标权、著作权、特许权、土地使用权等。

（一）专利权

专利权，是指国家专利主管机关依法授予发明创造专利申请人对其发明创造在法定期限内所享有的专有权利，包括发明专利权、实用新型专利权和外观设计专利权。《中华人民共和国专利法》明确规定，专利人拥有的专利权受到国家法律保护。发明专利权的期限为20年，实用新型专利权和外观设计专利权的期限为10年，均自申请之日起计算。

（二）非专利技术

非专利技术，也称专有技术，是指不为外界所知、在生产经营活动中已经采用的、不享有法律保护的、可以为企业带来经济效益的各种技术和诀窍，如设计图纸、资料、数据、技术规范、工艺流程、材料配方、管理制度和方法，以及其他经验、知识和技巧等。非专利技术一般包括以下几个方面：一是工业专有技术，即在生产上已经采用，仅限于少数人知道，不享有专利权或发明权的生产、装配、修理、工艺或加工方法的技术知识；二是商业贸易专有技术，即具有保密性质的市场情报、原材料价格情报，以及用户、竞争对象的情况和有关知识；三是管理专有技术，即生产组织的经营方式、管理方式、职工培训方法等保密知识。非专利技术并不是《中华人民共和国专利法》的保护对象，专有技术所有人依靠自我保密的方式来维持其独占权，具有经济性、机密性和动态性等特点。

（三）商标权

商标是用来辨认特定的商品或劳务的标记。商标权，是指专门在某类指定的商品或产品上使用特定的名称或图案的权利。《中华人民共和国商标法》明确规定，经国家知识产权局商标局核准注册的商标为注册商标，包括商品商标、服务商标、集体商标和证明商标。商标注册人享有商标专用权，受法律保护。注册商标的有效期为10年，自核准注册之日起计算。注册商标有效期满，需要继续使用的，应当在期满前6个月内申请续展注册。

（四）著作权

著作权，也称版权，是指作者对其创作的文学、科学和艺术作品依法享有的某些特殊权利。著作权包括署名权、发表权、修改权和保护作品完整权，还包括复制权、发行权、出租权、展览权、表演权、放映权、广播权、信息网络传播权、摄制权、改编权、翻译权、汇编权以及应当由著作权人享有的其他权利。

（五）特许权

特许权，又称经营特许权、专营权，是指企业在某一地区经营或销售某种特定商品的权利或是一家企业接受另一家企业使用其商标、商号、技术秘密等的权利。特许权通常有两种形式：一种是由政府机构授权，准许企业使用或在一定地区享有经营某种业务的特权，如水、电、邮电通信等专营权，烟草专卖权等；另一种是企业间依照签订的合同，有限期或无限期使用另一家企业的某些权利，如连锁店分店使用总店的名称等。

（六）土地使用权

土地使用权，是指国家准许某企业在一定期间内对国有土地享有开发、利用、经营的权利。通常情况下，作为投资性房地产或者固定资产核算的土地使用权，按照投资性房地产或者固定资产核算；以缴纳土地出让金等方式外购的土地使用权，以及以投资者投入等方式取得的土地使用权，作为无形资产核算。

三、无形资产的确认条件

无形资产应当在符合定义的前提下，同时满足下列两个条件时，才能予以确认：

（1）与该无形资产有关的经济利益很可能流入企业。

分组任务

虚拟货币、游戏账号、游戏装备的列报与披露

与该资源有关的经济利益很可能流入企业，是对一项资源能否确认为资产的首要条件。无形资产是企业的一项重要资源，要将该资源确认为无形资产，必须满足这个条件。

（2）该无形资产的成本能够可靠地计量。

成本能够可靠地计量是资产确认的一项基本条件。对无形资产而言，这个条件尤为重要。例如，企业内部产生的品牌、报刊名等，因其成本无法可靠地计量，不能作为无形资产确认。又如，一些高新科技企业的科技人才，假定其与企业签订了服务合同，且合同规定在一定期限内其不能为其他企业提供服务。在这种情况下，虽然这些科技人才的知识在规定期限内预期能够为企业创造经济利益，但由于这些科技人才的知识难以辨认，且形成这些知识所发生的支出难以计量，因而不能作为企业的无形资产加以确认。

本节自测

第二节　无形资产的初始计量

无形资产通常按照实际成本计量，即以取得无形资产并使之达到预定用途而发生的全部支出，作为无形资产成本。为了核算无形资产的成本、摊销、减值准备等情况，企业应当设置以下会计科目：

（1）“无形资产”科目，用以核算企业持有的无形资产的成本，借方登记取得无形资产的成本，贷方登记处置无形资产时转出的无形资产账面余额。期末借方余额，反映企业无形资产的成本。本科目应按无形资产项目设置明细账，进行明细核算。

（2）“累计摊销”科目，属于“无形资产”的备抵科目，用以核算企业对使用寿命有限的无形资产计提的累计摊销，贷方登记企业计提的无形资产摊销，借方登记处置无形资产时转出的累计摊销。期末贷方余额，反映企业无形资产的累计摊

销额。

(3)“无形资产减值准备”科目，用以核算企业无形资产的减值准备。资产负债表日，无形资产发生减值的，按照减记的金额，记入本科目的贷方；处置无形资产时还应同时结转的减值准备，记入本科目的借方。本科目的期末余额，反映企业已计提但尚未转销的无形资产减值准备。

企业取得无形资产的主要方式有外购、投资者投入等。对于不同来源取得的无形资产，其初始成本构成内容也有所差异。

一、外购的无形资产

外购的无形资产，其成本包括购买价款、相关税费（不包含可抵扣的增值税进项税额）以及直接归属于使该项资产达到预定用途所发生的其他支出。其中，直接归属于使该项资产达到预定用途所发生的其他支出包括使无形资产达到预定用途所发生的专业服务费用、测试费用，但不包括为引入新产品进行宣传而发生的广告费、管理费及其他间接费用，也不包括无形资产已经达到预定用途后发生的费用。这些费用一般应于发生时计入当期损益。外购的无形资产，应按其取得成本的金额，借记“无形资产”科目，按其支付的增值税进项税额，借记“应交税费——应交增值税（进项税额）”科目，贷记“银行存款”等科目。

【例 7-1】2×23 年 1 月 1 日，阳光公司购入一项专利技术，取得的增值税专用发票上注明价款 1 000 000 元，增值税税额 60 000 元，款项通过银行支付。阳光公司的账务处理如下：

借：无形资产——专利权	1 000 000	
应交税费——应交增值税（进项税额）	60 000	
贷：银行存款		1 060 000

采用分期付款方式购买无形资产，购买无形资产的价款超过正常信用条件延期支付，实质上具有融资性质的，无形资产的成本为购买价款的现值。无形资产的购买价款超过现值的部分，应作为未确认的融资费用，通过“未确认融资费用”科目核算，在延期付款期限内按实际利率法进行摊销，计入财务费用。

二、投资者投入的无形资产

投资者投入的无形资产，应按投资合同或协议约定的价值作为成本。如果投资合同或协议约定的价值不公允的，应按无形资产的公允价值作为无形资产的初始成本入账。

【例 7-2】阳光公司与甲公司商定，甲公司以一项专利权投资于阳光公司，取得阳光公司 100 万股股票，每股面值 1 元。双方约定，该专利技术价值（与公允价值相等）3 500 000 元。阳光公司取得的甲公司开具的增值税专用发票上注明价款 3 500 000 元，增值税税额 210 000 元。阳光公司另支付印花税等相关税费 8 000 元，款项已通过银行转账支付。阳光公司的账务处理如下：

借：无形资产——专利权	3 508 000
应交税费——应交增值税（进项税额）	210 000

贷：股本　　1 000 000

　　资本公积——股本溢价　　2 710 000

　　银行存款　　8 000

三、土地使用权

企业取得的土地使用权，通常应按取得时所支付的价款及相关税费确认为无形资产。企业通过出让或转让方式取得的土地使用权，并在该地块上自行开发建造厂房等建筑物的，以及外购房屋建筑物所支付的价款中包括土地及建筑物的价值的，其土地使用权是否单独确认为无形资产，按以下方法进行处理：

（1）土地使用权用于自行开发建造厂房等地上建筑物时，土地使用权的账面价值不与地上建筑物合并计算成本，而仍作为无形资产核算，土地使用权与地上建筑物分别进行摊销和计提折旧。

（2）企业外购房屋建筑物，实际支付的价款中包括土地及建筑物的价值的，应当对支付的价款按照合理的方法（如公允价值比例）在地上建筑物与土地使用权之间进行分配；如果确实无法进行合理分配的，应当全部作为固定资产，按照固定资产的确认与计量的规定进行处理。

（3）房地产开发企业取得的土地使用权用于建造对外出售的房屋建筑物，相关的土地使用权应当计入所建造的房屋建筑物成本。

企业改变土地使用权的用途，将其用于出租或增值目的时，应将其转为投资性房地产。

【例7-3】 2×22年1月1日，阳光公司购入一块土地的使用权，以银行存款转账支付7 000万元，并在该地块上自行建造厂房，发生工程材料支出（工程物资）9 000万元，工资费用6 000万元，计提折旧30万元，支付其他相关费用8 000万元（假设暂不考虑增值税）。该工程于2×23年12月31日完工并达到预定可使用状态。阳光公司的账务处理如下：

（1）支付转让的地价款，假设暂不考虑增值税。

借：无形资产——土地使用权　　70 000 000

　贷：银行存款　　70 000 000

（2）在该地块上自行建造厂房，发生工程支出。

借：在建工程　　230 300 000

　贷：工程物资　　90 000 000

　　　应付职工薪酬　　60 000 000

　　　累计折旧　　300 000

　　　银行存款　　80 000 000

（3）厂房达到预定可使用状态，结转工程成本。

借：固定资产　　230 300 000

　贷：在建工程　　230 300 000

案例分析

房地产公司土地使用权的确认与计量

四、其他方式获得的无形资产

其他方式获得的无形资产，包括非货币性资产交换取得的无形资产、债务重组取得的无形资产、政府补助取得的无形资产、企业合并取得的无形资产等。

本节自测

非货币性资产交换、债务重组、政府补助、企业合并等方式取得的无形资产的成本，应当按照相关会计准则的具体规定加以确定。

第三节　内部研究与开发支出的确认和计量

一、内部研究与开发支出的确认和计量概述

一个有远见的企业，每年需要在新产品、新工艺、新技术等方面的研究与开发上投入一定数量的资金，以保持和取得技术及服务上的领先地位。目前，会计上对于研究与开发费用的会计处理存在较大争议，主要有以下三种观点：

（一）研发费用全部费用化

研究与开发支出全部费用化，就是将已经消耗的研究阶段与开发阶段的所有费用直接计入当期的研发费用，计入当期损益。这样的处理方法基于以下三个原因：一是会计处理简单；二是基于谨慎性原则，由于研发本身就具有高风险性，研发资金投入能否带来回报是未知的；三是选择这种处理方式最重要的原因则是剔除了资本化处理可能带来的可操作空间。但是，这种处理方式不能反映企业的实际价值。事实上，一项无形资产的成功研发，在未来能够给企业带来巨大的利益，然而未来的巨大潜在利益在报表上得不到体现。研发费用金额较高的企业，研发支出全部费用化会使企业的利润明显下降，从而可能会使外部投资者改变投资意愿，最终对企业的融资能力与股价稳定性产生不利影响。

（二）研发费用全部资本化

研究与开发支出全部资本化，就是将已经消耗的研究阶段与开发阶段的所有支出直接计入相关资产成本，而不影响当期损益。这种处理方式的核算原理是企业在持续经营的前提下会持续开展研发活动，而研发活动是一个不断积累经验的过程，即便是失败的研发活动，也能够为最终的成功研发提供指导。这种会计处理方法的最大问题是企业的研发项目往往表现为失败多于成功，大量的失败项目，其前期积累的巨额研发费用该如何处理，如果继续挂账，则不能给企业带来经济利益，如果一次性处理，则会给企业带来利润的大幅下滑。

（三）研发费用有条件资本化

目前，国际会计准则委员会使用的正是研发费用有条件资本化的处理方式。为了与国际会计准则的规定趋同，我国制定了《企业会计准则第6号——无形资产》，并对企业内部研发支出作出如下规定：企业内部研发项目支出，应当区分研究阶段支出与开发阶段支出。

二、研究阶段与开发阶段的划分

对于企业自行研究与开发的项目，应当区分研究阶段与开发阶段两个部分分别进行核算。

研究阶段，是指为获取新的技术和知识等进行的有计划的调研。有关的研究活动包括：为获取知识而进行的活动；研究成果或其他知识的应用研究、评价和最终选择；材料、设备、产品、工序、系统或服务替代品的研究；新的或经改进的材料、设备、产品、工序、系统或服务的可能替代品的配制、设计、评价和最终选择等。研究阶段具有计划性和探索性的特点。计划性，即研究阶段是建立在有计划的调研基础上的，研发项目已经通过董事会或者相关管理层的批准，并着手收集相关资料、进行市场调查等；探索性，即研究阶段基本上是探索性的，为进一步的开发活动进行资料及相关方面的准备，在这一阶段不会形成阶段性成果。

开发阶段，是指在进行商业性生产或使用前，将研究成果或其他知识应用于某项计划或设计，以生产出新的或具有实质性改进的材料、装置、产品等。有关的开发活动包括：生产前或使用前的原型和模型的设计、建造和测试；含新技术的工具、夹具、模具和冲模的设计；不具有商业性生产经济规模的试生产设施的设计、建造和运营；新的或经改造的材料、设备、产品、工序、系统或服务所选定的替代品的设计、建造和测试等。开发阶段具有针对性和形成成果的可能性较大的特点。

三、研发费用的确认与计量基本原则

企业可以通过研究与开发活动取得专利权或非专利技术。自创专利发生的成本包括研究阶段发生的研究费用、开发阶段发生的开发费用，以及开发成功后依法申请专利过程中所发生的费用；非专利技术发生的成本主要是研究与开发过程中所发生的费用。研究与开发活动发生的费用是否确认为无形资产，各国的规定并不完全一致，我国的相关规定与国际会计准则基本一致。根据《企业会计准则》的规定，对企业自行研究与开发的项目分为研究阶段与开发阶段分别进行核算。

研究阶段是否能在未来形成成果，即在开发活动后是否会形成无形资产有很大的不确定性，企业也无法证明其研究活动一定能够带来未来经济利益，因此，研究阶段的支出不予以资本化，有关支出在发生时应当费用化，计入当期损益。进入开发阶段的研究项目往往以研究阶段为基础，对项目的开发具有针对性，形成成果的可能性较大。对于开发阶段的支出，企业能够证明满足无形资产的定义及相关确认条件的，才能予以资本化，计入无形资产的成本。判断可以将有关支出资本化计入无形资产，必须同时满足下列条件：

（1）完成该无形资产以使其能够使用或出售在技术上具有可行性。企业在判断无形资产的开发是否具有技术可行性时，应当以目前阶段的成果为基础，说明在此基础上进一步开发所需的技术条件等已经具备，基本上不存在技术上的障碍或其他不确定性。企业在判断可行性时，应当提供相关的证据和材料。

（2）具有完成该无形资产并使用或出售的意图。企业开发某项产品或专利技术产品等，通常是由管理层决定该项研发活动的目的或意图，即研发项目形成成果以后，是为出售，还是为自己所用。因此，企业的管理层应当能够说明其持有拟开发无形资产的目的，并具有完成该无形资产开发并使其能够使用或出售的可能性。

（3）无形资产产生经济利益的方式，包括能够证明运用该无形资产生产的产品存在市场（如企业计划运用该无形资产生产产品）或无形资产自身存在市场（如企业计划出售该无形资产），无形资产将在内部使用的，应当证明其有用性。

（4）具有足够的技术、财务资源和其他资源支持，以完成该无形资产的开发，并有能力使用或出售该无形资产，包括：①为完成该无形资产开发具有技术上的可靠性；②财务资源和其他资源的支持；③能够证明企业在开发过程中所需的技术、财务和其他资源，以及企业获得这些资源的相关计划等；④有能力使用或出售该无形资产以获得收益。

（5）归属于该无形资产开发阶段的支出能够可靠地计量。

四、企业内部研发费用的账务处理

企业内部开发无形资产的成本仅包括在满足资本化条件的时点至无形资产达到预定用途前所发生的支出总和。对于同一项无形资产在开发过程中达到资本化前已经费用化计入当期损益的支出，不再进行调整。也就是说，企业内部研究与开发无形资产，其在研究阶段的支出全部费用化，计入当期损益；其在开发阶段的支出，满足上述条件的予以资本化，不满足上述条件的计入当期损益。如果确实无法区分研究阶段的支出和开发阶段的支出，应将其全部费用化，计入当期损益。

为了正确计算研究阶段和开发阶段的支出以及自行开发无形资产的成本，企业应当设置“研发支出”科目，以核算企业在研究与开发过程中发生的各项支出。“研发支出”科目可按研究与开发项目，区分“费用化支出”与“资本化支出”进行明细核算。

（1）企业自行开发无形资产发生的研发支出。

借：研发支出——费用化支出（不满足资本化条件的）

　　　　　　——资本化支出（满足资本化条件的）

　贷：原材料/银行存款/应付职工薪酬等

（2）研究开发项目达到预定用途形成无形资产。

借：无形资产

　贷：研发支出——资本化支出

（3）期（月）末结转不满足资本化条件的研发支出。

借：管理费用

　贷：研发支出——费用化支出

“研发支出”科目的期末借方余额，反映企业正在进行的研究开发项目中满足资本化条件的支出。

【例7-4】 阳光公司自行研究与开发一项专有技术，组织研究人员进行一项技术开发活动。该公司在研发过程中，发生材料费530 000元，应付研发人员薪酬100 000元，使用固定资产需要计提折旧6 000元。根据《企业会计准则》的规定，上述各项支出应予以资本化的部分是484 000元，应予以费用化的部分是152 000元。另外，该项专有技术申请了国家专利，在申请专利过程中发生注册费25 000元，支付律师费5 800元。阳光公司的账务处理如下：

（1）发生研发支出。

借：研发支出——费用化支出　　152 000
　　　　　——资本化支出　　514 800
　贷：原材料　　530 000
　　　应付职工薪酬　　100 000
　　　累计折旧　　6 000
　　　银行存款　　30 800

（2）研发项目达到预定用途形成无形资产。

借：无形资产　　514 800
　贷：研发支出——资本化支出　　514 800

本节自测

（3）不满足资本化条件的研发支出结转管理费用。

借：管理费用　　152 000
　贷：研发支出——费用化支出　　152 000

第四节　无形资产的后续计量

一、无形资产后续计量的原则

无形资产取得后，在使用该无形资产期间内，应按成本减去累计摊销和累计减值损失后的余额计量。确定无形资产在使用过程中的累计摊销，主要涉及使用寿命的估计和摊销方法的选择。根据《企业会计准则》的规定，使用寿命有限的无形资产需要在估计的使用寿命内采用系统合理的方法进行摊销，使用寿命不确定的无形资产不需要摊销。无形资产的使用寿命包括法定寿命和经济寿命两个方面。法定寿命，是指无形资产的使用寿命由法律、规章或合同规定或约定的有效年限，如我国法律规定的商标权的有效年限为10年。经济寿命，是指无形资产可以为企业带来经济利益的年限。由于受技术进步、市场竞争等因素的影响，无形资产的经济寿命往往短于法定寿命。因此，企业应当于取得无形资产时分析判断其使用寿命，估计无形资产的使用寿命应当考虑的主要因素有以下几个方面：

（1）运用该资产生产产品通常的产品寿命周期，以及可获得的类似资产的使用寿命信息；

（2）技术、工艺等方面的现阶段情况，以及对未来发展趋势的估计；

（3）以该资产生产产品或提供服务的市场需求情况；

（4）现在或潜在的竞争者预期采取的行动；

（5）为维持该资产带来经济利益的能力所预期的维护支出，以及企业预计支付有关支出的能力；

（6）对该资产控制期限的相关法律规定或类似限制，如特许使用期、租赁期等；

（7）与企业持有的其他资产使用寿命的关联性等。

无形资产使用寿命的确定可按以下原则进行：对于取得源自合同性权利或其他法定权利的无形资产，其使用寿命不应超过合同性权利或其他法定权利的期限。如果企业使用资产的预计期限短于合同性权利或其他法定权利规定期限的，则应当按照企业预期使用的期限确定其使用寿命。如果合同性权利或其他法定权利能够在到期时因续约等延续，且有证据表明企业续约不需要付出重大成本时，续约期应当计入使用寿命的估计。合同或法律没有规定使用寿命的，企业应当综合各方面情况加以判断，以确定无形资产能为企业带来未来经济利益的期限。例如，与同行业的情况进行比较，参考相关历史经验，聘请相关专家进行论证等。如果按照上述方法仍无法合理确定无形资产为企业带来经济利益期限的，则将该无形资产作为使用寿命不确定的无形资产。

企业应当至少于每年年度终了，对使用寿命有限的无形资产的使用寿命以及摊销方法进行复核。如果有证据表明无形资产的预计使用寿命以及摊销方法与以前估计不同的，则应当改变摊销期限和摊销方法并按照会计估计变更规定进行处理。如果无形资产计提了减值准备，则无形资产减值准备金额要从应摊销金额中扣除，以后每年的摊销金额要重新调整计算。对于使用寿命不确定的无形资产，如果有证据表明其使用寿命是有限的，则应视为会计估计变更，应当估计其使用寿命并按照使用寿命有限的无形资产的处理原则进行会计处理。

二、使用寿命有限的无形资产摊销的账务处理

使用寿命有限的无形资产，应在其预计的使用寿命内选择合理的摊销方法对应摊销金额进行系统的分摊。摊销期，是指该无形资产自其可供使用（达到预定可使用状态）时起至终止确认时止。即无形资产摊销的开始和停止日期为：当月增加的无形资产，当月开始摊销；当月减少的无形资产，当月不再摊销。无形资产的摊销方法有直线法、生产总量法等。企业选择摊销方法的依据，主要是能够反映与该无形资产有关的经济利益的预期实现方式。如果企业由于各种原因无法确定预期实现方式，则应当采用直线法进行摊销。应摊销金额，是指无形资产成本扣除残值后的金额。已计提减值准备的无形资产，还应扣除无形资产减值准备的累计金额。

使用寿命有限的无形资产，其残值一般视为零。除非有第三方承诺在无形资产使用寿命结束时购买该无形资产，或者可以根据活跃市场得到残值信息，并且该市场在无形资产使用寿命结束时很可能存在，才能对其残值加以估计。无形资产的残值，意味着在其经济寿命结束之前企业预计将会处置该无形资产，并且从该处置中获得利益。估计无形资产的残值，应当以资产处置时的可收回金额为基础，此时的可收回金额是指在预计出售日，出售一项使用寿命已满且处于类似使用状况下，同类无形资产预计的处置价格（扣除相关税费）。残值确定以后，在持有该无形资产期间内，至少应于每年年末进行复核，预计其残值与原估计金额不同的，应当按照会计估计变更进行处理。如果无形资产的残值重新估计以后高于其账面价值的，则该无形资产不再摊销，直至残值低于其账面价值时再恢复摊销。

无形资产的摊销金额一般应确认为当期损益，计入管理费用。如果某项无形资产是专门用于生产产品或其他资产，其所包含的经济利益是通过所生产的产品或其他资产来实现的，则该无形资产的摊销金额应当计入产品或其他资产的成本，并构成所生

产的产品或其他资产成本的一部分。出租的无形资产，其摊销金额计入其他业务成本。

企业按期进行无形资产摊销时，应按摊销的金额：

借：管理费用/制造费用/其他业务成本等

贷：累计摊销

【例7-5】2×23年1月1日，阳光公司购入一项非专利技术，取得的增值税专用发票上注明价款400万元，增值税税额24万元，款项已支付，估计该项非专利技术的使用寿命为10年，该项非专利技术专门用于企业产品的生产。同时，阳光公司购入一项商标权，取得的增值税专用发票上注明价款360万元，增值税税额21.6万元，款项已支付，协议约定该项商标权的使用期限为12年。假定这两项无形资产的净残值均为零，采用直线法进行摊销。阳光公司的账务处理如下：

（1）购买取得无形资产。

借：无形资产——非专利技术	4 000 000	
——商标权	3 600 000	
应交税费——应交增值税（进项税额）	456 000	
贷：银行存款		8 056 000

（2）按年摊销。

非专利技术每年摊销额=4 000 000÷10=400 000（元）

商标权每年摊销额=3 600 000÷12=300 000（元）

借：制造费用——非专利技术	400 000	
管理费用——商标权	300 000	
贷：累计摊销		700 000

三、使用寿命不确定的无形资产的账务处理

对于使用寿命不确定的无形资产，在持有期间内不需要摊销，但应当于每个会计期间进行减值测试。减值测试的方法按照资产减值的原则进行处理，如经减值测试表明已发生减值，则需要计提相应的减值准备。其相关的账务处理为：

借：资产减值损失

贷：无形资产减值准备

【例7-6】2×22年1月1日，阳光公司购入一项商标权，其成本为5 000万元，该项商标权按照法律规定尚有5年的使用寿命，但在保护期届满时，阳光公司可每10年以较低的手续费申请延期，同时，阳光公司有充分的证据表明其有能力申请延期。此外，有关的调查表明，根据产品生命周期、市场竞争等方面的情况综合判断，该商标权将在不确定的期间内为企业带来现金流量。

根据上述情况，该商标权可视为使用寿命不确定的无形资产，在持有期间内不需要进行摊销。

2×22年年末，阳光公司对该项商标权按照资产减值的原则进行减值测试，经测试表明其未发生减值。

2×23年年末，阳光公司对该项商标权按照资产减值的原则进行减值测试，经测

试表明其已发生减值。2×23年年末，该项商标权的公允价值为4 200万元。

阳光公司的账务处理如下：

（1）2×22年1月1日，购入商标权时：

借：无形资产——商标权　　50 000 000

　贷：银行存款　　50 000 000

（2）2×22年12月31日，未发生减值，无须进行账务处理。

（3）2×23年，发生减值时：

借：资产减值损失　　8 000 000

　贷：无形资产减值准备——商标权　　8 000 000

本节自测

第五节　无形资产的处置

无形资产的处置，主要是指无形资产的出售、出租、捐赠，或者是无形资产无法为企业带来经济利益时，应予以终止确认并转销。

一、无形资产的出售

企业出售无形资产，取得处置收入，同时，应将无形资产的摊余价值予以转销。如果出售的无形资产原已计提了减值准备，则应予以转出。出售无形资产的净损益，作为处置利得或损失计入当期损益，即资产处置损益。

企业出售无形资产时，应借记“银行存款”“累计摊销”“无形资产减值准备”等科目，贷记“无形资产”“应交税费——应交增值税（销项税额）”等科目。按照其差额，借记或贷记“资产处置损益”科目。

【例7-7】阳光公司将其自创的一项专利技术转让给B公司，取得转让收入185万元，增值税11.1万元，款项已存入银行。该项专利技术的成本为280万元，已摊销122万元，已计提减值准备15万元。阳光公司的账务处理如下：

借：银行存款　　1 961 000

　　累计摊销　　1 220 000

　　无形资产减值准备　　150 000

　贷：无形资产——专利权　　2 800 000

　　　应交税费——应交增值税（销项税额）　　111 000

　　　资产处置损益　　420 000

二、无形资产的出租

企业将拥有的无形资产的使用权让渡给其他单位时，仍保留对该无形资产的所有权，不需要转销无形资产的账面成本，仍按规定分期摊销。但是，让渡无形资产使用权并收取的租金收入，在满足收入确认的条件时，应确认相关的收入及成本。

企业出租无形资产取得收入时，应借记“银行存款”等科目，贷记“其他业务收入”“应交税费——应交增值税（销项税额）”等科目。

企业摊销无形资产的成本并发生与转让有关的各种费用时，应借记“其他业务成本”等科目，贷记“累计摊销”等科目。

【例 7-8】阳光公司将拥有的一项专利技术的使用权转让给C公司，该项专利技术的账面余额为200万元，摊销年限为10年，已摊销3年，无残值。相关合同约定，阳光公司每年向C公司收取该项专利技术的使用费35万元（不含增值税），假定增值税税率为6%。阳光公司的账务处理如下：

（1）按年取得该项专利技术使用费。

借：银行存款　　371 000

　贷：其他业务收入　　350 000

　　　应交税费——应交增值税（销项税额）　　21 000

（2）按年对该项专利技术进行摊销。

借：其他业务成本　　200 000

　贷：累计摊销　　200 000

三、无形资产的报废

分组任务

无形资产的披露

如果一项无形资产已被其他的新技术所替代或者超过法律保护期限等，使得该无形资产预期不能为企业带来经济利益，则应将该无形资产转入报废处理，无形资产的账面价值作为处置非流动资产损失予以转销，计入营业外支出。

【例 7-9】阳光公司拥有的某项专利权，由于生产技术的快速发展，导致此项专利权已被新技术所替代，不能再为企业带来经济利益，公司按规定将其作为报废处理。报废时，该项专利权的账面余额为120万元，原计提的累计摊销额为80万元，累计已提减值准备为20万元，假定不考虑其他相关因素。阳光公司的账务处理如下：

报废时该项专利权的账面价值=1 200 000-800 000-200 000=200 000（元）

本节自测

借：累计摊销　　800 000

　　无形资产减值准备　　200 000

　　营业外支出——非流动资产报废损失　　200 000

　贷：无形资产——专利权　　1 200 000

复习思考题

本章自测

1. 什么是无形资产？其特征主要表现在哪些方面？
2. 各项无形资产的取得成本该如何确定？
3. 自行研究与开发无形资产应如何进行会计处理？
4. 无形资产的摊销应如何进行会计处理？
5. 我国对商誉的会计处理是如何规定的？

推荐阅读

苏治，魏紫．企业无形资产资本化与分析师盈余预测：理论分析与实证检验［J］．会计研究，2013（7）：70-76.

第八章

投资性房地产

学习目标

1. 了解投资性房地产的概念、性质与范围；

2. 掌握投资性房地产的确认与初始计量，投资性房地产的后续支出，投资性房地产的处置；

3. 重点掌握投资性房地产后续计量的模式及其变更；

4. 掌握投资性房地产与非投资性房地产的转换。

第一节　投资性房地产概述

一、投资性房地产的概念和特征

（一）投资性房地产的概念

房地产是指土地和房屋及其权属的总称。在我国，土地归国家或集体所有，企业只能取得土地使用权。因此，房地产中的土地是指土地使用权，房屋是指土地上的房屋等建筑物及构筑物。

为了更加清晰、准确地反映企业所拥有的房地产的构成和收益状况，需要将企业自用房地产与投资性房地产区分开来分别进行核算。

对某些企业而言，投资性房地产业务属于日常经营活动，形成的租金收入或转让增值收益应确认为主营业务收入；而对大部分企业而言，其是与日常经营活动相关的其他经营活动，形成的租金收入或转让增值收益构成其他业务收入。

（二）投资性房地产的特征

投资性房地产主要有以下特征：

（1）投资性房地产具有投资性和经营性。

（2）投资性房地产在用途、状态、目的等方面有别于作为生产经营场所的房地产和用于销售的房地产企业持有的房地产。

（3）投资性房地产有两种后续计量模式，包括成本模式和公允价值模式。

二、投资性房地产的范围

投资性房地产主要包括已出租的土地使用权、持有并准备增值后转让的土地使用权以及已出租的建筑物。

（一）已出租的土地使用权

已出租的土地使用权，是指企业通过出让或转让方式取得的、以租赁方式出租的土地使用权。企业取得的土地使用权，通常既包括在一级市场上以缴纳土地出让金方式取得的土地使用权，也包括在二级市场上接受其他单位转让的土地使用权。

对于以租赁方式租入土地使用权和建筑物再转租给其他单位的，不能确认为投资性房地产。

（二）持有并准备增值后转让的土地使用权

持有并准备增值后转让的土地使用权，是指企业取得的、准备增值后转让的土地使用权。这类土地使用权很可能给企业带来资本增值收益，符合投资性房地产的定义。例如，企业搬迁导致部分土地使用权停止自用，企业管理层考虑实际情况，决定继续持有土地使用权，待增值后再出售以获取更大收益，属于投资性房地产。但是，企业依法取得土地使用权后，未能在规定的时间内进行开发，按照国家有关规定认定闲置的土地，不属于持有并准备增值后转让的土地使用权，也就不属于投资性房地产。

（三）已出租的建筑物

已出租的建筑物，是指企业拥有产权的、以租赁方式出租的建筑物，包括自行建造或开发活动完成后用于出租的建筑物。企业在判断和确认已出租的建筑物时，应当把握以下要点：

（1）用于出租的建筑物是指企业拥有产权的建筑物。企业以租赁方式租入再转租的建筑物，不属于投资性房地产。

（2）已出租的建筑物是指企业已经与其他方签订租赁协议，约定以租赁方式出租的建筑物。自租赁协议规定的租赁开始之日起，租出的建筑物才属于已出租的建筑物。对于企业持有以备出租的空置建筑物或在建建筑物，如董事会或类似机构作出书面决议，明确表明将其用于出租且持有意图短期内不再发生变化的，即使尚未签订租赁协议，也应视为投资性房地产。这里的空置建筑物，是指企业新购入、自行建造或开发完工但尚未使用的建筑物，以及不再用于日常生产经营活动且经过整理后达到可出租状态的建筑物。

（3）某房地产项目，部分用于赚取租金或资本增值，部分用于生产商品、提供劳务或经营管理，能够单独计量和出售的、用于赚取租金或资本增值的部分，应确认为投资性房地产；不能单独计量和出售的、用于赚取租金或资本增值的部分，不应确认为投资性房地产。

（4）企业将建筑物出租，按照租赁协议向承租人提供的相关辅助服务在整个协议中影响不重大的，应当将该建筑物确认为投资性房地产。例如，企业将其办公楼出租，同时向承租人提供维护、保安等日常辅助服务，应当将该办公楼确认为投资性房地产。

课程思政

立足“红船精神”，发扬首创意识，保证会计诚信

不属于投资性房地产的项目，包括自用房地产和作为存货的房地产。

三、投资性房地产的后续计量模式

投资性房地产的后续计量模式可分为成本模式和公允价值模式。企业通常采用成本模式对投资性房地产进行后续计量；除非有确凿证据表明投资性房地产的公允价值能够持续可靠取得，企业可以对投资性房地产的后续计量采用公允价值模式。但同一企业只能采用一种模式对其所有的投资性房地产进行后续计量，不得同时采用两种计量模式，即不得对一部分投资性房地产采用成本模式进行后续计量，而对另一部分投资性房地产采用公允价值模式进行后续计量。

本节自测

第二节　投资性房地产的确认和初始计量

一、投资性房地产的确认

投资性房地产应当在符合定义的前提下，同时满足下列两个条件，才能予以确认：

（1）与该投资性房地产有关的经济利益很可能流入企业；

（2）该投资性房地产的成本能够可靠地计量。

对于已出租的土地使用权、已出租的建筑物，其作为投资性房地产的确认时点为

租赁期开始日，即土地使用权、建筑物进入出租状态并开始赚取租金的日期。

对于持有并准备增值后转让的土地使用权，其作为投资性房地产的确认时点为企业将自用土地使用权停止自用并准备增值后转让的日期。

（一）外购投资性房地产的确认

企业外购的房地产，只有在购入的同时开始出租，才能作为投资性房地产加以确认。例如，兴达公司拟购入一栋写字楼，并将其中一层租赁给其他公司使用。在购买过程中，该公司已经与其他公司签订租赁协议，约定该层写字楼在购入时开始出租。在这种情况下，该层写字楼的购入日也就是租赁期开始日，应当在当日作为投资性房地产加以确认。如果租赁协议约定购入后1个月再出租，则该房地产应当先作为固定资产加以确认，直至租赁期开始日，才能从固定资产转换为投资性房地产。

（二）自行建造投资性房地产的确认

企业自行建造或开发活动完成后用于出租的房地产，属于投资性房地产。只有在自行建造或开发活动完成的同时开始出租，才能将自行建造或开发活动完成的房地产确认为投资性房地产。例如，宏光房地产开发公司拟将开发的商业写字楼出租，在开发活动完成前就已经完成了招租工作，并与进驻该写字楼的其他公司签订了租赁合同，约定交付使用的日期为租赁期开始日。在这种情况下，该写字楼的开发活动完成日也就是租赁期开始日，应当在当日作为投资性房地产加以确认。如果租赁协议约定竣工后半年再出租，或者公司决定竣工后半年再招租，则该房地产应当先作为固定资产或开发产品加以确认，直至租赁期开始日，才能从固定资产或开发产品转换为投资性房地产。

二、投资性房地产的初始计量

投资性房地产应当按照成本进行初始计量。

（一）外购投资性房地产

采用成本模式计量，外购的土地使用权和建筑物，按照取得时的实际成本进行初始计量，取得时的实际成本包括购买价款、相关税费和可直接归属于该资产的其他支出。按照取得时应计入投资性房地产成本的金额，借记“投资性房地产”科目，贷记“银行存款”等科目。

【例8-1】 2×23年1月1日，阳光公司根据房地产的发展现状，以及较为充足的自有资金，决定购买市中心核心地段的一栋写字楼，购买价款20 000万元，以银行存款支付。该写字楼用于出租，2月1日办理完全部手续，同时与A公司签订租赁协议，将该写字楼整体出租给A公司，年租金600万元，假定不考虑增值税。阳光公司将该写字楼作为投资性房地产核算。阳光公司对投资性房地产采用成本模式进行后续计量。

借：投资性房地产	200 000 000	
贷：银行存款		200 000 000

采用公允价值模式计量，企业应当在“投资性房地产”科目下设置“成本”和“公允价值变动”两个明细科目。按照外购土地使用权和建筑物发生的实际成本，借记“投资性房地产——成本”科目，贷记“银行存款”等科目。

资产负债表日，按照投资性房地产的公允价值与其账面价值的差额，借记或贷记"投资性房地产——公允价值变动"科目。

【例8-2】沿用【例8-1】资料，假定阳光公司对投资性房地产采用公允价值模式进行后续计量。

借：投资性房地产——成本　　200 000 000

　贷：银行存款　　200 000 000

（二）自行建造投资性房地产

企业自行建造的投资性房地产，其成本由建造该资产达到预定可使用状态前发生的必要支出构成，包括土地开发费、建筑成本、安装成本、应予以资本化的借款费用、支付的其他费用和分摊的间接费用等。按照确定的成本，借记"投资性房地产"科目，贷记"在建工程"或"开发产品"科目。

【例8-3】2×23年2月，阳光公司购入一块土地的使用权，并在该块土地上开始自行建造厂房。2×23年10月，阳光公司预计厂房即将完工，与宏远公司签订了租赁合同，将厂房租赁给宏远公司使用。租赁合同约定，该厂房于完工（达到预定可使用状态）时开始出租。2×23年11月，该厂房完工（达到预定可使用状态）。该土地使用权的成本为1 200万元，剩余40年的使用期限。该厂房的实际造价为3 000万元。假设阳光公司采用成本计量模式进行后续计量。阳光公司的账务处理如下：

（1）2×23年2月，购入土地使用权。

借：无形资产——土地使用权　　12 000 000

　贷：银行存款　　12 000 000

（2）2×23年2至10月分别摊销，月摊销额=1 200÷40÷12=2.5（万元）。

借：管理费用　　25 000

　贷：累计摊销　　25 000

借：投资性房地产——厂房　　30 000 000

　贷：在建工程　　30 000 000

借：投资性房地产——土地使用权　　11 775 000

　　累计摊销　　225 000

　贷：无形资产——土地使用权　　12 000 000

【例8-4】沿用【例8-3】资料，假设阳光公司拥有的投资性房地产符合采用公允价值计量模式的条件，则采用公允价值计量模式进行后续计量。阳光公司的账务处理如下：

借：投资性房地产——成本（厂房）　　30 000 000

　贷：在建工程　　30 000 000

借：投资性房地产——成本（土地使用权）　　11 775 000

　　累计摊销　　225 000

　贷：无形资产——土地使用权　　12 000 000

（三）以其他方式取得的投资性房地产

以其他方式取得的投资性房地产的成本，按照相关章节的规定进行处理。

案例分析

神剑公司利用投资性房地产"造"利润

本节自测

第三节 投资性房地产的后续计量

一、采用成本模式计量投资性房地产

采用成本模式进行后续计量的投资性房地产，应当按期（月）计提折旧或摊销。

（1）对于房屋等建筑物，当月增加，当月不计提折旧，下月计提折旧；当月减少，当月计提折旧。

借：其他业务成本/主营业务成本等

　贷：投资性房地产累计折旧

（2）对于土地使用权，当月增加，当月摊销；当月减少，当月不再摊销。

借：其他业务成本/主营业务成本等

　贷：投资性房地产累计摊销

取得的租金收入，借记“银行存款”等科目，贷记“其他业务收入”“应交税费——应交增值税（销项税额）”等科目。

【例8-5】沿用【例8-3】资料，购入土地使用权，假设该投资性房地产的月租金为18万元，厂房的使用寿命为25年。

（1）2×23年11月，厂房不计提折旧，土地使用权需要摊销。

借：其他业务成本　　25 000

　贷：投资性房地产累计摊销　　25 000

（2）2×23年11月，收到租金。

借：银行存款　　180 000

　贷：其他业务收入　　180 000

（3）2×23年12月，厂房和土地使用权需要折旧或摊销。

厂房月折旧额=3 000÷25÷12=10（万元）

借：其他业务成本　　125 000

　贷：投资性房地产累计折旧——厂房　　100 000

　　投资性房地产累计摊销——土地使用权　　25 000

收到租金的会计处理同上。

二、采用公允价值模式计量投资性房地产

（一）以公允价值模式进行后续计量的条件

企业有确凿证据表明其投资性房地产的公允价值能够持续可靠取得的，可以对投资性房地产采用公允价值模式进行后续计量。企业一旦选择采用公允价值计量模式，就应当对其所持有的投资性房地产采用公允价值模式进行后续计量。采用公允价值模式计量的投资性房地产，应当同时满足下列条件：

（1）投资性房地产所在地有活跃的房地产交易市场。所在地，通常是指投资性房地产所在的城市，若在大中型城市，则应当为投资性房地产所在的城区。

（2）企业能够从活跃的房地产交易市场上取得同类或类似房地产的市场价格及其

他相关信息，从而对投资性房地产的公允价值作出合理估计。同类或类似的房地产，就建筑物而言，是指所处地理位置和地理环境相同、性质相同、结构类型相同或相近、新旧程度相同或相近、可使用状况相同或相近的建筑物；就土地使用权而言，是指处于同一位置区域、所处地理环境相同或相近、可使用状况相同或相近的土地。

（二）以公允价值模式进行后续计量的会计处理

投资性房地产采用公允价值模式进行后续计量的，不计提折旧或摊销，应当以资产负债表日的公允价值计量。资产负债表日，按照投资性房地产的公允价值高于其账面余额的差额，借记“投资性房地产——公允价值变动”科目，贷记“公允价值变动损益”科目；公允价值低于其账面余额的差额，作出相反的账务处理。按照取得的租金收入，借记“银行存款”等科目，贷记“其他业务收入”“应交税费”科目。

【例8-6】沿用【例8-4】资料，2×23年12月31日，该厂房的公允价值为4 300万元。

投资性房地产的账面价值=30 000 000+11 775 000=41 775 000（元）

公允价值变动=43 000 000-41 775 000=1 225 000（元）

借：投资性房地产——公允价值变动　　1 225 000

　贷：公允价值变动损益　　1 225 000

【例8-7】A公司为从事房地产经营开发的企业系增值税一般纳税人。2×23年7月，A公司与B公司签订租赁协议，约定将A公司开发的一栋写字楼于开发完成的同时租赁给B公司使用，租赁期为5年。2×23年9月1日，该写字楼开发完成开始出租，该写字楼的造价为8 000万元。2×23年12月31日，该写字楼的公允价值为8 300万元。A公司采用公允价值计量模式进行后续计量。A公司的账务处理如下：

（1）2×23年9月1日，A公司开发完成该写字楼并将其出租。

借：投资性房地产——成本　　80 000 000

　贷：开发产品　　80 000 000

（2）2×23年12月31日，以公允价值为基础调整其账面价值，公允价值与原账面价值之间的差额计入当期损益。

借：投资性房地产——公允价值变动　　3 000 000

　贷：公允价值变动损益　　3 000 000

三、投资性房地产计量模式的变更

为保证会计信息的可比性，企业对投资性房地产的计量模式一经确定，不得随意变更。只有在房地产市场比较成熟、能够满足采用公允价值模式条件的情况下，有确凿证据表明投资性房地产的公允价值能够持续可靠取得的，企业才可以将投资性房地产从成本模式计量变更为公允价值模式计量。成本模式转换为公允价值模式的，应当作为会计政策变更处理，并按计量模式变更时公允价值与账面价值的差额，调整期初留存收益。已经采用公允价值模式计量的投资性房地产，不得从公允价值模式转换为成本模式。

【例8-8】阳光公司的投资性房地产采用成本模式进行后续计量，公司房地产所在地的房地产市场日益成熟，公司房地产的公允价值能够持续可靠取得。阳光公司于

2×23年1月1日决定将投资性房地产的计量模式由成本计量模式转换为公允价值计量模式。截至2×23年1月1日，阳光公司的投资性房地产为一栋正在出租的厂房和一块持有并准备增值后出售的土地。厂房原价1 500万元，已提折旧500万元，公允价值1 300万元，厂房对应的土地使用权原价600万元，累计摊销200万元，公允价值550万元；持有的准备增值后出售的土地原价1 000万元，已摊销100万元，公允价值1 200万元。阳光公司按照净利润的10%提取盈余公积。

（1）厂房转换为公允价值计量模式。

借：投资性房地产——厂房（成本）	13 000 000	
——土地使用权（成本）	5 500 000	
投资性房地产累计折旧	5 000 000	
投资性房地产累计摊销	2 000 000	
贷：投资性房地产——厂房		15 000 000
——土地使用权		6 000 000
盈余公积		450 000
利润分配——未分配利润		4 050 000

（2）持有的准备增值后出售的土地转换为公允价值计量模式。

借：投资性房地产——土地使用权（成本）	12 000 000	
投资性房地产累计摊销	1 000 000	
贷：投资性房地产——土地使用权		10 000 000
盈余公积		300 000
利润分配——未分配利润		2 700 000

四、投资性房地产的后续支出

（一）资本化的后续支出

企业对投资性房地产进行改建、扩建等，发生的后续支出，满足投资性房地产确认条件的，应当计入投资性房地产的成本。例如，企业为了提高投资性房地产的使用效能，往往需要对投资性房地产进行改建、扩建而使其更加坚固耐用，或者通过装修而改善其室内装潢，改扩建或装修装潢满足确认条件的，应当予以资本化。企业对投资性房地产进行改扩建等再开发且将来仍作为投资性房地产的，再开发期间应当继续将其作为投资性房地产，再开发期间不计提折旧。

采用成本计量模式的账务处理如下：

（1）成本计量模式进行后续计量的投资性房地产转入再开发时：

借：投资性房地产（在建）

投资性房地产累计折旧

贷：投资性房地产

（2）再开发发生各项支出时：

借：投资性房地产（在建）

贷：银行存款等

（3）完工进入可使用状态时：

借：投资性房地产

　贷：投资性房地产（在建）

【例8-9】2×23年3月，阳光公司与A公司的一项厂房租赁合同即将到期。该厂房按照成本模式进行后续计量，原价为3 000万元，已计提折旧900万元。为了提高厂房的租金收入，阳光公司决定在租赁期满后对厂房进行改扩建，并与C公司签订新的租赁合同，约定于改扩建完工时将厂房出租给C公司。3月15日，与A公司的租赁合同到期，厂房随即转入改扩建工程。12月10日，厂房改扩建工程完工，发生支出200万元，当日按照租赁合同约定出租给C公司。假设阳光公司采用成本计量模式，不考虑相关税费。

改扩建支出属于资本化的后续支出，应当计入投资性房地产的成本。阳光公司的账务处理如下：

（1）2×23年3月15日，投资性房地产转入改扩建工程。

借：投资性房地产——厂房（在建）	21 000 000	
投资性房地产累计折旧	9 000 000	
贷：投资性房地产——厂房		30 000 000

（2）2×23年3月15日至12月10日，改扩建工程施工。

借：投资性房地产——厂房（在建）	2 000 000	
贷：银行存款		2 000 000

（3）2×23年12月10日，改扩建工程完工。

借：投资性房地产——厂房	23 000 000	
贷：投资性房地产——厂房（在建）		23 000 000

采用公允价值计量模式的账务处理如下：

（1）公允价值计量模式进行后续计量的投资性房地产转入再开发时：

借：投资性房地产（在建）

　贷：投资性房地产——成本

　　　　　　　　——公允价值变动

（2）再开发发生各项支出时：

借：投资性房地产（在建）

　贷：银行存款等

（3）完工进入可使用状态时：

借：投资性房地产——成本

　贷：投资性房地产（在建）

【例8-10】2×23年3月，阳光公司与B公司的一项厂房租赁合同即将到期。该厂房按照公允价值模式进行后续计量，成本3 000万元，公允价值变动200万元。为了提高厂房的租金收入，阳光公司决定在租赁期满后对厂房进行改扩建，并与D公司签订新的租赁合同，约定于改扩建完工时将厂房出租给D公司。3月15日，与B公司的租赁合同到期，厂房随即转入改扩建工程。12月10日，厂房改扩建工程完工，发生支出300万元，当日按照租赁合同约定出租给D公司。

（1）2×23年3月15日，投资性房地产转入改扩建工程。

借：投资性房地产——厂房（在建）　　32 000 000

　贷：投资性房地产——成本　　30 000 000

　　　　　　　　——公允价值变动　　2 000 000

（2）2×23年3月15日至12月10日，改扩建工程施工。

本节自测

借：投资性房地产——厂房（在建）　　3 000 000

　贷：银行存款　　3 000 000

（3）2×23年12月10日，改扩建工程完工。

借：投资性房地产——成本　　35 000 000

　贷：投资性房地产——厂房（在建）　　35 000 000

第四节　投资性房地产的转换

一、投资性房地产的转换形式和转换日的确定

（一）投资性房地产的转换形式

房地产的转换，实质上是因房地产用途发生改变而对房地产进行的重新分类。这里所说的房地产的转换，是针对房地产用途发生改变而言的，而不是后续计量模式的转变。企业必须有确凿证据表明房地产用途发生改变，才能将投资性房地产转换为非投资性房地产或者将非投资性房地产转换为投资性房地产。

房地产的转换形式主要包括：

（1）投资性房地产开始自用，相应地由投资性房地产转换为固定资产或无形资产。投资性房地产开始自用，是指企业将原来用于赚取租金或资本增值的房地产改为用于生产商品、提供劳务或者经营管理。例如，企业将出租的厂房收回，并用于生产本企业的产品。

（2）作为存货的房地产改为出租，通常是指房地产开发企业将其持有的开发产品以租赁的方式出租，相应地由存货转换为投资性房地产。

（3）自用土地使用权停止自用，改为用于赚取租金或资本增值，相应地由无形资产转换为投资性房地产。

（4）自用建筑物停止自用改为出租，相应地由固定资产转换为投资性房地产。

（二）投资性房地产转换日的确定

转换日的确定关系到资产的确认时点和入账价值，因此其非常重要。转换日，是指房地产的用途发生改变、状态相应发生改变的日期。转换日的确定标准主要包括：

（1）投资性房地产开始自用，转换日应当为房地产达到自用状态，企业开始将房地产用于生产商品、提供劳务或者经营管理的日期。

（2）作为存货的房地产改为出租，或者自用建筑物或土地使用权停止自用改为出租，转换日应当为租赁期开始日，即承租人有权行使其使用租赁资产权利的日期。

（3）自用土地使用权停止自用，改为用于资本增值，转换日应当为企业停止将该土地使用权用于生产商品、提供劳务或者经营管理且管理层作出房地产转换决议的日期。

二、投资性房地产转换为自用房地产

企业将原本用于赚取租金或资本增值的房地产改为用于生产商品、提供劳务或者经营管理，投资性房地产相应地转换为固定资产或无形资产。例如，企业将出租的厂房收回，并用于生产本企业的产品。

（一）采用成本模式进行后续计量的投资性房地产转换为自用房地产或存货

1.企业将投资性房地产转换为自用房地产

借：固定资产
　　无形资产
　　投资性房地产累计折旧
　　投资性房地产累计摊销
　　投资性房地产减值准备
　贷：投资性房地产——建筑物
　　　　　　　　　——土地使用权
　　　累计折旧
　　　累计摊销
　　　固定资产减值准备
　　　无形资产减值准备

2.房地产企业将投资性房地产转换为存货待售

借：开发产品（倒挤）
　　投资性房地产累计折旧
　　投资性房地产累计摊销
　　投资性房地产减值准备
　贷：投资性房地产——建筑物
　　　　　　　　　——土地使用权

【例8-11】阳光公司因业务规模扩张，决定将一栋持有的投资性房地产的厂房转为自用。该投资性房地产按照成本模式计量，投资性房地产——建筑物的账面原价3 200万元，投资性房地产——土地使用权的账面原价2 200万元，投资性房地产累计折旧600万元，投资性房地产累计摊销450万元，并未计提减值准备。2×23年1月1日，阳光公司将投资性房地产转换为自用房地产。

2×23年1月1日，转换日的会计处理如下：

借：固定资产	32 000 000	
无形资产	22 000 000	
投资性房地产累计折旧	6 000 000	
投资性房地产累计摊销	4 500 000	
贷：投资性房地产——建筑物		32 000 000
——土地使用权		22 000 000
累计折旧		6 000 000
累计摊销		4 500 000

（二）采用公允价值模式进行后续计量的投资性房地产转换为自用房地产或存货

企业应当以其转换日的公允价值作为自用房地产的账面价值，公允价值与原账面价值的差额，计入当期损益。

借：固定资产（转换日的公允价值）
　　无形资产（转换日的公允价值）
　　开发产品（转换日的公允价值）
　贷：投资性房地产——成本
　　　　　　　　　——公允价值变动（也有可能在借方）

按照上述差额，贷记或借记“公允价值变动损益”科目。

【例8-12】 2×23年3月1日，阳光公司因业务规模扩张，决定将一栋出租的厂房转为自用。该投资性房地产按照公允价值模式计量，投资性房地产——建筑物（成本）的账户余额3 200万元，投资性房地产——土地使用权（成本）的账户余额2 200万元，投资性房地产——建筑物（公允价值变动）的账户余额400万元（在借方），投资性房地产——土地使用权（公允价值变动）的账户余额300万元（在借方）。2×23年3月1日，投资性房地产——建筑物的公允价值3 700万元，投资性房地产——土地使用权的公允价值2 800万元。

2×23年3月1日，转换日的会计处理如下：

借：固定资产	37 000 000	
无形资产	28 000 000	
贷：投资性房地产——建筑物（成本）		32 000 000
——建筑物（公允价值变动）		4 000 000
——土地使用权（成本）		22 000 000
——土地使用权（公允价值变动）		3 000 000
公允价值变动损益		4 000 000

三、非投资性房地产转换为投资性房地产

（一）非投资性房地产转换为采用成本模式进行后续计量的投资性房地产

作为存货的房地产转换为投资性房地产，通常是指房地产开发企业将持有的开发产品以租赁的方式出租，相应地，存货转换为投资性房地产。

借：投资性房地产（倒挤）
　　存货跌价准备
　贷：开发产品

企业将自用房地产转换为采用成本模式进行后续计量的投资性房地产。

借：投资性房地产——建筑物
　　　　　　　　——土地使用权
　　累计折旧
　　累计摊销
　　固定资产减值准备
　　无形资产减值准备

贷：固定资产

　　无形资产

　　投资性房地产累计折旧

　　投资性房地产累计摊销

　　投资性房地产减值准备

【例8-13】阳光公司拥有一栋办公楼，原用于公司办公，现搬迁至新建办公楼，原办公楼准备出租。2×23年5月10日，阳光公司与海丰公司签订一项租赁协议，约定将该办公楼整体出租给海丰公司使用，租赁期开始日为2×23年6月1日，租期5年。2×23年6月1日，该办公楼的账面余额6 000万元，每月计提折旧20万元，已提折旧400万元（截至2×23年5月31日）。该办公楼的土地使用权的账面原价600万元，已摊销40万元，每月摊销2万元。假设阳光公司采用成本计量模式。阳光公司的账务处理如下：

借：投资性房地产——写字楼	60 000 000	
——土地使用权	6 000 000	
累计折旧	4 200 000	
累计摊销	400 000	
贷：固定资产——写字楼		60 000 000
无形资产——土地使用权		6 000 000
投资性房地产累计折旧		4 200 000
投资性房地产累计摊销		400 000

注意：根据固定资产和无形资产折旧及摊销的相关规定，固定资产在处置当月照样计提折旧，2×23年6月1日转换日，固定资产需要将6月的折旧计提后再转换；无形资产转换当月无须摊销，转换为投资性房地产后再摊销。

（二）非投资性房地产转换为采用公允价值模式进行后续计量的投资性房地产

投资性房地产的成本按照转换日的公允价值入账，转换日的公允价值小于账面价值的，其差额作为公允价值变动损益处理；转换日的公允价值大于账面价值的，其差额作为其他综合收益处理。

【例8-14】沿用【例8-13】资料，假设阳光公司采用公允价值计量模式，转换日该办公楼（含土地使用权）的公允价值为6 500万元。阳光公司的账务处理如下：

借：投资性房地产——成本	65 000 000	
累计折旧	4 200 000	
累计摊销	400 000	
贷：固定资产——写字楼		60 000 000
无形资产——土地使用权		6 000 000
其他综合收益		3 600 000

假设转换日该办公楼（含土地使用权）的公允价值为6 000万元，则相关账务处理如下：

借：投资性房地产——成本	60 000 000	
累计折旧	4 200 000	

本节自测

借：累计摊销 400 000

　　公允价值变动损益 1 400 000

　贷：固定资产——写字楼 60 000 000

　　　无形资产——土地使用权 6 000 000

第五节 投资性房地产的处置

当投资性房地产被处置，或者永久退出使用且预计不能从其处置中取得经济利益时，应当终止确认该投资性房地产。企业因出售、转让、报废投资性房地产，或者发生投资性房地产毁损，应当将处置的收入扣除其账面价值和相关税费后的金额，计入当期损益。出售、转让投资性房地产时，应当将取得的收入作为其他业务收入处理，将其账面价值转入其他业务成本。

一、采用成本模式计量的投资性房地产的处置

出售、转让按照成本模式进行后续计量的投资性房地产时，应当将取得的收入作为其他业务收入处理，将其账面价值转入其他业务成本。

(1) 出售确认收入：

借：银行存款等

　贷：其他业务收入

　　　应交税费——应交增值税（销项税额）

(2) 结转投资性房地产成本：

借：其他业务成本

　　投资性房地产累计折旧（摊销）

　　投资性房地产减值准备

　贷：投资性房地产

【例 8-15】2×23 年 3 月 1 日，阳光公司将一项土地使用权出售，出售价款 4 500 万元。该土地使用权是阳光公司于 2×20 年取得的，原价 2 600 万元，采用成本模式进行计量，已摊销 240 万元。阳光公司的账务处理如下：

借：银行存款 45 000 000

　贷：其他业务收入 45 000 000

借：其他业务成本 23 600 000

　　投资性房地产累计摊销 2 400 000

　贷：投资性房地产 26 000 000

二、采用公允价值模式计量的投资性房地产的处置

出售、转让按照公允价值模式进行后续计量的投资性房地产时，应当将实际收到的金额作为其他业务收入处理，将该投资性房地产的成本和公允价值变动余额转入其他业务成本，同时，将该投资性房地产的累计公允价值变动和转换时原计入其他综合收益的部分转入其他业务成本。

【例 8-16】 华联公司为一家房地产开发企业，2×22 年 3 月 10 日，该公司与乙企业签订租赁协议，将其开发的一栋写字楼出租给乙企业使用，租赁期开始日为 2×22 年 4 月 15 日。2×22 年 4 月 15 日，该写字楼的账面余额为 45 000 万元，公允价值为 47 000 万元。2×22 年 12 月 31 日，该投资性房地产的公允价值为 48 000 万元。2×23 年 6 月租赁期届满，华联公司收回该投资性房地产，并以 55 000 万元的价格出售，出售款项已收讫。华联公司采用公允价值模式计量，不考虑相关税费。华联公司的账务处理如下：

（1）2×22 年 4 月 15 日，转换为投资性房地产。

借：投资性房地产——成本	470 000 000	
贷：开发产品		450 000 000
其他综合收益		20 000 000

（2）2×22 年 12 月 31 日，公允价值发生变动。

借：投资性房地产——公允价值变动	10 000 000	
贷：公允价值变动损益		10 000 000

（3）2×23 年 6 月，出售投资性房地产。

借：银行存款	550 000 000	
贷：其他业务收入		550 000 000
借：其他业务成本	480 000 000	
贷：投资性房地产——成本		470 000 000
——公允价值变动		10 000 000
借：其他综合收益	20 000 000	
贷：其他业务成本		20 000 000

头脑风暴

投资性房地产计量模式转换与盈余管理

本节自测

复习思考题

1. 什么是投资性房地产？举例说明其具体包括哪些项目？
2. 投资性房地产的取得成本该如何确定？
3. 投资性房地产的后续计量模式有哪些？试对其进行比较？
4. 采用公允价值计量模式对投资性房地产进行后续计量需要满足哪些条件？
5. 如何进行投资性房地产后续计量模式的变更？
6. 投资性房地产在财务报告中该如何列报？

本章自测

推荐阅读

葛轩畅．具体会计准则之间的逻辑连结与互动——基于投资性房地产准则和公允价值计量准则的案例研究［J］．财务与会计，2022（10）：62-66.

第九章

资产减值

学习目标

1. 熟练掌握流动资产与非流动资产、金融资产与非金融资产的减值及处理规则的异同点；

2. 了解资产减值的含义，掌握会计准则规定的资产减值的认定标准；

3. 熟练掌握资产的可收回金额的理论依据与计算方法；

4. 熟练掌握各类资产减值的会计处理方法。

第一节 资产减值概述

一、资产减值的含义

资产是指企业过去的交易或者事项形成的、由企业拥有或者控制的、预期会给企业带来经济利益的资源。资产的特征之一是资产必须能够为企业带来未来经济利益的流入。如果资产不能带来预期的未来经济利益，那么，当资产的账面价值高于该资产所带来的预期未来经济利益时，则认为该资产已经发生减值并应记录资产减值损失，这是与资产的定义相一致的。资产减值，是指资产的可收回金额低于其账面价值。

二、资产减值的认定

资产的可收回金额低于其账面价值，表明该资产已经发生减值，应当及时确认和计量减值损失的金额。但由于各类资产的性质不同，减值的认定标准存在差异，因而执行的具体会计准则有所不同。对于非流动资产和非金融资产的减值，执行《企业会计准则第8号——资产减值》的相关规定。

存货减值及金融资产减值的认定标准和会计处理方法，已经在相关章节进行阐述。本章所涉及的资产减值，仅限于《企业会计准则第8号——资产减值》规定的资产范围及资产减值的认定标准和相关会计处理。

《企业会计准则第8号——资产减值》所涉及的资产具体包括：

（1）对子公司、联营企业和合营企业的长期股权投资；

（2）采用成本模式进行后续计量的投资性房地产；

（3）固定资产；

（4）生产性生物资产；

（5）无形资产；

（6）商誉；

（7）探明石油天然气矿区权益和井及相关设施。

按照《企业会计准则第8号——资产减值》的规定，企业应当在资产负债表日判断资产是否存在可能发生减值的迹象。

判断资产是否存在可能发生减值的迹象，主要可以从以下几个方面加以判断：

（1）资产的市价当期大幅度下跌，其跌幅明显高于因时间的推移或者正常使用而预计的下跌。如果某一资产的市场价格大幅度下跌，并且预计在近期内不能恢复，那么，这一资产就有可能发生减值。

（2）企业经营所处的经济、技术或者法律等环境以及资产所处的市场在当期或者将在近期发生重大变化，从而对企业产生不利影响。

（3）市场利率或者其他市场投资报酬率在当期已经提高，从而影响企业计算资产预计未来现金流量现值的折现率，导致资产可收回金额大幅度降低。

（4）有证据表明资产已经陈旧过时或者其实体已经损坏。

（5）资产已经或者将被闲置、终止使用或者计划提前处置。

(6) 企业内部报告的证据表明资产的经济绩效已经低于或者将低于预期，如资产所创造的净现金流量或者实现的营业利润远远低于原来的预算或者预计金额、资产发生的营业损失远远高于原来的预算或者预计金额、资产在建造或者收购时所需的金额支出远远高于原来的预算等。

(7) 其他表明资产可能已经发生减值的迹象。

本节自测

以上情形的出现均属于资产可能发生减值的迹象，但并不必然表明该资产已经发生减值，还需要进行减值测试，据此估计资产的可收回金额，决定是否需要确认减值损失。但企业合并形成的商誉和使用寿命不确定的无形资产，无论是否存在减值迹象，都应当至少于每年年度终了进行减值测试。

第二节 可收回金额的计算

企业在估计资产的可收回金额时，原则上应当以单项资产为基础。如果企业难以对单项资产的可收回金额进行估计，应当以该资产所属的资产组为基础确定资产组的可收回金额。

一、资产可收回金额的含义

资产可收回金额的估计，应当根据资产的公允价值减去处置费用后的净额与资产预计未来现金流量的现值，两者之间的较高者确定。因此，估计资产可收回金额，通常需要同时估计该资产的公允价值减去处置费用后的净额和资产预计未来现金流量的现值。但是，当资产的公允价值减去处置费用后的净额与资产预计未来现金流量的现值，只要有一项超过资产的账面价值时，就表明该资产没有发生减值，不需要再估计另一项金额。企业如果没有理由相信资产预计未来现金流量的现值显著高于其公允价值减去处置费用后的净额，则资产的公允价值减去处置费用后的净额可视为其可收回金额。企业如果无法可靠估计资产的公允价值减去处置费用后的净额，应当以该资产预计未来现金流量的现值作为其可收回金额。

二、资产可收回金额的估计方法

（一）公允价值减去处置费用后的净额的估计

资产的公允价值减去处置费用后的净额，通常反映的是资产在被出售或者处置时可收回的净现金收入。其中，资产的公允价值是指公平交易中熟悉情况的交易双方自愿进行资产交换的金额；处置费用是指可以直接归属于资产处置的增量成本，包括与资产处置相关的法律费用、相关税费、搬运费用以及为使资产达到可销售状态所发生的直接费用等，但是财务费用和所得税费用等不包括在内。

企业在估计资产的公允价值减去处置费用后的净额时，应当按照下列顺序进行：

(1) 应当根据公平交易中资产的销售协议价减去可直接归属于该资产处置费用的金额确定资产的公允价值减去处置费用后的净额。由于固定资产往往在企业内部使用，因此，取得资产的销售协议价并不容易，企业需要采用其他方法估计资产的公允价值减去处置费用后的净额。

（2）资产不存在销售协议但存在活跃市场的，应当按照该资产的市场价格减去处置费用后的金额确定。资产的市场价格通常应当根据资产的买方出价确定。如果估计当日的买方出价不易获得，只要交易日和估计日之间的经济环境没有发生重大变化，企业就可以以最近的交易价格为估计资产的公允价值减去处置费用后的净额的基础。

（3）当不存在销售协议或活跃市场时，企业应当以可获取的最佳信息为基础，估计资产的公允价值减去处置费用后的净额。在实务工作中，该净额可以参考同行业类似资产的最近交易价格或者结果进行估计。

如果企业按照上述要求仍无法可靠估计资产的公允价值减去处置费用后的净额，应当以该资产预计未来现金流量的现值作为其可收回金额。

（二）资产预计未来现金流量的现值的确定

资产预计未来现金流量的现值，应当按照资产在持续使用过程中和最终处置时所产生的预计未来现金流量，选择恰当的折现率对其进行折现后的金额加以确定。确定资产预计未来现金流量的现值，应当主要考虑预计资产未来现金流量、资产使用寿命、折现率等因素。

1.预计资产未来现金流量应当包括的内容

（1）资产在持续使用过程中预计产生的现金流入。

（2）为实现资产在持续使用过程中产生的现金流入所必需的预计现金流出（包括为使资产达到预定可使用状态所发生的现金流出）。该现金流出应当是可直接归属于或者可通过合理和一致的基础分配到资产中的现金流出。

（3）资产使用寿命结束时，处置资产所收到或者支付的净现金流量。该现金流量应当是公平交易中熟悉情况的交易双方自愿进行交易时，企业预期可从资产的处置中获取或者支付的金额减去预计处置费用后的金额。

2.预计资产未来现金流量需要考虑的因素

（1）应当以资产的当前状况为基础预计资产未来现金流量，不应当包括与将来可能发生的、尚未作出承诺的重组事项有关的，或者与资产改良有关的预计未来现金流量。例如，2×20年年末预计资产未来现金流量时，预计于2×23年对某生产线进行更新以改良资产绩效。2×20年年末对其进行减值测试时，则不应当包括该资产改良所可能发生的未来现金流量。但若2×20年年末已经处于在建工程状态的，在预计资产未来现金流量时，就应当包括预期为使该资产达到预定可使用状态所发生的现金流出。但若未来发生的现金流出是为了维持资产正常运转或者资产原定正常产出水平所必需的，在预计资产未来现金流量时，就应当将其考虑在内。

需要注意的是，企业已经承诺重组的，在确定资产未来现金流量的现值时，预计的未来现金流入和流出数，应当反映重组所能节约的费用和重组所能带来的其他利益，以及因重组而导致的预计未来现金流出数。其中，重组所能节约的费用和重组所能带来的其他利益，通常应当根据企业管理层批准的最近财务预算或者预测数据进行估计；因重组而导致的预计未来现金流出数，应当根据《企业会计准则第13号——或有事项》所确认的因重组而产生的预计负债金额进行估计。

（2）预计资产未来现金流量不应当包括筹资费用和所得税收付产生的现金流量。

（3）预计资产未来现金流量和折现率，应当在一致的基础上考虑因一般通货膨胀而导致的物价上涨因素的影响。如果折现率考虑了这一影响因素，预计资产未来现金流量也应当考虑；如果折现率没有考虑这一影响因素，预计资产未来现金流量也不应考虑。

（4）资产的未来现金流量受内部转移价格影响的，应当采用在公平交易的前提下企业管理层能够达成的最佳的未来价格估计数进行预计。

预计资产未来现金流量的方法，通常应当根据资产未来每期最有可能产生的现金流量进行预测。这种方法通常称为传统法，即使用单一的未来每期预计现金流量和单一的折现率计算资产未来现金流量的现值。

【例9-1】 企业某项固定资产的剩余使用年限为4年，预计未来4年在正常的情况下，该项固定资产每年可为企业产生的净现金流量分别为100万元、80万元、50万元和40万元。该现金流量通常即为最有可能产生的现金流量，企业应当以该现金流量的预计数为基础计算资产的现值。

在实务工作中，影响资产未来现金流量的因素较多，情况也较为复杂，具有很强的不确定性，有时采用传统法不能如实反映资产未来现金流量。此时，企业可以采用期望现金流量法预计资产未来现金流量。在期望现金流量法下，资产未来现金流量应当根据每期现金流量期望值进行预计，每期现金流量期望值按照各种可能情况下的现金流量与其发生概率加权计算。

预计资产未来现金流量时，企业管理层应当在合理和有依据的基础上对资产剩余使用寿命内的整个经济状况进行最佳估计。企业预计资产未来现金流量，应当以经管理层批准的最近财务预算或者预测数据，以及该预算或者预测期之后年份稳定的或者递减的增长率为基础。企业管理层如能证明递增的增长率是合理的，可以以递增的增长率为基础。基于数据可靠性和便于操作等方面的考虑，建立在预算或者预测基础上的预计现金流量最多涵盖5年，企业管理层如能证明更长的期间是合理的，可以涵盖更长的期间。

【例9-2】 沿用【例9-1】资料，假定利用固定资产生产的产品受市场行情波动的影响较大，企业预计未来4年每年的现金流量情况见表9-1。

表9-1　　**预计未来4年每年的现金流量情况**　　金额单位：万元

年份	产品行情好 （30%的可能性）	产品行情一般 （60%的可能性）	产品行情差 （10%的可能性）
第1年	150	100	50
第2年	100	80	40
第3年	70	50	20
第4年	60	40	0

在这种情况下，采用期望现金流量法比传统法更为合理。在期望现金流量法下，资产未来现金流量应当根据每期现金流量期望值进行预计，每期现金流量期望值按照各种可能情况下的现金流量与其发生概率加权计算。参照表9-1中提供的现金流量数据，计算资产每年的预计未来现金流量如下：

第 1 年预计现金流量期望值=150×30%+100×60%+50×10%=110（万元）

第 2 年预计现金流量期望值=100×30%+80×60%+40×10%=82（万元）

第 3 年预计现金流量期望值=70×30%+50×60%+20×10%=53（万元）

第 4 年预计现金流量期望值=60×30%+40×60%+0×10%=42（万元）

应当注意的是，如果资产未来现金流量的发生时间是不确定的，企业应当根据资产在各种可能情况下的现值及其发生概率直接加权计算资产未来现金流量的现值。

3.预计折现率

计算资产未来现金流量的现值所使用的折现率，应当是反映当前市场货币时间价值和资产特定风险的税前利率。该折现率是企业在购置或者投资资产时所要求的必要报酬率。如果在预计资产未来现金流量时已经对资产特定风险的影响作出调整，那么折现率的估计不需要考虑这些特定风险。如果用于估计折现率的基础是税后的，则应当将其调整为税前的折现率。

企业在确定折现率时，应当首先以该资产的市场利率为依据。该资产的利率无法从市场上获得的，可以使用替代利率估计折现率。替代利率在估计时，可以根据企业的加权平均资本成本、增量借款利率或者其他相关市场借款利率作出适当的调整后加以确定。调整时，应当考虑与预计资产未来现金流量有关的特定风险以及其他有关政治风险、货币风险和价格风险等。

估计资产未来现金流量的现值，通常应当使用单一的折现率。资产未来现金流量的现值对未来不同期间的风险差异或者利率的期间结构反应敏感的，应当在未来不同期间采用不同的折现率。

4.确定资产未来现金流量的现值

在预计未来现金流量和折现率的基础上，将该资产预计未来现金流量按照预计的折现率在预计期限内进行折现后，即可确定该资产未来现金流量的现值。

预计资产未来现金流量涉及外币时，首先应当以该资产所产生的未来现金流量的结算货币为基础预计其未来现金流量，并按照该货币适用的折现率计算资产的现值；然后将该外币现值按照计算资产未来现金流量现值当日的即期汇率进行折算，从而折现成按照记账本位币表示的资产未来现金流量的现值。

本节自测

第三节 资产减值的确认与计量

一、资产减值的会计处理原则

在对资产进行减值测试并计算资产可收回金额后，如果可收回金额的计量结果表明，资产的可收回金额低于其账面价值，应当将资产的账面价值减记至可收回金额，减记的金额确认为资产减值损失计入当期损益，同时计提相应的资产减值准备。资产减值损失一经确认，在以后会计期间不得转回。

资产减值损失确认后，减值资产的折旧或摊销应当在未来期间作出相应调整，以使该资产在剩余使用寿命内能够系统地分摊调整后的资产账面价值（扣除预计净残值）。此时的固定资产（或无形资产）账面价值将根据计提的减值准备相应抵减，之后在固定资产计提折旧（或无形资产摊销）时，应当以新的固定资产（或无形资产）账面价值为基础计提每期折旧（或摊销）。

企业计提各项资产减值准备所形成的损失时，应当借记“资产减值损失”科目，贷记“固定资产减值准备”“在建工程减值准备”“投资性房地产减值准备”“长期股权投资减值准备”“无形资产减值准备”“商誉减值准备”等科目。

期末，企业应将“资产减值损失”科目余额转入“本年利润”科目，结转后“资产减值损失”科目应无余额。“固定资产减值准备”“无形资产减值准备”等反映计提资产减值准备的科目应当作为相关资产的备抵科目，反映在资产负债表中。

二、单项资产减值的会计处理

（一）固定资产减值的会计处理

【例9-3】 2×23年12月31日，阳光公司对生产经营过程中使用的某设备进行检查时，发现该设备存在可能发生减值的迹象。假设2×23年12月31日该设备的账面原价1 500 000元，已提折旧450 000元，以前年度没有计提资产减值准备。

该设备在活跃市场上的价格（买方出价）为826 000元，可归属于该设备的处置费用为6 000元。该设备如果继续自用，预计尚可使用5年，预计未来4年每年年末产生的现金流量分别为300 000元、250 000元、210 000元、173 000元，第5年产生的现金流量以及使用寿命结束时处置形成的现金流量合计为130 000元。假定在考虑相关因素的基础上，阳光公司决定采用5%的折现率。

经计算，该设备的账面价值为1 050 000元（1 500 000−450 000）。

阳光公司预计资产未来现金流量的现值为938 050.10元，具体计算如下：

300 000×（P/F，5%，1）+250 000×（P/F，5%，2）+210 000×（P/F，5%，3）+173 000×（P/F，5%，4）+130 000×（P/F，5%，5）=938 050.10（元）

预计资产未来现金流量的现值938 050.10元大于其公允价值减去处置费用后的净额820 000元（826 000−6 000），所以，该设备的可收回金额为938 050.10元，其低于该设备的账面价值，因而发生了减值损失。阳光公司应确认的减值损失为111 949.90元（1 050 000−938 050.10），并计提相应的资产减值准备。阳光公司的账务处理如下：

借：资产减值损失——计提固定资产减值损失　　111 949.90

　贷：固定资产减值准备　　111 949.90

（二）投资性房地产减值的会计处理

【例9-4】 2×23年12月31日，阳光公司对采用成本模式进行后续计量的投资性房地产进行检查时，判断某出租房屋发生减值迹象。经减值测试，确认该出租房屋发生减值损失120 000元。阳光公司的账务处理如下：

借：资产减值损失——计提投资性房地产减值损失　　120 000

　贷：投资性房地产减值准备　　120 000

（三）无形资产减值的会计处理

根据《企业会计准则第6号——无形资产》的规定，使用寿命不确定的无形资产不应摊销。企业应当根据资产减值准则的相关规定，对使用寿命不确定的无形资产进行减值测试，估计其可收回金额。如果使用寿命不确定的无形资产的可收回金额低于其账面价值，应当将该资产的账面价值减记至可收回金额，减记的金额确认为资产减值损失计入当期损益，同时计提资产减值准备。

对于使用寿命有限的无形资产，企业在资产负债表日首先应当判断该资产是否存在可能发生的减值迹象，如果有确凿证据表明使用寿命有限的无形资产存在减值迹象，再进行减值测试，估计其可收回金额，决定是否需要确认减值损失。经减值测试表明已经发生减值的，需要确认减值损失，计提减值准备。当计提无形资产减值准备时，借记“资产减值损失”科目，贷记“无形资产减值准备”科目。

【例9-5】2×23年12月31日，阳光公司发现2×22年1月1日购入的某商标权存在减值迹象，按照资产减值准则的相关规定进行测试，经减值测试表明该商标权确已发生减值。2×23年年末，该商标权的公允价值为250万元，处置费用为零，该商标权未来现金流量的现值为240万元。该商标权于2×22年1月1日购入，购买价款为360万元，使用年限为12年，2×22年并未发生减值。

2×23年12月31日该商标权的累计摊销金额=30×2=60（万元）

2×23年12月31日账面价值=360-60=300（万元）

2×23年12月31日可收回金额=250万元

2×23年12月31日资产减值金额=300-250=50（万元）

2×23年发生减值时的账务处理如下：

借：资产减值损失　　500 000

　贷：无形资产减值准备　　500 000

2×24年12月31日计提减值准备后的账面价值=360-60-50=250（万元）

由于该无形资产计提了减值准备，因此，在未来计算摊销额时，应当以该无形资产新的账面价值为基础计算每期的摊销额，即2×24年及以后年度摊销时，每年的摊销额计算如下：

每年的摊销额=250÷（12-2）=25（万元）

相关账务处理如下：

借：管理费用　　250 000

　贷：累计摊销　　250 000

【例9-6】2×23年12月31日，阳光公司对外购专利权的账面价值进行检查时，发现市场上已有类似专利技术所生产的产品，估计会严重影响公司产品的销售。当日，该专利权的摊余价值为120 000元，剩余摊销年限为3年。依照2×23年12月31日专利技术的市场行情，如果公司将该专利权出售，则扣除发生的相关税费后可以获得净额90 000元；如果公司计划继续使用该专利权，则预计未来现金流量的现值为70 000元。

阳光公司该专利权的公允价值减去处置费用后的净额为90 000元，预计未来现金流量的现值为70 000元，因此，该专利权的可收回金额为90 000元。阳光公司的账务处理如下：

借：资产减值损失——计提无形资产减值损失　　30 000

　贷：无形资产减值准备　　30 000

根据资产减值准则的相关规定，无形资产减值损失一经确认，在以后会计期间不得转回。以前期间计提的无形资产减值准备，在该资产处置时才可以转出。

（四）长期股权投资减值的会计处理

【例 9-7】 2×23 年 12 月 31 日，阳光公司持有 A 子公司的普通股股票的账面价值为 6 350 万元，作为长期股权投资并采用成本法进行核算。由于 A 子公司当年经营不善，发生财务困难，使得阳光公司持有的股票市价下跌至 6 320 万元，短期内难以恢复。假设阳光公司对 A 子公司以前未计提长期股权投资减值准备。阳光公司的账务处理如下：

借：资产减值损失——计提长期股权投资减值损失	300 000	
贷：长期股权投资减值准备		300 000

三、资产组减值的会计处理

（一）资产组的认定

有迹象表明一项资产可能发生减值的，企业应当以单项资产为基础估计其可收回金额。企业难以对单项资产的可收回金额进行估计的，应当以该资产所属的资产组为基础确定资产组的可收回金额。

资产组，是指企业可以认定的最小资产组合，其产生的现金流入应当基本上独立于其他资产或者资产组。资产组应当由创造现金流入的相关资产组成。

认定资产组，应当考虑下列因素：

（1）资产组的认定，应当以资产组产生的主要现金流入是否独立于其他资产或者资产组为依据。资产组能否独立产生现金流入是认定资产组的最关键因素。比如，能够独立于其他部门或者单位创造收入、产生现金流入的某一生产线、营业网点、业务部门等，通常可以认定为一个资产组。

如果几项资产的组合生产的产品（或者其他产品）存在活跃市场的，无论这些产品或者其他产品是用于对外出售还是仅供企业内部使用，均表明几项资产的组合能够独立创造现金流入，应当将这些资产组合认定为资产组。

【例 9-8】 某钢铁厂建有一条专用铁路线，与钢铁厂的生产和运输相配套。该专用铁路线只能以报废价值出售，而不能脱离钢铁厂的其他资产而单独产生现金流入。因此，企业难以对这条专用铁路线的可收回金额进行单独估计，必须将该专用铁路线与其他相关资产结合在一起，成为一个资产组，以估计该资产组的可收回金额。

（2）资产组的认定，应当考虑企业管理层对生产经营活动的管理或者监控方式（如按照生产线、业务种类还是地区或区域等）和对资产的持续使用或者处置的决策方式等因素。

【例 9-9】 某自来水公司拥有甲、乙、丙三个水厂，每个水厂单独负责一个区域的自来水供应，在生产、考核、管理等方面相对独立，该自来水公司按照各水厂进行监控。各水厂能够各自独立创造现金流入，其可收回金额可以单独估计。因此，每个水厂应当单独认定为一个资产组。

资产组一经认定，各个会计期间应当保持一致，不得随意变更。如果由于企业重组、变更资产用途等原因导致资产组构成确需变更的，企业可以进行变更，但企业管理层应当证明该变更是合理的，并应当在附注中作出相应说明。

（二）资产组的账面价值和可收回金额的确定

资产组减值测试的原理和单项资产是一致的，预计资产组的可收回金额，应当按照该资产组的公允价值减去处置费用后的净额与预计未来现金流量的现值两者之间的较高者确定。资产组账面价值的确定基础应当与其可收回金额的确定方式相一致。如果资产组的可收回金额低于其账面价值，则表明该资产组发生了减值，应当予以确认。

资产组的账面价值包括可直接归属于资产组与可以合理和一致地分摊至资产组的资产账面价值，通常不应当包括已确认负债的账面价值，但如不考虑该负债金额就无法确定资产组可收回金额的除外。这主要是因为在确定资产组的公允价值减去处置费用后的净额与预计未来现金流量的现值时，既不包括与不属于该资产组有关的现金流量，也不包括与已在财务报表中确认的负债有关的现金流量。

在特殊情况下，企业判断资产是否发生减值时，有可能涉及部分负债。在这种情况下，资产组在处置时如要求购买者承担一项负债（如环境恢复负债等），并且该负债金额已经确认并计入相关资产账面价值，而且企业只能取得包括上述资产和负债在内的单一公允价值减去处置费用后的净额的，为了比较资产组的账面价值和可收回金额，在确定资产组的账面价值及其预计未来现金流量的现值时，应当将已确认的负债金额从其中扣除。

【例9-10】BC有色金属公司属于有色金属矿业生产企业，经营一座有色矿山，地处某山区。根据有关规定，开采矿产的企业必须在完成开采后将该地区恢复原貌，恢复费用主要为山体表层复原费用，包括表土覆盖层的复原，因为山体表层在矿山开发前必须被搬走。因此，该有色金属公司一旦将山体表层移走，企业就应为其确认一项预计负债，其有关费用计入矿山成本，并在矿山使用寿命内计提折旧。假定BC有色金属公司为恢复费用确认的预计负债的账面金额为2 000万元。2×23年12月31日，BC有色金属公司对矿山进行减值测试。按照资产组的认定标准，矿山的资产组是整座矿山。BC有色金属公司已经收到愿以3 200万元的价格购买该矿山的合同，这一价格已经考虑复原表土覆盖层的成本。矿山预计未来现金流量的现值为4 800万元，不包括恢复费用；矿山的账面价值为4 000万元，假定不考虑矿山的处置费用。

本例中，资产组的公允价值减去处置费用后的净额为3 200万元，其预计未来现金流量的现值在考虑恢复费用后估计为2 800万元（4 800-2 000）。资产组的账面价值为2 000万元，即矿山的账面价值4 000万元与恢复费用2 000万元之间的差额。因此，BC有色金属公司可以确定矿山的可收回金额3 200万元大于其账面价值2 000万元，没有发生减值，不必确认其资产减值损失。

（三）资产组减值的账务处理

根据《企业会计准则》的规定，资产组或者资产组组合的可收回金额低于其账面价值的（总部资产和商誉分摊至某资产组或者资产组组合的，该资产组或者资产组组合的账面价值应当包括相关总部资产和商誉的分摊额），应当确认相应的减值损失。减值损失金额首先应当抵减分摊至资产组或者资产组组合中商誉的账面价值；然后根据资产组或者资产组组合中除商誉之外的其他各项资产的账面价值所占比重，按比例抵减其他各项资产的账面价值。

以上资产账面价值的抵减，应当作为各单项资产（包括商誉）的减值损失处理，计入当期损益。抵减后，各项资产的账面价值不得低于以下三者之中最高者：该资产的公允价值减去处置费用后的净额（如可确定）、预计未来现金流量的现值（如可确定）、零。其所导致的未能分摊的减值损失金额，应当按照相关资产组或者资产组组合中其他各项资产的账面价值所占比重进行分摊。

【例9-11】阳光公司拥有一条专业生产线，由甲、乙、丙三台机器组成，各机器均无法单独产生现金流量，但整条生产线能够独立于其他资产或资产组产生现金流入，企业将其作为一个资产组。该资产组中甲、乙、丙三台机器的账面价值分别为20万元、35万元、45万元，无商誉。2×23年年末，市场上出现了技术含量更高的新产品，导致该生产线生产的产品销量大幅度下跌。阳光公司于2×23年12月31日对该资产组进行减值测试，确定该资产组的可收回金额为70万元，其中机器甲的可收回金额为18万元。因此，该资产组发生了减值，确认的减值损失为30万元（100-70），根据该资产组中固定资产的账面价值，按比例分摊减值损失至该资产组中的三台机器，具体分摊过程见表9-2。

表9-2 **资产组减值损失分摊表** 金额单位：元

项目	机器甲	机器乙	机器丙	整条生产线（资产组）
账面价值	200 000	350 000	450 000	1 000 000
可收回金额				700 000
减值损失				300 000
减值损失分摊比例	20%	35%	45%	
分摊减值损失	20 000*	105 000	135 000	260 000
分摊后账面价值	180 000	245 000	315 000	
尚未分摊减值损失				40 000
二次分摊比例		43.75%	56.25%	
二次分摊减值损失		17 500	22 500	40 000
二次分摊后应确认减值损失总额	20 000	122 500	157 500	300 000
二次分摊后账面价值	180 000	227 500	292 500	700 000

*按照分摊比例，机器甲应当分摊减值损失60 000元（300 000×20%），但是机器甲的可收回金额为180 000元，因此，机器甲最多只能确认减值损失20 000元（200 000-180 000），未能分摊的减值损失40 000元（60 000-20 000），应当在机器乙和机器丙之间再分摊。

阳光公司对该资产组减值的账务处理如下：

借：资产减值损失——计提固定资产减值损失 300 000

贷：固定资产减值准备——机器甲　20 000

——机器乙　122 500

——机器丙　157 500

四、总部资产减值的会计处理

企业总部资产包括企业集团或其事业部的办公楼、电子数据处理设备等资产。总部资产难以脱离其他资产或者资产组产生独立的现金流入，而且其账面价值难以完全归属于某一资产组。总部资产的这种特殊性，决定了总部资产常常难以单独进行减值测试，需要结合其他相关资产组或者资产组组合进行。资产组组合是指由若干资产组组成的最小资产组组合，包括资产组或者资产组组合，以及按合理方法分摊的总部资产的部分。

资产负债表日，有迹象表明某项总部资产可能发生减值的，企业应当确定该总部资产所归属的资产组或者资产组组合的可收回金额，然后将其与相应的账面价值（包括总部资产）相比较，据以判断是否需要确认减值损失。

根据相关总部资产能否按照合理和一致的基础分摊至各资产组，进行总部资产减值的会计处理：

（1）对于相关总部资产能够按照合理和一致的基础分摊至各资产组的，应当按照下列步骤处理：

第一步，在确定各资产组的基础上，将相关总部资产的账面价值按照一定的标准（如各资产组的账面价值或各资产组的剩余使用寿命）分摊至各资产组，分别计算出各资产组（包含总部资产分摊额）的账面价值。

第二步，分别计算确定包含总部资产账面价值分摊额的各资产组的可收回金额，并分别对各资产组（包含总部资产分摊额）的账面价值与其可收回金额进行比较，按照各资产组的账面价值高于其可收回金额的差额，分别确认各资产组应确认的减值损失。

第三步，将包含总部资产账面价值分摊额的各资产组应确认的减值损失，按照前述资产组减值损失分摊至该资产组的各项资产方法，将应确认的减值损失分配至资产组和总部资产。

（2）对于相关总部资产中有部分资产难以按照合理和一致的基础分摊至各资产组的，应当按照下列步骤处理：

第一步，在不考虑相关总部资产的情况下，估计和比较资产组的账面价值和可收回金额，判断是否发生减值损失。对发生减值损失的资产组确定其减值损失，并按照前述有关资产组减值损失的处理顺序和方法处理。

第二步，认定由若干资产组组成的最小资产组组合，该资产组组合应当包括所测试的资产组与可以按照合理和一致的基础将该总部资产的账面价值分摊其上的部分。

（3）比较所认定的资产组组合的账面价值（包括已分摊的总部资产的账面价值部分）和可收回金额，并按照前述有关资产组减值损失的处理顺序和方法处理。

【例 9-12】某汽车制造企业拥有货车、客车、轿车三个资产组，2×23 年年末，这三个资产组的账面价值分别为1 000万元、3 000万元、4 000万元，无商誉。总部资产的账面价值为800万元，其中办公大楼的账面价值为600万元（能够按照合理和一致的基础分摊至各资产组）、研发中心的账面价值为200万元（难以按照合理和一致的基础分摊至各资产组）。假设将总部资产中的办公大楼的账面价值分配至各资产组的比例分别为20%、35%、45%。假设包含总部资产办公大楼的账面价值分摊额的客车、轿车资产组存在减值迹象，包含已分摊总部资产办公大楼的账面价值的货车、客车、轿车资产组的可收回金额分别为1 200万元、3 100万元、4 100万元。

由于总部资产中的办公大楼的账面价值能够按照合理和一致的基础分摊至各资产组，有关总部资产减值损失分摊的计算过程见表9-3。

表9-3 **总部资产减值损失分摊表** 金额单位：万元

项目	货车资产组	客车资产组	轿车资产组	合计
各资产组账面价值	1 000	3 000	4 000	8 000
总部资产办公大楼分摊比例	20%	35%	45%	100%
办公大楼分摊至各资产组金额	120	210	270	600
分摊后各资产组账面价值	1 120	3 210	4 270	8 600
可收回金额	1 200	3 100	4 100	8 400
确认减值损失	—	110	170	280
各资产组应确认减值损失	—	102.80 （110×3 000÷3 210）	159.25 （170×4 000÷4 270）	262.05
分摊减值损失后各资产组账面价值	1 000	2 897.20	3 840.75	7 737.95
办公大楼应确认损失	—	7.20 （110×210÷3 210）	10.75 （170×270÷4 270）	17.95
分摊减值损失后办公大楼账面价值				582.05

根据表9-3的计算结果可知，客车和轿车两个资产组的可收回金额均低于其包含分摊的办公大楼的账面价值，应当分别确认减值损失110万元和170万元，并将该损失在办公大楼和资产组之间进行分摊。货车资产组不确认减值损失，确认客车资产组减值损失102.80万元，确认轿车资产组减值损失159.25万元。由于客车和轿车两个资产组发生减值，导致办公大楼分摊减值17.95万元。

总部资产中的研发中心的账面价值难以按照合理和一致的基础分摊至各资产组，假设包含研发中心在内的最小资产组组合的可收回金额为8 600万元。

经过上述减值测试后，货车、客车、轿车资产组和办公大楼的账面价值分别为1 000万元、2 897.20万元、3 840.75万元和582.05万元，研发中心的账面价值仍为200万元，这样，包含研发中心在内的最小资产组组合的账面价值总额为8 520万元

（1 000+2 897.20+3 840.75+582.05+200）。由于该最小资产组组合的可收回金额为 8 600万元，高于其账面价值，因此，该汽车制造企业不必再进一步确认减值损失。

本节自测

复习思考题

1. 什么是资产减值？如何认定资产已经发生减值？
2. 什么是资产的可收回金额？其估计方法有哪些？
3. 预计未来现金流量应考虑的主要因素有哪些？
4. 阐述资产减值的会计处理原则。
5. 什么是资产组和资产组组合？

本章自测

推荐阅读

崔晓钟．资产减值会计计量中可回收金额的思考［J］．会计之友，2006（3）：38-39.

第十章

非货币性资产交换

学习目标

1. 掌握非货币性资产和非货币性资产交换的概念；
2. 了解商业实质的含义，并能作出准确判断；
3. 熟练掌握非货币性资产交换的会计处理。

第一节 非货币性资产交换概述

一、非货币性资产的概念

非货币性资产是指货币性资产以外的资产，包括存货、固定资产、在建工程、工程物资、无形资产、长期股权投资、投资性房地产等。而货币性资产是指企业持有的货币资金和将以固定或可确定的金额收取的资产，包括库存现金、银行存款、应收账款和应收票据及债权投资等。

非货币性资产与货币性资产的主要区别在于非货币性资产最基本的特征，即将来为企业带来的经济利益（货币金额）是不固定的或不可确定的。资产负债表列示的项目中，存货、长期股权投资、投资性房地产、固定资产、在建工程、工程物资、无形资产等均具有上述特征，通常均属于非货币性资产。

二、非货币性资产交换的认定

非货币性资产交换是一种非经常性的特殊交易行为，是交易双方主要以存货、固定资产、无形资产和长期股权投资等非货币性资产进行的交换。这种非货币性资产交换一般不涉及或只涉及少量的货币性资产。企业认定是否属于《企业会计准则》所规范的非货币性资产交换，需要把握以下几个方面的要点：

1.非货币性资产交换的交易对象主要是非货币性资产

企业利用货币性资产（如库存现金、银行存款等）来交换非货币性资产（如存货、固定资产等）的交易最为普遍。但是在有些情况下，企业为了满足各自生产经营的需要，同时减少货币性资产的流入和流出，而进行非货币性资产交换的交易。比如，A企业需要B企业闲置的生产设备，B企业需要A企业闲置的办公楼，双方在货币性资产短缺的情况下，可能会出现非货币性资产交换的交易行为。

2.非货币性资产交换是以非货币性资产进行交换的互惠转让

非货币性资产交换是交易双方主要以非货币性资产与非货币性资产进行的交换，是企业间以非货币性资产形式进行的互惠转让。

3.非货币性资产交换、企业合并、债务重组和股票发行

企业合并和债务重组取得的非货币性资产，其成本确定分别适用《企业会计准则第20号——企业合并》和《企业会计准则第12号——债务重组》；企业以发行股票形式取得的非货币性资产，相当于以权益工具换入非货币性资产，其成本确定适用《企业会计准则第37号——金融工具列报》。

4.非货币性资产交换允许涉及少量货币性资产即补价

非货币性资产交换一般不涉及货币性资产或只涉及少量货币性资产，认定涉及少量货币性资产的交换为非货币性资产交换，通常以补价占整个资产交换金额的比例是否低于25%作为参考比例。也就是说，支付的非货币性资产占换入资产公允价值（或占换出资产公允价值与支付的货币性资产之和）的比例，或者收到的货币性资产占换出资产公允价值（或占换入资产公允价值与收到的货币性资产之和）的比例低于

本节自测

25%的，视为非货币性资产交换；高于25%（含25%）的，视为货币性资产交换。根据《企业会计准则第14号——收入》等相关准则的规定，对其进行会计处理。

第二节 非货币性资产交换的确认与计量

一、非货币性资产交换确认和计量的原则

在外购取得非货币性资产的情况下，取得资产的成本应按取得时的成本计量；接受投资者作为资本投入的非货币性资产，如存货、固定资产等，应当按照投资合同或协议约定的价值确定。在非货币性资产交换的情况下，不论是一项资产换入一项资产、一项资产换入多项资产、多项资产换入一项资产，还是多项资产换入多项资产，换入资产的成本都有两种计量基础。

（一）公允价值

通过非货币性资产交换，换入资产的成本应当以公允价值为计量基础。非货币性资产交换同时满足下列条件的，应当以公允价值和应支付的相关税费作为换入资产的成本，公允价值与换出资产账面价值的差额计入当期损益：

（1）该项交换具有商业实质。

（2）换入资产或换出资产的公允价值能够可靠地计量。

资产存在活跃市场，是资产公允价值能够可靠计量的明显证据，但不是唯一要求。属于以下三种情形之一的，公允价值视为能够可靠地计量：

（1）换入资产或换出资产存在活跃市场。

（2）换入资产或换出资产不存在活跃市场，但同类或类似资产存在活跃市场。

（3）换入资产或换出资产不存在同类或类似资产可比市场交易，应当采用估值技术确定其公允价值。采用估值技术确定的公允价值必须符合以下条件之一，视为能够可靠地计量：①采用估值技术确定的公允价值估计数的变动区间很小，可以认为资产的公允价值能够可靠计量；②在公允价值估计数变动区间内，各种用于确定公允价值估计数的概率能够合理确定。

在具体应用公允价值确定换入资产的成本时，应当注意以下两种情况：如果换入资产和换出资产的公允价值均能够可靠计量，应当以换出资产的公允价值作为确定换入资产成本的基础。一般来说，取得资产的成本应当按照所放弃资产的对价来确定，在非货币性资产交换中，换出资产就是所放弃的对价。如果其公允价值能够可靠计量，应当优先考虑以换出资产的公允价值作为确定换入资产成本的基础。如果有确凿证据表明换入资产的公允价值更加可靠，应当以换入资产的公允价值作为确定换入资产成本的基础。这种情况大多发生在非货币性资产交换存在补价的情形中，因为存在补价表明换入资产和换出资产的公允价值不相等，一般不能直接以换出资产的公允价值作为确定换入资产成本的基础。

【例10-1】 阳光公司以生产经营过程中的一台设备交换C企业生产的一批电脑，换入的电脑作为固定资产管理。换出设备的账面原价为250 000元，交换日的累计折旧为20 000元，公允价值为210 000元。换入电脑的账面价值为200 000元，交换日的

公允价值为210 000元。假设阳光公司未对该设备计提减值准备，在整个交易过程中没有发生相关税费。两项资产的交换具有商业实质且公允价值能够可靠地计量。

阳光公司应当以换出资产的公允价值为基础确定换入资产的成本，则换入资产的成本为210 000元。

假设换入资产即电脑的公允价值为230 000元，阳光公司支付补价20 000元，其他条件不变，换入资产的成本一般应以换入资产的公允价值为基础来确定，则换入资产的成本为230 000元。

（二）账面价值

当非货币性资产交换不能同时满足公允价值的计量条件时，换入资产的成本应当以换出资产的账面价值为计量基础，即不具有商业实质或交换涉及资产的公允价值均不能可靠计量的非货币性资产交换，应当按照换出资产的账面价值和应支付的相关税费作为换入资产的成本，无论是否支付补价，均不确认损益。收到的补价作为确定换入资产成本的调整因素，其中，收到补价方应当以换出资产的账面价值减去补价并加上应支付的相关税费作为换入资产的成本；支付补价方应当以换出资产的账面价值加上补价和应支付的相关税费作为换入资产的成本。

【例10-2】阳光公司因生产业务需要以一项专利权交换P企业的一项固定资产。该项专利权的账面原价为450 000元，累计摊销为150 000元，已计提减值准备20 000元。支付资产交换时，发生相关税费2 000元。假定此项业务的两项资产的公允价值均不能可靠计量。

阳光公司应当按照换出资产的账面价值和应支付的相关税费作为换入资产的成本，相关计算如下：

换入资产的成本=（450 000−150 000−20 000）+2 000=282 000（元）

二、商业实质的判断

非货币性资产交换具有商业实质，是换入资产能够采用公允价值计量的重要条件之一。企业发生的非货币性资产交换，符合下列条件之一的，视为具有商业实质：

1.换入资产的未来现金流量在风险、时间和金额方面与换出资产显著不同

通常包括但不限于以下几种情况：

（1）未来现金流量的风险、金额相同，但时间不同。

此种情形是指换入资产和换出资产产生的未来现金流量总额相同，获得这些现金流量的风险相同，但现金流量流入企业的时间明显不同。例如，某企业以一批存货换入一项设备，因存货流动性较强，能够在较短的时间内产生现金流量，而设备作为固定资产，要在较长的时间内为企业带来现金流量，两者产生现金流量的时间相差较大，则可以判断上述存货与固定资产的未来现金流量显著不同，因而这两项资产的交换具有商业实质。

（2）未来现金流量的时间、金额相同，但风险不同。

此种情形是指换入资产和换出资产产生的未来现金流量的时间和金额相同，但企业获得现金流量的不确定程度存在明显差异。例如，甲企业以其在商业街用于经营出租的一幢商业用房，与乙企业用于经营出租的一幢公寓楼进行交换，两幢房屋的租

期、每期的租金大致相同。但商业用房的承租方属于信用良好的大户，风险相对较小；而公寓楼的承租方散户较多，风险相对较大。两者产生现金流量的风险相差较大，可以判断上述两项固定资产的未来现金流量显著不同，因而这两项资产的交换具有商业实质。

（3）未来现金流量的时间、风险相同，但金额不同。

此种情形是指换入资产和换出资产产生的未来现金流量相同，预计为企业带来现金流量的时间跨度相同，风险也相同，但各年产生的现金流量金额存在明显差异。例如，甲、乙两项专利技术，双方交换后均能降低生产成本，两项无形资产的使用年限相同，在使用寿命内为企业带来的未来现金流量总额相同。但是，甲专利技术在使用后的前几年现金流量较小，后期较大；而乙专利技术未来每年的现金流量相同。可见，甲、乙两项专利技术产生的未来各年的现金流量差异明显，可以判断上述两项专利技术的未来现金流量显著不同，因而甲、乙两项资产的交换具有商业实质。

2.换入资产与换出资产的预计未来现金流量的现值不同，且其差额与换入资产和换出资产的公允价值相比是重大的

如果企业按照上述第1项条件难以判断的，则可按照第2项条件进行判断。换入资产与换出资产的未来现金流量的现值，应当按照资产在持续使用过程中和最终处置时所产生的税后未来现金流量，根据企业自身对资产特定风险的评价，选择恰当的折现率对预计未来现金流量折现后的金额加以确定，而不是参照市场参与者的评价，即其他企业的评价。例如，某企业以一项专利权换入另一企业拥有的长期股权投资，假定从市场参与者来看，该项专利权与该项长期股权投资的公允价值相同，两项资产未来现金流量的风险、时间和金额也相同。但是，对换入企业而言，换入该项长期股权投资使该企业对被投资方由重大影响变为控制关系，从而对换入企业产生的预计未来现金流量现值与换出的专利权有较大差异；另一企业换入的专利权能够解决生产中的技术难题，从而对企业产生的预计未来现金流量现值与换出的长期股权投资有明显差异，因而这两项资产的交换具有商业实质。

头脑风暴

广西销售仓储分公司资源串换实现降本增效

本节自测

在确定非货币性资产交换是否具有商业实质时，企业应当关注交易各方之间是否存在关联方关系。关联方关系的存在，可能导致发生的非货币性资产交换不具有商业实质。

第三节　非货币性资产交换的会计处理

一、以公允价值计量的会计处理

在以公允价值计量的情况下，非货币性资产交换的会计处理，视换出资产的不同，其公允价值与账面价值的差额处理也有所区别。

（1）换出资产为存货的，应视同销售处理，以其公允价值确认收入，同时结转相应的商品销售成本；涉及增值税的，还应进行相应的处理。

（2）换出资产为固定资产、无形资产的，换出资产的公允价值与其账面价值的差额，计入资产处置损益。

（3）换出资产为长期股权投资的，换出资产的公允价值与其账面价值的差额，计入投资收益。

（4）换出资产为投资性房地产的，按照换出资产的公允价值或换入资产的公允价值确认其他业务收入，按照换出资产的账面价值结转其他业务成本，二者之间的差额计入当期损益。

（一）不涉及补价的情况

非货币性资产交换具有商业实质且公允价值能够可靠计量的，应当以换出资产的公允价值和应支付的相关税费作为换入资产的成本；有确凿证据表明换入资产的公允价值比换出资产的公允价值更加可靠的，应当以换入资产的公允价值和应支付的相关税费作为换入资产的成本。换入资产的公允价值与换出资产的账面价值的差额，按照处置换出资产处理。

若换入资产取得的增值税为允许抵扣增值税进项税额的，应当以换出资产的公允价值加上应支付的相关税费，减去可抵扣的增值税进项税额，作为换入存货和固定资产的成本。

【例10-3】阳光公司以一批库存商品换入A企业的一台机器设备作为固定资产管理。该库存商品的实际成本为30 000元，已计提跌价准备1 000元，交换日的市场价格为35 000元（不含增值税），增值税销项税额为4 550元。在交换日，该批存货的计税价格等于市场价格，并开具增值税专用发票。该机器设备的账面原价为56 000元，交换日已提折旧13 000元，未计提减值准备，公允价值为35 000元，适用的增值税税率为13%，并开具增值税专用发票。在整个交易过程中，没有发生除增值税以外的其他税费（A企业换入的存货作为原材料处理）。

按照相关规定，换出资产为存货的，应当视同销售处理，按照换出资产（库存商品）的公允价值确认主营业务收入，同时结转销售成本，按照公允价值确认的主营业务收入和按照库存商品账面价值结转的主营业务成本之间的差额，体现为企业的营业利润。

（1）阳光公司的账务处理如下：

换入资产的增值税进项税额=35 000×13%=4 550（元）

$$\text{换入固定资产的成本}=\text{换出库存商品的公允价值}+\text{应支付的相关税费（增值税销项税额）}-\text{可抵扣的进项税额}$$

=35 000+4 550−4 550=35 000（元）

借：固定资产	35 000	
应交税费——应交增值税（进项税额）	4 550	
贷：主营业务收入		35 000
应交税费——应交增值税（销项税额）		4 550
借：主营业务成本	29 000	
存货跌价准备	1 000	
贷：库存商品		30 000

（2）A企业的账务处理如下：

换出设备的增值税销项税额=35 000×13%=4 550（元）

借：固定资产清理　　43 000
　　累计折旧　　13 000
　贷：固定资产　　56 000

换入资产（原材料）的成本=35 000+4 550−4 550=35 000（元）

应确认的损益=35 000−43 000=−8 000（元）

借：原材料　　35 000
　　应交税费——应交增值税（进项税额）　　4 550
　　资产处置损益　　8 000
　贷：固定资产清理　　43 000
　　　应交税费——应交增值税（销项税额）　　4 550

【例10-4】阳光公司将以公允价值计量且其变动计入当期损益的金融资产（股票）换入华星公司的一批商品。阳光公司换出股票投资的账面余额为300 000元，其中成本280 000元、公允价值变动20 000元，交换日的公允价值为293 800元。华星公司换出商品的实际成本为240 000元，交换日的市场价格为260 000元（不含增值税），增值税销项税额为33 800元。在交换日，该批存货的计税价格等于市场价格，其包含增值税的公允价值为293 800元，并开具增值税专用发票。华星公司换入的阳光公司股票投资作为交易性金融资产管理。假设在整个交易过程中没有发生除增值税以外的其他税费。

（1）阳光公司的账务处理如下：

换入商品的成本=293 800−33 800=260 000（元）

应确认的损益=换出股票投资的公允价值−换出股票投资的账面价值

=293 800−300 000=−6 200（元）

借：库存商品　　260 000
　　应交税费——应交增值税（进项税额）　　33 800
　　投资收益　　6 200
　贷：交易性金融资产——成本　　280 000
　　　　　　　　　——公允价值变动　　20 000

（2）华星公司的账务处理如下：

借：交易性金融资产——成本　　293 800
　贷：主营业务收入　　260 000
　　　应交税费——应交增值税（销项税额）　　33 800
借：主营业务成本　　240 000
　贷：库存商品　　240 000

（二）涉及补价的情况

在以公允价值确定换入资产成本的情况下，发生补价的，应当区别支付补价方和收到补价方进行处理。

（1）支付补价方：应当以换出资产的公允价值加上支付的补价（或换入资产的公允价值）和应支付的相关税费，作为换入资产的成本；换入资产的成本与换出资产的账面价值加上支付的补价、应支付的相关税费之和的差额，应当计入当期损益。

涉及增值税的，应当以换出资产的公允价值加上支付的补价、应支付的相关税费，减去可抵扣的增值税进项税额，作为换入资产的成本。

（2）收到补价方：应当以换入资产的公允价值（或换出资产的公允价值减去补价）和应支付的相关税费，作为换入资产的成本；换入资产的成本加上收到的补价之和与换出资产的账面价值加上应支付的相关税费之和的差额，应当计入当期损益。

头脑风暴

如何防止企业利用关联方交易进行利润操控

涉及增值税的，应当以换出资产的公允价值减去收取的补价，加上应支付的相关税费，再减去可抵扣的增值税进项税额，作为换入资产的成本。

【例10-5】沿用【例10-3】资料，假设A企业机器设备的公允价值32 800元，增值税税额4 264元，支付补价2 486元；阳光公司换入固定资产的同时，收到A企业的现金补价2 486元，其他条件不变。

（1）阳光公司的账务处理如下：

换入固定资产收到的补价为2 486元，其占换入资产的公允价值比例小于25%，因此，属于非货币性资产交换。

换入固定资产的成本=35 000+4 550−2 486−4 264=32 800（元）

借：固定资产	32 800	
应交税费——应交增值税（进项税额）	4 264	
银行存款	2 486	
贷：主营业务收入		35 000
应交税费——应交增值税（销项税额）		4 550
借：主营业务成本	29 000	
存货跌价准备	1 000	
贷：库存商品		30 000

（2）A企业的账务处理如下：

补价所占比例=支付的补价÷（支付的补价+换出资产的公允价值）×100%

=2 486÷（2 486+32 800）×100%=7.05%

由于7.05%<25%，因此，属于非货币性资产交换。

借：固定资产清理	43 000	
累计折旧	13 000	
贷：固定资产		56 000

换入资产（原材料）的成本 = 换出固定资产的公允价值 + 支付的补价和应支付的相关税费 − 可抵扣的增值税进项税额

=32 800+（2 486+4 264）−4 550=35 000（元）

应确认的损益=32 800−43 000=−10 200（元）

借：原材料	35 000	
应交税费——应交增值税（进项税额）	4 550	
资产处置损益	10 200	
贷：固定资产清理		43 000
银行存款		2 486
应交税费——应交增值税（销项税额）		4 264

二、以账面价值计量的会计处理

非货币性资产交换不能同时满足公允价值计量条件的，交易双方应当以各自换出资产的账面价值为基础确定换入资产的成本，无论是否发生补价，均不确认损益。

在涉及补价的情况下，应当区别支付补价方和收到补价方进行处理。

（1）支付补价方：应当以换出资产的账面价值加上支付的补价和应支付的相关税费，作为换入资产的成本。

（2）收到补价方：应当以换出资产的账面价值加上应支付的相关税费，减去收到的补价，作为换入资产的成本。

【例 10-6】阳光公司以持有的长期股权投资换入华光公司的一项专利技术。阳光公司换出长期股权投资的账面价值为600 000元，华光公司换出专利技术的账面余额为640 000元，累计摊销为100 000元，两项资产均未计提减值准备。该专利技术的公允价值不能可靠计量，阳光公司持有的长期股权投资由于在活跃市场上没有报价，因而其公允价值也不能可靠计量。经双方协商，华光公司支付40 000元的补价。假设在整个交易过程中不考虑相关税费。

分组任务

非货币性资产交换的利润操纵方式

该项资产交换涉及补价收付货币性资产，即补价40 000元，其占换出资产的账面价值比例小于25%，因此，该项资产交换属于非货币性资产交换。

（1）阳光公司的账务处理如下：

借：无形资产　　560 000
　　银行存款　　40 000
　贷：长期股权投资　　600 000

（2）华光公司的账务处理如下：

借：长期股权投资　　580 000
　　累计摊销　　100 000
　贷：无形资产　　640 000
　　　银行存款　　40 000

三、涉及多项非货币性资产交换的会计处理

在非货币性资产交换业务中，如果同时换入多项固定资产，则每项固定资产的成本，应该根据资产交换是否具有商业实质且公允价值是否能够可靠计量加以确定。

涉及多项资产的非货币性资产交换，一般可以分为以下几种情况：

（1）资产交换具有商业实质，且各项换出资产和各项换入资产的公允价值均能够可靠计量。在这种情况下，换入资产的总成本应当以换出资产的公允价值总额为基础确定，除非有确凿证据表明换入资产的公允价值总额更加可靠。各项换入资产的成本，应当按照各项换入资产的公允价值占换入资产公允价值总额的比例，对换入资产的总成本进行分配，确定各项换入资产的成本。

（2）资产交换具有商业实质，换入资产的公允价值能够可靠计量，但换出资产的公允价值不能可靠计量。在这种情况下，换入资产的总成本应当以换入资产的公允价值总额为基础确定。各项换入资产的成本，应当按照各项换入资产的公允价值占换入

资产公允价值总额的比例，对换入资产的总成本进行分配，确定各项换入资产的成本。

（3）资产交换具有商业实质，换出资产的公允价值能够可靠计量，但换入资产的公允价值不能可靠计量。在这种情况下，换入资产的总成本应当以换出资产的公允价值总额为基础确定。各项换入资产的成本，应当按照各项换入资产的原账面价值占换入资产账面价值总额的比例，对按照换出资产公允价值总额确定的换入资产的总成本进行分配，确定各项换入资产的成本。

（4）资产交换不具有商业实质，或换入资产和换出资产的公允价值均不能可靠计量。在这种情况下，换入资产的总成本应当以换出资产的账面价值总额为基础确定。各项换入资产的成本，应当按照各项换入资产的原账面价值占换入资产账面价值总额的比例，对按照换出资产账面价值总额确定的换入资产的总成本进行分配，确定各项换入资产的成本。

实际上，上述第（1）（2）（3）种情况，换入资产的总成本是以公允价值计量的，但各单项换入资产成本的确定，视各单项换入资产的公允价值能否可靠计量而区别情况处理。

本节自测

上述第（4）种情况，属于不符合以公允价值计量的条件，换入资产的总成本按照换出资产的账面价值总额确定，各单项换入资产成本的确定，按照各单项换入资产的原账面价值占换入资产账面价值总额的比例确定。

复习思考题

1. 什么是非货币性资产和非货币性资产交换？
2. 如何认定非货币性资产交换？
3. 以公允价值计量的非货币性资产交换同时应当满足哪两个条件？
4. 如何确定以公允价值计量的非货币性资产交换中换入资产的成本？
5. 如何分别确定不涉及补价和涉及补价两种情况下换出资产的损益？

本章自测

推荐阅读

何丽娟．债务重组和非货币性资产交换的异同［J］．行政事业资产与财务，2020（21）：94-95.

第十一章

负债

学习目标

1. 掌握流动负债、非流动负债的概念及异同点；
2. 重点掌握流动负债、非流动负债包括的具体内容；
3. 掌握应付职工薪酬核算的内容及会计处理；
4. 掌握应交税费的核算内容及会计处理；
5. 掌握预计负债的确认条件及会计处理；
6. 基本掌握借款费用资本化的原则及会计处理；
7. 掌握债务重组的确认原则及会计处理。

第一节 流动负债

负债是指企业过去的交易或者事项形成的、预期会导致经济利益流出企业的现时义务。

负债通常具有以下几个基本特征：

（1）负债是基于企业过去的交易或者事项产生的，也就是说，导致负债的交易或者事项必须已经发生，企业正在筹划的未来交易或者事项并不会产生负债。

（2）负债是企业承担的现时义务，一般是由具有约束力的合同或因法定要求等产生的。所谓现时义务，是指企业在现行条件下已经承担的义务。未来的交易或者事项形成的义务不属于现时义务，因此也不属于负债。

（3）负债的发生往往伴随着资产或劳务的取得，或者费用或损失的发生，并且负债通常需要在未来某一特定时日用资产或劳务来偿付。

负债按照流动性分类，可分为流动负债和非流动负债。

流动负债是指预计在一个正常营业周期（或一个会计年度）内清偿，或者主要为交易目的而持有，或者自资产负债表日起一年内（含一年）到期应予以清偿，或者企业无权自主地将清偿推迟至资产负债表日后一年以上的负债。流动负债主要包括短期借款、应付票据、应付账款、合同负债、应付职工薪酬、应交税费、应付利息、应付股利、其他应付款等。

一、短期借款

（一）短期借款的核算内容

短期借款是指企业向银行或其他金融机构等借入的期限在一年以下（含一年）的各种借款，其通常是为满足正常生产经营的需要。无论借入款项的来源如何，企业均需要向债权人按期偿还借款的本金及利息。

（二）短期借款的会计处理

企业应设置“短期借款”科目，用来核算短期借款的取得及偿还情况。该科目贷方登记取得借款的本金数额，借方登记偿还借款的本金数额，余额在贷方，表示尚未偿还的短期借款。本科目可按借款种类、贷款人和币种进行明细核算。

在实务工作中，企业的短期借款利息一般采用月末预提的方式进行核算。短期借款利息属于筹资费用，应记入“财务费用”科目。

【例11-1】A股份有限公司于2×23年1月1日向银行借入一笔生产经营性短期借款，金额为120 000元，期限为9个月，年利率为8%。根据与银行签署的借款协议，该项借款的本金到期后一次性归还；利息分月预提，按季支付。A股份有限公司的账务处理如下：

（1）1月1日借入短期借款。

借：银行存款　　　　120 000

　贷：短期借款　　　　120 000

（2）1月月末计提本月利息费用。

本月利息费用=120 000×8%÷12=800（元）

借：财务费用　　800

　贷：应付利息　　800

本例中，短期借款利息800元属于企业的筹资费用，应记入“财务费用”科目。

2月月末计提2月利息费用的账务处理与1月相同。

（3）3月月末支付第一季度银行借款利息。

借：财务费用　　800（3月利息费用）

　　应付利息　　1 600（1月和2月预提利息）

　贷：银行存款　　2 400

本例中，1月和2月已经计提的利息为1 600元，应借记“应付利息”科目，3月应当计提的利息为800元，应借记“财务费用”科目；实际支付利息2 400元，应贷记“银行存款”科目。

第二、三季度的账务处理同上。

（4）10月1日偿还银行借款本金。

借：短期借款　　120 000

　贷：银行存款　　120 000

如果上述借款期限为8个月，则到期日为9月1日，8月月末之前的账务处理同上。9月1日偿还银行借款本金，同时支付7月和8月已提未付利息。

借：短期借款　　120 000

　　应付利息　　1 600

　贷：银行存款　　121 600

二、应付票据

（一）应付票据的核算内容

应付票据是指由出票人出票、委托付款人在指定日期无条件支付特定的金额给收款人或者持票人的票据。企业应设置“应付票据”科目进行核算。企业应设置“应付票据登记簿”，用于详细记录每一商业汇票的种类、号数、出票日期、到期日、交易合同号和收款人姓名或单位名称，以及付款日期和金额等资料。应付票据到期结清时，应当在备查簿内逐笔注销。

（二）应付票据的会计处理

1.带息票据

带息票据是指债务人到期还款时，除了偿还面值金额外，同时还要偿还按面值和票面利率计算的利息，即票据到期值等于面值加上利息。

对利息的会计处理可以采用两种方法：一种为按期计提利息，即期末按照面值和票面利率计算每期利息，借记“财务费用”科目，贷记“应付票据”科目；另一种为一次性入账，即票据到期时按照面值和票面利率计算全部利息，借记“财务费用”科目，贷记“银行存款”科目。

【例11-2】 A股份有限公司于2×23年11月1日向蓝天公司购入材料一批，价值100 000元，材料已验收入库。经双方协商，由购货方给销货方出具一张商业汇票，面值100 000元，票面利率6%，期限3个月，票据到期付款。假设不考虑增值税，A股份有限公司的账务处理如下：

(1) 购货方出具应付票据。

借：原材料　　100 000

　贷：应付票据——蓝天公司　　100 000

(2) 12月31日计提利息。

借：财务费用　　1 000

　贷：应付票据——蓝天公司　　1 000

(3) 应付票据到期。

借：应付票据——蓝天公司　　101 000

　　财务费用　　500

　贷：银行存款　　101 500

2.不带息票据

不带息票据是指债务人到期还款时，只偿还面值金额，即票据到期值等于面值。不带息票据有两种情况：一种为票据面值不含利息；另一种为票据面值含利息，只是未标明票面利率，可按实际利率折算成现值，将面值和利息分别核算。前一种情况按面值入账，后一种情况与带息票据的核算方法相同。

【例11-3】 沿用【例11-2】资料，假定购货方出具的票据为不带息票据（假设票据面值不含利息）。A股份有限公司的账务处理如下：

(1) 购货方出具应付票据。

借：原材料　　100 000

　贷：应付票据——蓝天公司　　100 000

(2) 应付票据到期。

借：应付票据——蓝天公司　　100 000

　贷：银行存款　　100 000

三、应付账款

(一) 应付账款的核算内容

应付账款是指企业因购买材料、商品或接受劳务等经营活动应支付的款项。应付账款一般应在企业已取得所购买物资的控制权或者已接受所购买的劳务时确认。

(二) 应付账款的会计处理

企业应设置"应付账款"科目，用来核算应付账款的发生、偿还、转销等情况。该科目贷方登记企业购买材料、商品或接受劳务等发生的应付账款，借方登记偿还的应付账款，或者开出商业汇票抵付应付账款的款项，或者已冲销的无法支付的应付账款，余额一般在贷方，表示企业尚未支付的应付账款金额。本科目一般应按债权人设置明细科目进行明细核算。

1.发生应付账款

企业购入材料、商品或接受劳务所产生的应付账款，应按应付账款金额入账。应付账款附有现金折扣条件的，应按扣除现金折扣之前的应付账款总额入账。因在折扣期限内付款而获得的现金折扣，应在偿付应付账款时抵减所购商品或接受劳务的成本。

【例 11-4】甲企业为增值税一般纳税人。2×23年3月1日，甲企业从A公司购入一批材料，货款100 000元，增值税13 000元，对方代垫运杂费1 000元。材料已运到并验收入库（该企业材料按实际成本计价核算），款项尚未支付。甲企业的账务处理如下：

借：原材料　　101 000
　　应交税费——应交增值税（进项税额）　　13 000
　贷：应付账款——A公司　　114 000

【例 11-5】乙百货商场于2×23年4月2日从A公司购入一批家电产品，并已验收入库。增值税专用发票上列明，该批家电的价款为100万元，增值税为13万元。按照购货协议的规定，乙百货商场如在15天内付清货款，将获得1%的现金折扣（假定计算现金折扣时需要考虑增值税）。乙百货商场的账务处理如下：

借：库存商品　　1 000 000
　　应交税费——应交增值税（进项税额）　　130 000
　贷：应付账款——A公司　　1 130 000

2.偿还应付账款

企业偿还应付账款或开出商业汇票抵付应付账款时，借记“应付账款”科目，贷记“银行存款”“应付票据”等科目。

【例 11-6】沿用【例 11-4】资料，2×23年3月31日，甲企业用银行存款支付前述应付账款。甲企业的账务处理如下：

借：应付账款——A公司　　114 000
　贷：银行存款　　114 000

【例 11-7】沿用【例 11-5】资料，假设乙百货商场于2×23年4月10日按照扣除现金折扣后的金额，用银行存款付清所欠A公司的货款。乙百货商场的账务处理如下：

借：应付账款　　1 130 000
　　库存商品　　-10 000
　贷：银行存款　　1 120 000

3.转销应付账款

企业转销确实无法支付的应付账款（如由于债权人撤销等原因而产生无法支付的应付账款），应按其账面余额计入营业外收入，借记“应付账款”科目，贷记“营业外收入”科目。

四、合同负债

（一）合同负债的核算内容

根据《企业会计准则第14号——收入》（2017）的规定，合同负债是指企业已收或应收客户对价而应向客户转让商品或提供劳务的义务，如企业在转让承诺的商品之前已经收取的款项。例如，企业与客户签订不可撤销的合同，向客户销售其生产的产品，合同开始日，企业收到客户支付的合同价款1 000元，相关产品将在2个月之后交付给客户。在这种情况下，企业应当将该1 000元作为合同负债进行处理。合同负债主要用于销售激励、客户奖励积分、未来购买商品的折扣券以及合同续约选择权等附有客户额外购买选择权的销售。因转让商品收到的预收账款适用收入准则进行会计处理时，不再使用"预收账款"科目。

（二）合同负债的会计处理

企业在向客户转让商品之前，如果客户已经支付了合同对价或企业已经取得了无条件收取合同对价的权利，则企业应当在客户实际支付款项与到期应支付款项孰早时点，将该已收或应收的款项列示为合同负债。

企业向客户预收销售商品款项的，应当首先将该款项确认为负债，待履行了相关履约义务后，再转为收入（如预售卡、充值卡等）。

（1）预收销售商品款项时：

借：银行存款

　贷：合同负债

（2）客户消费时或权利失效时：

借：合同负债

　贷：主营业务收入

【例11-8】2×23年4月5日，按照合同约定，华联公司从阳光公司订购一批商品，预付30%的订金，金额300万元，货物于2×23年6月5日交付，价款1 000万元，适用的增值税税率为13%。2×23年7月1日，阳光公司收到华联公司的尾款。

（1）4月5日，阳光公司收到华联公司的预付款。

借：银行存款	3 000 000	
贷：合同负债		3 000 000

（2）6月5日，货物交付。

借：合同负债	11 300 000	
贷：主营业务收入		10 000 000
应交税费——应交增值税（销项税额）		1 300 000

（3）7月1日，阳光公司收到华联公司的尾款。

借：银行存款	8 300 000	
贷：合同负债		8 300 000

五、应付职工薪酬

（一）职工薪酬的内容

职工薪酬是指企业为获得职工提供的服务或解除劳动关系而给予的各种形式的报酬或补偿。企业提供给职工配偶、子女、受赡养人、已故员工遗属及其他受益人等的福利，也属于职工薪酬。

职工是指与企业订立劳动合同的所有人员，含全职、兼职和临时职工，也包括虽未与企业订立劳动合同但由企业正式任命的人员。这里所称的"职工"比较宽泛，主要包括三类人员：一是与企业订立劳动合同的所有人员，含全职、兼职和临时职工；

二是未与企业订立劳动合同但由企业正式任命的企业管理层人员，如董事会成员等；三是在企业的计划和控制下虽未与企业订立劳动合同或未由其正式任命但为其提供与职工类似服务的人员。

职工薪酬主要包括短期薪酬、离职后福利、辞退福利和其他长期职工福利。

1.短期薪酬

短期薪酬，是指企业预期在职工提供相关服务的年度报告期间结束后12个月内将全部予以支付的职工薪酬，因解除与职工的劳动关系给予的补偿除外。因解除与职工的劳动关系给予的补偿，属于辞退福利的范畴。

（1）职工工资、奖金、津贴和补贴，是指按照构成工资总额的计时工资、计件工资、支付给职工的超额劳动报酬和增收节支的劳动报酬、为补偿职工特殊或额外的劳动消耗和因其他特殊原因支付给职工的津贴，以及为保证职工工资水平不受物价影响支付给职工的物价补贴等。其中，企业按照短期奖金计划向职工发放的奖金属于短期薪酬，按照长期奖金计划向职工发放的奖金属于其他长期职工福利。

（2）职工福利费，是指企业向职工提供的生活困难补助、丧葬补助费、抚恤费、职工异地安家费、防暑降温费等职工福利支出。

（3）医疗保险费、工伤保险费和生育保险费等社会保险费，是指企业按照国家规定的基准和比例计算，向社会保险经办机构缴纳的医疗保险费、工伤保险费和生育保险费。

（4）住房公积金，是指企业按照国家规定的基准和比例计算，向住房公积金管理机构缴存的住房公积金。

（5）工会经费和职工教育经费，是指企业为改善职工文化生活、为职工学习先进技术和提高文化水平及业务素质，用于开展工会活动和职工教育及职业技能培训等相关支出。

（6）短期带薪缺勤，是指职工虽然缺勤但企业仍向其支付报酬的安排，包括年休假、病假、婚假、产假、丧假、探亲假等。长期带薪缺勤属于其他长期职工福利。

（7）短期利润分享计划，是指因职工提供服务而与职工达成的基于利润或其他经营成果提供薪酬的协议。长期利润分享计划属于其他长期职工福利。

（8）非货币性福利，是指企业以自己的产品或外购商品发放给职工作为福利，或者企业提供给职工无偿使用自己拥有的资产或租赁资产供职工无偿使用等。

（9）其他短期薪酬，是指除上述薪酬以外的其他为获得职工提供的服务而给予的短期薪酬。

2.离职后福利

离职后福利，是指企业为获得职工提供的服务而在职工退休或与企业解除劳动关系后，提供的各种形式的报酬和福利，短期薪酬和辞退福利除外。

企业应当将离职后福利计划分类为设定提存计划和设定受益计划。离职后福利计划，是指企业与职工就离职后福利达成的协议，或者企业为向职工提供离职后福利制定的规章或办法等。其中，设定提存计划，是指向独立的基金缴存固定费用后，企业不再承担进一步支付义务的离职后福利计划；设定受益计划，是指除设定提存计划以外的离职后福利计划。

3.辞退福利

辞退福利，是指企业在职工劳动合同到期之前解除与职工的劳动关系，或者为鼓励职工自愿接受裁减而给予职工的补偿。

4.其他长期职工福利

其他长期职工福利，是指除短期薪酬、离职后福利、辞退福利之外所有的职工薪酬，包括长期带薪缺勤、长期残疾福利、长期利润分享计划等。

（二）短期薪酬的确认和计量

企业应当在职工为其提供服务的会计期间，将实际发生的短期薪酬确认为负债，并计入当期损益，其他相关会计准则要求或允许计入资产成本的除外。

1.一般短期薪酬的确认和计量

企业发生的职工工资、奖金、津贴和补贴等短期薪酬，应当根据职工提供服务情况和工资标准等计算应计入职工薪酬的工资总额，并按照受益对象计入当期损益或相关资产成本。

借：生产成本（一线生产人员工资）
　　制造费用（车间管理人员工资）
　　管理费用（行政管理人员工资）
　　销售费用（销售人员工资）
　　在建工程（在建工程人员工资）
　　研发支出（研发人员工资）
　贷：应付职工薪酬

企业发放职工薪酬时，应借记“应付职工薪酬”科目，贷记“银行存款”等科目。

企业为职工缴纳的医疗保险费、工伤保险费、生育保险费等社会保险费和住房公积金，以及按规定提取的工会经费和职工教育经费，应当在职工为其提供服务的会计期间，根据规定的计提基础和计提比例计算确定相应的职工薪酬金额，并确认相关负债，按照受益对象计入当期损益或相关资产成本。企业为职工缴纳社会保险费和住房公积金，借记“生产成本”“制造费用”“管理费用”“销售费用”“在建工程”“研发支出”科目，贷记“应付职工薪酬”科目。

企业发生的职工福利费，应当在实际发生时根据实际发生额计入当期损益或相关资产成本。

企业向职工提供非货币性福利的，应当按照公允价值计量。企业以自产产品作为非货币性福利提供给职工的，应当按照该产品的公允价值和相关税费确定职工薪酬金额，并计入当期损益或相关资产成本。相关收入的确认、销售成本的结转以及相关税费的处理，与企业正常销售商品的会计处理相同。企业以外购商品作为非货币性福利提供给职工的，应当按照该商品的公允价值和相关税费确定职工薪酬金额，并计入当期损益或相关资产成本。

（1）货币性职工薪酬的核算。

【例11-9】 2×23年7月，甲公司当月应发工资1 560万元，其中：生产部门生产工人工资1 000万元；生产部门管理人员工资200万元；管理部门管理人员工资360

万元。

根据甲公司所在地政府的相关规定，甲公司应当按照职工工资总额的10%和8%计提并缴存医疗保险费和住房公积金。甲公司分别按照职工工资总额的2%和1.5%计提工会经费和职工教育经费。假定不考虑其他因素以及所得税的影响。

根据上述资料，甲公司计算2×23年7月的职工薪酬金额如下：

应当计入生产成本的职工薪酬金额=1 000+1 000×（10%+8%+2%+1.5%）=1 215（万元）

应当计入制造费用的职工薪酬金额=200+200×（10%+8%+2%+1.5%）=243（万元）

应当计入管理费用的职工薪酬金额=360+360×（10%+8%+2%+1.5%）=437.40（万元）

甲公司有关账务处理如下：

借：生产成本	12 150 000	
制造费用	2 430 000	
管理费用	4 374 000	
贷：应付职工薪酬——工资		15 600 000
——住房公积金		1 560 000
——社会保险费		1 248 000
——工会经费		312 000
——职工教育经费		234 000

（2）非货币性职工薪酬的核算。

企业向职工提供的非货币性职工薪酬，应当针对下列两种情况分别进行处理：

①以自产产品或外购商品发放给职工作为福利。企业以自产产品作为非货币性福利提供给职工的，应当按照该产品的公允价值和相关税费计量应计入成本费用的职工薪酬金额，并确认为主营业务收入，相关销售成本的结转和相关税费的处理，与企业正常销售商品的会计处理相同；以外购商品作为非货币性福利提供给职工的，应当按照该商品的公允价值和相关税费计量应计入成本费用的职工薪酬金额。

需要注意的是，在以自产产品或外购商品发放给职工作为福利的情况下，企业在进行账务处理时，应当先通过“应付职工薪酬”科目归集当期应计入成本费用的非货币性职工薪酬金额，以确定完整准确的企业人工成本金额。

【例 11-10】 乙公司为一家生产彩电的企业，共有职工100名。2×23年2月，乙公司以其生产的成本为5 000元的液晶彩电作为春节福利发放给公司职工。该型号液晶彩电的售价为每台7 000元，适用的增值税税率为13%。假定乙公司的100名职工中，85名为直接参与生产的职工，15名为总部的管理人员。

企业以自己生产的产品作为福利发放给职工，应计入成本费用的职工薪酬金额以公允价值计量，计入主营业务收入，同时结转生产成本，根据相关税法规定，视同销售计算增值税销项税额。

彩电的售价总额=7 000×85+7 000×15=595 000+105 000=700 000（元）

彩电的增值税销项税额=85×7 000×13%+15×7 000×13%=77 350+13 650=91 000（元）

乙公司决定发放非货币性福利时，其账务处理如下：

借：生产成本	672 350
管理费用	118 650

贷：应付职工薪酬——非货币性福利　　791 000

乙公司实际发放非货币性福利时，其账务处理如下：

借：应付职工薪酬——非货币性福利　　791 000

贷：主营业务收入　　700 000

应交税费——应交增值税（销项税额）　　91 000

借：主营业务成本　　500 000

贷：库存商品　　500 000

②将拥有的房屋等资产无偿提供给职工使用，或租赁住房等资产供职工无偿使用。企业将拥有的房屋等资产无偿提供给职工使用的，应当根据受益对象，将住房每期应计提的折旧计入相关资产成本或费用，同时确认应付职工薪酬。租赁住房等资产供职工无偿使用的，应当根据受益对象，将每期应付的租金计入相关资产成本或费用，并确认应付职工薪酬。难以认定受益对象的，直接计入当期损益，并确认应付职工薪酬。

【例11-11】丙公司总部共有部门经理及以上管理人员30名，公司为每人配备一辆汽车供其免费使用，假定每辆汽车每月计提折旧500元；丙公司总部共有副总裁及以上高级管理人员5名，公司为每人租赁一套面积为100平方米带有家具和电器的公寓，假定每套公寓每月租金4 000元。丙公司每月的账务处理如下：

借：管理费用　　35 000

贷：应付职工薪酬——非货币性福利　　35 000

借：应付职工薪酬——非货币性福利　　35 000

贷：累计折旧　　15 000

其他应付款　　20 000

2.短期带薪缺勤的确认和计量

带薪缺勤应当根据其性质及职工享有的权利，分为累积带薪缺勤和非累积带薪缺勤两类。企业应当对累积带薪缺勤和非累积带薪缺勤分别进行会计处理。如果带薪缺勤属于长期带薪缺勤，企业应当将其作为其他长期职工福利处理。

（1）累积带薪缺勤，是指带薪权利可以结转下期的带薪缺勤，本期尚未用完的带薪缺勤权利可以在未来期间使用。企业应当在职工提供服务从而增加其未来享有的带薪缺勤权利时，确认与累积带薪缺勤相关的职工薪酬，并以累积未行使权利而增加的预期支付金额计量。有些累积带薪缺勤在职工离开企业时，对于未使用的权利，职工有权获得现金支付。职工在离开企业时能够获得现金支付的，企业应当确认企业必须支付的、职工全部累积未使用权利的金额。企业应当根据资产负债表日因累积未使用权利而导致预期支付的追加金额，作为累积带薪缺勤费用进行预计。

【例11-12】乙公司共有1 000名职工，从2×22年1月1日起，该公司实行累积带薪缺勤制度。该制度规定，每名职工每年可享受5个工作日的带薪年休假，未使用的年休假只能向后结转一个日历年度，超过1年未使用的，职工权利作废；职工休带薪年休假时，首先使用当年可享受的权利，不足部分再从上年结转的带薪年休假中扣除；职工离开公司时，对于未使用的累积带薪年休假，无权获得现金支付。

2×22年12月31日，每名职工当年平均未使用的带薪年休假为2天。乙公司预计

2×23年将有950名职工享受不超过5天的带薪年休假，剩余50名职工平均享受6天半的带薪年休假。假定这50名职工全部为总部管理人员，该公司每名职工平均每个工作日工资为500元。

根据上述资料，乙公司职工2×22年已休带薪年休假的，由于在休假期间照发工资，因此，相应的薪酬已经计入该公司每月确认的薪酬金额。与此同时，乙公司还需要预计职工2×22年享有但尚未使用的、预期将在下一年度使用的累积带薪缺勤，并计入当期损益或相关资产成本。本例中，乙公司预计2×23年由于职工累积未使用的带薪年休假权利而导致预期支付的工资负债为75天（50×1.5）的年休假工资金额37 500元（75×500），并作出如下账务处理：

借：管理费用　　37 500

　贷：应付职工薪酬——累积带薪缺勤　　37 500

（2）非累积带薪缺勤，是指带薪权利不能结转下期的带薪缺勤，本期尚未用完的带薪缺勤权利将予以取消，并且职工离开企业时也无权获得现金支付。企业职工休婚假、产假、丧假、探亲假、病假期间的工资，通常属于非累积带薪缺勤。由于职工提供服务本身不能增加其可以享受的福利金额，企业在职工未缺勤的情况下不应当计提相关费用和负债。为此，企业应当按照规定在职工实际发生缺勤的会计期间确认与非累积带薪缺勤相关的职工薪酬。企业确认职工享有的与非累积带薪缺勤权利相关的薪酬，视同职工出勤确认的当期损益或相关资产成本。通常情况下，与非累积带薪缺勤相关的职工薪酬已经包括在企业每期向职工发放的工资等薪酬中，因此，不必额外进行相应的账务处理。

3.短期利润分享计划（或奖金计划）的确认和计量

企业制订有短期利润分享计划的，如职工完成规定业绩指标，或者在企业工作特定期限以后，能够享有按照企业净利润的一定比例计算的薪酬，企业应当按照规定进行相应的会计处理。

短期利润分享计划同时满足下列条件的，企业应当确认相关的应付职工薪酬，并计入当期损益或相关资产成本：

（1）企业因过去事项导致现在具有支付职工薪酬的法定义务或推定义务；

（2）因利润分享计划所产生的应付职工薪酬义务能够可靠估计。

属于下列三种情形之一的，视为义务金额能够可靠估计：

（1）在财务报告批准报出之前企业已确定应支付的薪酬金额。

（2）该利润分享计划的正式条款中包括确定薪酬金额的方式。

（3）过去的惯例为企业确定推定义务金额提供了明显证据。

企业在计量利润分享计划产生的应付职工薪酬时，应当反映职工因离职而没有获得利润分享计划支付的可能性。

如果企业预期在职工为其提供相关服务的年度报告期间结束后12个月内，不需要全部支付利润分享计划产生的应付职工薪酬，该利润分享计划应当适用其他长期职工福利的有关规定。

企业根据经营业绩或职工贡献等情况提取的奖金，属于奖金计划，应当比照短期利润分享计划进行处理。

【例 11-13】丙公司于2×23年年初制订和实施了一项短期利润分享计划，以对公司管理层进行激励。该计划规定，公司全年的净利润指标为1 000万元，如果在公司管理层的努力下完成的净利润超过1 000万元，公司管理层将可以分享超过1 000万元净利润部分的10%作为额外报酬。假定截至2×23年12月31日，丙公司全年实际完成净利润1 500万元。假定不考虑离职等其他因素，则公司管理层按照利润分享计划可以分享利润50万元（（1 500-1 000）×10%）作为额外薪酬。丙公司2×23年12月31日的账务处理如下：

借：管理费用　　500 000

　贷：应付职工薪酬——利润分享计划　　500 000

（三）离职后福利的确认和计量

离职后福利包括退休福利（如养老金和一次性的退休支付）以及其他离职后福利（如离职后人寿保险和离职后医疗保障）。

职工正常退休时获得的养老金等离职后福利，是职工与企业签订的劳动合同到期或者职工达到国家规定的退休年龄时，获得的离职后生活补偿金额。企业给予补偿的事项，是职工在职时提供的服务而不是退休本身，因此，企业应当在职工提供服务的会计期间对离职后福利进行确认和计量。

企业应当按照企业承担的风险和义务情况，将离职后福利计划分类为设定提存计划和设定受益计划两种类型。

1.设定提存计划的确认和计量

设定提存计划，是指企业向单独主体（如基金等）缴存固定费用后，不再承担进一步支付义务的离职后福利计划。

对于设定提存计划，企业应当根据资产负债表日为换取职工在会计期间提供的服务而应向单独主体缴存的提存金，确认为职工薪酬负债，并计入当期损益或相关资产成本。

【例 11-14】沿用【例 11-9】资料，甲公司根据所在地政府的相关规定，按照职工工资总额的12%计提基本养老保险，缴存当地社会保险经办机构。2×23年7月，甲公司缴存的基本养老保险，应计入生产成本的金额为120万元，应计入制造费用的金额为24万元，应计入管理费用的金额为43.2万元。甲公司2×23年7月的账务处理如下：

借：生产成本　　1 200 000

　　制造费用　　240 000

　　管理费用　　432 000

　贷：应付职工薪酬——设定提存计划　　1 872 000

2.设定受益计划的确认和计量

设定受益计划，是指除设定提存计划以外的离职后福利计划。设定提存计划和设定受益计划的区分，主要取决于离职后福利计划的主要条款和条件所包含的经济实质。设定提存计划下，企业的义务以企业应向独立主体缴存的提存金金额为限，职工未来所能获得的离职后福利金额取决于向独立主体支付的提存金金额，以及提存金所产生的投资回报，因而精算风险和投资风险实质上要由职工来承担。设定受益计划下，企业的义务是为现在及以前的职工提供约定的福利，并且精算风险和投资风险实质上应由企业来承担。

（四）辞退福利的确认和计量

由于导致义务产生的事项是终止雇佣而不是为获得职工的服务，企业应当将辞退福利作为单独一类的职工薪酬进行会计处理。

企业在确定提供的经济补偿是否为辞退福利时，应当区分辞退福利和正常退休养老金。辞退福利是在职工与企业签订的劳动合同到期之前，企业根据法律规定与职工本人或职工代表（如工会）签订的协议，或者基于商业惯例，承诺当其提前终止对职工的雇佣关系时支付的补偿，引发补偿的事项是辞退。

对于职工虽然没有与企业解除劳动合同，但未来不再为企业提供服务，不能为企业带来经济利益，企业承诺提供实质上具有辞退福利性质的经济补偿的，如发生"内退"的情况，在其正式退休日期之前，应当比照辞退福利处理，在其正式退休日期之后，应当按照离职后福利处理。

企业向职工提供辞退福利的，应当在企业不能单方面撤回因解除劳动关系计划或裁减建议所提供的辞退福利时和企业确认涉及支付辞退福利的重组相关的成本或费用时两者孰早日，确认辞退福利产生的职工薪酬负债，并计入当期损益。

企业有详细的、正式的重组计划并且该重组计划已经对外公告时，表明已经承担了重组义务。重组计划包括重组涉及的业务、主要地点、需要补偿的职工人数及其岗位性质、预计重组支出、计划实施时间等。

企业应当严格按照辞退计划条款的规定，合理预计并确认辞退福利产生的负债。辞退福利的计量因辞退计划中职工有无选择权而有所不同。

（1）对于职工没有选择权的辞退计划，企业应当根据辞退计划条款规定的拟解除劳动关系的职工数量和每一职位的辞退补偿等计提应付职工薪酬（预计负债）。

（2）对于自愿接受裁减建议，因接受裁减的职工数量不确定，企业应当参照或有事项的规定，预计将会接受裁减建议的职工数量，根据预计的职工数量和每一职位的辞退补偿等计提应付职工薪酬（预计负债）。

（3）对于辞退福利预期在其确认的年度报告期间期末后12个月内完全支付的辞退福利，企业应当适用短期薪酬的相关规定。

（4）对于辞退福利预期在年度报告期间期末后12个月内不能完全支付的辞退福利，企业应当适用其他长期职工福利的相关规定，即实质性辞退工作在1年内实施完毕但补偿款项超过1年支付的辞退计划，企业应当选择恰当的折现率，以折现后的金额计量应计入当期损益的辞退福利金额。

【例11-15】丁公司为家用电器制造企业，2×22年9月，为了能够在下一年度顺利实施转产，公司管理层制订了一项辞退计划。该辞退计划规定，从2×23年1月1日起，公司将以职工自愿方式，辞退其平面直角系列彩电生产车间的职工。该辞退计划的详细内容，包括拟辞退的职工所在部门及数量、各级别职工能够获得的补偿以及计划大体实施的时间等。公司已与职工充分沟通，并达成一致意见，该辞退计划已于2×22年12月10日经董事会正式批准，并将于下一年度内实施完毕。根据职工的意愿，愿意接受辞退的职工的最可能数量为150名，预计补偿总额为1 700万元。丁公司的账务处理如下：

借：管理费用　　17 000 000

　贷：应付职工薪酬——辞退福利　　17 000 000

六、应交税费

企业根据税法规定，应当缴纳的各种税费包括增值税、消费税、城市维护建设税、资源税、企业所得税、土地增值税、房产税、车船税、城镇土地使用税、教育费附加、矿产资源补偿费、印花税、耕地占用税等。

企业应设置"应交税费"科目，用来总括反映各种税费的缴纳情况，并按照应交税费项目进行明细核算。该科目贷方登记应缴纳的各种税费，借方登记实际缴纳的税费；期末余额一般在贷方，反映企业尚未缴纳的税费，期末余额如在借方，则反映企业多交或尚未抵扣的税费。企业缴纳的印花税、耕地占用税等，不需要预计应交的税金，不通过"应交税费"科目核算。

（一）应交增值税

1.增值税概述

增值税是指对我国境内销售货物或者加工、修理修配劳务，销售服务、无形资产、不动产以及进口货物的增值额征收的一种流转税。增值税的纳税人是在我国境内销售货物或者加工、修理修配劳务，销售服务、无形资产、不动产以及进口货物的单位和个人。

按照纳税人的经营规模及会计核算的健全程度，增值税纳税人分为一般纳税人和小规模纳税人。一般纳税人应纳增值税税额，根据当期销项税额减去当期进项税额计算确定；小规模纳税人应纳增值税税额，按照销售额和规定的征收率计算确定。按照《中华人民共和国增值税暂行条例》的规定，企业购进货物、劳务、服务、无形资产、不动产支付或者负担的增值税（进项税额），可从按规定收取的增值税（销项税额）中抵扣。准予从销项税额中抵扣的进项税额通常包括：

（1）从销售方取得的增值税专用发票上注明的增值税税额。

（2）从海关取得的海关进口增值税专用缴款书上注明的增值税税额。

（3）购进农产品，除取得增值税专用发票或海关进口增值税专用缴款书外，按照农产品收购发票或销售发票上注明的农产品买价和9%的扣除率计算的进项税额。

（4）从境外单位或个人购进劳务、服务、无形资产或境内的不动产，从税务机关或扣缴义务人取得的代扣代缴税款的完税凭证上注明的增值税税额。

纳税人购进货物、劳务、服务、无形资产、不动产，取得的增值税扣税凭证不符合法律、行政法规或国务院税务主管部门有关规定的，其进项税额不得从销项税额中抵扣。

2.一般纳税人的核算

为了核算企业应交增值税的发生、抵扣、缴纳、退税及转出等情况，应在"应交税费"科目下设置"应交增值税""未交增值税""预交增值税"等明细科目，并在"应交增值税"明细科目内设置"进项税额""已交税金""销项税额""出口退税""进项税额转出""转出未交增值税""转出多交增值税""减免税款""出口抵减内销产品应纳税额”等专栏。

（1）购进货物、接受劳务或服务、取得无形资产或不动产。根据增值税专用发票上记载的应计入采购成本或应计入加工、修理修配等物资成本的金额，借记“材料采购”“在途物资”“原材料”“库存商品”“生产成本”“制造费用”“委托加工物资”“管理费用”等科目，根据增值税专用发票上注明的可抵扣的增值税税额，借记“应交税费——应交增值税（进项税额）”科目，按照应付或实际支付的总额，贷记“应付账款”“应付票据”“银行存款”等科目。购入货物发生退货的，作出相反的会计处理。

【例 11-16】甲企业购入原材料一批，增值税专用发票上注明货款80 000元，增值税税额10 400元，货物尚未到达，货款和进项税款已通过银行存款支付。该企业采用计划成本对原材料进行核算。甲企业的账务处理如下：

借：材料采购	80 000	
应交税费——应交增值税（进项税额）	10 400	
贷：银行存款		90 400

【例 11-17】D企业生产车间委托外单位修理机器设备，对方开来的增值税专用发票上注明修理费用20 000元，增值税税额2 600元，款项已通过银行存款支付。D企业的账务处理如下：

借：制造费用	20 000	
应交税费——应交增值税（进项税额）	2 600	
贷：银行存款		22 600

（2）进项税额转出。一般纳税人购进货物、加工修理修配劳务或服务、无形资产或不动产等发生非正常损失以及其他原因而不应从销项税额中抵扣的，应按规定转出进项税额。企业购进货物发生非正常损失（指因管理不善造成被盗、丢失、霉烂变质的损失，因地震、台风、海啸等不可抗力造成的货物损毁形成损失的，其进项税额可以从销项税额中抵扣，不需要进行进项税额转出处理），以及将购进货物改变用途（如用于非应税项目、免征增值税项目、集体福利或个人消费等），其进项税额应通过“应交税费——应交增值税（进项税额转出）”科目转入有关科目，借记“待处理财产损溢”“应付职工薪酬”等科目，贷记“应交税费——应交增值税（进项税额转出）”科目。属于转作待处理财产损失的进项税额，应与遭受非正常损失的购进货物、在产品或库存商品的成本一并处理。

【例 11-18】E企业库存材料因管理不善被盗，增值税专用发票确认的成本为10 000元，增值税税额为1 300元。E企业的账务处理如下：

借：待处理财产损溢——待处理流动资产损溢	11 300	
贷：原材料		10 000
应交税费——应交增值税（进项税额转出）		1 300

【例 11-19】F企业因管理不善丢失库存商品一批，其实际成本为80 000元，经确认损失外购材料的增值税税额为10 400元。F企业的账务处理如下：

借：待处理财产损溢——待处理流动资产损溢	90 400	
贷：库存商品		80 000
应交税费——应交增值税（进项税额转出）		10 400

(3) 发生应税销售行为。企业发生应税销售行为，按照销售收入和应收取的增值税税额，借记“应收账款”“应收票据”“银行存款”等科目，按照增值税专用发票上注明的增值税税额，贷记“应交税费——应交增值税（销项税额）”科目，按照实现的销售收入，贷记“主营业务收入”“其他业务收入”等科目。发生销售退回的，作出相反的会计处理。

【例11-20】K企业销售产品一批，价款100 000元，按规定应收取的增值税税额为13 000元，提货单和增值税专用发票已交给买方，款项尚未收到。K企业的账务处理如下：

借：应收账款	113 000	
贷：主营业务收入		100 000
应交税费——应交增值税（销项税额）		13 000

【例11-21】M企业为外单位代加工电脑桌400个，每个收取加工费100元，适用的增值税税率为13%，加工完成，款项已收到并存入银行。M企业的账务处理如下：

借：银行存款	45 200	
贷：主营业务收入		40 000
应交税费——应交增值税（销项税额）		5 200

(4) 视同销售行为。企业的某些交易或事项从会计角度看不属于销售行为，不能确认销售收入，但是按照税法规定，应视同对外销售处理，计算应交增值税。视同销售需要缴纳增值税的事项包括企业将自产或委托加工的货物用于非应税项目、集体福利或个人消费，将自产、委托加工或购买的货物作为投资分配给股东或投资者以及无偿赠送他人等。在这些情况下，企业应借记“长期股权投资”“应付职工薪酬”“营业外支出”等科目，贷记“应交税费——应交增值税（销项税额）”科目。

【例11-22】N企业将自己生产的产品发放给职工作为福利。该批产品的成本为200 000元，计税价格为300 000元，增值税税率为13%。N企业的账务处理如下：

借：应付职工薪酬	339 000	
贷：主营业务收入		300 000
应交税费——应交增值税（销项税额）		39 000
借：主营业务成本	200 000	
贷：库存商品		200 000

(5) 出口退税。企业出口产品按规定退税的，按应收的出口退税额，借记“其他应收款”科目，贷记“应交税费——应交增值税（出口退税）”科目。

(6) 转出多交增值税和未交增值税，以及缴纳增值税。为了分别反映增值税一般纳税人欠缴增值税和待抵扣增值税的情况，确保企业及时足额上缴增值税，避免出现企业利用以前月份欠缴增值税抵扣以后月份未抵扣增值税的情况，企业应在“应交税费”科目下设置“未交增值税”明细科目，核算月份终了企业从“应交税费——应交增值税”科目转入的当月未交或多交的增值税；同时，在“应交税费——应交增值税”科目下设置“转出未交增值税”和“转出多交增值税”专栏。月份终了，企业计算当月应交未交的增值税，借记“应交税费——应交增值税（转出未交增值税）”科目，贷记“应交税费——未交增值税”科目；当月多交的增值税，借记“应交税费——未交增值税”科目，贷记“应交税费——应交增值税（转出多交增值税）”科目。结转后，月份终了“应交税费——应交增值税”科目的余额，反映企业尚未抵扣的增值税。

值得注意的是，企业缴纳当月的增值税，仍然通过“应交税费——应交增值税（已交税金）”科目核算；缴纳以前各月未交的增值税，通过“应交税费——未交增值税”科目核算，而不通过“应交税费——应交增值税（已交税金）”科目核算。

【例11-23】某企业以银行存款缴纳本月增值税150 000元。该企业的账务处理如下：

借：应交税费——应交增值税（已交税金）　　150 000

　贷：银行存款　　150 000

【例11-24】某企业本月发生销项税额84 770元，进项税额转出24 578元，进项税额20 440元，已交增值税60 000元。该企业的账务处理如下：

本月未交增值税=84 770+24 578-20 440-60 000=28 908（元）

借：应交税费——应交增值税（转出未交增值税）　　28 908

　贷：应交税费——未交增值税　　28 908

3.小规模纳税人的核算

小规模纳税人应当按照不含税销售额和规定的增值税征收率计算缴纳增值税。小规模纳税人发生应税销售行为时，只能开具增值税普通发票，而不能开具增值税专用发票。小规模纳税人不享有进项税额的抵扣权，其购进货物或接受劳务支付的增值税，直接计入有关货物或劳务的成本。因此，小规模纳税人只需在“应交税费”科目下设置“应交增值税”明细科目，而不需在“应交增值税”明细科目内设置专栏。“应交税费——应交增值税”科目的贷方登记应缴纳的增值税，借方登记已缴纳的增值税；期末贷方余额为尚未缴纳的增值税，借方余额为多缴纳的增值税。

小规模纳税人购进货物或接受劳务时支付的增值税，应直接计入有关货物或劳务的成本，借记“材料采购”“在途物资”“原材料”等科目，贷记“银行存款”等科目。

【例11-25】某小规模纳税人购入材料一批，取得的增值税专用发票上注明货款20 000元，增值税税额2 600元，款项以银行存款支付，材料已验收入库（该企业材料按实际成本计价核算）。该企业的账务处理如下：

借：原材料　　22 600

　贷：银行存款　　22 600

本例中，小规模纳税人购进货物时支付的增值税2 600元，应直接计入有关货物的成本。

【例11-26】某小规模纳税人销售产品一批，开出的增值税普通发票上注明的货款（含税）为20 600元，增值税征收率为3%，款项已存入银行。该企业的账务处理如下：

不含税销售额=含税销售额÷（1+征收率）=20 600÷（1+3%）=20 000（元）

应纳增值税=不含税销售额×征收率=20 000×3%=600（元）

借：银行存款　　20 600

　贷：主营业务收入　　20 000

　　　应交税费——应交增值税　　600

【例11-27】沿用【例11-26】资料，该小规模纳税人月末以银行存款上缴增值税600元。该企业的账务处理如下：

借：应交税费——应交增值税　600

　贷：银行存款　600

（二）应交消费税

为了正确引导消费方向，国家在普遍征收增值税的基础上，选择部分消费品，再征收一道消费税。消费税实行从价定率、从量定额，或者从价定率和从量定额复合计税（以下简称复合计税）的办法计算应纳税额。应纳税额的计算公式如下：

实行从价定率办法计算的应纳税额=销售额×比例税率

实行从量定额办法计算的应纳税额=销售数量×定额税率

实行复合计税办法计算的应纳税额=销售额×比例税率+销售数量×定额税率

实行从价定率办法计征的应纳税额的税基为销售额，如果企业应税消费品的销售额中未扣除增值税税款，或者因不能开具增值税专用发票而发生价款和增值税税款合并收取的，在计算消费税时，按照公式“应税消费品的销售额=含增值税的销售额÷（1+增值税税率或征收率）”换算为不含增值税税款的销售额。实行从量定额办法计征的应纳税额的销售数量，是指应税消费品的数量；属于销售应税消费品的，为应税消费品的销售数量；属于自产自用应税消费品的，为应税消费品的移送使用数量；属于委托加工应税消费品的，为纳税人收回的应税消费品数量；进口的应税消费品，为海关核定的应税消费品进口征税数量。

纳税人自产自用的应税消费品，按照纳税人生产的同类消费品的销售价格计算纳税；没有同类消费品销售价格的，按照组成计税价格计算纳税。

（1）实行从价定率办法计算纳税的组成计税价格计算公式为：

组成计税价格=（成本+利润）÷（1-比例税率）

（2）实行复合计税办法计算纳税的组成计税价格计算公式为：

组成计税价格=（成本+利润+自产自用数量×定额税率）÷（1-比例税率）

委托加工的应税消费品，按照受托方的同类消费品的销售价格计算纳税；没有同类消费品销售价格的，按照组成计税价格计算纳税。

（1）实行从价定率办法计算纳税的组成计税价格计算公式为：

组成计税价格=（材料成本+加工费）÷（1-比例税率）

（2）实行复合计税办法计算纳税的组成计税价格计算公式为：

组成计税价格=（材料成本+加工费+委托加工数量×定额税率）÷（1-比例税率）

进口的应税消费品，按照组成计税价格计算纳税。

（1）实行从价定率办法计算纳税的组成计税价格计算公式为：

组成计税价格=（关税完税价格+关税）÷（1-消费税比例税率）

（2）实行复合计税办法计算纳税的组成计税价格计算公式为：

组成计税价格=（关税完税价格+关税+进口数量×消费税定额税率）÷（1-消费税比例税率）

1.会计科目的设置

企业按规定应缴纳的消费税，应当在“应交税费”科目下设置“应交消费税”明细科目核算。“应交消费税”明细科目的借方发生额，反映实际缴纳的消费税和代扣的消费税；贷方发生额，反映按规定应缴纳的消费税；期末贷方余额，反映尚未缴纳的消费税；期末借方余额，反映多交的或代扣的消费税。

2.销售应税消费品的会计处理

企业销售应税消费品应缴纳的消费税，应区分以下情况进行处理：

（1）企业将生产的产品直接对外销售的，对外销售产品应缴纳的消费税，通过“税金及附加”科目核算；企业按规定计算的应交消费税，借记“税金及附加”科目，贷记“应交税费——应交消费税”科目。

【例11-28】某企业为增值税一般纳税人，本期销售其生产的应税消费品，售价为48万元（不含应向购买者收取的增值税税额），产品成本为30万元。该产品的增值税税率为13%，消费税税率为10%。产品已经发出，符合收入确认条件，款项尚未收到。该企业的账务处理如下：

应向购买者收取的增值税税额=480 000×13%=62 400（元）

应交消费税=480 000×10%=48 000（元）

借：应收账款	542 400	
贷：主营业务收入		480 000
应交税费——应交增值税（销项税额）		62 400
借：税金及附加	48 000	
贷：应交税费——应交消费税		48 000
借：主营业务成本	300 000	
贷：库存商品		300 000

（2）企业利用应税消费品对外投资，或用于在建工程、非生产机构等其他方面按规定应缴纳的消费税，计入有关的成本。例如，企业以应税消费品对外投资，应交消费税计入投资的初始投资成本；企业将应税消费品用于在建工程项目，应交消费税计入在建工程的成本。

3.委托加工应税消费品的会计处理

按照税法规定，企业委托加工的应税消费品，由受托方在向委托方交货时代扣代缴税款（除受托加工或翻新改制金银首饰按规定由受托方缴纳消费税外）。委托加工的应税消费品，委托方用于连续生产应税消费品的，所纳税款准予按规定抵扣。这里的委托加工应税消费品，是指由委托方提供原料和主要材料，受托方只收取加工费和代垫部分辅助材料加工的应税消费品，对于由受托方提供原材料生产的应税消费品，或者受托方先将原材料卖给委托方，然后再接受加工的应税消费品，以及由受托方以委托方名义购进原材料生产的应税消费品，均不作为委托加工应税消费品，而应当按照销售自产应税消费品缴纳消费税。委托加工的应税消费品直接出售的，不再征收消费税。

在会计处理时，需要缴纳消费税的委托加工应税消费品，应于委托方提货时，由受托方代收代缴税款。

借：应收账款/银行存款等

　贷：应交税费——应交消费税

委托加工的应税消费品收回后直接用于销售的，委托方应将代收代缴的消费税计入委托加工的应税消费品成本。

借：委托加工物资/生产成本等

贷：应付账款/银行存款等

委托加工的应税消费品销售时，不需再缴纳消费税。

委托加工的应税消费品收回后用于连续生产应税消费品，按规定准予抵扣的，委托方应按代收代缴的消费税税款抵扣。

借：应交税费——应交消费税

贷：应付账款/银行存款等

委托加工的应税消费品所连续生产的应税消费品销售时，可抵扣原已缴纳的消费税，如果进一步加价销售，要就加价部分缴纳消费税。

委托加工或翻新改制金银首饰，按规定应由受托方缴纳消费税。企业应于向委托方交货时，按规定应缴纳的消费税，借记“税金及附加”科目，贷记“应交税费——应交消费税”科目。

【例11-29】某企业委托外单位加工材料（非金银首饰），原材料价款25万元，加工费用5万元，由受托方代收代缴的消费税0.5万元（暂不考虑增值税）。材料已经加工完毕并验收入库，加工费用尚未支付。假定该企业材料采用实际成本核算。

(1) 如果委托方将收回的委托加工物资用于继续生产应税消费品，则委托方的账务处理如下：

①发出材料。

借：委托加工物资	250 000	
贷：原材料		250 000

②支付加工费用和消费税。

借：委托加工物资	50 000	
应交税费——应交消费税	5 000	
贷：应付账款		55 000

③收回委托加工物资。

借：原材料	300 000	
贷：委托加工物资		300 000

(2) 如果委托方将收回的委托加工物资直接用于销售，则委托方的账务处理如下：

①发出材料。

借：委托加工物资	250 000	
贷：原材料		250 000

②支付加工费用和消费税。

借：委托加工物资	55 000	
贷：应付账款		55 000

③收回委托加工物资。

借：库存商品	305 000	
贷：委托加工物资		305 000

4.进口应税消费品的会计处理

企业需要缴纳消费税的进口应税消费品，其缴纳的消费税应计入该进口应税物资的成本。

借：固定资产/材料采购等

　贷：银行存款等

企业免征消费税的出口应税消费品，应区分不同情况进行账务处理：属于生产企业直接出口应税消费品或通过外贸企业出口应税消费品，按规定直接予以免税的，可以不计算应交消费税；属于委托外贸企业代理出口应税消费品的生产企业，应在计算消费税时，按应交消费税税额，借记“应收账款”科目，贷记“应交税费——应交消费税”科目。应税消费品出口收到外贸企业退回的税金时，借记“银行存款”科目，贷记“应收账款”科目。发生退关、退货而补交已退的消费税，作出相反的会计处理。

（三）其他应交税费

1.资源税

资源税是国家对在我国境内开采矿产品或者生产盐的单位和个人征收的一种税。资源税按照应税产品的课税数量和规定的单位税额计算，其计算公式为“应纳税额=课税数量×单位税额”。课税数量的确定方法为：开采或者生产应税产品销售的，以销售数量为课税数量；开采或者生产应税产品自用的，以自用数量为课税数量。

（1）科目设置。企业按规定应缴纳的资源税，在“应交税费”科目下设置“应交资源税”明细科目核算。“应交资源税”明细科目的借方发生额，反映已交的或按规定允许抵扣的资源税；贷方发生额，反映应缴纳的资源税；期末借方余额，反映多交的或尚未抵扣的资源税；期末贷方余额，反映尚未缴纳的资源税。

（2）销售产品或自产自用产品相关的资源税的会计处理。在会计核算时，企业按规定计算的销售应税产品应缴纳的资源税，借记“税金及附加”科目，贷记“应交税费——应交资源税”科目。企业计算的自产自用应税产品应缴纳的资源税，借记“生产成本”“制造费用”等科目，贷记“应交税费——应交资源税”科目。

【例11-30】某企业将自产的煤炭1 500吨用于产品生产，每吨煤炭应交资源税5元。该企业的账务处理如下：

自产自用煤炭应交资源税=1 500×5=7 500（元）

借：生产成本	7 500	
贷：应交税费——应交资源税		7 500

（3）收购未税矿产品相关资源税的会计处理。按照税法规定，收购未税矿产品的单位为资源税的扣缴义务人。企业应按收购未税矿产品实际支付的收购款以及代扣代缴的资源税，作为收购矿产品的成本，将代扣代缴的资源税，记入“应交税费——应交资源税”科目。

（4）外购液体盐加工固体盐相关资源税的会计处理。按照税法规定，企业外购液体盐加工固体盐的，所购液体盐缴纳的资源税可以抵扣。在会计核算时，购入液体盐时，按允许抵扣的资源税，借记“应交税费——应交资源税”科目，按外购价款扣除允许抵扣资源税后的数额，借记“材料采购”等科目，按应支付的全部价款，贷记

“银行存款”“应付账款”等科目；加工成固体盐后，在销售时，按计算的销售固体盐应缴纳的资源税，借记“税金及附加”科目，贷记“应交税费——应交资源税”科目；按销售固体盐应纳资源税抵扣液体盐已纳资源税后的差额上缴时，借记“应交税费——应交资源税”科目，贷记“银行存款”科目。

2.土地增值税

我国从1994年起开征土地增值税，转让国有土地使用权、地上建筑物及其附着物并取得收入的单位和个人，均应缴纳土地增值税。土地增值税按照转让房地产所取得的增值额和规定的税率计算征收。这里的增值额，是指转让房地产所取得的收入减除规定扣除项目金额后的余额。企业转让房地产所取得的收入，包括货币收入、实物收入和其他收入。计算土地增值额的主要扣除项目有：

(1) 取得土地使用权所支付的金额；

(2) 开发土地的成本、费用；

(3) 新建房屋及配套设施的成本、费用，或者旧房及建筑物的评估价格；

(4) 与转让房地产有关的税金。

在会计处理时，企业缴纳的土地增值税，通过“应交税费——应交土地增值税”科目核算。兼营房地产业务的企业，应由当期收入负担的土地增值税，借记“税金及附加”科目，贷记“应交税费——应交土地增值税”科目。转让的国有土地使用权、地上建筑物及其附着物一并在“固定资产”或“在建工程”科目内核算的，转让时应缴纳的土地增值税，借记“固定资产清理”“在建工程”科目，贷记“应交税费——应交土地增值税”科目。企业在项目全部竣工结算前转让房地产取得的收入，按规定预交的土地增值税，借记“应交税费——应交土地增值税”科目，贷记“银行存款”等科目；待该项房地产销售收入实现后，再按上述销售业务的会计处理方法进行处理。该项目全部竣工、办理结算后进行清算，收到退回的多交的土地增值税，借记“银行存款”等科目，贷记“应交税费——应交土地增值税”科目；补交的土地增值税，作出相反的会计处理。

3.房产税、城镇土地使用税、车船税和印花税

房产税是国家对在城市、县城、建制镇和工矿区内的房产征收的由产权所有人缴纳的一种税。房产税依照房产原值一次减除10%至30%后的余额计算缴纳。没有房产原值作为依据的，由房产所在地税务部门参考同类房产核定；房产出租的，以房产租金收入为房产税的计税依据。

城镇土地使用税是国家为了合理利用城镇土地，调节土地级差收入，提高土地使用效益，加强土地管理而开征的一种税。城镇土地使用税以纳税人实际占用的土地面积为计税依据，依照规定税额计算征收。

车船税由拥有并且使用车船的单位和个人缴纳。车船税按照适用税额计算缴纳。

(1) 企业按规定计算应缴纳的房产税、城镇土地使用税、车船税时：

借：税金及附加

　贷：应交税费——应交房产税（或应交城镇土地使用税、应交车船税）

(2) 企业实际上缴时：

借：应交税费——应交房产税（或应交城镇土地使用税、应交车船税）

贷：银行存款

印花税是对经济活动和经济交往中书立、领受、使用的应税经济凭证征收的一种税。印花税实行由纳税人根据规定自行计算应纳税额，购买并一次贴足印花税票的缴纳方法。应纳税凭证包括买卖合同、借款合同、租赁合同、承揽合同、建设工程合同、运输合同、技术合同、保管合同、仓储合同、财产保险合同等，以及产权转移书据、营业账簿、证券交易等。企业应就其所持合同或应税凭证的计税金额履行纳税义务。印花税实行比例税率，按照凭证所标明的确定金额按比例计算应纳税额。企业缴纳的印花税，不会发生应付未付税款的情况，不需要预计应纳税金额，同时也不存在与税务部门结算或清算的问题。因此，企业缴纳的印花税不需要通过"应交税费"科目核算，购买印花税票时，直接借记"税金及附加"科目，贷记"银行存款"科目。

4.城市维护建设税

为了加强城市的维护建设，扩大和稳定城市维护建设资金的来源，国家开征城市维护建设税。

（1）企业按规定计算应缴纳的城市维护建设税时：

借：税金及附加

　贷：应交税费——应交城市维护建设税

（2）企业实际上缴时：

借：应交税费——应交城市维护建设税

　贷：银行存款

5.企业所得税

企业的生产、经营所得和其他所得，依照税法规定需要缴纳企业所得税。企业应缴纳的企业所得税，在"应交税费"科目下设置"应交企业所得税"明细科目核算；当期应计入损益的企业所得税，作为一项费用在净收益前扣除。企业按照一定方法计算应计入损益的企业所得税，借记"所得税费用"等科目，贷记"应交税费——应交企业所得税"科目。有关企业所得税的会计处理，参见本书第十三章内容。

6.耕地占用税

耕地占用税是国家为了利用土地资源，加强土地管理，保护农用耕地而征收的一种税。耕地占用税以实际占用的耕地面积计税，按照规定税额一次征收。企业缴纳的耕地占用税，不需要通过"应交税费"科目核算。企业按规定计算应缴纳的耕地占用税时，借记"在建工程"科目，贷记"银行存款"科目。

七、应付利息

应付利息用于核算企业按照合同约定应支付的利息，包括分期付息到期还本的长期借款、企业债券等应支付的利息。企业应当设置"应付利息"科目，按照债权人设置明细科目进行明细核算。该科目期末贷方余额，反映企业按照合同约定应支付但尚未支付的利息。

企业采用合同约定的名义利率计算确定利息费用时，应按合同约定的名义利率计算确定的应付利息的金额，借记"财务费用"科目，贷记"应付利息"科目；实际支付利息时，借记"应付利息"科目，贷记"银行存款"等科目。

【例 11-31】A企业借入期限为5年的长期借款5 000 000元，借款利率为3.5%，每年付息一次，期满后一次性还清本金。假定该笔业务不符合资本化条件。该企业的账务处理如下：

（1）每年计算确定利息费用。

每年应支付的利息费用=5 000 000×3.5%=175 000（元）

借：财务费用　175 000

　贷：应付利息　175 000

（2）每年实际支付利息。

借：应付利息　175 000

　贷：银行存款　175 000

八、应付股利

应付股利是指企业根据股东大会或类似机构审议批准的利润分配方案确定分配给投资者的现金股利或利润。企业应当设置“应付股利”科目，用来核算企业确定或宣告支付但尚未实际支付的现金股利或利润。该科目贷方登记应支付的现金股利或利润；借方登记实际支付的现金股利或利润。该科目期末贷方余额，反映企业应付未付的现金股利或利润。本科目应按照投资者设置明细科目进行明细核算。

企业根据股东大会或类似机构审议批准的利润分配方案，确认应付给投资者的现金股利或利润时，借记“利润分配——应付现金股利或利润”科目，贷记“应付股利”科目；向投资者实际支付现金股利或利润时，借记“应付股利”科目，贷记“银行存款”等科目。

【例 11-32】A有限责任公司2×23年度实现净利润8 000 000元，经董事会提议、股东大会通过，决定2×23年度分派股利5 000 000元。股利已通过银行存款支付。A有限责任公司的账务处理如下：

（1）确认应付股利。

借：利润分配——应付现金股利或利润　5 000 000

　贷：应付股利　5 000 000

（2）实际支付股利。

借：应付股利　5 000 000

　贷：银行存款　5 000 000

此外，需要说明的是，企业董事会或类似机构通过的利润分配方案中拟分配的现金股利或利润，不进行账务处理，不作为应付股利核算，但应在报表附注中披露。待股东大会通过后，再作出相应的会计处理。企业分配的股票股利，不通过“应付股利”科目核算。

九、其他应付款

其他应付款是指企业除应付票据、应付账款、应付职工薪酬、应交税费、应付股利等经营活动以外的其他各项应付、暂收的款项，如应付租入包装物租金、存入保证金等。企业应当设置“其他应付款”科目，用来核算其他应付款的增减变动及其结存情况，并按照其他应付款项目和对方单位（或个人）设置明细科目进行明细核算。该科目贷方登记发生的各种应付、暂收款项；借方登记偿还或转销的各种应付、暂收款项。该科目期末贷方余额，反映企业应付未付的其他应付款项。

企业发生其他各种应付、暂收款项时，借记“管理费用”“银行存款”等科目，贷记“其他应付款”科目；支付或退回其他各种应付、暂收款项时，借记“其他应付款”科目，贷记“银行存款”等科目。

【例 11-33】 2×23年1月1日，甲公司租入管理用办公设备一批，每月租金5 000元（不含税），按季支付。2×23年3月31日，甲公司以银行存款支付租金，取得的增值税专用发票上注明增值税税额1 950元。甲公司的账务处理如下：

（1）1月31日计提应付租入固定资产租金。

借：管理费用	5 000	
贷：其他应付款		5 000

2月月末计提应付租入固定资产租金的账务处理同上。

本节自测

（2）3月31日支付租金。

借：其他应付款	10 000	
管理费用	5 000	
应交税费——应交增值税（进项税额）	1 950	
贷：银行存款		16 950

第二节　非流动负债

一、长期借款

案例分析

长期借款，是指企业从银行或其他金融机构借入的期限在一年以上（不含一年）的各种借款。企业应当设置“长期借款”科目，并在该科目下设置“本金”“利息调整”“应计利息”等明细科目，核算借入长期借款、计提利息、还本付息等情况。

1.分期付息，到期一次还本

恒大负债危机成因及防范策略

企业借入各种长期借款时，借记“银行存款”科目，贷记“长期借款——本金”科目；按借、贷双方之间的差额，借记或贷记“长期借款——利息调整”科目。

资产负债表日，企业应按长期借款的摊余成本和实际利率计算确定长期借款的利息费用。

借：在建工程/财务费用（摊余成本与实际利率乘积）

贷：应付利息（借款本金与合同利率乘积）

按照两者的差额，借记或贷记“长期借款——利息调整”科目。

企业按期偿还利息时，借记“应付利息”科目，贷记“银行存款”科目。

企业归还长期借款时，借记“长期借款——本金”科目，贷记“银行存款”科目。

【例 11-34】 某企业为建造一幢厂房，于2×22年1月1日借入期限为2年的长期专门借款2 000 000元，款项已存入银行。借款利率为9%，每年付息一次，期满后一次性还清本金。2×22年年初，以银行存款支付工程价款1 200 000元，2×23年年初又以银行存款支付工程费用800 000元。该厂房于2×23年8月底完工，达到预定可使用状态。假定不考虑闲置的专门借款资金存款的利息收入或者投资收益。该企业的账务处理如下：

（1）2×22年1月1日，取得借款。

借：银行存款　　2 000 000

　贷：长期借款——本金　　2 000 000

（2）2×22年年初，支付工程价款。

借：在建工程　　1 200 000

　贷：银行存款　　1 200 000

（3）2×22年12月31日，计算2×22年度应计入工程成本的利息。

借款利息=2 000 000×9%=180 000（元）

借：在建工程　　180 000

　贷：应付利息　　180 000

（4）2×22年12月31日，支付借款利息。

借：应付利息　　180 000

　贷：银行存款　　180 000

（5）2×23年年初，支付工程价款。

借：在建工程　　800 000

　贷：银行存款　　800 000

（6）2×23年8月底，达到预定可使用状态，计算该期应计入工程成本的利息。

借款利息=2 000 000×9%÷12×8=120 000（元）

借：在建工程　　120 000

　贷：应付利息　　120 000

借：固定资产　　2 300 000

　贷：在建工程　　2 300 000

（7）2×23年12月31日，计算2×23年9至12月应计入财务费用的利息。

借款利息=2 000 000×9%÷12×4=60 000（元）

借：财务费用　　60 000

　贷：应付利息　　60 000

（8）2×23年12月31日，支付利息。

借：应付利息　　180 000

　贷：银行存款　　180 000

（9）2×23年12月31日，到期还本。

借：长期借款——本金　　2 000 000

　贷：银行存款　　2 000 000

2.到期一次性还本付息

企业借入各种长期借款时，借记“银行存款”科目，贷记“长期借款——本金”

科目；按借、贷双方之间的差额，借记或贷记“长期借款——利息调整”科目。

资产负债表日，企业应按长期借款的摊余成本和实际利率计算确定长期借款的利息费用。

借：在建工程/财务费用（摊余成本与实际利率乘积）

　贷：长期借款——应计利息（借款本金与合同利率乘积）

按照两者的差额，借记或贷记“长期借款——利息调整”科目。

企业到期归还长期借款本金和利息时，借记“长期借款——本金”“长期借款——应计利息”科目，贷记“银行存款”科目。

二、应付债券

（一）一般公司债券

1.公司债券的发行

企业发行的期限在一年以上的债券，构成了企业的非流动负债。公司债券的发行方式有三种，即平价发行、溢价发行、折价发行。假设其他条件不变，债券的票面利率高于同期市场利率时，可按超过债券面值的价格发行，称为溢价发行。溢价是企业以后各期多付利息而事先得到的补偿。如果债券的票面利率低于同期市场利率，可按低于债券面值的价格发行，称为折价发行。折价是企业以后各期少付利息而预先给投资者的补偿。如果债券的票面利率与同期市场利率相同，可按票面价格发行，称为平价发行。溢价或折价是发行债券企业在债券存续期间内对利息费用的一种调整。

企业应当设置“应付债券”科目，并在该科目下设置“面值”“利息调整”“应计利息”等明细科目，核算发行应付债券、计提利息、还本付息等情况。

无论是按面值发行，还是溢价发行或折价发行，均按债券面值记入“应付债券”科目的“面值”明细科目，实际收到的款项与面值的差额，记入“利息调整”明细科目。企业发行债券时，借记“银行存款”科目，贷记“应付债券——面值”科目；按实际收到的款项与票面价值之间的差额，贷记或借记“应付债券——利息调整”科目。

2.利息调整的摊销

利息调整应在债券存续期间内采用实际利率法进行摊销。实际利率法是指按照应付债券的实际利率计算其摊余成本及各期利息费用的方法。其中，实际利率是指将应付债券在债券存续期间内的未来现金流量折现为该债券当前账面价值所使用的利率。

（1）资产负债表日，对于分期付息、一次还本的债券，企业应进行如下账务处理：

借：在建工程/制造费用/财务费用等（摊余成本与实际利率乘积）

　贷：应付利息（面值与票面利率乘积）

按照两者的差额，借记或贷记“应付债券——利息调整”科目。

【例 11-35】 2×18年12月31日，阳光公司经批准发行5年期一次还本、分期付息的公司债券10 000 000元，债券利息于每年12月31日支付，票面利率为6%。假定债券发行时的市场利率为5%，（P/F，5%，5）=0.7835，（P/A，5%，5）=4.3295。

债券实际发行价格=10 000 000×0.7835+10 000 000×6%×4.3295=10 432 700（元）

相关利息费用见表11-1。

表11-1 相关利息费用 单位：元

付息日期	支付利息	利息费用	摊销的利息调整	应付债券的摊余成本
2×18年12月31日				10 432 700.00
2×19年12月31日	600 000	521 635.00	78 365.00	10 354 335.00
2×20年12月31日	600 000	517 716.75	82 283.25	10 272 051.75
2×21年12月31日	600 000	513 602.59	86 397.41	10 185 654.34
2×22年12月31日	600 000	509 282.72	90 717.28	10 094 937.06
2×23年12月31日	600 000	505 062.94*	94 937.06	10 000 000.00

注：*尾数调整。

根据表11-1的资料，阳光公司的账务处理如下：

（1）2×18年12月31日，发行债券。

借：银行存款 10 432 700

　贷：应付债券——面值 10 000 000

　　　　　　——利息调整 432 700

（2）2×19年12月31日，计算利息费用。

借：财务费用 521 635

　　应付债券——利息调整 78 365

　贷：应付利息 600 000

借：应付利息 600 000

　贷：银行存款 600 000

2×20年、2×21年、2×22年确认利息费用的会计处理同上。

（3）2×23年12月31日，归还债券本金及最后一期利息费用。

借：财务费用 505 062.94

　　应付债券——面值 10 000 000.00

　　　　　　——利息调整 94 937.06

　贷：银行存款 10 600 000.00

（2）资产负债表日，对于一次性还本付息的债券，企业应按摊余成本和实际利率计算确定的债券利息费用，进行如下账务处理：

借：在建工程/制造费用/财务费用等

　贷：应付债券——应计利息

按照两者的差额，借记或贷记“应付债券——利息调整”科目。

3.债券的偿还

企业发行的债券通常分为两种：一种是到期一次性还本付息；另一种是一次还本、分期付息。

（1）采用到期一次性还本付息方式的，企业应于债券到期支付债券本息时，借记“应付债券——面值”“应付债券——应计利息 ”科目，贷记“银行存款”科目。

（2）采用一次还本、分期付息方式的，企业应于每期支付利息时，借记“应付利息”科目，贷记“银行存款”科目；债券到期偿还本金并支付最后一期利息时，借记“应付债券——面值”“在建工程”“财务费用”“制造费用”等科目，贷记“银行存款”科目；按借、贷双方之间的差额，借记或贷记“应付债券——利息调整”科目。

（二）可转换公司债券

可转换公司债券，是指发行人依照法定程序发行、在一定期限内依照约定的条件可转换为股票的公司债券。理解可转换公司债券的概念，应该注意以下几个方面：

（1）可转换公司债券是一种公司债券，与公司债券有共同之处：在可转换公司债券转换为股票之前，其特征和运作方式与公司债券相同，其实际上就是公司债券。如果是附息债券，则按期支付利息；如果可转换公司债券在到期之前没有转换为股票，或者没有全部转换为股票，则这些可转换公司债券和一般意义上的公司债券一样，须还本付息。

（2）可转换公司债券与一般意义上的公司债券有着明显的区别：一般意义上的公司债券须在一定期限内按照约定的条件还本付息，还本付息全部完成以后，公司债券的寿命即完全结束；而可转换公司债券在转换为股票以后，其具有的公司债券特征全部消失，代之出现的是股票的特征。

（3）可转换公司债券的理论基础既有公司债券理论，也有股票理论。在可转换公司债券发行时，以公司债券理论为主，也须考虑股票理论；在可转换公司债券转换为股票时，在定价方面既适用公司债券定价理论，也须参考股票定价理论；在其转换为股票以后，则以股票理论为主。

可转换公司债券一般要经公司股东大会或董事会的决议通过才能发行，而且在发行时，应在发行条款中规定转换期限和转换价格。

我国发行可转换公司债券，采取记名式无纸化发行方式，债券最短期限为3年，最长期限为5年。企业发行的可转换公司债券，在“应付债券”科目下设置“可转换公司债券”明细科目核算。

企业发行的可转换公司债券，应当在初始确认时将其包含的负债成分和权益成分进行分拆，将负债成分确认为应付债券，将权益成分确认为其他权益工具。在进行分拆时，应当先对负债成分的未来现金流量进行折现确定负债成分的初始确认金额，再按发行价格总额扣除负债成分初始确认金额后的金额确定权益成分的初始确认金额。发行可转换公司债券发生的交易费用应当在负债成分和权益成分之间按照公允价值比例进行分摊。

借：银行存款

　贷：应付债券——可转换公司债券（面值）

　　其他权益工具

按照借、贷双方之间的差额，借记或贷记“应付债券——可转换公司债券（利息调整）”科目。

企业发行附有赎回选择权的可转换公司债券，其在赎回日可能支付的利息补偿金，即债券约定赎回届满日应当支付的利息减去应付债券票面利息的差额，应当在债券发行日至债券约定赎回届满日期间计提应付利息，计提的应付利息分别计入相关资产成本或财务费用。

【例11-36】阳光公司经批准于2×22年1月1日发行5年期一次还本、按年付息的可转换公司债券，面值10 000 000元，发行价格10 200 000元，款项已收存银行，债券票面年利率为4%。债券发行1年后可转换为普通股股票，初始转股价为每股5元，股票面值为每股1元。债券持有人若在当期付息之前转换股票的，应按债券面值和应计利息之和除以转股价计算转换的股份数。假定2×23年1月1日债券持有人将持有的可转换公司债券全部转换为普通股股票，阳光公司发行可转换公司债券时二级市场上与之类似的没有附带转换权的债券市场利率为6%。相关账务处理如下：

（1）2×22年1月1日：

可转债负债成分的公允价值=10 000 000×（P/F，6%，5）+400 000×（P/A，6%，5）

=10 000 000×0.7473+400 000×4.2124=9 157 960（元）

可转债权益成分的公允价值=10 200 000−9 157 960=1 042 040（元）

借：银行存款	10 200 000	
应付债券——可转换公司债券（利息调整）	842 040	
贷：应付债券——可转换公司债券（面值）		10 000 000
其他权益工具		1 042 040

（2）2×22年12月31日：

借：财务费用	549 477.60	
贷：应付利息		400 000.00
应付债券——可转换公司债券（利息调整）		149 477.60

（3）2×23年1月1日：

转换的股份数=10 400 000÷5=2 080 000（股）

借：应付债券——可转换公司债券（面值）	10 000 000.00	
其他权益工具	1 042 040.00	
贷：股本		2 080 000.00
资本公积——股本溢价		8 269 477.60
应付债券——可转换公司债券（利息调整）		692 562.40

三、长期应付款

长期应付款，是指企业除长期借款和应付债券以外的其他各种长期应付款项，如以分期付款方式购入固定资产发生的应付款项等。

企业购买资产延期支付有关价款，就是具有融资性质的延期付款购买资产。如果延期支付的购买价款超过正常信用条件，实质上具有融资性质的，所购资产的成本应当以延期支付购买价款的现值为基础确定。实际支付的价款与购买价款的现值之间的差额，应当在信用期间内采用实际利率法进行摊销，计入相关资产成本或当期损益。

具体来说，企业购入资产超过正常信用条件延期付款，实质上具有融资性质时：

借：固定资产（购买价款的现值和初始直接费用之和）

　　未确认融资费用

贷：长期应付款（应支付的价款总额）

银行存款等

【例11-37】阳光公司于2×22年1月1日购入一台大型设备，市场公允价值8 000万元。阳光公司现金流比较紧张，经与设备销售方协商，设备购买价款10 000万元，分5年支付，于每年1月10日支付2 000万元。阳光公司为此大型设备另需支付运输费、装卸费等100万元。相关账务处理如下：

（1）2×22年1月1日，购入固定资产。

8 000=2 000×（P/A，r，5），运用插值法计算可得，实际利率r=7.93%。

借：固定资产　　81 000 000

　　未确认融资费用　　20 000 000

　贷：长期应付款　　100 000 000

　　　银行存款　　1 000 000

（2）2×22年12月31日，摊销未确认融资费用。

借：财务费用　　6 344 000

　贷：未确认融资费用　　6 344 000

本节自测

（3）2×23年1月10日，支付款项。

借：长期应付款　　20 000 000

　贷：银行存款　　20 000 000

以后年度的会计处理略。

第三节　借款费用

一、借款费用概述

（一）借款费用的范围

借款费用是指企业因借入资金而付出的代价，包括借款利息、折价或溢价的摊销、辅助费用以及因外币借款而发生的汇兑差额等。企业发生的权益性融资费用，不应包括在借款费用中。

1.因借款而发生的利息

因借款而发生的利息，包括企业向银行或者其他金融机构等借入资金发生的利息、发行公司债券发生的利息，以及为购建或者生产符合资本化条件的资产而发生的带息债务所承担的利息等。

2.因借款而发生的折价或溢价的摊销

因借款而发生的折价或溢价，主要是指发行债券中的折价或溢价。发行债券中的折价或溢价，其实质是对债券票面利息的调整（将债券票面利率调整为实际利率），属于借款费用的范畴。

3.因借款而发生的辅助费用

因借款而发生的辅助费用，是指企业在借款过程中发生的诸如手续费、佣金、印刷费等费用。由于这些费用是因安排借款而发生的，也属于借入资金所付出的代价，因此属于借款费用的构成部分。

4.租赁负债的利息费用

租赁负债的利息费用，是指承租人根据《企业会计准则第21号——租赁》所确认的租赁负债每期发生的利息费用。

（二）借款的范围

1.专门借款

专门借款是指为购建或者生产符合资本化条件的资产而专门借入的款项。专门借款应当有明确的专门用途，即为购建或者生产某项符合资本化条件的资产而专门借入的款项，通常应当具有标明该用途的借款合同。

2.一般借款

一般借款是指除专门借款之外的借款。相对于专门借款而言，一般借款在借入时，其用途通常没有特别指出用于符合资本化条件的资产的购建或者生产。

（三）符合资本化条件的资产

符合资本化条件的资产，是指需要经过相当长时间的购建或者生产活动才能达到预定可使用或者可销售状态的固定资产、投资性房地产和存货等资产。建造合同成本、确认为无形资产的开发支出等在符合确认条件的情况下，也可以认定为符合资本化条件的资产。

分组任务

负债经营对公司价值的影响

符合资本化条件的存货，主要包括房地产开发企业开发的用于对外出售的房地产开发产品、企业制造的用于对外出售的大型机械设备等。这类存货通常需要经过相当长时间的购建或者生产过程才能达到预定可销售状态。其中，相当长时间是指为资产的购建或者生产所必需的时间，通常为1年以上（含1年）。

【例11-38】 ABC公司于2×23年1月1日用银行借款建设一幢简易厂房，厂房于当月25日完工，达到预定可使用状态。

本例中，尽管ABC公司的银行借款用于固定资产的购建，但由于该固定资产建造时间较短，不属于需要经过相当长时间的购建才能达到预定可使用状态的资产，因此，所发生的相关借款费用不应予以资本化计入在建工程成本，而应当根据发生额计入当期财务费用。

在实务工作中，如果由于人为或者故意等非正常因素导致资产的购建或者生产时间相当长的，该资产不属于符合资本化条件的资产。购入即可使用的资产，或者购入后需要安装但所需安装时间较短的资产，或者需要建造或者生产但所需建造或者生产时间较短的资产，均不属于符合资本化条件的资产。

【例11-39】 甲企业向银行借入资金分别用于生产A产品和B产品。其中，A产品的生产时间较短，为15天；B产品属于大型发电设备，生产时间较长，为1年零3个月。

为生产存货而借入的借款费用在符合资本化条件的情况下，应当予以资本化。本例中，由于A产品的生产时间较短，不符合需要经过相当长时间的生产才能达到预定可使用状态，因此，为A产品的生产而借入资金所发生的借款费用不应计入A产品的生产成本，而应计入当期财务费用。而B产品的生产时间较长，属于需要经过相当长时间的生产才能达到预定可销售状态的资产，因此符合资本化的条件，有关借款费用可以资本化，并计入B产品的成本。

二、借款费用的确认

借款费用的确认主要解决的是将每期发生的借款费用资本化计入相关资产成本，还是将有关借款费用费用化计入当期损益的问题。根据借款费用的有关规定，借款费用确认的基本原则是：企业发生的借款费用，可直接归属于符合资本化条件的资产的购建或者生产的，应当予以资本化，计入相关资产成本；其他借款费用，应当在发生时根据其发生额确认为费用，计入当期损益。

企业只有发生在资本化期间内的有关借款费用，才允许资本化。资本化期间的确定是借款费用确认和计量的重要前提。借款费用资本化期间，是指从借款费用开始资本化时点到停止资本化时点的期间，但不包括借款费用暂停资本化的期间。

（一）借款费用开始资本化的时点

借款费用可以开始资本化必须同时满足三个条件，即资产支出已经发生、借款费用已经发生、为使资产达到预定可使用或者可销售状态所必要的购建或生产活动已经开始。

1.“资产支出已经发生”的界定

资产支出已经发生，是指企业已经发生了支付现金、转移非现金资产或者承担带息债务形式所发生的支出。其中：

（1）支付现金，是指用货币资金支付符合资本化条件的资产的购建或者生产支出。

【例11-40】某企业用现金或银行存款购买为建造或者生产符合资本化条件的资产所需用材料，支付有关职工薪酬，向工程承包商支付工程进度款等，这些支出均属于资产支出。

（2）转移非现金资产，是指企业将自己的非现金资产直接用于符合资本化条件的资产的购建或者生产。

【例11-41】某企业将自己生产的产品，包括自己生产的水泥、钢材等，用于符合资本化条件的资产的建造或者生产，同时还将其用于向其他企业换取用于符合资本化条件的资产的建造或者生产所需用工程物资，这些产品成本均属于资产支出。

（3）承担带息债务，是指企业为了购建或者生产符合资本化条件的资产所需用物资等而承担的带息应付款项（如带息应付票据）。企业以赊购方式购买这些物资所产生的债务可能带息，也可能不带息。如果企业赊购这些物资承担的是不带息债务，就不应当将购买价款计入资产支出，因为该债务在偿付前不需要承担利息，也没有占用借款资金。企业只有等到实际偿付债务，发生资源流出时，才能将其作为资产支出。如果企业赊购物资承担的是带息债务，则要为该笔债务支付利息，这与企业向银行借入款项用以支付资产支出在性质上是一致的。所以，企业为购建或者生产符合资本化条件的资产而承担的带息债务应当作为资产支出，当该带息债务发生时，视同资产支出已经发生。

【例11-42】某企业因建设长期工程所需，于2×23年3月1日购入一批工程用物资，并开出一张20万元的带息银行承兑汇票，期限6个月，票面利率6%。

对于该事项，企业尽管没有为工程建设目的而直接支付现金，但其承担了带息债务，所以应当将20万元的购买工程用物资款作为资产支出，自3月1日开出银行承兑汇票起，即表明资产支出已经发生。

2.“借款费用已经发生”的界定

借款费用已经发生，是指企业已经发生了因购建或者生产符合资本化条件的资产而专门借入款项的借款费用或者所占用的一般借款的借款费用。

【例11-43】某企业为建造一幢建设期为2年的厂房，于2×23年1月1日从银行专门借入款项9 000万元，当日开始计息。

在这种情况下，企业在2×23年1月1日应当认为借款费用已经发生。

3.“为使资产达到预定可使用或者可销售状态所必要的购建或者生产活动已经开始”的界定

为使资产达到预定可使用或者可销售状态所必要的购建或者生产活动已经开始，是指符合资本化条件的资产的实体建造或者生产工作已经开始，例如，主体设备的安装、厂房的实际开工建造等。它不包括仅仅持有资产但没有发生为改变资产形态而进行的实质上的建造或者生产活动。

【例11-44】某企业为了建设写字楼而购置建筑用地，但是尚未开工兴建房屋，有关房屋实体建造活动也没有开始。

在这种情况下，即使企业为了购置建筑用地已经发生支出，也不应当认为为使资产达到预定可使用状态所必要的购建活动已经开始。

企业只有在上述三个条件同时满足的情况下，相关借款费用才可以开始资本化，只要其中任何一个条件没有满足，借款费用就不能开始资本化。

【例11-45】某企业专门借入款项用于建造一项符合资本化条件的固定资产，相关借款费用已经发生，同时固定资产的实体建造工作也已经开始，但该固定资产建造所需的物资等都是赊购或者客户垫付的（并且所形成的负债均为不带息负债），发生的相关薪酬等费用也尚未形成现金流出。

在这种情况下，固定资产建造本身并没有占用借款资金，没有发生资产支出，该事项尽管符合了借款费用开始资本化的第二、三个条件，但不符合借款费用开始资本化的第一个条件，因此所发生的借款费用不能开始资本化。

【例11-46】某企业为了建造一项符合资本化条件的固定资产，使用自有资金购置工程物资，该固定资产也已经开始动工兴建，但专门借款资金尚未到位，也没有占用一般借款资金。

在这种情况下，该事项尽管符合了借款费用开始资本化的第一、三个条件，但不符合借款费用开始资本化的第二个条件，因此所发生的借款费用不能开始资本化。

【例11-47】某企业为了建造某处符合资本化条件的厂房，已经使用银行存款购置水泥、钢材等物资，发生资产支出，相关借款也已经开始计息，但该厂房因各种原因迟迟未能开工兴建。

在这种情况下，该事项尽管符合了借款费用开始资本化的第一、二个条件，但不符合借款费用开始资本化的第三个条件，因此所发生的借款费用不能开始资本化。

（二）借款费用暂停资本化的期间

符合资本化条件的资产在购建或者生产过程中发生非正常中断且中断时间连续超

过3个月的，应当暂停借款费用的资本化。中断的原因必须是非正常中断，属于正常中断的，相关借款费用仍可资本化。

【例11-48】某企业于2×23年1月1日利用专门借款开工兴建一幢办公楼，支出已经发生，因此借款费用从当日起开始资本化。该工程预计于2×24年3月完工。2×23年5月15日，工程施工发生了安全事故，导致工程中断，直到同年9月10日才复工。

在这种情况下，该中断就属于非正常中断，因此，上述专门借款在2×23年5月15日至9月10日期间所发生的借款费用不应资本化，而应作为财务费用计入当期损益。

非正常中断，通常是由于企业管理决策方面的原因或者其他不可预见的原因等所导致的中断。比如，企业因与施工方发生质量纠纷，或者工程、生产用料没有及时供应，或者资金周转发生困难，或者施工、生产发生安全事故，或者发生与资产购建、生产有关的劳动纠纷等原因，导致资产购建或者生产活动发生中断，均属于非正常中断。

非正常中断与正常中断有着显著的不同。正常中断通常仅限于因购建或者生产符合资本化条件的资产达到预定可使用或可销售状态所必要的程序，或者事先可预见的不可抗力因素导致的中断。比如，某些工程建造到一定阶段必须暂停下来进行质量或安全检查，检查通过后才可继续下一阶段的建造工作，这类中断是在施工前可以预见的，而且是工程建造必须经过的程序，因此属于正常中断。某些地区的工程在建造过程中，由于可预见的不可抗力因素（如雨季或冰冻季节等原因）导致施工出现停顿的，也属于正常中断。

【例11-49】某企业在北方某地区建造工程期间遇上冰冻季节（通常为6个月），工程施工因此中断，待冰冻季节过后方能继续施工。

由于该地区在施工期间出现较长时间的冰冻为正常情况，由此导致的施工中断是由于可预见的不可抗力因素导致的中断，因此属于正常中断。在正常中断期间所发生的借款费用，可以继续资本化，计入相关资产成本。

（三）借款费用停止资本化的时点

购建或者生产符合资本化条件的资产达到预定可使用或者可销售状态时，借款费用应当停止资本化。在符合资本化条件的资产达到预定可使用或者可销售状态之后所发生的借款费用，应当在发生时根据其发生额确认为费用，计入当期损益。购建或者生产符合资本化条件的资产达到预定可使用或者可销售状态，可从以下几个方面进行判断：

（1）符合资本化条件的资产的实体建造（包括安装）或者生产工作已经全部完成或者实质上已经完成。

（2）所购建或者生产的符合资本化条件的资产与设计要求、合同规定或生产要求相符或者基本相符，即使有极个别与设计要求、合同规定或生产要求不相符的地方，也不影响其正常使用或者销售。

（3）继续发生在所购建或者生产的符合资本化条件的资产上的支出金额很少或者几乎不再发生。

所购建或者生产的资产分别建造、分别完工的，企业应当区别以下情况界定借款费用停止资本化的时点：

（1）如果企业所购建或者生产的符合资本化条件的资产的各部分分别完工，且每部分在其他部分继续建造或者生产过程中可供使用或者可对外销售，且为使该部分资产达到预定可使用或者可销售状态所必要的购建或者生产活动实质上已经完成的，应当停止与该部分资产相关的借款费用的资本化，因为该部分资产已经达到预定可使用或者可销售状态。

【例11-50】某企业利用借入资金建造由若干厂房组成的生产车间，每幢厂房的完工时间均不相同，但每幢厂房在其他厂房继续建造期间均可单独使用。

在这种情况下，当其中的一幢厂房完工并达到预定可使用状态时，企业应当停止该幢厂房相关借款费用的资本化。

【例11-51】阳光公司借入一笔款项，于2×22年2月1日采用出包方式开工兴建一幢办公楼。2×23年10月10日，该工程全部完工，达到合同要求。2×23年10月30日，该工程验收合格，并于11月15日办理工程竣工结算，于11月20日完成全部资产移交手续。2×23年12月1日，该办公楼正式投入使用。

在这种情况下，阳光公司应当将2×23年10月10日确定为工程达到预定可使用状态的时点并作为借款费用停止资本化的时点。后续的工程验收日、竣工结算日、资产移交日和投入使用日均不应作为借款费用停止资本化的时点，否则会导致资产价值和利润的高估。

（2）如果企业所购建或者生产的符合资本化条件的资产的各部分分别完工，但必须等到整体完工后才可供使用或者可对外销售的，应当在该资产整体完工时停止借款费用的资本化。在这种情况下，即使各部分资产已经完工，也不能认为该部分资产已经达到预定可使用或者可销售状态，企业只能在所购建的固定资产整体完工时，才能认为该资产已经达到预定可使用或者可销售状态，借款费用方可停止资本化。

【例11-52】某企业在建设某一涉及数项工程的钢铁冶炼项目时，每个单项工程都是根据各道冶炼工序设计建造的，只有在每项工程都建造完毕后，整个钢铁冶炼项目才能正式运转，达到生产和设计要求。

在这种情况下，每个单项工程完工后不应认为资产已经达到预定可使用状态，企业只有等到整个钢铁冶炼项目全部完工，达到预定可使用状态时，才能停止借款费用的资本化。

三、借款费用的会计处理

（一）借款利息资本化金额的确定

在借款费用资本化期间内，每一会计期间的利息（包括折价或溢价的摊销，下同）资本化金额，应当按照下列规定确定：

（1）为购建或者生产符合资本化条件的资产而借入专门借款的，应当以专门借款当期实际发生的利息费用减去将尚未动用的借款资金存入银行取得的利息收入或者进行暂时性投资取得的投资收益后的金额确定。

（2）为购建或者生产符合资本化条件的资产而占用一般借款的，应当根据累计资产支出超过专门借款部分的资产支出加权平均数乘以所占用一般借款的资本化率，计算确定一般借款应予以资本化的利息金额。资本化率应当根据一般借款加权平均利率计算确定。

（3）每一会计期间的利息资本化金额，不应当超过当期相关借款实际发生的利息金额。因此，企业在确定每期利息资本化金额时，应当首先判断符合资本化条件的资产在购建或者生产过程中所占用的资金来源。如果所占用的资金是专门借款资金，则应当在资本化期间内，根据每期实际发生的专门借款利息费用，确定应予以资本化的金额。在企业将闲置的专门借款资金存入银行取得利息收入或者进行暂时性投资获取投资收益的情况下，企业还应当将这些相关的利息收入或者投资收益从资本化金额中扣除，以如实反映符合资本化条件的资产的实际成本。

【例 11-53】 阳光公司于2×22年1月1日正式动工兴建一幢办公楼，工期预计为1年零6个月，工程采用出包方式，分别于2×22年1月1日、2×22年7月1日和2×23年1月1日支付工程进度款。阳光公司为建造办公楼，于2×22年1月1日专门借款2 000万元，借款期限为3年，借款利率为6%；于2×22年7月1日又专门借款4 000万元，借款期限为5年，借款利率为7%。借款利息按年支付，假定名义利率与实际利率相同。闲置借款资金均用于固定收益债券短期投资，该短期投资的月收益率为0.5%。该办公楼于2×23年6月30日完工，达到预定可使用状态。阳光公司为建造该办公楼发生的支出金额见表11-2。

表11-2　　**阳光公司工程建造支出表**　　单位：万元

日期	每期资产支出金额	累计资产支出金额	闲置借款资金用于短期投资金额
2×22年1月1日	1 500	1 500	500
2×22年7月1日	2 500	4 000	2 000
2×23年1月1日	1 500	5 500	500
总计	5 500		3 000

由于阳光公司使用了专门借款建造办公楼，而且办公楼建造支出没有超过专门借款金额，因此，该公司2×22年、2×23年为建造办公楼应予以资本化的利息金额计算如下：

（1）确定借款费用资本化期间为2×22年1月1日至2×23年6月30日。

（2）计算在资本化期间内专门借款实际发生的利息金额。

2×22年专门借款发生的利息金额=2 000×6%+4 000×7%÷12×6=260（万元）

2×23年1月1日至6月30日专门借款发生的利息金额=2 000×6%÷12×6+4 000×7%÷12×6=200（万元）

（3）计算在资本化期间内利用闲置的专门借款资金进行短期投资的收益。

2×22年短期投资收益=500×0.5%×6+2 000×0.5%×6=75（万元）

2×23年1月1日至6月30日短期投资收益=500×0.5%×6=15（万元）

（4）计算每期利息资本化金额。由于在资本化期间内专门借款利息费用的资本化金额应当以其实际发生的利息费用减去利用闲置的专门借款资金进行短期投资取得的投资收益后的金额确定，因此，阳光公司的账务处理如下：

2×22 年利息资本化金额=260−75=185（万元）

2×23 年利息资本化金额=200−15=185（万元）

①2×22年12月31日：

借：在建工程　　1 850 000

　　应收利息（或银行存款）　　750 000

　　贷：应付利息　　2 600 000

②2×23年6月30日：

借：在建工程　　1 850 000

　　应收利息（或银行存款）　　150 000

　　贷：应付利息　　2 000 000

企业购建或者生产符合资本化条件的资产时，如果专门借款资金不足而占用一般借款资金，或者企业为购建或者生产符合资本化条件的资产并没有借入专门借款而占用的都是一般借款资金，则企业应当根据为购建或者生产符合资本化条件的资产而发生的累计资产支出超过专门借款部分的资产支出加权平均数乘以所占用一般借款的资本化率，计算确定一般借款应予以资本化的利息金额。资本化率应当根据一般借款的加权平均利率计算确定。如果符合资本化条件的资产的购建或者生产没有借入专门借款，则应当以累计资产支出加权平均数为基础计算所占用的一般借款利息资本化金额。也就是说，企业占用一般借款资金购建或者生产符合资本化条件的资产时，一般借款的借款费用资本化金额的确定应当与资产支出相挂钩。

【例11-54】沿用【例11-53】资料，假定阳光公司没有为建造办公楼而专门借款，占用的都是一般借款资金。阳光公司为建造办公楼占用的一般借款资金有两笔：（1）向A银行长期贷款2 000万元，期限为2×21年12月1日至2×24年12月1日，年利率为6%，按年支付利息。（2）发行公司债券1亿元，于2×21年1月1日发行，期限为5年，年利率为8%，按年支付利息。假定这两笔一般借款除了用于办公楼建设外，没有用于其他符合资本化条件的资产的购建或者生产活动。假定全年按360天计算。

鉴于阳光公司建造办公楼并没有借入专门借款，而占用了一般借款资金，因此，该公司应当首先计算所占用一般借款的加权平均利率作为资本化率，然后计算建造办公楼的累计资产支出加权平均数，将其与资本化率相乘，计算求得当期应予以资本化的借款利息金额。具体计算过程如下：

（1）计算所占用一般借款资本化率。

一般借款资本化率=（2 000×6%+10 000×8%）÷（2 000+10 000）×100%=7.67%

（2）计算累计资产支出加权平均数。

2×22 年累计资产支出加权平均数=（1 500×360+2 500×180）÷360=2 750（万元）

2×23 年累计资产支出加权平均数=（4 000+1 500）×180÷360=2 750（万元）

（3）计算每期利息资本化金额和实际发生的借款利息。

2×22 年利息资本化金额=2 750×7.67%=210.93（万元）

2×22 年实际借款利息=2 000×6%+10 000×8%=920（万元）

2×23 年利息资本化金额=2 750×7.67%=210.93（万元）

2×23 年1月1日至6月30日实际借款利息=（2 000×6%+10 000×8%）×180÷360=460（万元）

（4）相关账务处理如下：

①2×22年12月31日：

借：在建工程	2 109 300	
财务费用	7 090 700	
贷：应付利息		9 200 000

②2×23年6月30日：

借：在建工程	2 109 300	
财务费用	2 490 700	
贷：应付利息		4 600 000

（二）借款辅助费用资本化金额的确定

辅助费用是企业为了安排借款而发生的必要费用，包括借款手续费（如发行债券手续费）、佣金等。如果企业不发生这些费用，就无法取得借款，因此，辅助费用是企业借入款项所付出的一种代价，是借款费用的有机组成部分。

对于企业发生的专门借款辅助费用，在所购建或者生产的符合资本化条件的资产达到预定可使用或者可销售状态之前发生的，应当在发生时根据其发生额予以资本化；在所购建或者生产的符合资本化条件的资产达到预定可使用或者可销售状态之后发生的，应当在发生时根据其发生额确认为费用，计入当期损益。上述予以资本化或计入当期损益的辅助费用的发生额，是根据《企业会计准则第22号——金融工具确认和计量》按照实际利率法所确定的金融负债交易费用对每期利息费用的调整额。借款实际利率与合同利率差异较小的，也可以采用合同利率计算确定利息费用。一般借款发生的辅助费用，也应当按照上述原则确定其发生额并进行会计处理。

（三）外币专门借款汇兑差额资本化金额的确定

当企业为购建或者生产符合资本化条件的资产所借入的专门借款为外币借款时，由于企业取得外币借款日、使用外币借款日和会计结算日往往并不一致，而外汇汇率又在随时发生变化，因此，外币借款会产生汇兑差额。相应地，在借款费用资本化期间内，为购建固定资产而专门借入的外币借款所产生的汇兑差额，是购建固定资产的一项代价，应当予以资本化，计入固定资产成本。出于简化核算的考虑，在资本化期间内，外币专门借款本金及其利息的汇兑差额，应当予以资本化，计入符合资本化条件的资产的成本。除外币专门借款之外的其他外币借款本金及其利息所产生的汇兑差额，应当作为财务费用，计入当期损益。

本节自测

第四节　债务重组

一、债务重组的定义和方式

（一）债务重组的定义

理论上，债务人应按期偿还债务，但在某些情况下，债权人与债务人出于某种原因会就债权债务重新协商，进行债务重组。债务重组是指在不改变交易对手方的情况下，经债权人和债务人协定或法院裁定，就清偿债务的时间、金额或方式等重新达成协议的交易。债务重组涉及债权人和债务人，对债权人而言为“债权重组”，对债务人而言为“债务重组”，为便于表述统称为“债务重组”。

（二）债务重组的方式

债务重组的方式主要包括：债务人以资产清偿债务、债务人将债务转为权益工具、修改其他条款，以及前述一种以上方式的组合。这些债务重组方式都是通过债权人和债务人重新协定或法院裁定达成的，与原来约定的偿债方式不同。

1.债务人以资产清偿债务

债务人以资产清偿债务，是指债务人转让其资产给债权人以清偿债务的债务重组方式。债务人用于偿债的资产通常是已经在资产负债表中确认的资产，如货币资金、应收账款、长期股权投资、投资性房地产、固定资产、在建工程、生产性生物资产、无形资产等。债务人以日常活动产出的商品或服务清偿债务的，用于偿债的资产可能体现为存货等资产。除上述已经在资产负债表中确认的资产外，债务人也可能以不符合确认条件而未确认的资产清偿债务。例如，债务人以未确认的内部产生的品牌清偿债务，债权人在获得的商标权符合无形资产确认条件的前提下作为无形资产核算。在少数情况下，债务人还可能以处置组（一组资产和与这些资产直接相关的负债）清偿债务。

2.债务人将债务转为权益工具

债务人将债务转为权益工具，在实务中通常称为“债转股”，是指债务人将债务转为债务人自身的普通股等权益工具。在会计处理上，其体现为股本、实收资本、资本公积等会计科目。

在实务中，有些债务重组名义上采用“债转股”的方式，但同时附加相关条款，如约定债务人在未来某个时点有义务以某一金额回购股权，或债权人持有的股份享有强制分红权等。债权人和债务人还可能协议以一项同时包含金融负债成分和权益工具成分的复合金融工具替换原债权债务，这类交易也不属于债务人将债务转为权益工具的债务重组方式。

3.修改其他条款

修改债权和债务的其他条款，是指债务人不以资产清偿债务，也不将债务转为权益工具，而是改变债权和债务的其他条款的债务重组方式，如调整债务本金、改变债务利息、变更还款期限等。经修改其他条款的债权和债务，分别形成重组债权和重组债务。

4.组合方式

组合方式是指债务人以资产清偿债务、将债务转为权益工具、修改其他条款三种方式中一种以上方式的组合清偿债务的债务重组方式。例如，债权人和债务人约定，由债务人以机器设备清偿一部分债务，将另一部分债务转为权益工具，调减剩余债务的本金，但利率和还款期限不变；再如，债务人以现金清偿部分债务，同时将剩余债务展期等。

二、债务重组的会计处理

（一）债务人以资产清偿债务的会计处理

1.债权人的核算

（1）债权人受让金融资产。

债权人受让包括现金在内的单项或多项金融资产的，应当按照《企业会计准则第22号——金融工具确认和计量》的规定进行确认和计量。金融资产初始确认时，应当以其公允价值计量，金融资产确认金额与债权终止确认日账面价值之间的差额，记入“投资收益”科目。

（2）债权人受让非金融资产。

债权人初始确认受让非金融资产时，应当按照下列原则以成本计量：

① 存货的成本，包括放弃债权的公允价值，以及使该资产达到当前位置和状态所发生的可直接归属于该资产的税金、运输费、装卸费、保险费等其他成本；

② 对联营企业或合营企业投资的成本，包括放弃债权的公允价值，以及可直接归属于该资产的税金等其他成本；

③ 投资性房地产的成本，包括放弃债权的公允价值，以及可直接归属于该资产的税金等其他成本；

④ 固定资产的成本，包括放弃债权的公允价值，以及使该资产达到预定可使用状态前所发生的可直接归属于该资产的税金、运输费、装卸费、安装费、专业人员服务费等其他成本，确定固定资产成本时，应当考虑预计弃置费用因素；

⑤ 无形资产的成本，包括放弃债权的公允价值，以及可直接归属于使该资产达到预定用途所发生的税金等其他成本。

放弃债权的公允价值与账面价值之间的差额，记入“投资收益”科目。

（3）债权人受让多项资产

债权人受让多项非金融资产，或者包括金融资产、非金融资产在内的多项资产的，金融资产应当按照《企业会计准则第22号——金融工具确认和计量》的规定确认和计量受让的金融资产；按照非金融资产在债务重组合同生效日的公允价值比例，对放弃债权在合同生效日的公允价值扣除受让金融资产当日公允价值后的净额进行分配，并以此为基础分别确定各项资产的成本。放弃债权的公允价值与账面价值之间的差额，记入“投资收益”科目。

2.债务人的核算

（1）债务人以金融资产清偿债务

债务人以单项或多项金融资产清偿债务的，债务的账面价值与偿债金融资产账面价值的差额，记入“投资收益”科目。偿债金融资产已计提减值准备的，应结转已计提的减值准备。对于以分类为以公允价值计量且其变动计入其他综合收益的债务工具投资清偿债务的，之前计入其他综合收益的累计利得或损失应当从其他综合收益中转出，记入“投资收益”科目。对于以指定为以公允价值计量且其变动计入其他综合收益的非交易性权益工具投资清偿债务的，之前计入其他综合收益的累计利得或损失应当从其他综合收益中转出，记入“盈余公积”“利润分配——未分配利润”等科目。

【例 11-55】 2×23年6月1日，阳光公司与华联公司就其之间的债权债务达成债务重组协议。华联公司欠阳光公司1 000万元的债务，经双方一致同意，华联公司以其持有的一项交易性金融资产（光明公司的股票）抵偿该债务，该项金融资产的成本720万元，公允价值变动150万元（借方），6月1日的公允价值920万元。阳光公司仍然将光明公司的股票作为交易性金融资产。阳光公司对华联公司的应收账款计提50

万元的坏账准备。6月1日相关手续办理完毕。

（1）债权人的账务处理：

借：交易性金融资产——成本　　9 200 000

　　坏账准备　　500 000

　　投资收益　　300 000

　贷：应收账款——华联公司　　10 000 000

（2）债务人的账务处理：

借：应付账款　　10 000 000

　贷：交易性金融资产——成本　　7 200 000

　　　　　　　　　——公允价值变动　　1 500 000

　　投资收益　　1 300 000

（2）债务人以非金融资产或者非金融资产与金融资产组合清偿债务

债务人以单项或多项非金融资产清偿债务，或者以包括金融资产和非金融资产在内的多项资产清偿债务的，不需要区分资产处置损益和债务重组损益，也不需要区分不同资产的处置损益，而应将所清偿债务账面价值与转让资产账面价值之间的差额，记入“其他收益——债务重组收益”科目。偿债资产已计提减值准备的，应结转已计提的减值准备。

【例 11-56】甲公司欠乙公司购货款370 000元，甲公司短期内无法支付已于2×23年5月1日到期的货款。2×23年7月1日，经双方协商，乙公司同意甲公司以其生产的产品偿还债务。该产品的公允价值（同计税价格）为250 000元，实际成本为180 000元。甲公司为增值税一般纳税人，适用的增值税税率为13%。乙公司于2×23年8月1日收到甲公司抵债的产品，并作为库存商品入库。乙公司对该项应收账款计提50 000元的坏账准备。该项应收账款的公允价值为300 000元。

（1）乙公司的账务处理如下：

库存商品的入账价值=300 000−250 000×13%=267 500（元）

应确认的投资收益=300 000−（370 000−50 000）=−20 000（元）

借：库存商品　　267 500

　　应交税费——应交增值税（进项税额）　　32 500

　　投资收益　　20 000

　　坏账准备　　50 000

　贷：应收账款　　370 000

（2）甲公司的账务处理如下：

借：应付账款　　370 000

　贷：库存商品　　180 000

　　　应交税费——应交增值税（销项税额）　　32 500

　　　其他收益——债务重组收益　　157 500

【例 11-57】阳光公司于2×22年11月1日销售给华联公司一批产品，价值4 500 000元（包括应收取的增值税税额），华联公司于2×23年2月1日尚未支付货款。华联公司短期内无法支付货款，当日与阳光公司协商，阳光公司同意华联公司以其所拥有并作为以公允价值计量且其变动计入当期损益的某公司股票和一项固定资产抵偿债务。该股票的账面价值1 800 000元（成本1 500 000元，公允价值变动300 000元），当日的公允价值2 000 000元；该固定资产的账面余额3 000 000元，已提折旧800 000元，已提减值准备500 000元。该固定资产的计税价格2 000 000元，适用的增值税税率为13%，华联公司支付清理费用120 000元。阳光公司为该固定资产支付装卸费、运输费100 000元，设备不需安装。假定阳光公司为该项应收账款计提坏账准备400 000元，当日该项应收账款的公允价值4 000 000元。用于抵债的股票和固定资产，当日办理相关转让手续，阳光公司将取得的股票作为以公允价值计量且其变动计入当期损益的金融资产处理。

（1）阳光公司的账务处理如下：

固定资产的入账价值=4 000 000−2 000 000−2 000 000×13%+100 000=1 840 000（元）

借：固定资产	1 840 000	
应交税费——应交增值税（进项税额）	260 000	
交易性金融资产——成本	2 000 000	
坏账准备	400 000	
投资收益	100 000	
贷：应收账款		4 500 000
银行存款		100 000

（2）华联公司的账务处理如下：

固定资产清理的账面价值=3 000 000−800 000−500 000+120 000=1 820 000（元）

应确认的其他收益=4 500 000−1 800 000−1 820 000−2 000 000×13%=620 000（元）

固定资产清理时：

借：固定资产清理	1 700 000	
累计折旧	800 000	
固定资产减值准备	500 000	
贷：固定资产		3 000 000

发生清理费用时：

借：固定资产清理	120 000	
贷：银行存款		120 000
借：应付账款	4 500 000	
贷：固定资产清理		1 820 000
应交税费——应交增值税（销项税额）		260 000
交易性金融资产——成本		1 500 000
——公允价值变动		300 000
其他收益——债务重组收益		620 000

（二）债务人将债务转为权益工具的会计处理

债务人将债务转为权益工具，债权人应当将受让的权益工具符合相应的资产定义和确认条件时予以确认，有可能确认为金融资产（交易性金融资产或其他权益工具投资）或长期股权投资。

1.债权人的核算

债权人受让权益工具作为金融资产核算的，应当按照金融资产规定进行确认和计量。债权人受让的金融资产，应当以公允价值计量，金融资产的公允价值与债权的账面价值之间的差额，记入“投资收益”科目。

债权人受让权益工具作为长期股权投资核算的，其入账价值包括放弃债权的公允价值以及相关应计入该资产成本的税金等其他成本。放弃债权的账面价值与公允价值之间的差额，记入“投资收益”科目。

2.债务人的核算

债务重组采用将债务转为权益工具方式进行的，债务人初始确认权益工具时，应当按照权益工具的公允价值计量，权益工具的公允价值不能可靠计量的，应当按照所清偿债务的公允价值计量。所清偿债务账面价值与权益工具确认金额之间的差额，记入“投资收益”科目。债务人因发行权益工具而支出的相关税费等，应当依次冲减资本溢价、盈余公积、未分配利润等。

【例11-58】2×23年7月1日，阳光公司应收华联公司账款的账面余额为800 000元，由于华联公司无法偿付应付账款，经协商采取将华联公司所欠债务转为华联公司股本的方式进行债务重组。假定华联公司普通股的面值为每股1元，华联公司以200 000股抵偿该项债务，股票市价为每股3元。阳光公司对该项应收账款计提坏账准备100 000元。股票登记手续已办理完毕，阳光公司将其作为以公允价值计量且其变动计入其他综合收益的金融资产。

（1）阳光公司的账务处理如下：

其他权益工具的入账价值=600 000元

放弃债权的账面价值=800 000-100 000=700 000（元）

应确认的投资收益=600 000-700 000=-100 000（元）

借：其他权益工具投资——成本	600 000	
坏账准备	100 000	
投资收益	100 000	
贷：应收账款		800 000

（2）华联公司的账务处理如下：

应确认的投资收益=800 000-200 000×3=200 000（元）

借：应付账款	800 000	
贷：股本		200 000
资本公积——股本溢价		400 000
投资收益		200 000

【例11-59】华联公司是阳光公司的重要客户，自2×22年以来华联公司经营不善，截至2×23年6月1日，华联公司欠阳光公司货款总计4 000万元，无法偿还。经双方协商，双方一致同意，将4 000万元的欠款转为阳光公司对华联公司的股权投资。该项应收账款的公允价值4 000万元，已计提300万元的坏账准备。华联公司以2 000万股抵偿该项负债，股票面值为每股1元，股票市价为每股2元。华联公司的总股本为10 000万股。债务重组后，阳光公司占有20%的股份，阳光公司向华联公司

董事会派驻一名董事。相关股权登记手续于2×23年6月1日办理完毕。2×23年6月1日，华联公司净资产的公允价值为22 000万元。

（1）阳光公司的账务处理如下：

长期股权投资的入账价值为放弃债权的公允价值4 000万元，放弃债权的账面价值为3 700万元（4 000–300），放弃债权的公允价值与账面价值之间的差额300万元计入投资收益。

借：长期股权投资	40 000 000	
坏账准备	3 000 000	
贷：应收账款		40 000 000
投资收益		3 000 000

长期股权投资的初始成本调整：

借：长期股权投资	4 000 000	
贷：营业外收入		4 000 000

（2）华联公司的账务处理如下：

借：应付账款	40 000 000	
贷：股本		20 000 000
资本公积——股本溢价		20 000 000

（三）修改其他条款的会计处理

1.债权人的核算

债务重组采用修改其他条款方式进行的，如果修改其他条款导致全部债权终止确认，债权人应当按照修改后的条款以公允价值初始计量新的金融资产，新金融资产的确认金额与债权终止确认日账面价值之间的差额，记入“投资收益”科目。

如果修改其他条款未导致债权终止确认的，债权人应当根据其分类，继续以摊余成本、以公允价值计量且其变动计入其他综合收益，或者以公允价值计量且其变动计入当期损益进行后续计量。对于以摊余成本计量的债权，债权人应当根据重新议定合同的现金流量变化情况，重新计算该重组债权的账面余额，并将相关利得或损失记入“投资收益”科目。重新计算的该重组债权的账面余额，应当根据将重新议定或修改的合同现金流量按照债权原实际利率折现的现值确定，购买的已经发生信用减值的重组债权，应当按照经信用调整的实际利率折现。对于修改或重新议定合同所产生的成本或费用，债权人应当调整修改后的重组债权的账面价值，并在修改后重组债权的剩余期限内摊销。

2.债务人的核算

如果修改其他条款导致全部债务终止确认的，债务人应当按照公允价值计量重组债务，终止确认的债务账面价值与重组债务确认金额之间的差额，记入“投资收益”科目。

如果修改其他条款未导致债务终止确认，或者仅导致部分债务终止确认的，对于未终止确认的部分债务，债务人应当根据其分类，继续以摊余成本、以公允价值计量且其变动计入当期损益或其他适当方式进行后续计量。对于以摊余成本计量的债务，债务人应当根据重新议定合同的现金流量变化情况，重新计算该重组债务的账面价值，并将相关利得或损失记入“投资收益”科目。

（四）组合方式的会计处理

1.债权人的核算

以组合方式进行债务重组，一般可以认为对全部债权的合同条款作出实质性修改，债权人应当按照修改的条款，以公允价值初始计量重组债权和受让的新金融资产，按照受让的金融资产以外的各项资产在债务重组合同生效日的公允价值比例，对放弃债权在合同生效日的公允价值扣除重组债权和受让的新金融资产当日公允价值后的净额进行分配，并以此为基础分别确定各项资产成本。放弃债权的公允价值与账面价值之间的差额，记入“投资收益”科目。

2.债务人的核算

债务人应当按照债务转为权益工具和修改其他债务条款方式的规定确认和计量权益工具和重组债务，所清偿债务的账面价值与转让资产的账面价值以及权益工具和重组债务的确认金额之和的差额，记入“其他收益”科目或“投资收益”科目。

三、债务重组的披露

债务重组中涉及的债权、重组债权、债务、重组债务和其他金融工具的披露，应当按照《企业会计准则第37号——金融工具列报》的规定处理。此外，债权人和债务人还应当在附注中披露与债务重组有关的额外信息。

（一）债权人的披露

债权人应当在附注中披露与债务重组有关的下列信息：

（1）根据债务重组方式，分组披露债权账面价值和债务重组相关损益。分组时，债权人可以按照以资产清偿债务方式、将债务转为权益工具方式、修改其他条款方式、组合方式为标准分组，也可以根据重要性原则以更细化的标准分组。

（2）债务重组导致的对联营企业或合营企业的权益性投资的增加额，以及该投资占联营企业或合营企业股份总额的比例。

（二）债务人的披露

债务人应当在附注中披露与债务重组有关的下列信息：

（1）根据债务重组方式，分组披露债务账面价值和债务重组相关损益。

（2）分组的标准与对债权人的要求类似。

（3）债务重组导致的股本等所有者权益的增加额。

本节自测

复习思考题

1.什么是负债？流动负债和非流动负债一般是如何区分的？各包括哪些内容？

2.应付职工薪酬包括哪些内容？应付职工薪酬应当如何计量？非货币性福利该如何核算？

3.一般纳税人和小规模纳税人在应交增值税方面的核算有什么不同？

4.借款费用包括哪些主要内容？借款费用资本化期间该如何确定？借款费用资本化金额该如何计算确定？

5.举例说明债务重组的含义及债务重组的方式。

本章自测

推荐阅读

魏中原．猪板块负债超 4 700亿 明年一季度或成上市猪企最难熬阶段［N］．第一财经日报，2023-10-24（A08）．

第十二章

所有者权益

学习目标

1. 理解所有者权益的含义及构成；

2. 了解实收资本（或股本）的主要法律规定；

3. 掌握股票发行与认购的会计处理方法；

4. 熟悉其他权益工具、资本公积、其他综合收益和留存收益的构成内容及会计处理方法。

第一节 实收资本、资本公积和其他权益工具

所有者权益是指企业资产扣除负债后由所有者享有的剩余权益。所有者权益来源于所有者投入的资本、直接计入所有者权益的利得和损失、留存收益等。直接计入所有者权益的利得和损失，是指不应计入当期损益、会导致所有者权益发生增减变动的、与所有者投入资本或者向所有者分配利润无关的利得或者损失。

所有者权益根据其核算的内容和要求，可分为实收资本（股本）、其他权益工具、资本公积、其他综合收益、盈余公积和未分配利润等部分。其中，盈余公积和未分配利润统称为留存收益。

一、实收资本

（一）实收资本确认和计量的基本要求

企业应当设置“实收资本”科目，核算企业接受投资者投入的实收资本。股份有限公司应将该科目改为“股本”。投资者可以用现金投资，也可以用现金以外的其他有形资产投资，符合国家规定比例的，还可以用无形资产投资。企业收到投资时，一般应作如下会计处理：

借：银行存款/无形资产/其他资产等

　贷：实收资本（有限责任公司）（注册资本）

　　　股本（股份有限公司）（股票面值/注册资本）

　　　资本公积——资本溢价/股本溢价

【例12-1】甲、乙、丙共同出资设立A有限责任公司，公司注册资本为20 000 000元，甲、乙、丙的持股比例分别为50%、30%和20%。2×23年1月5日，A有限责任公司如期收到各投资者一次性缴足的款项。A有限责任公司的账务处理如下：

借：银行存款	20 000 000	
贷：实收资本——甲		10 000 000
——乙		6 000 000
——丙		4 000 000

【例12-2】B股份有限公司发行普通股20 000 000股，每股面值1元，发行价格6元。股款120 000 000元已经全部收到，发行过程中发生相关税费70 000元。B股份有限公司的账务处理如下：

计入股本的金额=20 000 000×1=20 000 000（元）

计入资本公积的金额=（6-1）×20 000 000-70 000=99 930 000（元）

借：银行存款	119 930 000	
贷：股本		20 000 000
资本公积——股本溢价		99 930 000

“股本”科目核算股东投入股份有限公司的股本。企业应将核定的股本总额、股份总数、每股面值在股本科目中作备查记录。为提供企业股份的构成情况，企业可在“股本”科目下按股东单位或姓名设置明细账。企业的股本应在核定的股本总额范围

内发行股票取得，但值得注意的是，企业发行股票取得的收入与股本总额往往不一致。公司发行股票取得的收入大于股本总额的，称为溢价发行；小于股本总额的，称为折价发行；等于股本总额的，称为面值发行。我国不允许企业折价发行股票。

（二）实收资本增减变动的会计处理

公司增加注册资本的，有限责任公司股东认缴新增资本的出资和股份有限公司的股东认购新股，应当分别依照《公司法》设立有限责任公司缴纳出资和设立股份有限公司缴纳股款的有关规定执行。公司法定公积金转增为注册资本的，留存的该项公积金不少于转增前公司注册资本的25%。公司减少注册资本的，应当自公告之日起45日后申请变更登记，并应当提交公司在报纸上登载公司减少注册资本公告的有关证明和公司债务清偿或者债务担保情况的说明。公司减资后的注册资本不得低于法定的最低限额。

分组任务

企业利用实收资本可能会有哪些舞弊手段？如何防范？

1.实收资本增加的会计处理

（1）企业增加资本的一般途径

企业增加资本的途径一般有三条：

①将资本公积转为实收资本或者股本

借：资本公积——资本溢价/股本溢价

　贷：实收资本/股本

②将盈余公积转为实收资本

借：盈余公积

　贷：实收资本/股本

这里要注意的是，资本公积和盈余公积均属所有者权益。在转为实收资本或者股本时，企业如为独资企业，核算比较简单，直接结转即可；如为股份有限公司或有限责任公司，应按原投资者所持股份同比例增加各股东的股权。

③所有者（包括原企业所有者和新投资者）投入

借：银行存款/固定资产/无形资产/长期股权投资等

　贷：实收资本/股本

　　资本公积——资本溢价/股本溢价

【例12-3】A有限责任公司由甲、乙二人共同投资设立，原注册资本为20 000 000元，甲、乙出资分别为15 000 000元和5 000 000元。为了扩大经营规模，经批准，A有限责任公司按照原出资比例将资本公积6 000 000元转增资本。A有限责任公司的账务处理如下：

借：资本公积	6 000 000	
贷：实收资本——甲		4 500 000
——乙		1 500 000

（2）股份有限公司发放股票股利

股份有限公司采用发放股票股利方式实现增资的，在发放股票股利时，按照股东原来持有的股数分配。股东按所持股份比例分配的股利不足1股时，应采用恰当的方法处理。例如，经股东大会决议通过每10股送1股的股票股利分配方案（假定新股发行价格及面值与原股相同），对于所持股票不足10股的股东，将会发生不能领取1股的情况。在这种情况下，有两种方法可供选择：

① 将不足1股的股票股利改为现金股利，用现金支付；

② 由股东相互转让，凑为整股。

按照股东大会批准的利润分配方案分派的股票股利，应在办理增资手续后，借记“利润分配”科目，贷记“股本”科目。

(3) 可转换公司债券持有人行使转换权利

可转换公司债券持有人行使转换权利，将其持有的债券转换为股票的，按可转换公司债券的面值及利息调整借记“应付债券——可转换公司债券（面值、利息调整）”科目，按权益成分的金额借记“其他权益工具”，贷记“股本”科目，按其差额，贷记“资本公积——股本溢价”科目。

(4) 企业将重组债务转为资本

借：应付账款

　　贷：实收资本/股本（债权人因放弃债权而享有本企业股份的面值总额）

　　　　资本公积——资本溢价/股本溢价

按照上述差额，借记或贷记“投资收益”科目。

(5) 以权益结算的股份支付的行权

以权益结算的股份支付换取职工或其他方提供服务的，应在行权日根据实际行权情况确定的金额，借记“资本公积——其他资本公积”科目，贷记“实收资本/股本”科目。

2.实收资本减少的会计处理

企业实收资本减少的原因大体有两种：

(1) 资本过剩；

(2) 企业发生重大亏损。

企业因资本过剩而减资，一般要发还股款。有限责任公司和一般企业发还投资的会计处理比较简单，按法定程序报经批准减少注册资本的，借记“实收资本”科目，贷记“库存现金”“银行存款”等科目。

股份有限公司如采用发行股票的方式筹集股本，发还股款时，则要回购发行的股票，发行股票的价格与股票面值可能不同，回购股票的价格也可能与发行价格不同，会计处理较为复杂。股份有限公司为减少注册资本而回购本公司股份的，借记“库存股”科目，贷记“银行存款”科目。注销库存股时，应按股票面值和注销股数计算的股票面值总额借记“股本”科目，贷记“库存股”科目。按其差额，冲减股票发行时原记入资本公积的溢价部分，借记“资本公积——股本溢价”科目，回购价格超过上述冲减“股本”及“资本公积——股本溢价”科目的部分，应依次借记“盈余公积”“利润分配——未分配利润”等科目；如回购价格低于回购股份所对应的股本，所注销库存股的账面余额与所冲减股本的差额作为增加股本溢价处理，即借记“股本”科目，贷记“库存股”“资本公积——股本溢价”科目。

【例12-4】 B股份有限公司截至2×23年12月31日共发行股票30 000 000股，股票面值1元，资本公积（股本溢价）6 000 000元，盈余公积4 000 000元。经股东大会批准，B股份有限公司以现金回购本公司股票3 000 000股并注销。假定B股份有限公司按照每股5元的价格回购股票，不考虑其他因素，B股份有限公司的账务处理如下：

库存股的成本=3 000 000×5=15 000 000（元）

借：库存股　15 000 000
　贷：银行存款　15 000 000
借：股本　3 000 000
　资本公积——股本溢价　6 000 000
　盈余公积　4 000 000
　利润分配——未分配利润　2 000 000
　贷：库存股　15 000 000

【例12-5】沿用【例12-4】资料，假定B股份有限公司以每股0.9元的价格回购股票，其他条件不变。B股份有限公司的账务处理如下：

库存股的成本=3 000 000×0.9=2 700 000（元）

借：库存股　2 700 000
　贷：银行存款　2 700 000
借：股本　3 000 000
　贷：库存股　2 700 000
　　资本公积——股本溢价　300 000

由于B股份有限公司以低于面值的价格回购股票，股本与库存股成本的差额（300 000元）应作为增加资本公积处理。

二、资本公积

（一）资本公积概述

资本公积是企业收到投资者的超出其在企业注册资本（或股本）中所占份额的投资，以及其他资本公积等。资本公积包括资本溢价（或股本溢价）和其他资本公积等。

头脑风暴

资本公积（其他资本公积）与其他综合收益有什么区别？

资本溢价（或股本溢价）是企业收到投资者的超出其在企业注册资本（或股本）中所占份额的投资。形成资本溢价（或股本溢价）的原因有溢价发行股票、投资者超额缴入资本等。

其他资本公积，是指除资本溢价（或股本溢价）项目以外所形成的资本公积。企业一般应当设置“资本公积——资本溢价（或股本溢价）”“资本公积——其他资本公积”明细科目进行核算。

（二）资本公积的确认和计量

1.资本溢价或股本溢价的会计处理

（1）资本溢价

正常情况下，企业在正常生产经营过程中的资本利润率要高于初创阶段，由于这高于初创阶段的资本利润率是初创时必要的垫支资本带来的，企业创办者为此付出了代价，因此，相同数量的投资，出资时间不同，其对企业的影响程度就不同，由此带给投资者的权利也不同。往往早期出资带给投资者的权利要大于后期出资带给投资者的权利。所以，新加入的投资者要付出大于原投资者的出资额，才能取得与原投资者相同的投资比例。另外，原投资者原有投资在质量上发生了变化，在数量上也可能发生变化，这是因为企业经营过程中实现利润的一部分留在企业，形成留存收益，而留存收益也属于投资者权益，但其未转入实收资本。新加入的投资者如与原投资者共享这部分留存收益，也要求其付出大于原投资者的出资额，才能取得与原投资者相同的投资比例。投资者投入的资本中按其投资比例计算的出资额应记入“实收资本”科目，大于部分应记入“资本公积”科目。

例如，某有限责任公司由甲、乙、丙三位股东各自出资100万元设立。设立时的实收资本为300万元。经过3年的经营，该企业的留存收益为150万元。这时，又有丁投资者有意参股该企业，并表示愿意出资180万元，而仅占该企业股份的25%。在会计处理时，将丁股东投入资金中的100万元记入“实收资本”科目，其余80万元记入“资本公积”科目。

（2）股本溢价

股份有限公司是以发行股票的方式筹集股本的。股票是企业签发的证明股东按其所持股份享有权利和承担义务的书面证明。由于股东按其所持企业股份享有权利和承担义务，为了反映和便于计算各股东所持股份占企业全部股本的比例，企业的股本总额应按股票的面值与股份总数的乘积计算。国家规定，实收股本总额应与注册资本相等。因此，为提供企业股本总额及其构成与注册资本等信息，在采用与股票面值相同的价格发行股票的情况下，企业发行股票取得的收入应全部记入“股本”科目；在采用溢价发行股票的情况下，企业发行股票取得的收入相当于股票面值的部分记入“股本”科目，超出股票面值的溢价收入记入“资本公积——股本溢价”科目。因委托证券商代理发行股票而支付的手续费、佣金等，应从溢价发行收入中扣除，应按扣除手续费、佣金后的数额记入“资本公积——股本溢价”科目。

【例12-6】A公司委托B证券公司代理发行普通股2 000 000股，每股面值1元，按每股1.5元的价格发行。A公司与受托单位约定，按发行收入的3%收取手续费，从发行收入中扣除。假如收到的股款已存入银行。A公司的账务处理如下：

A公司收到受托单位交来的现金=2 000 000×1.5×（1−3%）=2 910 000（元）

应记入“资本公积”科目的金额=溢价收入−发行手续费

=2 000 000×（1.5−1）−2 000 000×1.5×3%

=910 000（元）

借：银行存款	2 910 000	
贷：股本		2 000 000
资本公积——股本溢价		910 000

2.其他资本公积的会计处理

（1）采用权益法核算的长期股权投资

长期股权投资采用权益法核算的，被投资单位除净损益、其他综合收益和利润分配以外的所有者权益的其他变动，投资企业按持股比例计算应享有的份额，应当增加或减少长期股权投资的账面价值，同时增加或减少资本公积（其他资本公积）。当处置采用权益法核算的长期股权投资时，应当将原计入资本公积（其他资本公积）的相关金额转入投资收益（除不能转入损益的项目外）。

（2）以权益结算的股份支付

以权益结算的股份支付换取职工或其他方提供服务的，应按照确定的金额，记入“管理费用”等科目，同时增加资本公积（其他资本公积）。在行权日，应按实际行权的权益工具数量计算确定的金额，借记“资本公积——其他资本公积”科目，贷记“实收资本/股本”“资本公积——资本溢价/股本溢价”科目。

3.资本公积转增资本的会计处理

按照《公司法》的规定，法定公积金（资本公积和盈余公积）转为资本时，所留存的该项公积金不得少于转增前公司注册资本的25%。经股东大会或类似机构决议通过，用资本公积转增资本时，应冲减资本公积，同时按照转增前的实收资本（或股本）的结构或比例，将转增的金额记入“实收资本”（或“股本”）科目下各所有者的明细分类账。

三、其他权益工具

（一）其他权益工具概述

金融工具是指形成一方的金融资产并形成其他方的金融负债或权益工具的合同。金融工具包括金融资产、金融负债和权益工具。权益工具，是指能证明拥有某家企业在扣除所有负债后的资产中的剩余权益的合同。金融负债与权益工具的主要区别在于：金融负债属于负债，需要偿还；权益工具属于权益，不需要偿还。常见的权益工具有普通股、普通股的认股权证等。常见的金融负债有短期借款、长期借款、应付债券、应付账款和应付票据等。

其他权益工具，是指企业发行的除普通股（作为实收资本或股本）以外，按照金融负债和权益工具区分原则分类为权益工具的其他权益工具。例如，企业发行的分类为权益工具的优先股、永续债等。优先股和永续债，可能是权益工具，也可能是金融负债，划分需要遵循实质重于形式的原则，通常来说，不能无条件避免归还本息义务的是金融负债，反之则是权益工具。

（二）其他权益工具的会计处理

企业应在所有者权益类科目中设置“其他权益工具”科目，核算企业发行的除普通股以外的归类为权益工具的各种金融工具。“其他权益工具”科目应按发行金融工具的种类等进行明细核算。

1.发行方发行的金融工具归类为权益工具的

借：银行存款等

　贷：其他权益工具——优先股、永续债等

2.其他权益工具存续期间股利分派

其他权益工具在存续期间分派股利的，作为利润分配处理。发行方应根据经批准的股利分配方案：

借：利润分配——应付优先股股利、应付永续债利息等

　贷：应付股利——优先股股利、永续债利息等

3.发行方发行的金融工具为复合金融工具

发行方发行的金融工具为复合金融工具的，应按实际收到的金额：

借：银行存款等

　贷：应付债券——优先股、永续债（面值）

按负债成分的公允价值与金融工具面值之间的差额，借记或贷记“应付债券——优先股、永续债等（利息调整）”科目，按实际收到的金额扣除负债成分的公允价值后的金额，贷记“其他权益工具——优先股、永续债”等科目。

4.其他权益工具转换为普通股

借：其他权益工具

　贷：实收资本/股本

本节自测

按其差额，贷记“资本公积——资本溢价（或股本溢价）”科目，如转股时金融工具的账面价值不足转换为1股普通股而以现金或其他金融资产支付的，还需按支付的现金或其他金融资产的金额，贷记“银行存款”等科目。

第二节　其他综合收益

一、其他综合收益概述

综合收益，是指企业在某一期间除与所有者以其所有者身份进行的交易之外的其他交易或事项所引起的所有者权益变动。综合收益总额项目反映净利润和其他综合收益扣除所得税影响后的净额相加后的合计金额。其他综合收益，是指企业根据其他会计准则的规定未在当期损益中确认的各项利得和损失。

二、其他综合收益分类

企业应当以扣除相关所得税影响后的净额在利润表上单独列示各项其他综合收益项目，并且其他综合收益项目应当根据其他相关会计准则的规定分为下列两类列报：

1.以后会计期间不能重分类进损益的其他综合收益项目，主要包括：

（1）重新计量设定受益计划净负债或净资产导致的变动。根据《企业会计准则第9号——职工薪酬》，有设定受益计划形式离职后福利的企业应当将重新计量设定受益计划净负债或净资产导致的变动计入其他综合收益，并且在后续会计期间不允许转回至损益。

（2）按照权益法核算的在被投资单位不能重分类进损益的其他综合收益变动中所享有的份额。根据《企业会计准则第2号——长期股权投资》，投资方取得长期股权投资后，应当按照应享有或应分担的被投资单位其他综合收益的份额，确认其他综合收益，同时调整长期股权投资的账面价值。投资单位在确定应享有或应分担的被投资单位其他综合收益的份额时，该份额的性质取决于被投资单位的其他综合收益的性质，即如果被投资单位的其他综合收益属于“以后会计期间不能重分类进损益”类别，则投资方确认的份额也属于“以后会计期间不能重分类进损益”类别。

（3）其他权益工具投资公允价值变动产生的其他综合收益

在初始确认时，企业可以将非交易性权益工具指定为以公允价值计量且其变动计入其他综合收益的金融资产，该指定一经作出，不得撤销，即当该类非交易性权益工具终止确认时原计入其他综合收益的公允价值变动损益不得重分类进损益。

2. 以后会计期间在满足规定条件时将重分类进损益的其他综合收益项目，主要包括：

（1）按照权益法核算的在被投资单位可重分类进损益的其他综合收益变动中所享有的份额。根据《企业会计准则第2号——长期股权投资》，投资方取得长期股权投资后，应当按照应享有或应分担的被投资单位其他综合收益的份额，确认其他综合收益，同时调整长期股权投资的账面价值。如果被投资单位的其他综合收益属于“以后会计期间在满足规定条件时将重分类进损益”类别，则投资方确认的份额也属于“以后会计期间在满足规定条件时将重分类进损益”类别。

（2）其他债权投资公允价值变动和债权投资重分类为其他债权投资产生的利得或损失。根据《企业会计准则第22号——金融工具确认和计量》，其他债权投资的公允价值变动产生的利得或损失计入其他综合收益，当该金融资产终止确认时，原计入其他综合收益的金额转入投资收益。债权投资重分类为其他债权投资，在重分类日，其他债权投资公允价值与债权投资的账面价值的差额计入其他综合收益，当其他债权投资终止确认时，原计入其他综合收益的金额应转入投资收益。

（3）根据相关会计准则规定的其他项目。比如根据《企业会计准则第3号——投资性房地产》，自用房地产或作为存货的房地产转换为以公允价值模式计量的投资性房地产在转换日公允价值大于账面价值部分计入其他综合收益；待该投资性房地产处置时，将该部分转入当期损益等。

本节自测

第三节　留存收益

一、盈余公积

（一）盈余公积的有关规定

根据《公司法》等有关法规的规定，企业当年实现的净利润，一般应当按照如下顺序进行分配：

（1）提取法定盈余公积金。公司制企业的法定盈余公积金按照税后利润的10%提取（非公司制企业也可按照超过10%的比例提取），在计算提取法定盈余公积的基数时，不应包括企业年初未分配利润。公司法定盈余公积金累计额为公司注册资本的50%以上时，可以不再提取。

（2）提取任意盈余公积金。公司从税后利润中提取法定盈余公积金后，经股东会或者股东大会决议通过，还可以从税后利润中提取任意盈余公积金。非公司制企业经类似权力机构批准也可提取任意盈余公积金。

案例分析

大明电子背债4.46亿元分红2.31亿元掏空公司

（3）向投资者分配利润或股利。公司弥补亏损和提取公积金后所余税后利润，有限责任公司股东按照实缴的出资比例分取红利，但全体股东约定不按照出资比例分取红利的除外；股份有限公司按照股东持有的股份比例分配，但股份有限公司章程规定不按持股比例分配的除外。

盈余公积是指企业按照规定从净利润中提取的各种积累资金。公司制企业的盈余公积分为法定盈余公积和任意盈余公积。两者的区别就在于其各自计提的依据不同。前者以国家的法律或行政规章为依据提取；后者则由企业自行决定提取。

企业提取盈余公积主要可以用于以下几个方面：

（1）弥补亏损。企业发生亏损时，应由企业自行弥补。弥补亏损的渠道主要有3条：①用以后年度税前利润弥补。按照现行制度的规定，企业发生亏损时，可以用以后5年内实现的税前利润弥补，即税前利润弥补亏损的期间为5年。②用以后年度税后利润弥补。企业发生的亏损经过5年期间未弥补足额的，尚未弥补的亏损应用所得税后的利润弥补。③以盈余公积弥补亏损。企业以提取的盈余公积弥补亏损时，应当由公司董事会提议，并经股东大会批准。

（2）转增资本。企业将盈余公积转增资本时，必须经股东大会决议通过。在实际将盈余公积转增资本时，要按股东原有持股比例结转。企业提取的盈余公积，无论是用于弥补亏损，还是用于转增资本，都只不过是企业所有者权益内部进行的结构上的调整。比如，企业以盈余公积弥补亏损时，实际是减少盈余公积留存的数额，以此抵补未弥补亏损的数额，并不引起企业所有者权益总额的变动；企业以盈余公积转增资本时，也只是减少盈余公积结存的数额，但同时增加企业实收资本或股本的数额，也并不引起所有者权益总额的变动。

（3）扩大企业生产经营。盈余公积的用途，并不是指其实际占用形态，提取盈余公积也并不是单独将这部分资金从企业资金周转过程中抽出。企业盈余公积的结存数，实际上只表现为企业所有者权益的组成部分，表明企业生产经营资金的一个来源而已。其形成的资金可能表现为一定的货币资金，也可能表现为一定的实物资产，如存货和固定资产等随同企业的其他来源所形成的资金进行循环周转，用于企业的生产经营。

（二）盈余公积的确认和计量

为了反映盈余公积的形成及使用情况，企业应设置“盈余公积”科目。企业应当设置“法定盈余公积”“任意盈余公积”明细科目进行明细核算。外商投资企业还应当设置“储备基金”“企业发展基金”明细科目进行明细核算。

企业提取盈余公积时，借记“利润分配——提取法定盈余公积”“利润分配——提取任意盈余公积”科目，贷记“盈余公积——法定盈余公积”“盈余公积——任意盈余公积”科目。外商投资企业按规定提取的储备基金、企业发展基金、职工奖励及福利基金，借记“利润分配——提取储备基金”“利润分配——提取企业发展基金”“利润分配——提取职工奖励及福利基金”科目，贷记“盈余公积——储备基金”“盈余公积——企业发展基金”“应付职工薪酬”科目。

企业用盈余公积弥补亏损或转增资本时，借记“盈余公积”科目，贷记“利润分配——盈余公积补亏”“实收资本/股本”科目。

经股东大会决议通过，用盈余公积派送新股时，借记“盈余公积”科目，贷记“股本”科目。

头脑风暴

保变电气：以未分配利润转增注册资本方式向维修公司增资2 000万元

二、未分配利润

未分配利润是企业留待以后年度进行分配的结存利润，也是企业所有者权益的组成部分。相对于所有者权益的其他部分来讲，企业对未分配利润的使用分配有较大的自主权。从数量上来讲，未分配利润是期初未分配利润加上本期实现的净利润，减去提取的各种盈余公积和分出利润后的余额。

复习思考题

本节自测

1. 直接计入所有者权益的利得和损失与计入当期损益的利得和损失有何区别？请举例说明。

2. 企业计提盈余公积金是否会引起未分配利润的减少？是否会引起所有者权益总额的增加或减少？

本章自测

3. 企业以盈余公积弥补亏损并不增加其所有者权益，企业这样做的目的可能是什么？

4. 我国上市公司增加股本的可能途径有哪些？

推荐阅读

中国政府网．永续债在国际上是一个成熟产品［EB/OL］．［2019-02-19］．https：//www.gov.cn/xinwen/2019-02/19/content_5366770.htm.

第十三章

收入、费用和利润

学习目标

1. 了解收入的概念、特征与分类；
2. 基本掌握和运用收入确认与计量的五步法模型；
3. 熟练掌握销售业务的一般会计处理；
4. 掌握销售折扣、折让与退回的会计处理；
5. 基本掌握特定交易的会计处理；
6. 了解费用的概念和分类，掌握费用的确认和计量，熟练掌握期间费用的核算，重点掌握生产成本的概念及生产费用的归集和分配；
7. 了解暂时性差异与永久性差异的概念；
8. 掌握递延所得税的会计处理；
9. 掌握本年利润的计算与结转，净利润的分配程序与会计处理方法。

第一节 收入

一、收入的概念、特征及分类

（一）收入的概念及特征

收入是指企业在日常活动中形成的、会导致所有者权益增加的、与所有者投入资本无关的经济利益的总流入。收入具有以下特征：

1.收入是企业在日常活动中形成的经济利益的总流入

日常活动，是指企业为完成其经营目标所从事的经常性活动以及与之相关的活动。企业销售商品、咨询公司提供咨询服务、软件研发企业为客户开发软件、安装公司提供安装服务、商业银行对外贷款、租赁公司出租资产等活动，均属于企业为完成其经营目标所从事的经常性活动，由此形成的经济利益的总流入构成收入。

2.收入会导致企业所有者权益的增加

收入形成的经济利益总流入的形式多种多样，既可能表现为资产的增加，如增加银行存款、应收账款；又可能表现为负债的减少，如减少合同负债；还可能表现为两者的组合，如销售实现时，部分冲减合同负债，部分增加银行存款。收入形成的经济利益总流入能增加资产或减少负债，或两者兼而有之。

企业为第三方或客户代收的款项，如企业代国家收取的增值税等，一方面增加企业的资产，另一方面增加企业的负债，并不增加企业的所有者权益，因此不构成企业的收入。

3.收入与所有者投入资本无关

所有者投入资本主要是为谋求享有企业资产的剩余权益，由此形成的经济利益的总流入不构成收入，而应确认为企业所有者权益的组成部分。

（二）收入的分类

1.按企业从事日常活动的性质分类

按企业从事日常活动的性质不同，收入分为以下三类：

（1）销售商品收入。销售商品收入是指企业通过销售商品实现的收入。这里的商品包括企业为销售而生产的产品和为转售而购进的商品。企业销售的其他存货如原材料、包装物等也视同商品。

（2）提供劳务收入。提供劳务收入是指企业通过提供劳务实现的收入。比如，企业通过提供旅游、运输、咨询、代理、培训、产品安装等劳务实现的收入。

（3）让渡资产使用权收入。让渡资产使用权收入是指企业通过让渡资产使用权实现的收入。让渡资产使用权收入包括利息收入和使用费收入。利息收入主要是指金融企业对外贷款形成的利息收入，以及同业之间发生往来形成的利息收入等。使用费收入主要是指企业转让无形资产（如商标权、专利权、专营权、版权）等资产的使用权形成的使用费收入。企业对外出租固定资产收取的租金、进行债权投资收取的利息、进行股权投资取得的现金股利等，也构成让渡资产使用权收入。

2.按企业经营业务的主次分类

按企业经营业务的主次不同，收入分为以下两类：

（1）主营业务收入。主营业务收入是指企业为完成其经营目标所从事的经常性活动实现的收入。主营业务收入一般占企业总收入的较大比重，对企业的经济效益产生较大影响。企业实现的主营业务收入通过“主营业务收入”科目核算，为取得主营业务收入发生的相关成本通过“主营业务成本”科目核算。

（2）其他业务收入。其他业务收入是指企业为完成其经营目标所从事的与经常性活动相关的活动实现的收入。其他业务收入属于企业日常活动中次要交易实现的收入，一般占企业总收入的比重较小。不同行业企业的其他业务收入所包括的内容不同。企业实现的原材料销售收入、包装物租金收入、固定资产租金收入、无形资产使用费收入等，通过“其他业务收入”科目核算，企业进行权益性投资或债权性投资取得的现金股利收入和利息收入，通过“投资收益”科目核算。通过“其他业务收入”科目核算的其他业务收入，需要通过“其他业务成本”科目核算为取得其他业务收入发生的相关成本。

二、收入确认与计量的基本方法

企业确认收入的方式，应当反映其向客户转让商品或服务的模式，确认金额应该反映企业因交付该商品或服务而预期有权获得的金额。具体地说，收入的确认与计量采用五步法模型：一是识别与客户订立的合同；二是识别合同中的单项履约义务；三是确定交易价格；四是将交易价格分摊至各单项履约义务；五是履行单项履约义务时确认收入。

（一）识别与客户订立的合同

合同，是指双方或多方之间订立有法律约束力的权利义务的协议，包括书面形式、口头形式以及其他可验证的形式（如隐含于商业惯例或企业以往的习惯做法中等）。客户是指与企业订立合同以向该企业购买其日常活动产出的商品或服务（以下简称“商品”）并支付对价的一方。

1.收入确认与计量的原则

企业应当在履行了合同中的履约义务，即在客户取得相关商品控制权时确认收入。取得相关商品控制权，是指能够主导该商品的使用并从中获得几乎全部的经济利益，也包括有能力阻止其他方主导该商品的使用并从中获得经济利益。客户是否取得商品控制权以及何时取得控制权应从客户角度分析，包括三个要素：

（1）能力。客户必须能够主导该商品的使用并从中获得几乎全部经济利益。即客户必须拥有现时权利，如果客户只能在未来的某一期间主导该商品的使用并从中获益，则表明其尚未取得该商品的控制权。

（2）主导该商品的使用。客户有能力主导该商品的使用，是指客户有权使用该商品，或者能够允许或阻止其他方使用该商品。

（3）能够获得几乎全部的经济利益。商品的经济利益，是指该商品的潜在现金流量，既包括现金流入的增加，也包括现金流出的减少。客户可以通过很多方式直接或间接地获得商品的经济利益，例如使用、消耗、出售或持有该商品、使用该商品提升其他资产的价值，以及将该商品用于清偿债务、支付费用或抵押等。

2.收入确认的前提条件

收入确认的一般原则是企业履行了合同中的履约义务，即取得的相关商品的控制权时确认收入，此处的合同还应满足下列条件：

（1）合同各方已批准该合同并承诺将履行各自义务；

（2）该合同明确了合同各方与所转让的商品或提供劳务（以下简称“转让商品”）相关的权利和义务；

（3）该合同有明确的与所转让的商品相关的支付条款；

（4）该合同具有商业实质，即履行该合同将改变企业未来现金流量的风险、时间分布或金额；

（5）企业因向客户转让商品而有权取得的对价很可能收回。

判断合同是否满足上述条件，应重点关注以下三方面：

（1）合同约定的权利和义务是否具有法律约束力。需要根据企业所处的法律环境和实务操作进行判断，包括合同订立的方式和流程、具有法律约束力的权利和义务的设立时间等。对于合同各方均有权单方面终止完全未执行的合同，且无须对合同其他方作出补偿的，企业应当视为该合同不存在。其中，完全未执行的合同，是指企业尚未向客户转让任何合同中承诺的商品，也尚未收取且尚未有权收取已承诺商品的任何对价的合同。

（2）合同具有商业实质，是指履行该合同将改变企业未来现金流量的风险、时间分布或金额。关于商业实质，应按照非货币性资产交换中的有关商业实质说明进行判断。

（3）企业在评估其因向客户转让商品而有权取得的对价是否很可能收回时，仅应考虑客户到期时支付对价的能力和意图（即客户的信用风险）。企业在进行判断时，应当考虑是否存在价格折让。存在价格折让的，应当在估计交易价格时进行考虑。企业预期很可能无法收回全部合同对价时，应当判断其原因是客户的信用风险还是企业向客户提供了价格折让所致。

对于不能同时满足上述收入确认的五个条件的合同，企业只有在不再负有向客户转让商品的剩余义务（例如，合同已完成或取消），且已向客户收取的对价（包括全部或部分对价）无须退回时，才能将已收取的对价确认为收入；否则，应当将已收取的对价作为负债进行会计处理。其中，企业向客户收取无须退回的对价的，应当在已经将该部分对价所对应的商品的控制权转移给客户，并且已不再向客户转让额外的商品且不再负有此类义务时，将该部分对价确认为收入；或者，在相关合同已经终止时，将该部分对价确认为收入。

【例13-1】甲公司是一家游艇制造公司，乙公司是一家新成立的旅游公司，乙公司决定开展长江豪华游业务，向甲公司订购一艘豪华游艇，合同价款2 000万元，该艘游艇的制造成本为1 200万元。根据合同约定，乙公司在合同开始日（2×23年1月1日）向甲公司支付首付款100万元，甲公司向乙公司交付游艇，乙公司取得豪华游艇的控制权。剩余款项，乙公司用每年长江豪华游的收益偿还，2×23年12月31日支付100万元，以后分4年每年12月31日支付450万元。如果乙公司违约，甲公司有权收回游艇，乙公司没有对该笔负债提供任何担保，乙公司没有从事长江豪华游的经营经验，该旅游线路是个全新线路，没有其他旅游公司经营过此线路。

本例中，乙公司计划以长江豪华游产生的收益偿还甲公司的欠款，除此之外并无其他的经济来源，乙公司也未对该笔欠款设定任何担保。如果乙公司违约，甲公司可重新拥有该游艇。因此，甲公司对乙公司还款的能力和意图存在疑虑，认为该合同不满足合同价款很可能收回的条件。甲公司应当将收到的100万元确认为一项负债。

对于在合同开始日即满足上述收入确认条件的合同，企业在后续期间无须对其进行重新评估，除非有迹象表明相关事实和情况发生重大变化。对于不满足上述收入确认条件的合同，企业应当在后续期间对其进行持续评估，以判断其能否满足这些条件。企业如果在合同满足相关条件之前已经向客户转移了部分商品，当该合同在后续期间满足相关条件时，企业应当将在此之前已经转移的商品所分摊的交易价格确认为收入。通常情况下，合同开始日，是指合同开始赋予合同各方具有法律约束力的权利和义务的日期，即合同生效日。

【例13-2】 沿用【例13-1】的资料，2×23年乙公司长江豪华游项目经营得非常火爆，当年乙公司按期偿还100万元款项，该豪华游项目前景大好，经过评估，认定乙公司完全有能力用该豪华游的收益偿还剩余款项。

本例中，合同开始日，不满足收入确认的条件，不确认收入，需要在后续期间对其进行持续评估，后续评估结果是甲公司很可能收回该笔对价，甲公司应将前期收到的款项确认为收入。

需要说明的是，没有商业实质的非货币性资产交换，无论何时，均不应确认收入。从事相同业务经营的企业之间，为便于向客户或潜在客户销售而进行的非货币性资产交换（例如，两家石油公司之间相互交换石油，以便及时满足各自不同地点客户的需求），不应确认收入。

实务中，企业可能存在一组类似的合同，企业在对该组合同中的每一份合同进行评估时，均认为其合同对价很可能收回，但是根据历史经验，企业预计可能无法收回该组合同的全部对价。在这种情况下，企业应当认为这些合同满足“因向客户转让商品而有权取得的对价很可能收回”这一条件，并以此为基础估计交易价格。与此同时，企业应当考虑这些合同下确认的合同资产或应收款项是否存在减值。

3.合同合并

企业与同一客户（或该客户的关联方）同时订立或在相近时间内先后订立的两份或多份合同，在满足下列条件之一时，应当合并为一份合同进行会计处理：

（1）该两份或多份合同基于同一商业目的而订立并构成一揽子交易，如一份合同在不考虑另一份合同的对价的情况下将会发生亏损；

（2）该两份或多份合同中的一份合同的对价金额取决于其他合同的定价或履行情况，如一份合同发生违约，将会影响另一份合同的对价金额；

（3）该两份或多份合同中所承诺的商品（或每份合同中所承诺的部分商品）构成单项履约义务。

4.合同变更

合同变更，是指经合同各方同意对原合同范围或价格（或两者）作出的变更。企业应当区分下列三种情形对合同变更分别进行会计处理：

（1）合同变更部分作为单独合同进行会计处理。合同变更增加了可明确区分的商品及合同价款，且新增合同价款反映了新增商品单独售价的，应当将该合同变更作为一份单独的合同进行会计处理。

【例13-3】甲建筑公司与乙客户签订一项合同，甲公司为乙公司设计并建造一栋办公楼，合同履行了一段时间后，甲公司与乙公司合作良好，双方协商后，乙公司愿意将办公楼的装修也交给甲公司，双方就装修造价达成一致意见，变更了合同内容。

本例中，建筑公司为客户追加办公楼的装修，与原来的办公楼的合同存在重大差异，建造办公楼与装修办公楼可明确区分，追加合同的价格真实地反映了装修的真实价格（不排除甲公司由于帮助客户建造办公楼为其装修办公楼带来便利，从而节约装修成本，这不影响合同变更部分作为单独合同的认定）。

（2）合同变更作为原合同终止及新合同订立进行会计处理。合同变更不属于上述（1）情形，且在合同变更日已转让商品与未转让商品之间可明确区分的，应当视为原合同终止，同时，将原合同未履约部分与合同变更部分合并为新合同进行会计处理。新合同的交易价格应当为下列两项金额之和：一是原合同交易价格中尚未确认为收入的部分（包括已从客户收取的金额）；二是合同变更中客户已承诺的对价金额。

【例13-4】嘉诚公司为一家电维修公司，嘉诚公司与客户签订一项合同，为客户的办公电器（包括空调、电气线路和电脑）提供维修和保养服务，期限3年，每年服务费50万元，三年合计150万元（假定该价格反映了合同开始日该项服务的单独售价）。第二年末，合同双方对合同进行了变更，将第三年的服务费调整为45万元（假定该价格反映了合同变更日该项服务的单独售价），同时以120万元的价格将合同期限延长三年（假定该价格不反映合同变更日该三年服务的单独售价），即每年的服务费为40万元，于每年年初支付。上述价格均不包含增值税。

本例中，在合同开始日，嘉诚公司认为其每月为客户提供的维修保养服务是可明确区分的，但由于嘉诚公司向客户转让的是一系列实质相同且转让模式相同的、可明确区分的服务，因此将其作为单项履约义务。在合同开始的前两年，即合同变更之前，嘉诚公司每年确认收入50万元。在合同变更日，由于新增的三年维修保养服务的价格不能反映该项服务在合同变更时的单独售价，因此，该合同变更不能作为单独的合同进行会计处理。由于在剩余合同期间需提供的服务与已提供的服务是可明确区分的，嘉诚公司应当将该合同变更作为原合同终止，同时，将原合同中未履约的部分与合同变更合并为一份新合同进行会计处理。该新合同的合同期限为四年，对价为165万元（45+120），即原合同下尚未确认收入的对价45万元与新增的三年服务相应的对价120万元之和，新合同中该公司每年确认的收入为41.25万元（165÷4）。

（3）合同变更部分作为原合同的组成部分进行会计处理的情形。合同变更不属于上述（1）的情形，且在合同变更日已转让商品与未转让商品之间不可明确区分的，应当将该合同变更部分作为原合同的组成部分，在合同变更日重新计算履约进度，并调整当期收入和相应成本等。

【例13-5】某建筑公司与客户签订一项建造合同，建筑公司为客户建造一栋办公楼，工期30个月，自2×22年1月1日到2×24年6月30日。合同造价6 000万元，预计合同成本4 800万元。到2×22年年末，建筑公司发生合同成本1 200万元。2×23年年初，客户要求将原设计的外墙增加保温层，同时更改了楼顶的设计，为此客户同意增加合同造价600万元。建筑公司需要为变更增加450万元的成本。

本例中，截至2×22年年末，建筑公司发生成本1 200万元，履约进度为25%（1 200÷4 800×100%），2×22年年末建筑公司确认收入1 500万元（6 000×25%）。2×23年年初，由于合同变更后拟提供的剩余服务与合同变更日或之前已提供的服务不可明确区分（即该合同仍为单项履约义务），因此，建筑公司应当将合同变更作为原合同的组成部分进行会计处理。合同变更后的交易价格为6 600万元（6 000+600）。建筑公司重新估计的履约进度为22.86%（1 200÷（4 800+450）×100%）。建筑公司在合同变更日应额外确认收入8.76万元（22.86%×6 600−1 500）。

（二）识别合同中的单项履约义务

履约义务，是指合同中企业向客户转让可明确区分商品的承诺。履约义务既包括合同中明确的承诺，也包括由于企业已公开宣布的政策、特定声明或以往的习惯做法等导致合同订立时客户合理预期企业将履行的承诺。

合同开始日，企业应当对合同进行评估，识别该合同所包含的各单项履约义务，并确定各单项履约义务是在某一时段内履行，还是在某一时点履行，然后，在履行了各单项履约义务时分别确认收入。企业应当将下列向客户转让商品的承诺作为单项履约义务：

1.企业向客户转让可明确区分商品的承诺

可明确区分商品是指企业向客户承诺的商品同时满足下列条件：

（1）客户能够从该商品本身或者从该商品与其他易于获得的资源一起使用中受益，即该商品能够明确区分。例如，企业向客户销售空调1台，客户只要安装好空调，接上电源就可以有使用收益。电能就是易于获得的资源。如果企业只向客户提供了空调内机，没有外机空调无法使用，也就是客户无法通过使用空调内机过程获得收益。

（2）企业向客户转让该商品的承诺与合同中其他承诺可单独区分，即转让该商品的承诺在合同中是可明确区分的。如果企业通常会单独销售该商品，则表明该商品能够明确区分。

企业确定了商品本身能够明确区分后，还应当在合同层面继续评估转让该商品的承诺是否与合同中其他承诺彼此之间可明确区分。下列情形通常表明企业向客户转让该商品的承诺与合同中的其他承诺不可明确区分：

① 企业需提供重大的服务以将该商品与合同中承诺的其他商品进行整合，形成合同约定的某个或某些组合产出转让给客户。例如，企业为客户建造写字楼的合同中，企业向客户提供的砖头、水泥、人工等都能够使客户获益，但是，在该合同下，企业对客户承诺的是为其建造一栋写字楼，而并非提供这些砖头、水泥和人工等，企业需提供重大的服务将这些商品或服务进行整合，以形成合同约定的一项组合产出（即写字楼）转让给客户。因此，在该合同中，砖头、水泥和人工等商品或服务彼此之间不能单独区分。

② 该商品将对合同中承诺的其他商品予以重大修改或定制。例如，企业承诺向

客户提供其开发的一款现有软件，并提供安装服务，虽然该软件无须更新或没有技术支持也可直接使用，但是企业在安装过程中需要在该软件现有基础上对其进行定制化的重大修改，以使其能够与客户现有的信息系统相兼容。此时，转让软件的承诺与提供定制化重大修改的承诺在合同层面是不可明确区分的。

③ 商品与合同中承诺的其他商品具有高度关联性。也就是说，合同中承诺的每一单项商品均受到合同中其他商品的重大影响。例如，企业承诺为客户设计一种新产品并负责生产10个样品，企业在生产和测试样品的过程中需要对产品的设计进行不断的修正，导致已生产的样品均可能需要进行不同程度的返工。此时，企业提供的设计服务和生产样品的服务是不断交替反复进行的，二者高度关联，因此，在合同层面是不可明确区分的。

企业向客户销售商品时，如果约定企业需要将商品运送至客户指定的地点。即商品控制权转移给客户之前发生的运输活动不构成单项履约义务；相反，商品控制权转移给客户之后发生的运输活动可能表明企业向客户提供了一项运输服务，企业应当考虑该项服务是否构成单项履约义务。

2.企业向客户转让一系列实质相同且转让模式相同的、可明确区分商品的承诺

转让模式相同，是指每一项可明确区分商品均满足在某一时段内履行履约义务的条件，且采用相同方法确定其履约进度。企业应当将实质相同且转让模式相同的一系列商品作为单项履约义务，即使这些商品本身可以明确区分。企业在判断所转让的一系列商品是否实质相同时，应当考虑合同中承诺的性质，如果企业承诺的是提供确定数量的商品，那么需要考虑这些商品本身是否实质相同；如果企业承诺的是在某一期间内随时向客户提供某项服务，则需要考虑企业在该期间内的各个时间段（如每天或每小时）的承诺是否相同，而并非具体的服务行为本身。

【例 13-6】 阳光公司向客户销售500台计算机，合同价款250万元，即每台5 000元。

本例中，阳光公司销售的500台计算机，每台计算机之间都是可明确区分的，企业承诺的是提供确定数量（500台计算机）的商品，此时需要考虑每一台计算机本身是否实质相同。因这500台计算机本身相同，所以应将500台计算机看成实质相同且转让模式相同、可明确区分商品的承诺，作为单项履约义务。

【例 13-7】 某家政公司向客户提供保洁服务，合同约定服务期三年，每天必须为客户的写字楼提供保洁服务，没有具体服务时间和次数的要求，但是必须每天保持客户写字楼干净整洁。

本例中，家政公司每天为客户所做的保洁服务是一系列实质相同、转让模式相同的服务，可以明确区分，属于某一期间内随时向客户提供服务，需要考虑企业在该期间内的各个时间段（如每天或每小时）的承诺（保持客户写字楼干净整洁）是否相同，而不是保洁行为本身。

（三）确定交易价格

交易价格，是指企业因向客户转让商品而预期有权收取的对价金额。企业代第三方收取的款项以及企业预期将退还给客户的款项，应当作为负债进行会计处理，不计入交易价格。合同标价并不一定代表交易价格，企业应当根据合同条款，并结合其以

往的习惯做法确定交易价格。企业在确定交易价格时，应当考虑可变对价、合同中的重大融资成分、非现金对价和应付客户对价等因素的影响，并应当假定将按照现有合同的约定向客户转让商品，且该合同不会被取消、续约或变更。

1.可变对价

企业与客户的合同中约定的对价金额可能会因折扣、价格折让、返利、退款、奖励积分、激励措施、业绩奖金、索赔等因素而变化。此外，根据一项或多项或有事项的发生而收取不同对价金额的合同，也属于可变对价的情形。

【例13-8】阳光公司与客户签订一项销售合同，客户可以赊购阳光公司的商品，每次赊购的账期为30天，现金折扣条件为1/10，0.5/20，N/30。客户年采购额达到1 000万元时，年底可以享受2%的返利。

本例中，现金折扣和年底的返利都属于可变对价的情形。

企业在判断合同中是否存在可变对价时，不仅应当考虑合同条款的约定，还应当考虑下列情况：

（1）根据企业已公开宣布的政策、特定声明或者以往的习惯做法等，客户能够合理预期企业将会接受低于合同约定的对价金额，即企业会以折扣、返利等形式提供价格折让。

（2）其他相关事实和情况表明企业在与客户签订合同时即意图向客户提供价格折让。合同中存在可变对价的，企业应当对计入交易价格的可变对价进行估计。

①可变对价最佳估计数的确定。企业应当按照期望值或最可能发生金额确定可变对价的最佳估计数。如果企业拥有大量具有类似特征的合同，并估计可能产生多个结果时，通常按照期望值估计可变对价金额。期望值是按照各种可能发生的对价金额及相关概率计算确定的金额。当合同仅有两个可能结果时，通常按照最可能发生金额估计可变对价金额。最可能发生金额是一系列可能发生的对价金额中最可能发生的单一金额，即合同最可能产生的单一结果。

【例13-9】阳光公司为一家生产和销售电视机的上市公司。2×23年3月，阳光公司向零售商甲公司销售10 000台电视机，每台价格为4 000元，合同价款合计4 000万元。阳光公司向甲公司提供价格保护，同意在未来6个月内，如果同款电视机售价下降，则按照合同价格与最低售价之间的差额向甲公司支付差价。阳光公司根据以往执行类似合同的经验，预计各种结果发生的概率见表13-1（表中的价格均不包含增值税）。

表13-1　　　　**电视机降价概率表**

未来6个月内的降价金额（元/台）	概率
100	40%
300	30%
500	20%
1 000	10%

本例中，阳光公司认为期望值能够更好地预测其有权获取的对价金额。假定不考虑收入准则有关将可变对价计入交易价格的限制要求，在该方法下，阳光公司估计每台电视机的交易价格=（4 000-100）×40%+（4 000-300）×30%+（4 000-500）×20%+（4 000-1 000）×10%=3 670（元）。

【例 13-10】 阳光公司为其客户建造一栋厂房，合同约定的价款为3 000万元。合同约定，如果阳光公司不能在合同签订之日起的180天内竣工，则须支付200万元罚款，该罚款从合同价款中扣除。上述金额均不含增值税。阳光公司对合同结果的估计如下：工程按时完工的概率为90%，工程延期的概率为10%。

本例中，该合同的对价金额实际由两部分组成，即2 800万元的固定价格以及200万元的可变对价。由于该合同涉及两种可能结果，阳光公司认为按照最可能发生金额能够更好地预测其有权获取的对价金额。因此，阳光公司估计的交易价格为3 000万元，即最可能发生的单一金额。

②计入交易价格的可变对价金额的限制。企业按照期望值或最可能发生金额确定可变对价金额之后，计入交易价格的可变对价金额还应该满足限制条件，即包含可变对价的交易价格，应当不超过在相关不确定性消除时，累计已确认的收入极可能不会发生重大转回的金额。其目的是避免因为一些不确定性因素的发生导致之前已经确认的收入发生转回。企业在评估是否极可能不会发生重大转回时，应当同时考虑收入转回的可能性及其比重。其中，“极可能”发生的概率应远高于“很可能”（可能性超过50%），但不要求达到“基本确定”（可能性超过95%）。在评估收入转回金额的比重时，应同时考虑合同中包含的固定对价和可变对价，即可能发生的收入转回金额相对于合同总对价（包括固定对价和可变对价）的比重。每一资产负债表日，企业都应当重新估计应计入交易价格的可变对价金额。

【例 13-11】 2×22年1月2日，阳光公司与乙公司签订A产品销售合同。合同约定，如果乙公司2×22年A产品采购量低于10万件，每件产品的销售价格为100元；若乙公司2×22年A产品的采购量超过10万件（含10万件）时，阳光公司按优惠价90元/件销售。

2×22年上半年，阳光公司向乙公司销售A产品3万件，预计乙公司当年全年采购量不会超过10万件；2×22年三季度，乙公司因完成产能升级而增加了原材料的采购量，向阳光公司采购A产品6万件，且阳光公司预计乙公司当年全年采购量很可能超过10万件（含10万件）。

本例中，2×22年上半年，阳光公司向乙公司销售3万件A产品，预计乙公司当年全年采购量不会超过10万件，阳光公司按照100元的单价确认收入，满足在不确定性消除之后（即乙公司全年的采购量确定之后），累计已确认的收入将极可能不会发生重大转回的要求，因此，阳光公司在2×22年上半年向乙公司销售3万件A产品时，确认的收入金额为300万元（3×100）。2×22年三季度，阳光公司向乙公司销售6万件A产品，且阳光公司预计乙公司当年全年采购量很可能超过10万件（含10万件），阳光公司对交易价格进行重新估计，前三季度应按优惠价90元/件确认收入才满足极可能不会导致累计已确认的收入发生重大转回的限制条件，因此，阳光公司第三季度确认收入为510万元（（3+6）×90-3×100）。

若前三季度按销售价100元/件确认收入，则包含可变对价的交易价格为900万元（9×100），一旦乙公司完成10万件的采购计划（假定乙公司2×22年实际采购12万件），即与可变对价相关的不确定性消除，阳光公司2×22年应确认的收入为1 080万元（12×90），累计已确认的收入极可能会发生重大转回。

2.合同中存在的重大融资成分

当企业将商品的控制权转移给客户的时间与客户实际付款的时间不一致时，如企业以赊销的方式销售商品，或者要求客户支付预付款等，如果各方以在合同中明确（或者以隐含的方式）约定的付款时间为客户或企业就转让商品的交易提供了重大融资利益，则合同中即包含了重大融资成分。企业应当按照客户在取得商品控制权时即以现金支付的应付金额（现销价格）确定交易价格，交易价格与合同对价的差额，应在合同期间内采用实际利率摊销。

通常，合同开始日，企业预计客户取得商品控制权与客户支付价款间隔不超过一年的，可以不考虑合同中存在的重大融资成分。

【例13-12】2×22年1月1日，阳光公司与乙公司签订合同，采用分期收款方式向乙公司销售一艘货轮。合同签订日，阳光公司向乙公司交付货轮，转移产品的控制权。合同约定的销售价格为5 000万元，分5次于每年12月31日等额收取。该货轮成本为2 800万元。在现销方式下，该大型设备的销售价格为4 000万元。阳光公司认为该合同存在重大融资成分。阳光公司采用实际利率法摊销未实现融资收益，上述价格均不包含增值税，且假定不考虑相关税费影响。

本例中，合同价格5 000万元与交易价格（现销价格）4 000万元之间的差额1 000万元，应在未来5年内采用实际利率摊销。假设实际利率为r，则：

4 000=1 000×（P/A，r，5）

经计算，r=7.93%

阳光公司各期的会计分录如下（金额单位为万元）：

（1）2×22年1月1日销售实现时：

借：长期应收款	5 000	
贷：主营业务收入		4 000
未实现融资收益		1 000
借：主营业务成本	2 800	
贷：库存商品		2 800

（2）2×22年12月31日，收取第一期款项时：

借：银行存款	1 000	
贷：长期应收款		1 000

摊销未实现融资收益：摊余成本=5 000−1 000=4 000（万元）

摊销额=4 000×7.93%=317.2（万元）

借：未实现融资收益	317.2	
贷：财务费用		317.2

（3）2×23年12月31日，收取第二期款项时：

借：银行存款	1 000	

贷：长期应收款 1 000

摊销未实现融资收益：摊余成本=4 000+317.2−1 000=3 317.2（万元）

摊销额=3 317.2×7.93%=263.05（万元）

借：未实现融资收益 263.05

贷：财务费用 263.05

（4）2×24年12月31日，收取第三期款项时：

借：银行存款 1 000

贷：长期应收款 1 000

摊销未实现融资收益：摊余成本=3 317.2−1 000+263.05=2 580.25（万元）

摊销额=2 580.25×7.93%=204.61（万元）

借：未实现融资收益 204.61

贷：财务费用 204.61

（5）2×25年12月31日，收取第四期款项时：

借：银行存款 1 000

贷：长期应收款 1 000

摊销未实现融资收益：摊余成本=2 580.25−1 000+204.61=1 784.86（万元）

摊销额=1 784.86×7.93%=141.54（万元）

借：未实现融资收益 141.54

贷：财务费用 141.54

（6）2×26年12月31日，收取第五期款项时：

借：银行存款 1 000

贷：长期应收款 1 000

摊销未实现融资收益，为了避免计算尾差倒挤摊销额：

摊销额=1 000−317.2−263.05−204.61−141.54=73.6（万元）

借：未实现融资收益 73.6

贷：财务费用 73.6

3.非现金对价

非现金对价包括固定资产、存货等实物资产，还包括无形资产、股权、客户提供的广告服务等。客户支付非现金对价的，企业应当按照非现金对价的公允价值确定交易价格。非现金对价的公允价值不能合理估计的，企业应当参照其承诺向客户转让商品的单独售价间接确定交易价格。

【例13-13】阳光公司与嘉华公司签订协议，为其定制一台专用设备，合同价格为2 000万元，同时双方约定，如果阳光公司能够在180天内交货，则可以额外获得2万股嘉华公司股票奖励。合同开始日，该股票的价格为15元/股；由于缺乏履行类似合同的经验，阳光公司估计2万股嘉华公司股票的公允价值计入交易价格将不满足累计已确认的收入极可能不会发生重大转回的限制条件。合同开始日之后的第169天，阳光公司将该设备交付给嘉华公司，并收到合同价款2 000万元及2万股嘉华公司股票，此时该股票的价格为18元/股。假定阳光公司将该股票作为以公允价值计量且其变动计入当期损益的金融资产。

本例中，合同开始日，该股票的价格为15元/股，由于缺乏执行类似合同的经验，当日，阳光公司估计该2万股股票的公允价值计入交易价格将不满足累计已确认的收入极可能不会发生重大转回的限制条件，不应将该2万股股票的公允价值30万元（15×2）计入交易价格。合同开始日之后的第169天，阳光公司获得了2万股股票，此时该股票的价格为18元/股。阳光公司应当将股票（非现金对价）在合同开始日的公允价值，即30万元（15×2）确认为收入；因对价形式原因而发生的变动，即6万元（3×2）计入公允价值变动损益。阳光公司应编制如下会计分录（金额单位为万元）：

借：银行存款	2 000	
交易性金融资产——成本	30	
——公允价值变动	6	
贷：主营业务收入		2 030
公允价值变动损益		6

4.应付客户对价

企业应付客户对价的，应当将应付对价冲减交易价格，但应付客户对价是为了向客户取得其他可明确区分商品的除外。企业应付客户对价是为了向客户取得其他可明确区分商品的，应当采用与企业其他采购相一致的方式确认所购买的商品。企业应付客户对价超过向客户取得可明确区分商品公允价值的，超过金额应当冲减交易价格。向客户取得的可明确区分商品公允价值不能合理估计的，企业应当将应付客户对价全额冲减交易价格。在将应付客户对价冲减交易价格处理时，企业应当在确认相关收入与支付（或承诺支付）客户对价二者孰晚的时点冲减当期收入。

（四）将交易价格分摊至各单项履约义务

1.分摊交易价格的一般原则

当合同中包含两项及两项以上履约义务时，企业应当在合同开始日，按照各单项履约义务所承诺商品的单独售价的相对比例，将交易价格分摊至各单项履约义务。

企业在类似环境下向类似客户单独销售商品的价格，应作为确定该商品单独售价的最佳证据。单独售价无法直接观察的，企业应当综合考虑其能够合理取得的全部相关信息，采用市场调整法、成本加成法、余值法等方法合理估计单独售价。

市场调整法，是指企业根据某商品或类似商品的市场售价，考虑本企业的成本和毛利等进行适当调整后，确定其单独售价的方法。

成本加成法，是指企业根据某商品的预计成本加上其合理毛利后的价格，确定其单独售价的方法。

余值法，是指企业根据合同交易价格减去合同中其他商品可观察的单独售价后的余值，确定某商品单独售价的方法。

企业在商品近期售价波动幅度巨大，或者因未定价且未曾单独销售而使售价无法可靠确定时，可采用余值法估计其单独售价。

在估计单独售价时，企业应当最大限度地采用可观察的输入值，并对类似的情况采用一致的估计方法。

【例13-14】2×23年5月1日，阳光公司与客户签订合同，向其销售甲乙两项商品，甲商品的单独售价为20 000元，乙商品的单独售价为30 000元，合同价款为40 000元。合同约定，甲商品于合同开始日交付，乙商品在两个月之后交付，只有当两项商品全部交付之后，阳光公司才有权收取40 000元的合同对价。假定甲商品和乙商品分别构成单项履约义务，其控制权在交付时转移给客户。上述价格均不包含增值税，且假定不考虑相关税费影响。

本例中，分摊至甲商品的合同价款为16 000元（40 000÷（20 000+30 000）×20 000），分摊至乙商品的合同价款为24 000元（40 000÷（20 000+30 000）×30 000）。阳光公司的账务处理如下：

（1）交付甲商品时：

借：合同资产	16 000	
贷：主营业务收入		16 000

（2）交付乙商品时：

借：应收账款	40 000	
贷：合同资产		16 000
主营业务收入		24 000

合同资产是指企业已向客户转让商品而有权收取对价的权利，且该权利取决于时间流逝之外的其他因素。

【例13-15】阳光公司以200万元的价格向客户销售甲、乙、丙三件可明确区分的商品，其中，甲商品和乙商品经常单独对外销售，销售价格分别为90万元和60万元，丙商品为新产品，阳光公司尚未对其定价且未曾单独销售，市场上也无类似商品出售。

本例中，阳光公司采用余值法估计丙商品的单独售价为50万元，即合同价格200万元减去甲商品和乙商品的单独售价之和150万元（90+60）后的余额。

2.分摊合同折扣

合同折扣，是指合同中各单项履约义务所承诺商品的单独售价之和高于合同交易价格的金额。对于合同折扣，企业应当在各单项履约义务之间按比例分摊。有确凿证据表明合同折扣仅与合同中一项或多项（而非全部）履约义务相关的，企业应当将该合同折扣分摊至相关一项或多项履约义务。合同折扣分摊主要有三种情况：

（1）企业经常将该合同中的各项可明确区分的商品单独销售或者以组合的方式单独销售；

（2）企业也经常将其中部分可明确区分的商品以组合的方式按折扣价格单独销售；

（3）上述第（2）项中的折扣与该合同中的折扣基本相同，且针对每一组合中的商品的分析为将该合同的全部折扣归属于某一项或多项履约义务提供了可观察的证据。有确凿证据表明合同折扣仅与合同中的一项或多项（而非全部）履约义务相关，且企业采用余值法估计单独售价的，企业应当首先在该一项或多项（而非全部）履约义务之间分摊合同折扣，然后再采用余值法估计单独售价。

【例13-16】阳光公司与客户签订合同，向其销售甲、乙、丙三种产品，合同总价款为1 200万元，这三种产品构成3个单项履约义务。企业经常单独出售甲产品，其可直接观察的单独售价为600万元；乙产品和丙产品的单独售价不可直接观察，企业采用市场调整法估计乙产品的单独售价为350万元，采用成本加成法估计丙产品的单独售价为400万元。阳光公司经常以600万元的价格单独销售甲产品，并且经常将乙产品和丙产品组合在一起以600万元的价格销售。假定上述价格均不包含增值税。

本例中，三种产品的单独售价合计为1 350万元（600+350+400），而该合同的价格为1 200万元，因此该合同的整体折扣为150万元，由于阳光公司经常将乙产品和丙产品组合在一起以600万元的价格销售，该价格与其单独售价之和（750万元）的差额为150万元，与该合同的整体折扣一致，而甲产品单独销售的价格与其单独售价一致，证明该合同的整体折扣仅应归属于乙产品和丙产品。因此，在该合同下，分摊至甲产品的交易价格为600万元，分摊至乙产品和丙产品的交易价格合计为600万元，阳光公司应当进一步按照乙产品和丙产品的单独售价的相对比例将该价格在二者之间进行分摊。

各产品分摊的交易价格如下；

甲产品分摊的交易价格=600 万元

乙产品分摊的交易价格=600÷（350+400）×350=280（万元）

丙产品分摊的交易价格=600÷（350+400）×400=320（万元）

3.分摊可变对价

合同中包含可变对价的：一是可变对价与合同中的一项或多项（而非全部）履约义务有关；二是可变对价可能与企业向客户转让的构成单项履约义务的一系列可明确区分商品中的一项或多项（而非全部）商品有关。应采用与分摊合同折扣相同的方法分摊可变对价。对于已履行的履约义务，其分摊的可变对价后续变动额应调整变动当期的收入。

4.可变对价的后续变动

可变对价发生后续变动的，企业应当按照在合同开始日所采用的基础将该后续变动金额分摊至合同中的履约义务。企业不得因合同开始日之后单独售价的变动而重新分摊交易价格。对于合同变更之后发生可变对价后续变动的，企业应当区分下列三种情形分别进行会计处理：

（1）合同变更属于合同变更部分作为一份单独的合同进行会计处理的情况，企业应当判断可变对价后续变动与哪一项合同相关，并按照分摊可变对价的相关规定进行会计处理。

（2）合同变更属于原合同终止并将原合同未履行部分与合同变更部分合并为新合同的情况，且可变对价后续变动与合同变更前已承诺可变对价相关的，企业应当首先将该可变对价后续变动额以原合同开始日确定的基础进行分摊，然后将分摊至合同变更日尚未履行履约义务的该可变对价后续变动额以新合同开始日确定的基础进行二次分摊。

（3）合同变更之后发生除上述第（1）和（2）种情形以外的可变对价后续变动的，企业应当将该可变对价后续变动额分摊至合同变更日尚未履行的履约义务。

【例13-17】2×22年9月1日，阳光公司与嘉华公司签订合同，向其销售甲产品和乙产品。甲产品和乙产品均为可明确区分商品，其单独售价分别为80万元和120万元，均属于在某一时点履行的履约义务。合同约定，甲产品和乙产品分别于2×22年11月1日和2×23年3月31日交付给嘉华公司。合同约定的对价包括140万元的固定对价和估计金额为20万元的可变对价。假定阳光公司将20万元的可变对价计入交易价格。满足有关将可变对价金额计入交易价格的限制条件。因此，该合同的交易价格为160万元（甲产品分摊64万元，乙产品分摊96万元）。假定上述价格均不包含增值税。

2×22年12月1日，双方对合同进行了变更，嘉华公司向阳光公司额外采购丙产品，合同价格增加40万元，丙产品与甲、乙两种产品可明确区分，但该增加的价格不反映丙产品的单独售价（属于原合同终止并将原合同未履行部分与合同变更部分合并为新合同的情况）。丙产品的单独售价为64万元，将新合同的交易价格136万元（96+40）在乙产品和丙产品之间分摊，乙产品分摊88.7万元（136÷（120+64）×120），丙产品分摊47.3万元（136÷（120+64）×64），丙产品将于2×23年6月30日交付给嘉华公司。2×22年12月31日，企业预计有权收取的可变对价的估计金额由20万元变更为24万元；该金额符合计入交易价格的条件。因此，合同的交易价格增加了4万元，且阳光公司认为该增加额与合同变更前已承诺的可变对价相关。假定上述三种产品的控制权均随产品交付而转移给嘉华公司。

本例中，在合同开始日，该合同包含两个单项履约义务，阳光公司应当将估计的交易价格分摊至这两项履约义务。阳光公司将交易价格160万元分摊至甲产品和乙产品，即甲产品和乙产品分别分摊64万元和96万元。2×22年11月1日，当甲产品交付给客户时，阳光公司相应确认收入64万元。2×22年12月1日，双方进行了合同变更。该合同变更属于原合同终止，并将原合同的未履约部分与合同变更部分合并为新合同进行会计处理。在该新合同下，合同的交易价格为136万元（96+40），分摊至乙产品和丙产品的交易价格的金额分别为88.7万元和47.3万元。2×22年12月31日，阳光公司重新估计可变对价，增加了交易价格4万元。由于该增加额与合同变更前已承诺的可变对价相关，因此应首先将该增加额分摊给甲产品和乙产品，之后再将分摊给乙产品的部分在乙产品和丙产品形成的新合同中进行二次分摊。在本例中，在将4万元的可变对价后续变动分摊至甲产品和乙产品时，甲产品分摊1.6万元，乙产品分摊2.4万元。由于阳光公司已经转让了甲产品，在交易价格发生变动的当期即应将分摊至甲产品的1.6万元确认为收入。之后，阳光公司将分摊至乙产品的2.4万元分摊至乙产品和丙产品，乙产品分摊1.57万元（120÷（120+64）×2.4），丙产品分摊0.83万元（64÷（120+64）×2.4），经过上述分摊后，乙产品和丙产品的交易价格金额分别90.27万元（88.7+1.57）和48.13万元（47.3+0.83）。因此，阳光公司在乙产品和丙产品控制权转移时分别确认收入90.27万元和48.13万元。

（五）履行每一单项履约义务时确认收入

合同开始日，企业应当在对合同进行评估和识别合同所包含的各单项履约义务，并将交易价格分摊至各单项履约义务的基础上，在企业履行单项履约义务时确认收入，即客户取得商品控制权时确认收入。为此，企业应当根据实际情况，判断各单项履约义务是在某一时段内履行，还是在某一时点履行。

1.某一时段内履行的履约义务（以下简称时段型履约义务）

满足下列条件之一的，属于某一时段内履行的履约义务：

（1）客户在企业履约的同时即取得并消耗企业履约所带来的经济利益

企业在履约过程中是持续地向客户转移企业履约所带来的经济利益的，同时客户消耗企业履约所带来的经济利益，例如，保洁公司为酒店提供保洁服务。如果该继续履行合同的企业实质上无须重新执行企业累计至今已经完成的工作，则表明客户在企业履约的同时即取得并消耗了企业履约所带来的经济利益。例如，企业与客户签订合同，为客户从甲地运送一批货物到乙地，假定该批货物在途经丙地时，更换另外一家运输公司接替企业继续提供该运输服务，由于甲地到乙地之间的运输服务是无须重新执行的，表明客户在企业履约的同时即取得并消耗了企业履约所带来的经济利益，则企业提供的运输服务属于在某一时段内履行的履约义务。

（2）客户能够控制企业履约过程中在建的商品

企业在履约过程中在建的商品包括在产品、在建工程、尚未完成的研发项目、正在进行的服务等，如果客户在企业创建该商品的过程中就能够控制这些商品，应当认为企业提供该商品的履约义务属于在某一时段内履行的履约义务。例如，建筑企业应客户要求，在客户的场地上为客户建造厂房、办公楼等，客户按照建造进度向企业支付工程款，一旦终止合同，已完工的部分归客户所有。由于客户能够控制企业履约过程中的在建商品，则在客户的场地上为客户建造厂房或办公楼属于某一时段内履行的履约义务。

（3）企业履约过程中所产出的商品具有不可替代用途，且该企业在整个合同期间内有权就累计至今已完成的履约部分收取款项

具有不可替代用途，是指企业因合同限制或实际可行性限制，不能轻易地将商品用于其他用途。企业在整个合同期间内有权就累计至今已完成的履约部分收取款项是指在由于客户或其他方原因终止合同的情况下，企业有权就累计至今已完成的履约部分收取能够补偿其已发生成本和合理利润的款项，并且该权利具有法律约束力。需要强调的是，合同终止必须是由于客户或其他方而非企业自身的原因（即由于企业未按照合同承诺履约之外的其他原因）所致，在整个合同期间内的任一时点，企业均应当拥有此项权利。

【例 13-18】 2×23 年 4 月 10 日，嘉诚会计师事务所与乙公司签订合同，针对乙公司的实际情况和面临的具体问题，为改善其业务流程提供咨询服务，并出具专业的咨询意见。双方约定：

（1）嘉诚会计师事务所仅需要向乙公司提交最终的咨询意见，而无须提交任何其在工作过程中编制的工作底稿和其他相关资料；

（2）在整个合同期间内，如乙公司单方面终止合同，乙公司需要向嘉诚会计师事务所支付违约金，违约金的金额等于嘉诚会计师事务所已发生的成本加上 30% 的毛利率，该毛利率与嘉诚会计师事务所在类似合同中能够赚取的毛利率大致相同。

该咨询服务是专门针对乙公司的具体情况而提供的，嘉诚会计师事务所无法将最终的咨询意见用作其他用途。假定在执行合同的过程中，因嘉诚会计师事务所无法履约而需要由其他公司来继续提供后续咨询服务并出具咨询意见时，其他公司需要重新

执行嘉诚会计师事务所已经完成的工作。

本例中，在合同执行过程中，由于乙公司无法获得嘉诚会计师事务所已经完成的工作底稿和其他任何资料，同时，因嘉诚会计师事务所无法履约而需要由其他公司来继续提供后续咨询服务并出具咨询意见时，其需要重新执行嘉诚会计师事务所已经完成的工作，表明乙公司并未在嘉诚会计师事务所履约的同时即取得并消耗了嘉诚会计师事务所履约所带来的经济利益；且乙公司不能控制嘉诚会计师事务所履约过程中在建的商品。然而，由于该咨询服务是针对乙公司的具体情况而提供的，嘉诚会计师事务所无法将最终的咨询意见用作其他用途，表明其具有不可替代用途。在整个合同期间内，如果乙公司单方面终止合同，嘉诚会计师事务所根据合同条款可以主张其已发生的成本及合理利润，表明嘉诚会计师事务所在整个合同期间内有权就累计至今已完成的履约部分收取款项。因此，嘉诚会计师事务所向乙公司提供的咨询服务属于在某一时段内履行的履约义务，嘉诚会计师事务所应当在其提供服务的期间内按照适当的履约进度确认收入。

【例13-19】阳光公司与嘉华公司签订合同，阳光公司按照嘉华公司的要求设计和建造一条生产线，阳光公司在自己的厂区内完成生产线相关设备的制造，然后，到嘉华公司安装调试。嘉华公司无法控制在制造过程中的生产线。阳光公司如果想把该生产线出售给其他客户，需要发生重大的改造成本。双方约定，如果嘉华公司单方面解约，嘉华公司需向阳光公司支付相当于合同总价30%的违约金，且建造中的生产线归阳光公司所有。假定该合同仅包含一项履约义务，即设计和建造生产线。

本例中，阳光公司在履约过程中并非持续地向嘉华公司转移履约所带来的经济利益，即嘉华公司在阳光公司履约的同时并不能取得并消耗企业履约所带来的经济利益。同时，阳光公司在自己的厂区内完成该生产线的建造，嘉华公司无法控制在建过程中的生产线。

另外，生产线是按照嘉华公司的具体要求进行设计和建造的，阳光公司需要发生重大的改造成本将该生产线改造之后才能将其出售给其他客户，因此，该生产线具有不可替代用途。然而，如果嘉华公司单方面解约，仅需向阳光公司支付相当于合同总价30%的违约金，表明阳光公司无法在整个合同期间内都有权就累计至今已完成的履约部分收取能够补偿其已发生成本和合理利润的款项。

因此，阳光公司为嘉华公司设计和建造生产线不属于在某一时段内履行的履约义务。

2.在某一时点履行的履约义务

当一项履约义务不属于在某一时段内履行的履约义务时，应当属于在某一时点履行的履约义务（以下简称时点型履约义务）。对于在某一时点履行的履约义务，企业应当在客户取得相关商品控制权时点确认收入。在判断客户是否已取得商品控制权时，企业应当考虑下列迹象：

（1）企业就该商品享有现时收款权利，即客户就该商品负有现时付款义务。

（2）企业已将该商品的法定所有权转移给客户，即客户已拥有该商品的法定所有权。

（3）企业已将该商品实物转移给客户，即客户已实物占有该商品。

（4）企业已将该商品所有权上的主要风险和报酬转移给客户，即客户已取得该商品所有权上的主要风险和报酬。

（5）客户已接受该商品。

（6）其他表明客户已取得商品控制权的迹象。

三、合同成本

（一）合同履约成本

企业为履行合同可能会发生各种成本，企业履行履约义务的同时应当对这些成本进行分析，属于存货、固定资产、无形资产等准则规范范围的，应当按照相关准则进行会计处理；如果不属于其他企业会计准则规范范围且同时满足下列三个条件，应当作为合同履约成本确认为一项资产：

（1）该成本与一份当前或预期取得的合同直接相关，包括直接人工（例如，支付给直接为客户提供所承诺服务的人员的工资、奖金等）、直接材料（例如，为履行合同耗用的原材料、辅助材料、构配件、零件、半成品的成本和周转材料的摊销及租赁费用等）、制造费用（或类似费用）、明确由客户承担的成本以及仅因该合同而发生的其他成本。

（2）该成本增加了企业未来用于履行履约义务的资源。

（3）该成本预期能够收回。

说明：存货通过“生产成本”“开发成本”科目核算；固定资产通过“在建工程”科目核算；无形资产通过“开发支出”科目核算。

企业应当在下列支出发生时，将其计入当期损益：

（1）管理费用，除非这些费用明确由客户承担；

（2）非正常消耗的直接材料、直接人工和制造费用（或类似费用），这些支出为履行合同发生，但未反映在合同价格中；

（3）与履约义务中已履行（包括已全部履行或部分履行）部分相关的支出，即该支出与企业过去的履约活动相关；

（4）无法在尚未履行的与已履行（或已部分履行）的履约义务之间区分的相关支出。

（二）合同取得成本

企业为取得合同发生的增量成本预期能够收回的，应当作为合同取得成本确认为一项资产。为简化实务操作，该资产摊销期限不超过一年的，可以在发生时计入当期损益。增量成本，是指企业不取得合同就不会发生的成本，例如销售佣金等。

（三）合同履约成本和合同取得成本的摊销和减值

对于确认为资产的合同履约成本和合同取得成本，企业应当采用与该资产相关的商品收入确认相同的基础，也就是说，对于时点型履约义务，在履约义务履行的时点进行摊销，对于时段型履约义务，按照履约义务的履约进度进行摊销，计入当期损益。

对于与合同成本有关的资产，应当采用与存货相同的基础提取减值准备。合同履约成本和合同取得成本的账面价值高于下列两项的差额的，超出部分应当计提减值准备，并确认为资产减值损失：

（1）企业因转让与该资产相关的商品预期能够取得的剩余对价；

（2）为转让该相关商品估计将要发生的成本。

【例13-20】 嘉华公司与阳光公司签订合同，嘉华公司向阳光公司云财务服务，合同期限为5年。在向阳光公司提供服务之前，嘉华公司设计并搭建了一个云财务平台供其内部使用，该信息技术平台由相关的硬件和软件组成。嘉华公司需要提供设计方案，将该信息技术平台与阳光公司现有的信息系统对接，并进行相关测试。该平台并不会转让给阳光公司，但是将用于向阳光公司提供服务。嘉华公司为该平台的设计、购买硬件和软件以及信息中心的测试发生了成本。嘉华公司预期该成本可通过未来提供服务收取的对价收回。除此之外，嘉华公司专门指派两名员工，负责向阳光公司提供服务。

本例中，嘉华公司为履行合同发生的相关成本中：

（1）购买硬件和软件的成本应当分别按照定固定资产和无形资产进行会计处理。

（2）设计服务成本和云财务平台的测试成本不属于其他企业会计准则的规范范围，但是这些成本与履行该合同直接相关，并且增加了嘉华公司未来用于履行履约义务（即提供云财务服务）的资源，嘉华公司预期该成本可通过未来提供服务收取的对价收回。所以，嘉华公司应当将这些成本确认为一项资产（合同履约成本）。

（3）嘉华公司向两名负责该项目的员工支付的工资费用，虽然与向阳光公司提供云财务服务有关，但是由于其并未增加企业未来用于履行履约义务的资源，因此，应当于发生时计入当期损益。

【例13-21】 嘉诚公司是一家贸易公司，其通过投标、竞标获得客户，为取得和该客户的合同，嘉诚公司发生下列支出：（1）聘请外部机构进行尽职调查的支出为25 000元；（2）因投标发生的差旅费为20 000元；（3）销售部门经理的奖金为50 000元，嘉诚公司预期这些支出未来都能够收回。此外，嘉诚公司根据其年度销售目标、整体盈利情况及个人业绩等，向销售部门经理支付年度奖金100 000元。

分析：本例中，嘉诚公司向销售人员支付的佣金属于为取得合同发生的增量成本，应当将其作为合同取得成本确认为一项资产。嘉诚公司聘请外部机构进行尽职调查发生的支出和为投标发生的差旅费，为投标费用，无论是否取得合同都会发生，不属于增量成本，因此，应当于发生时直接计入当期损益。嘉诚公司向销售部门经理支付的年度奖金也不是为取得合同发生的增量成本，这是因为该奖金发放与否以及发放金额还取决于其他因素（包括公司的盈利情况和个人业绩），其并不能直接归属于可识别的合同。

四、销售业务的一般会计处理

（一）在某一时段内履行的履约义务的收入确认与计量

在某一时段内履行的履约义务，企业应当在该段时间内按照履约进度确认收入，履约进度不能合理确定的除外。企业应当采用恰当的方法确定履约进度，以使其如实反映企业向客户转让商品的履约情况。企业应当考虑商品的性质，采用产出法或投入法确定恰当的履约进度，并且在确定履约进度时，应当扣除那些控制权尚未转移给客户的商品和服务。

1.履约进度的确定

（1）产出法

产出法是根据已转移给客户的商品对于客户的价值确定履约进度，主要包括按照实际测量的完工进度、评估已实现的结果、已达到的里程碑、已完工或交付的产品等确定履约进度的方法。通常产出法能够较为客观地反映履约进度，与收入的定义较为吻合。但是在实务中，有些产出指标难以计量，例如，建造一栋大楼，包括设计、论证、场地平整、基础设施、打地基、大楼主体建造、装潢等，完成设计和论证时的履约进度如何计量是一个复杂的问题。企业在评估是否采用产出法确定履约进度时，应当考虑所选择的产出指标是否能够如实地反映向客户转移商品的进度。当产出法下有关产出指标无法直接观察获得，或者企业为获得这些产出信息需要花费较高成本时，则需要采用投入法确定履约进度。

（2）投入法

投入法主要是根据企业为履行履约义务的投入确定履约进度的方法，如采用投入的材料数量、花费的人工工时或机器工时、发生的成本和时间进度等投入指标确定履约进度。当企业从事的工作或发生的投入是在整个履约期间内平均发生时，采用直线法确认收入较为合适。实务中，企业通常按照累计实际发生的成本占预计总成本的比例（即成本法）确定履约进度。但是企业的投入与向客户转移商品的控制权之间未必存在直接的对应关系，因此，企业在采用投入法时，应当扣除那些虽然已经发生但是未反映企业向客户转移商品履约情况的投入。

2.收入确认

在某一时段内履行的履约义务，企业应当按照合同总收入与履约进度的乘积扣除以前期间累计已确认的合同收入的金额，确认为当期收入。按照履行合同估计发生的总成本乘以履约进度扣除以前期间确认的合同成本的金额结转当期成本。

本期确认收入=合同总收入×履约进度-以前会计期间已确认合同收入

本期确认成本=合同总成本×履约进度-以前会计期间已确认合同成本

【例13-22】嘉华公司于2×23年12月1日接受一项生产线安装任务，安装期为6个月，合同总收入100万元，至年底已预收安装费40万元，实际发生安装费用为25万元（均为安装人员薪酬），估计还将发生安装费用55万元。假定嘉华公司按实际发生的成本占估计总成本的比例确定安装的履约进度，不考虑增值税等其他因素。嘉华公司的账务处理如下：

实际发生的成本占估计总成本的比例=25÷（25+55）×100%=31.25%

2×23年12月31日确认的劳务收入=100×31.25%=31.25（万元）

（1）预收安装费：

借：银行存款	400 000	
贷：合同负债		400 000

（2）实际发生劳务成本：

借：合同履约成本	250 000	
贷：应付职工薪酬		250 000

(3) 2×23年12月31日确认劳务收入并结转劳务成本：

借：合同负债 312 500

贷：主营业务收入 312 500

借：主营业务成本 250 000

贷：合同履约成本 250 000

【例13-23】2×23年11月，嘉华公司与阳光公司订立一项装修一幢办公楼并安装新电梯的合同，合同总对价为3 050万元。已承诺的装修服务（包括电梯安装，假定电梯毛利为5%）是一项在一段时间内履行的履约义务。预计总成本为2 600万元（包括电梯成本1 000万元）。嘉华公司使用投入法来计量其履约义务的履约进度。嘉华公司在2×23年12月31日将电梯运抵该建筑物时，阳光公司获得对电梯的控制，电梯直至2×24年6月才安装完成。截至2×23年12月31日阳光公司向嘉华公司预付工程款2 000万元。嘉华公司共发生成本1 600万元（包括职工薪酬和购买电梯的价款）。2×23年发生的成本都为支付的职工薪酬。

2×23年12月31日，嘉华公司账务处理：

嘉华公司的履约进度=（1 600-1 000）÷（2 600-1 000）×100%=37.5%

嘉华公司确认的收入=2 000×37.5%+1 050=1 800（万元）

嘉华公司应结转的成本=1 600×37.5%+1 000=1 600（万元）

(1) 嘉华公司收到阳光公司预付工程款：

借：银行存款 20 000 000

贷：合同负债 20 000 000

(2) 嘉华公司购买电梯并运抵阳光公司：

借：合同履约成本 10 000 000

贷：银行存款 10 000 000

(3) 嘉华公司发生工程施工费用（职工薪酬）：

借：合同履约成本 6 000 000

贷：应付职工薪酬 6 000 000

(4) 嘉华公司确认收入并结转成本：

借：合同负债 18 000 000

贷：主营业务收入 18 000 000

借：主营业务成本 16 000 000

贷：合同履约成本 16 000 000

2×24年1—6月份：

(1) 阳光公司发生工程施工费用（职工薪酬）1 000万元：

借：合同履约成本 10 000 000

贷：应付职工薪酬 10 000 000

(2) 嘉华公司确认收入并结转成本：

借：合同负债 12 500 000

贷：主营业务收入 12 500 000

借：主营业务成本 10 000 000

贷：合同履约成本 10 000 000

【例13-24】嘉华建筑公司与其客户签订一项总金额为1 800万元的不可撤销固定造价合同。嘉华公司负责工程的施工及全面管理，客户按照第三方工程监理公司确认的工程完工量，每年与嘉华公司结算一次；该工程已于2×21年3月开工，预计2×24年9月完工；预计可能发生的工程总成本为1 650万元。到2×22年年底，由于材料价格上涨等因素，嘉华公司将预计工程总成本调整为1 850万元。2×23年年末根据工程最新情况将预计工程总成本调整为1 920万元。假定该建造工程整体构成单项履约义务，并属于在某一时段内履行的履约义务，该公司采用成本法确定履约进度，不考虑其他相关因素。该合同的其他有关资料见表13-2。按照合同约定，工程质保金90万元需等到客户于2×25年年底保证期结束且未发生重大质量问题方能收款。上述价款均为不含税价款，不考虑相关税费的影响。

表13-2 **合同完工进度相关资料** 单位：万元

项目	2×21年	2×22年	2×23年	2×24年	2×25年
年末累计实际发生成本	450	900	1450	1 920	
年末预计完成合同尚需发生成本	1 200	950	470	0	
本期结算合同价款	500	500	500	210（扣除质保金）	90
本期实际收到价款	480	450	400	380	90

嘉华公司账务处理如下：

（1）2×21年账务处理

工程施工发生成本：

借：合同履约成本 4 500 000

贷：原材料/应付职工薪酬/银行存款等 4 500 000

确认收入并结转成本：

履约进度=450÷1 650×100%=27.27%

合同收入=1 800×27.27%=491（万元）

借：合同结算——收入结转 4 910 000

贷：主营业务收入 4 910 000

借：主营业务成本 4 500 000

贷：合同履约成本 4 500 000

合同价款结算：

借：应收账款 5 000 000

贷：合同结算——价款结算 5 000 000

实际收到价款：

借：银行存款 4 800 000

贷：应收账款 4 800 000

2×21年年末，合同结算科目余额9万元（贷方），表明嘉华公司已经与客户结算但尚未履行履约义务的金额为9万元，由于嘉华公司预计该部分履约义务将在2×24

年9月完成，因此，应在资产负债表中作为合同负债列示。

（2）2×22年账务处理

工程施工发生成本：

借：合同履约成本　　4 500 000

　贷：原材料/应付职工薪酬/银行存款等　　4 500 000

确认收入并结转成本：

履约进度=900÷1 850×100%=48.65%

合同收入=1 800×48.65%−491=384.7（万元）

合同预计损失=（900+950−1 800）−（450−491+450−384.7）=25.7（万元）

借：合同结算——收入结转　　3 847 000

　贷：主营业务收入　　3 847 000

借：主营业务成本　　4 500 000

　贷：合同履约成本　　4 500 000

借：主营业务成本　　257 000

　贷：预计负债　　257 000

合同价款结算：

借：应收账款　　5 000 000

　贷：合同结算——价款结算　　5 000 000

实际收到价款：

借：银行存款　　4 500 000

　贷：应收账款　　4 500 000

2×22年年末，由于该合同预计总成本（1 850万元）大于合同总收入（1 800万元），预计发生损失总额为50万元，由于其中24.3万元已经反映在2×21年和2×22年的损益中，2×21年确认收益41万元（491−450），2×22年确认损失65.3万元（384.7−450），2×21年和2×22年合计确认损失24.3万元，因此应将剩余的、为完成工程将发生的预计损失25.7万元（50−24.3）确认为当期损失。

（3）2×23年账务处理

工程施工发生成本：

借：合同履约成本　　5 500 000

　贷：原材料/应付职工薪酬/银行存款等　　5 500 000

确认收入并结转成本：

履约进度=1 450÷1 920×100%=75.52%

合同收入=1 800×75.52%−491−384.7=483.66（万元）

合同预计损失=（1 450+470−1 800）−50−（550−483.66）=3.66（万元）

借：合同结算——收入结转　　4 836 600

　贷：主营业务收入　　4 836 600

借：主营业务成本　　5 500 000

　贷：合同履约成本　　5 500 000

借：主营业务成本　　36 600

贷：预计负债 36 600

合同价款结算：

借：应收账款 5 000 000

贷：合同结算——价款结算 5 000 000

实际收到价款：

借：银行存款 4 000 000

贷：应收账款 4 000 000

2×23年年末，由于该合同预计总成本（1 920万元）大于合同总收入（1 800万元），预计发生损失总额为120万元，2×21年和2×22年合计确认损失50万元，2×23年确认损失66.34万元（主营业务收入-主营业务成本=483.66-550=-66.34），因此应将剩余的、为完成工程将发生的预计损失3.66万元（120-50-66.34）确认为当期损失。

（4）2×24年账务处理

工程施工发生成本：

借：合同履约成本 4 700 000

贷：原材料/应付职工薪酬/银行存款等 4 700 000

确认收入并结转成本：

履约进度=1 920÷1 920×100%=100%

合同收入=1 800×100%-491-384.7-483.66=440.64（万元）

借：合同结算——收入结转 4 406 400

贷：主营业务收入 4 406 400

借：主营业务成本 4 700 000

贷：合同履约成本 4 700 000

借：预计负债 293 600

贷：主营业务成本 293 600

合同价款结算：

借：应收账款 2 100 000

贷：合同结算——价款结算 2 100 000

实际收到价款：

借：银行存款 3 800 000

贷：应收账款 3 800 000

2×24年1—9月份，合同总损失120万元，2×21年、2×22年和2×23年合计确认损失120万元，2×24年确认损失29.36万元（主营业务收入-主营业务成本=440.64-470）。

2×25年，保证期结束未发生重大质量问题：

借：应收账款 900 000

贷：合同结算——价款结算 900 000

借：银行存款 900 000

贷：应收账款 900 000

借：合同结算——价款结算 18 000 000

贷：合同结算——收入结转　　18 000 000

（二）在某一时点履行履约义务的收入确认与计量

对于在某一时点履行的履约义务，企业应当在客户取得相关商品控制权时点确认收入，同时结转成本或在当月末汇总结转销售成本。如果商品已发出，但不满足收入确认条件，企业不确认收入，发出的商品通过"发出商品"科目核算。

【例13-25】2×22年2月10日，阳光公司向嘉华公司销售A产品1 000件，每件10 000元，增值税税率13%。阳光公司已将A产品已交付给嘉华公司，并开出增值税专用发票。嘉华公司已将A产品验收入库。款项未付。A产品的成本为每件8 000元。

本例中，阳光公司已将A产品的控制权转移给嘉华公司，阳光公司享有相应的收款权利，对价很可能收到，确认收入并结转成本。

借：应收账款　　11 300 000

　贷：主营业务收入　　10 000 000

　　　应交税费——应交增值税（销项税额）　　1 300 000

借：主营业务成本　　8 000 000

　贷：库存商品　　8 000 000

【例13-26】沿用【例13-25】的资料，假定阳光公司向嘉华公司销售A产品时，已经知悉嘉华公司出现财务危机，短期内难以收到货款，但是考虑存货库存积压以及与嘉华公司的长期业务关系，仍将A产品发运给嘉华公司，并开具增值税专用发票。2×22年12月18日，嘉华公司给阳光公司开出一张面值为11 300 000元的不带息商业承兑汇票，为期5个月。2×23年5月18日阳光公司收到票款。

分析：本例中阳光公司向嘉华公司销售A产品时，嘉华公司出现财务危机，阳光公司对于能否收回货款存在很大的不确定性，即阳光公司因向客户嘉华公司转让商品而有权取得的对价达不到"很可能"收回的程度，因此，阳光公司发出商品时不能确认收入，而是在对价达到很可能收回时确认收入。

2×22年2月10日，阳光公司将A产品交付给嘉华公司：

借：发出商品　　8 000 000

　贷：库存商品　　8 000 000

借：应收账款　　1 300 000

　贷：应交税费——应交增值税（销项税额）　　1 300 000

2×22年12月18日，阳光公司收到不带息商业承兑汇票，收到对价的可能性达到"很可能"的程度，可以确认收入，并结转成本。

借：应收票据　　11 300 000

　贷：主营业务收入　　10 000 000

　　　应收账款　　1 300 000

借：主营业务成本　　8 000 000

　贷：发出商品　　8 000 000

2×23年5月18日，阳光公司收到票据款：

借：银行存款　　11 300 000

　贷：应收票据　　11 300 000

五、特定交易的会计处理

（一）预收款销售

企业因销售商品向客户预收的款项，赋予了客户一项在未来从企业取得相关商品的权利，企业承担了向客户转让商品的义务。实务中，主要包括两种情形：一是客户向企业下订单，并按照商品价款的一定比例支付订金，支付的订金中往往不包含增值税；二是企业直接向客户销售储值卡，例如超市出售购物卡以及各种礼品卡等，此时预收款项中往往包含增值税。企业预收到款项时，首先将其确认为合同负债，待未来履行了相关履约义务，即客户交付了相关商品后，再将合同负债转为收入，但是预收款中的增值税，不符合合同负债的定义，不应确认为合同负债。合同负债，是指企业已收或应收客户对价而应向客户转让商品的义务。

【例13-27】 2×22年5月8日阳光公司与嘉诚公司签订合同，合同约定，嘉诚公司向阳光公司订购B产品500件，每件价格800元。签订合同当日嘉诚公司向阳光公司支付120 000元订金，7月8日交付B产品时，嘉诚公司付清尾款。增值税税率为13%。7月8日阳光公司按时交货，并开具增值税发票；嘉诚公司如约支付尾款。

分析：本例中阳光公司收取的订金120 000元是企业已收而应向客户转让商品的义务。应作为合同负债处理。相关会计处理如下：

5月8日，阳光公司收到订金：

借：银行存款　　120 000

　贷：合同负债　　120 000

7月8日，阳光公司交付B产品，收到剩余款项并开具增值税发票：

借：银行存款　　332 000

　　合同负债　　120 000

　贷：主营业务收入　　400 000

　　　应交税费——应交增值税（销项税额）　　52 000

当企业预收款项无须退回时，且客户可能会放弃全部或部分合同权利时，企业预期将有权获得与客户所放弃的合同权利相关金额的，应当按照客户行使合同权利的模式按比例将相应金额确认为收入；否则，企业只有在客户要求其履行履约义务的可能性极低时，才能将上述负债的余额确认为收入。

【例13-28】 阳光公司经营一家连锁超市，2×20年1月，阳光公司向客户销售了10 000张储值卡，每张卡的面值为500元，总额为5 000 000元。增值税税率13%，客户可在阳光公司经营的任何一家门店使用该储值卡进行消费。根据历史经验，阳光公司预期客户购买的储值卡中将有大约相当于储值卡面值金额5%（即250 000元）的部分不会被消费。储值卡的使用期限3年，截止日期为2×22年12月31日。到期未消费部分储值卡金额不予退还。截至2×20年12月31日，储值卡消费金额为2 100 000元，2×21年1月1日到12月31日，储值卡消费金额为1 400 000元，2×22年1月1日到12月31日，储值卡消费金额为1 250 000元。相关会计处理如下：

（1）销售储值卡：

借：银行存款　　5 000 000

贷：合同负债 4 424 779

应交税费——待转销项税额 575 221

（2）2×20年，客户持储值卡消费，阳光公司预期将有权获得与客户未行使的合同权利的金额为250 000元，该金额应当按照客户行使合同权利的模式按比例将相应金额确认为收入：

2×20年应确认的收入=［（2 100 000÷5 000 000×250 000）+2 100 000］÷（1+13%）

=1 951 327（元）

借：合同负债 1 951 327

应交税费——待转销项税额 253 673

贷：主营业务收入 1 951 327

应交税费——应交增值税（销项税额） 253 673

（3）2×21年，客户持储值卡消费：

2×21年应确认的收入=［（1 400 000÷5 000 000×250 000）+1 400 000］÷（1+13%）

=1 300 885（元）

借：合同负债 1 300 885

应交税费——待转销项税额 169 115

贷：主营业务收入 1 300 885

应交税费——应交增值税（销项税额） 169 115

（4）2×22年，客户持储值卡消费：

2×22年应确认的收入=1 325 000÷1.13=1 172 566（元）

借：合同负债 1 172 566

应交税费——待转销项税额 152 434

贷：主营业务收入 1 172 566

应交税费——应交增值税（销项税额） 152 434

（二）附有销售退回条款的销售

附有销售退回条款的销售是指购买方按照合同条款规定，客户有权退货的销售方式。附有销售退回条款，通常有以下几种情况：

1.企业为了推销新产品，对于客户购买其新产品，规定一个试用期，在试用期内客户满意就付款，否则客户可以选择退货。这种情况下，企业交付产品，客户取得商品控制权，由于企业向客户收取的对价不确定，此时不能确认收入，直到试用期满，客户不退货，企业才能确认收入，或者扣除退货金额后确认收入。

（1）企业已发货，客户未付款

在试用期内：

借：发出商品 ×××

贷：库存商品 ×××

试用期结束：

借：应收账款/应收票据/银行存款 ×××

贷：主营业务收入（扣除退货后的金额） ×××

应交税费——应交增值税（销项税额） ×××

结转成本：

借：主营业务成本 ×××

　贷：发出商品 ×××

退回商品：

借：库存商品 ×××

　贷：发出商品 ×××

（2）企业已发货，客户已付款

在试用期内：

借：发出商品 ×××

　贷：库存商品 ×××

借：银行存款 ×××

　贷：合同负债 ×××

　　应交税费——应交增值税（销项税额） ×××

试用期结束：

借：合同负债 ×××

　贷：主营业务收入 ×××

退回的商品（红字冲销）：

借：银行存款 ×××

　贷：合同负债 ×××

　　应交税费——应交增值税（销项税额） ×××

收回退货，并结转成本：

借：主营业务成本 ×××

　　库存商品（退回的商品） ×××

　贷：发出商品 ×××

【例13-29】 2×22年4月6日，阳光公司为了推销其生产的新产品，与嘉实公司签订合同，向其销售甲产品100件，每件3 000元，成本每件2 400元。两个月内可以无理由退货。4月6日当天，阳光公司发货，嘉实公司确认收到货物，款项未付。6月6日，嘉实公司退回了20件甲产品，并支付了货款。增值税税率13%。

4月6日，阳光公司发货，嘉实公司收到货物：

借：发出商品 240 000

　贷：库存商品 240 000

6月6日，退回商品：

借：银行存款 271 200

　贷：主营业务收入 240 000

　　应交税费——应交增值税（销项税额） 31 200

收到退回商品并结转成本：

借：主营业务成本 192 000

　　库存商品 48 000

　贷：发出商品 240 000

【例13-30】沿用【例13-29】的资料，假定嘉实公司4月6日付款。其他条件不变。

4月6日，阳光公司发货，嘉实公司收到货物：

借：发出商品　240 000
　贷：库存商品　240 000
借：银行存款　339 000
　贷：合同负债　300 000
　　应交税费——应交增值税（销项税额）　39 000

6月6日，确认收入：

借：合同负债　240 000
　贷：主营业务收入　240 000

退回的商品（红字冲销）：

借：银行存款　-67 800
　贷：合同负债　-60 000
　　应交税费——应交增值税（销项税额）　-7 800

收回退货，并结转成本：

借：主营业务成本　192 000
　库存商品　48 000
　贷：发出商品　240 000

2.企业为了促销或应客户要求，销售合同条款中有退货条款（包含质量问题、客户体验原因等）。如果企业根据经验能够判断退货率，企业应当在客户取得相关商品控制权时，按照因向客户转让商品而预期有权收取的对价金额（即不包含预期因销售退回将退还的金额）确认收入，按照预期因销售退回将退还的金额确认负债；同时，按照预期将退回商品转让时的账面价值，扣除收回该商品预计发生的成本（包括退回商品的价值减损）后的余额，确认为一项资产，按照所转让商品转让时的账面价值，扣除上述资产成本的净额结转成本。

每一资产负债表日，企业应当重新估计未来销售退回情况，如有变化，应当作为会计估计变更进行会计处理。

借：应收账款/应收票据/银行存款等
　贷：主营业务收入（预期收回对价的金额）
　　预计负债——应付退货款（预期因退货退回的金额）
　　应交税费——应交增值税（销项税额）
借：主营业务成本
　应收退货成本
　贷：库存商品

【例13-31】2×23年11月8日，阳光公司与嘉诚公司签订合同，向嘉诚公司销售乙产品1 000件，每件价格500元，乙产品成本每件400元，增值税税率13%。11月8日，阳光公司将货物交付给嘉诚公司，同时开具增值税专用发票，价款500 000元，增值税65 000元。阳光公司针对这批货物给嘉诚公司提供了5个月的试用期，在2×24年4月8

日前，嘉诚公司有权将乙产品退回给阳光公司，根据以往经验阳光公司发出商品的退货率为15%，2×23年12月31日，阳光公司对退货率进行重新估算，退货率为10%。

（1）2×23年11月8日，阳光公司发出商品：

借：应收账款	565 000	
贷：主营业务收入		425 000
预计负债——应付退货款		75 000
应交税费——应交增值税（销项税额）		65 000
借：主营业务成本	340 000	
应收退货成本	60 000	
贷：库存商品		400 000

（2）2×23年12月31日，阳光公司重新评估退货率：

借：预计负债——应付退货款	25 000	
贷：主营业务收入		25 000
借：主营业务成本	20 000	
贷：应收退货成本		20 000

（3）2×24年4月8日，退货期届满：

①假定嘉诚公司没有退货：

借：预计负债	50 000	
贷：主营业务收入		50 000
借：主营业务成本	40 000	
贷：应收退货成本		40 000

②假定嘉诚公司实际退回80件：

借：预计负债——应付退货款	50 000	
应交税费——应交增值税（销项税额）	5 200	
贷：应收账款		45 200
主营业务收入		10 000
借：主营业务成本	8 000	
库存商品	32 000	
贷：应收退货成本		40 000

③假定嘉诚公司实际退回100件：

借：预计负债——应付退货款	50 000	
应交税费——应交增值税（销项税额）	6 500	
贷：应收账款		56 500
借：库存商品	40 000	
贷：应收退货成本		40 000

④假定嘉诚公司实际退回120件：

借：预计负债——应付退货款	50 000	
应交税费——应交增值税（销项税额）	7 800	
主营业务收入	10 000	

贷：应收账款　　67 800

借：库存商品　　48 000

贷：应收退货成本　　40 000

主营业务成本　　8 000

【例13-32】阳光公司向酒店销售100张餐桌，每张餐桌的价格为2 000元，成本为1 500元。根据合同约定，酒店有权在收到餐桌的30天内退货，但是需要向阳光公司支付100元的退货费（即每张餐桌的退货费为100元）。根据历史经验，阳光公司预计的退货数量为20张餐桌，且退货过程中，阳光公司预计为每张退货的餐桌发生的成本为60元。上述价格均不包含增值税，假定不考虑相关税费影响，阳光公司在将餐桌的控制权转移给酒店时的账务处理为：

借：应收账款　　200 000

贷：主营业务收入　　162 000

预计负债——应付退货款　　38 000

借：主营业务成本　　121 200

应收退货成本　　28 800

贷：库存商品　　150 000

（三）附质量保证条款的销售

企业在向客户销售商品时，根据合同约定、法律规定或本企业以往的习惯做法等，可能会为所销售的商品提供质量保证，这些质量保证的性质可能因行业或者客户而不同。其中，有一些质量保证是为了向客户保证所销售的商品符合既定标准，即保证类质量保证；而另一些质量保证则是在向客户保证所销售的商品符合既定标准之外提供了一项单独的服务，即服务类质量保证。

企业应当对其所提供的质量保证的性质进行分析，对于客户能够选择单独购买质量保证的，表明该质量保证构成单项履约义务；对于客户虽然不能选择单独购买质量保证，但是，如果该质量保证在向客户保证所销售的商品符合既定标准之外提供了一项单独服务的，也应当作为单项履约义务。作为单项履约义务的质量保证应当按相关准则规定进行会计处理，并将部分交易价格分摊至该项履约义务。对于不能作为单项履约义务的质量保证，企业应当按照《企业会计准则第13号——或有事项》的规定进行会计处理。

企业在评估一项质量保证是否在向客户保证所销售的商品符合既定标准之外提供了一项单独的服务时，应当考虑的因素包括：

1. 该质量保证是否为法定要求。当法律要求企业提供质量保证时，该法律规定通常表明企业承诺提供的质量保证不是单项履约义务，这是因为，这些法律规定通常是为了保护客户，以免其购买瑕疵或缺陷商品，而并非为客户提供一项单独的服务。

2. 质量保证期限。企业提供质量保证的期限越长，越有可能表明企业向客户提供了保证商品符合既定标准之外的服务，因此，企业承诺提供的质量保证越有可能构成单项履约义务。

3. 企业承诺履行任务的性质。如果企业必须履行某些特定的任务以保证所销售的商品符合既定标准（例如，企业负责运输被客户退回的瑕疵商品），则这些特定的任务可能不构成单项履约义务。

【例13-33】 2×23年12月15日，阳光公司与客户签订合同，向客户销售200台电脑，总价为120万元，每台6 000元，在法律上规定的1年质保期外，阳光公司额外提供3年的质保期，在此期间如发生质量问题，阳光公司负责维修或更换。含1年质保期的同种型号的电脑每台5 600元，电脑延长3年的质保期单独售价每台800元。电脑成本为70万元。增值税税率13%，阳光公司已收到全部价款。

分析：阳光公司销售的电脑，构成两项单项履约义务，电脑本身（含1年质保期）1年质保期是国家规定的质量标准，即保证类质量保证。延长3年质保期有单独售价，属于服务类质量保证。因此，将合同对价6 000元在这两项单项履约义务之间分摊。

电脑（含1年的质保期）的交易价格：5 600÷（5 600+800）×6 000=5 250（元）

延长3年质保期的交易价格：800÷（5 600+800）×6 000=750（元）

借：银行存款	1 356 000	
贷：主营业务收入		1 050 000
合同负债		150 000
应交税费——应交增值税（销项税额）		156 000

2×25年、2×26年和2×27年确认质保费收入：

借：合同负债	50 000	
贷：主营业务收入/其他业务收入		50 000

（四）主要责任人和代理人

企业应当根据其在向客户转让商品前是否拥有对该商品的控制权，来判断其从事交易时的身份是主要责任人还是代理人。企业在向客户转让商品前能够控制该商品的，该企业为主要责任人，应当按照已收或应收对价总额确认收入；否则，该企业为代理人，应当按照预期有权收取的佣金或手续费的金额确认收入，该金额应当按照已收或应收对价总额扣除应支付给其他相关方的价款后的净额，或者按照既定的佣金金额或比例等确定。

企业向客户转让商品或提供劳务前能够控制商品的情形包括：

（1）企业自该第三方取得商品或其他资产控制权后，再转让给客户；

（2）企业能够主导第三方代表本企业向客户提供服务；

（3）企业自第三方取得商品控制权后，通过提供重大的服务将该商品与其他商品整合成合同约定的某组合产出转让给客户。

实务中，企业在判断其在向客户转让特定商品之前是否已经拥有对该商品的控制权时，不应仅局限于合同的法律形式，而应当综合考虑所有相关事实和情况进行判断。这些事实和情况包括：

（1）企业承担向客户转让商品的主要责任；

（2）企业在转让商品之前或之后承担了该商品的存货风险；

（3）企业有权自主决定所交易商品的价格；

（4）其他相关事实和情况。

需要强调的是，上述“相关事实和情况”只是帮助企业在难以评估特定商品转让给客户之前是否能够控制这些商品的情况下进行相关判断。此外，这些事实和情况并无权重之分，也不能被孤立地用于支持某一结论。企业应当根据相关商品的性质、合同条款的约定以及其他具体情况，综合进行判断。

关于主要责任人和代理人的典型例子：委托代销。

委托代销是指委托方委托受托方代销商品的一种销售方式。受托方应当根据其向客户销售商品前是否拥有对该商品的控制权，来判断其向客户转让商品的身份是主要责任人还是代理人，进而确定其按照已收或应收客户对价的总额确认收入，还是应当按照预期有权收取的代销手续费金额确认收入。为此，委托代销进一步分为视同买断方式和支付手续费方式两种。

1.视同买断方式

视同买断方式代销商品，是指委托方和受托方签订合同或协议，委托方按合同或协议收取代销的货款，实际售价由受托方自定，实际售价与合同或协议价之间的差额归受托方所有。如果委托方和受托方之间的协议明确标明，受托方在取得代销商品后，无论能否卖出、是否获利，均与委托方无关。由此可以看出，受托方在向其客户销售商品前已经取得商品的控制权，受托方在交易时的身份是主要责任人。受托人应该按照其向客户销售商品的总额确认收入。

【例13-34】甲公司委托乙公司销售商品10 000件，协议价为200元/件，成本为120元/件。代销协议约定，乙公司在取得代销商品后，无论能否卖出、是否获利，均与甲公司无关。这批商品已经发出，货款尚未收到，甲公司开出的增值税专用发票上注明的增值税税额为260 000元。乙公司按照220元每件卖出。乙公司的增值税税率13%。

根据本例的资料，甲公司采用视同买断方式委托乙公司代销商品。因此，甲公司在发出商品时的账务处理如下：

借：应收账款——甲公司	2 260 000	
贷：主营业务收入		2 000 000
应交税费——应交增值税（销项税额）		260 000
借：主营业务成本	1 200 000	
贷：库存商品		1 200 000

甲公司收到乙公司的代销清单，收到款项：

借：银行存款	2 260 000	
贷：应收账款		2 260 000

乙公司收到甲公司发来的商品：

借：库存商品	2 000 000	
应交税费——应交增值税（进项税额）	260 000	
贷：应付账款——甲公司		2 260 000

乙公司卖出商品：

借：银行存款	2 486 000	
贷：主营业务收入		2 200 000
应交税费——应交增值税（销项税额）		286 000

乙公司结转成本：

借：主营业务成本　　2 000 000

　贷：库存商品　　2 000 000

2.收取手续费方式

在这种方式下，委托方和受托方之间的协议明确标明，将来受托方没有将商品售出时可以将商品退回委托方，受托方的销售价格由委托方制定，受托方因代销商品出现亏损时可以要求委托方补偿。此时，受托方在向客户销售商品前没有取得商品的控制权。受托方在交易时的身份是代理人。委托方在交付商品时不确认收入，受托方也不作购进商品处理，受托方在将商品售出后，向委托方开具代销清单，委托方收到代销清单时，再确认本企业的销售收入。受托方应在商品售出后，按照合同或协议约定的方法计算确定的手续费确认收入。

【例13-35】 甲公司委托丙公司销售商品2 000件，商品已经发出，每件成本为600元。合同约定丙公司应按每件1 000元对外销售，甲公司按售价的10%向丙公司支付手续费。丙公司对外实际销售1 500件，开出的增值税专用发票上注明的销售价款为1 500 000元，增值税税额为195 000元，款项已经收到。甲公司收到丙公司开具的代销清单时，向丙公司开具一张相同金额的增值税专用发票。假定甲公司发出商品时纳税义务尚未发生，不考虑其他因素。

甲公司的账务处理如下：

（1）发出商品：

借：委托代销商品　　1 200 000

　贷：库存商品　　1 200 000

（2）收到代销清单：

借：应收账款　　1 695 000

　贷：主营业务收入　　1 500 000

　　　应交税费——应交增值税（销项税额）　　195 000

借：主营业务成本　　900 000

　贷：委托代销商品　　900 000

借：销售费用　　150 000

　贷：应收账款　　150 000

（3）收到丙公司支付的货款：

借：银行存款　　1 545 000

　贷：应收账款　　1 545 000

丙公司的账务处理如下：

（1）收到商品：

借：受托代销商品　　2 000 000

　贷：受托代销商品款　　2 000 000

（2）对外销售：

借：银行存款　　1 695 000

　贷：应付账款　　1 500 000

　　　应交税费——应交增值税（销项税额）　　195 000

(3) 收到增值税专用发票：

借：应交税费——应交增值税（进项税额） 195 000

　贷：应付账款 195 000

借：受托代销商品款 1 500 000

　贷：受托代销商品 1 500 000

(4) 支付货款并计算代销手续费：

借：应付账款 1 695 000

　贷：银行存款 1 545 000

　　主营业务收入 150 000

（五）附有客户额外购买选择权的销售

某些情况下，企业在销售商品的同时，会向客户授予选择权，允许客户可以据此免费或者以折扣价格购买额外的商品。企业向客户授予的额外购买选择权的形式包括销售激励、客户奖励积分、未来购买商品的折扣券以及合同续约选择权等。

对于附有客户额外购买选择权的销售，企业应当评估该选择权是否向客户提供了一项重大权利。如果客户只有在订立了一项合同的前提下才取得了额外购买选择权，并且客户行使该选择权购买额外商品时，能够享受到超过该地区或该市场中其他同类客户所能够享有的折扣，则通常认为该选择权向客户提供了一项重大权利。该选择权向客户提供了重大权利的，应当作为单项履约义务。在这种情况下，客户在该合同下支付的价款实际上购买了两项单独的商品：一是客户在该合同下原本购买的商品；二是客户可以免费或者以折扣价格购买额外商品的权利。企业应当将交易价格在这两项商品之间进行分摊，其中，分摊至后者的交易价格与未来的商品相关，因此，企业应当在客户未来行使该选择权取得相关商品的控制权时，或者在该选择权失效时确认为收入。在考虑授予客户的该项权利是否重大时，应根据其金额和性质综合判断。客户额外购买选择权的单独售价无法直接观察的，企业应当综合考虑客户行使和不行使该选择权所能获得的折扣的差异以及客户行使该选择权的可能性等全部相关信息后，予以合理估计。

【例13-36】甲公司以100元的价格向客户销售A商品，购买该商品的客户可得到一张40%的折扣券，客户可以在未来的30天内使用该折扣券购买甲公司原价不超过100元的任一商品。同时，甲公司计划推出季节性促销活动，在未来30天内针对所有产品均提供10%的折扣。上述两项优惠不能叠加使用。根据历史经验，甲公司预计有80%的客户会使用该折扣券，额外购买的商品的金额平均为50元。上述金额均不包含增值税，且假定不考虑相关税费影响。

本例中，购买A商品的客户能够取得40%的折扣券，且远高于所有客户均能享有的10%的折扣，因此，甲公司认为该折扣券向客户提供了重大权利，应当作为单项履约义务。考虑到客户使用该折扣券的可能性以及额外购买的金额，甲公司估计该折扣券的单独售价为12元（50×80%×（40%-10%））。甲公司按照A产品和折扣券单独售价的相对比例对交易价格进行分摊，A商品分摊的交易价格为89元（100÷（100+12）×100），折扣券选择权分摊的交易价格为11元（12÷（100+12）×100）。甲公司在销售A商品时的账务处理如下：

借：银行存款　　100
　贷：主营业务收入　　89
　　合同负债　　11

【例13-37】2×23年1月1日到2×23年1月31日，阳光公司开始推行一项春节消费奖励积分计划。根据该计划，客户在阳光公司每消费10元可获得1个积分，不足10元的部分不给予积分，每个积分从次月开始在购物时可以抵减1元。截至2×23年1月31日，客户共消费1 000 000元，可获得100 000个积分，根据历史经验，阳光公司估计该积分的兑换率为95%。上述金额均不包含增值税，且假定不考虑相关税费影响。

本例中，阳光公司认为其授予客户的积分为客户提供了一项重大权利，应当作为单项履约义务。客户购买商品的单独售价合计为1 000 000元，考虑积分的兑换率，阳光公司估计积分的单独售价为95 000元（1×1 000 000÷10×95%）。阳光公司按照商品和积分单独售价的相对比例对交易价格进行分摊：

商品分摊的交易价格=［1 000 000÷（1 000 000+95 000）］×1 000 000=913 242（元）

积分分摊的交易价格=［95 000÷（1 000 000+95 000）］×1 000 000=86 758（元）

因此，阳光公司应当在商品的控制权转移时确认收入913 242元，同时，确认合同负债86 758元。截至2×23年12月31日，客户共兑换了45 000个积分，阳光公司对该积分的兑换率进行了重新估计，仍然预计客户将会兑换的积分总数为95 000个。因此，阳光公司以客户兑换的积分数占预期将兑换的积分总数的比例为基础确认收入。积分当年应当确认的收入为41 096元（45 000÷95 000×86 758）；剩余未兑换的积分为45 662元（86 758-41 096），仍然作为合同负债。截至2×24年12月31日，客户累计兑换了85 000个积分。阳光公司对该积分的兑换率进行了重新估计，预计客户将会兑换的积分总数为97 000个。积分当年应当确认的收入为34 929元（85 000÷97 000×86 758-41 096）；剩余未兑换的积分为10 733元（86 758-41 096-34 929），仍然作为合同负债。

（六）向客户授予知识产权许可

授予知识产权许可，是指企业授予客户对企业拥有的知识产权享有相应权利。常见的知识产权包括软件和技术、影视和音乐等的版权、特许经营权以及专利权、商标权和其他版权等。企业向客户授予知识产权许可的，首先，应当评估该知识产权许可是否构成单项履约义务，其次，确定该知识产权许可是时段型履约义务还是时点型履约义务。

企业向客户授予的知识产权许可，同时满足下列三项条件的，应当作为在某一时段内履行的履约义务确认相关收入；否则，应当作为在某一时点履行的履约义务确认相关收入：

（1）合同要求或客户能够合理预期企业将从事对该项知识产权有重大影响的活动；

（2）该活动对客户将产生有利或不利影响；

（3）该活动不会导致向客户转让某项商品。

企业向客户授予知识产权许可，并约定按客户实际销售或使用情况（如按照客户的销售额）收取特许权使用费的，应当在客户后续销售或使用行为实际发生与企业履行相关履约义务二者孰晚的时点确认收入。这是估计可变对价的一个例外规定（因为通常情况下，在合同开始日，就应该合理确定可变对价），该例外规定只有在下列两种情形下才能使用：一是特许权使用费仅与知识产权许可相关。二是特许权使用费可能与合同中的知识产权许可和其他商品都相关，但是，与知识产权许可相关的部分占有主导地位。当企业能够合理预期，客户认为知识产权许可的价值远高于合同中与之相关的其他商品时，该知识产权许可可能是占有主导地位的。对于不适用该例外规定的特许权使用费，应当按照估计可变对价的一般原则进行处理。

【例13-38】甲电影发行公司与乙公司签订合同，将其拥有的一部电影的版权授权给乙公司，乙公司可在其旗下的影院放映该电影，放映期间为6周。除了将该电影版权授权给乙公司之外，甲公司还同意在该电影放映之前，向乙公司提供该电影的片花，在乙公司的影院播放，并且在该电影放映期间在当地知名的广播电台播放广告。甲公司将获得乙公司播放该电影的票房分成。

本例中，甲公司的承诺包括授予电影版权许可、提供电影片花以及提供广告服务。甲公司在该合同下获得的对价为按照乙公司实际销售情况收取的特许权使用费。与之相关的授予电影版权许可是占有主导地位的，这是因为，甲公司能够合理预期，客户认为该电影版权许可的价值远高于合同中提供的电影片花和广告服务。因此，甲公司应当在乙公司放映该电影的期间按照约定的分成比例确认收入。如果授予电影版权许可、提供电影片花以及广告服务分别构成单项履约义务，甲公司应当将该取得的分成收入在这些履约义务之间进行分摊。

此外，企业使用上述例外规定时，应当对特许权使用费整体采用该规定，而不应当将特许权使用费进行分拆，即部分采用该例外规定进行处理，而其他部分按照估计可变对价的一般原则进行处理。

【例13-39】甲公司是一家著名的足球俱乐部，授权乙公司在其设计生产的服装、帽子、水杯以及毛巾等产品上使用甲公司球队的名称和图标，授权期间为2年。合同约定，甲公司收取的合同对价由两部分组成：一是200万元固定金额的使用费；二是按照乙公司销售上述商品所取得销售额的5%计算的提成。乙公司预期甲公司会继续参加当地顶级联赛，并取得优异的成绩。

本例中，该合同仅包括一项履约义务，即授予使用权许可，甲公司继续参加比赛并取得优异成绩等活动是该许可的组成部分。由于乙公司能够合理预期甲公司将继续参加比赛，甲公司的成绩将会对其品牌（包括名称和图标等）的价值产生重大影响，而该品牌价值可能会进一步影响乙公司产品的销量，甲公司从事的上述活动并未向乙公司转让任何可明确区分的商品，因此，甲公司授予的该使用权许可，属于在2年内履行的履约义务。甲公司收取的200万元固定金额的使用费应当在2年内平均确认收入，按照乙公司销售相关商品所取得销售额的5%计算的提成应当在乙公司的销售发生时确认收入。

【例13-40】2×23年9月10日嘉康奶茶有限公司特许丁公司经营其连锁店，根据双方签订的合同，嘉康公司向丁公司收取特许权初始费用50万元，用于向丁公司提供生产奶茶设备、家具和柜台等商品，并提供选址、店面装潢设计、人员培训、广告等初始服务；连锁店开业后，嘉康公司销售特制原料（开业后每月提供）、提供经营指导和广告营销等后续服务。嘉康公司提供特制原料按照市场价销售给丁公司，另外，丁公司按当年营业额的8%向嘉康公司支付特许权使用费。假定不考虑相关税费。

合同签订当日，丁公司一次性付清特许权初始费用50万元；2×23年10月1日嘉康公司提供初始服务；2×23年10月份提供初始服务的成本为4万元，11月份提供初始服务的成本为2.5万元，12月份提供初始服务的成本为3.5万元；2×23年12月向丁公司提供设备、家具和柜台等商品，成本为30万元，市场售价为36万元；2×23年12月25日嘉康公司向丁公司提供特制原材料，成本为25万元，市场售价为30万元；丁公司奶茶店2×24年1月1日正式开业。2×24年度丁公司奶茶店营业额为250万元，嘉康公司提供后续服务成本4.5万元。

分析：上述特许经营合同，包括转让商品（家具、设备和柜台等）、提供初始服务、提供特制原料和后续服务四个单项履约义务。其中转让商品（家具、设备和柜台等）和提供特制原料属于时点型履约义务，初始服务和后续服务属于时段型履约义务。转让商品（家具、设备和柜台等）的交易价格为36万元，初始服务的交易价格为14万元（50−36），相关会计处理如下：

（1）合同签订当日，收到特许权初始费用：

借：银行存款　　500 000

　贷：合同负债　　500 000

（2）10月份提供初始服务：

借：合同履约成本——服务成本　　40 000

　贷：银行存款　　40 000

（3）11月份提供初始服务：

借：合同履约成本——服务成本　　25 000

　贷：银行存款　　25 000

（4）12月份提供初始服务：

借：合同履约成本——服务成本　　35 000

　贷：银行存款　　35 000

12月份提供设备、家具等商品确认商品和服务收入：

借：合同负债　　500 000

　贷：主营业务收入——销售商品　　360 000

　　　　　　　　——服务收入　　140 000

结转商品和服务成本：

借：主营业务成本——服务成本　　100 000

　　　　　　　——库存商品成本　　300 000

　贷：合同履约成本——服务成本　　100 000

　　　库存商品　　300 000

嘉康公司向丁公司销售特制原料：

借：银行存款　　300 000

贷：主营业务收入　　300 000

结转特制原料成本：

借：主营业务成本　　250 000

贷：库存商品　　250 000

以后每月向丁公司出售特制原料会计处理相同。

2×24年，嘉康公司向丁公司提供后续服务发生成本：

借：合同履约成本——服务成本　　45 000

贷：银行存款/应付职工薪酬等　　45 000

收到2×24年服务费并结转成本：

借：银行存款　　200 000

贷：主营业务收入　　200 000

借：主营业务成本　　45 000

贷：合同履约成本——服务成本　　45 000

（七）售后回购

售后回购，是指销售商品的同时，销售方同意日后再将同样或类似的商品购回的销售方式。被购回的商品包括原销售给客户的商品、与该商品几乎相同的商品，或者以该商品作为组成部分的其他商品。企业应当区分下列两种情形分别进行会计处理：

1.企业因存在与客户的远期安排而负有回购义务或企业享有回购权利的

企业应根据下列情况分别进行相应的会计处理：一是回购价格低于原售价的，应当视为租赁交易，按照《企业会计准则第21号——租赁》的相关规定进行会计处理。二是回购价格不低于原售价的，应当视为融资交易，在收到客户款项时确认金融负债，而不是终止确认该资产，并将该款项和回购价格的差额在回购期间内确认为利息费用等。

【例13-41】2×23年4月1日，甲公司向乙公司销售一艘豪华游艇，销售价格为2 000万元，合同约定3年之后，即2×26年4月1日，甲公司将以1 200万元的价格回购该设备。

本例中，根据合同约定，甲公司负有在3年后回购该艘豪华游艇的义务，因此，乙公司并未取得该设备的控制权。假定不考虑货币时间价值，该交易的实质是乙公司支付了800万元（2 000-1 200）的对价取得了该豪华游艇3年的使用权。甲公司应当将该交易作为租赁交易进行会计处理。

【例13-42】2×23年1月1日，阳光公司由于资金周转困难，将其名下的一栋写字楼出售给嘉实公司，价款6 000万元，合同规定，一年后，即2×24年1月1日，阳光公司以6 600万元的价格回购。不考虑相关税费。

本例中，根据合同约定，阳光公司负有在一年后回购该写字楼的义务，因此，嘉实公司并未取得该写字楼的控制权。实质就是阳光公司将写字楼抵押给嘉实公司，取得6 000万元的借款，一年后阳光公司连本带息还款6 600万元，收回抵押物写字楼。回购价格6 600万元大于原售价，应视为融资交易。

2×23年1月1日，阳光公司将写字楼交付给嘉实公司：

借：银行存款　　60 000 000

贷：其他应付款　　60 000 000

2×23年每月末，确认利息：

借：财务费用　　500 000

　贷：其他应付款　　500 000

2×24年1月1日，阳光公司收回写字楼：

借：其他应付款　　66 000 000

　贷：银行存款　　66 000 000

2.企业应客户要求回购商品的

企业负有应客户要求回购商品义务的，应当在合同开始日评估客户是否具有行使该要求权的重大经济动因。客户具有行使该要求权的重大经济动因的，企业应当将回购价格与原售价进行比较，并按照上述第1种情形下的原则将该售后回购作为租赁交易或融资交易进行相应的会计处理。客户不具有行使该要求权的重大经济动因的，企业应当将该售后回购作为附有销售退回条款的销售交易进行相应的会计处理。

在判断客户是否具有行权的重大经济动因时，企业应当综合考虑各种相关因素，包括回购价格与预计回购时市场价格之间的比较以及权利的到期日等。当回购价格明显高于该资产回购时的市场价值时，通常表明客户有行权的重大经济动因。

【例13-43】 嘉旅公司向丙公司销售其游艇的一手销售价格为5 000万元，双方约定，丙公司在5年后有权要求嘉旅公司以3 500万元的价格回购该艘游艇。嘉旅公司预计该游艇在回购时的市场价值将远低于3 500万元。

本例中，假定不考虑时间价值的影响，嘉旅公司的回购价格3 500万元低于原售价5 000万元，但远高于该游艇在回购时的市场价值，嘉旅公司判断丙公司有重大的经济动因行使其权利要求嘉旅公司回购该游艇。因此，嘉旅公司应当将该交易作为租赁交易进行会计处理。

（八）无须退回的初始费

企业在合同开始日（或临近合同开始日）向客户收取的无须退回的初始费通常包括入会费、接驳费、初装费等。企业收取该初始费时，应当评估该初始费是否与向客户转让已承诺的商品相关。该初始费与向客户转让已承诺的商品相关，且该商品构成单项履约义务的，企业应当在转让该商品时，按照分摊至该商品的交易价格确认收入；该初始费与向客户转让已承诺的商品相关，但该商品不构成单项履约义务的，企业应当在包含该商品的单项履约义务履行时，按照分摊至该单项履约义务的交易价格确认收入；该初始费与向客户转让已承诺的商品不相关的，该初始费应当作为未来将转让商品的预收款，在未来转让该商品时确认为收入。

【例13-44】 阳光实业有限公司经营一家高尔夫俱乐部，实行会员制，2×22年1月1日，俱乐部与200名客户签订为期5年的合同，为客户提供打高尔夫球服务。合同约定，每位客户需缴纳20 000元入会费，用于补偿客户注册登记、准备会籍资料以及会员卡初始活动成本。每年年初缴纳100 000元年费。年费与入会费均无须退还。2×22年俱乐部发生初始活动成本450 000元，2×22年发生高尔夫服务成本13 000 000元。2×23年发生高尔夫服务成本11 000 000元

分析：俱乐部开始初始活动属于行政性的准备工作，并没有向客户提供已承诺的商品，不构成单项履约义务，入会费应作为后续服务的预收款，在未来5年内平均

分摊。

2×22年1月1日，收取入会费和年费：

借：银行存款 24 000 000

　贷：合同负债 24 000 000

2×22年发生初始活动成本和服务成本：

借：合同履约成本——服务成本 13 450 000

　贷：银行存款/应付职工薪酬等 13 450 000

确认2×22年的收入和结转成本：

借：合同负债 20 800 000

　贷：主营业务收入 20 800 000

借：主营业务成本 13 090 000

　贷：合同履约成本——服务成本 13 090 000

案例分析

平台型电商补贴业务的收入确认及增值税处理

本节自测

第二节 费用

一、费用的概念和特征

费用是指企业在日常活动中发生的、会导致所有者权益减少的、与向所有者分配利润无关的经济利益的总流出。费用具有以下特点：

（一）费用是企业在日常活动中发生的经济利益的总流出

工业企业制造并销售产品、商业企业购买并销售商品、咨询公司提供咨询服务、软件开发企业为客户开发软件、安装公司提供安装服务、租赁公司出租资产等活动中发生的经济利益的总流出构成费用。工业企业对外出售不需用的原材料所结转的材料成本等也构成费用。费用形成于企业日常活动的特征使其与产生于非日常活动的损失相区分。企业从事或发生的某些活动或事项也能导致经济利益流出企业，但不属于企业的日常活动。例如，企业报废固定资产、因违约支付罚款，对外捐赠，因自然灾害等非常原因造成财产毁损等，这些活动或事项形成的经济利益的总流出属于企业的损失而不是费用。

（二）费用会导致所有者权益的减少

费用既可能表现为资产的减少，如减少银行存款、库存商品等；又可能表现为负债的增加，如增加应付职工薪酬、应交税费（应交城建税、消费税等）等。根据“资产-负债=所有者权益”的会计等式，费用一定会导致所有者权益的减少。企业经营管理中的某些支出并不减少所有者权益，也就不构成企业的费用。例如，企业以银行存款偿还一项负债，只是一项资产和一项负债的等额减少，对所有者权益没有影响，因此，不构成企业的费用。

（三）费用与向所有者分配利润无关

向所有者分配利润或股利，虽然会导致所有者权益减少，但属于企业利润分配的内容，不构成企业的费用。

二、费用的主要内容及其核算

企业的费用主要包括主营业务成本、其他业务成本、税金及附加、销售费用、管理费用和财务费用。

（一）主营业务成本

主营业务成本是指企业销售商品、提供劳务等经常性活动所发生的成本。企业一般在确认销售商品、提供劳务等主营业务收入时，或在月末，将已销售商品、已提供劳务的成本结转至主营业务成本。

企业应设置“主营业务成本”科目，核算企业销售商品、提供劳务等日常活动所发生的成本。期（月）末，企业应根据本期（月）销售各种商品、提供各种劳务等实际成本，计算应结转的主营业务成本，借记本科目，贷记“库存商品”“合同履约成本”等科目。采用计划成本或售价核算库存商品的，平时的营业成本按计划成本或售价结转，月末，还应结转本期（月）销售商品应分摊的产品成本差异或商品进销差价。本期（月）发生的销售退回，已结转销售成本的，借记“库存商品”等科目，贷记本科目。期末，应将“主营业务成本”科目的余额转入“本年利润”科目，借记“本年利润”科目，贷记本科目。

（二）其他业务成本

其他业务成本是指企业除主营业务活动以外的其他经营活动所发生的成本。

企业应设置“其他业务成本”科目，核算企业确认的除主营业务（兼营业务）活动以外的其他经营活动所发生的支出，包括销售材料的成本、出租固定资产的折旧额、出租无形资产的摊销额、出租包装物的成本或摊销额等。采用成本模式计量投资性房地产的，其投资性房地产计提的折旧额或摊销额，也通过本科目核算。企业发生的其他业务成本，借记本科目，贷记“原材料”“周转材料”“累计折旧”“累计摊销”“应付职工薪酬”“银行存款”“合同履约成本”等科目。期末，应将“其他业务成本”科目的余额转入“本年利润”科目，借记“本年利润”科目，贷记本科目。

（三）税金及附加

税金及附加是指企业经营活动应负担的相关税费，包括消费税、城市维护建设税、教育费附加、资源税、房产税、城镇土地使用税、车船税、印花税等。

企业应设置“税金及附加”科目，核算企业经营活动发生的上述相关税费。企业按规定计算确定的与经营活动相关的税费，借记本科目，贷记“应交税费”等科目。期末，应将“税金及附加”科目的余额转入“本年利润”科目，借记“本年利润”科目，贷记本科目。

（四）销售费用

销售费用是指企业在销售商品和材料、提供劳务过程中发生的各项费用，包括企业在销售商品过程中发生的包装费、保险费、展览费和广告费、商品维修费、预计产品质量保证损失、运输费、装卸费等费用，以及企业发生的为销售本企业商品而专设的销售机构的职工薪酬、业务费、折旧费、固定资产修理费等费用。

企业应设置“销售费用”科目，核算销售费用的发生和结转情况。该科目的借方登记企业所发生的各项销售费用，贷方登记期末转入“本年利润”科目的销售费用，结转后该科目应无余额。该科目应按销售费用的费用项目进行明细核算。

【例13-45】某公司为宣传新产品发生广告费80 000元（专用发票上注明的增值税税额为4 800元），均用银行存款支付。该公司的账务处理如下：

借：销售费用　80 000
　　应交税费——应交增值税（进项税额）　4 800
　贷：银行存款　84 800

【例13-46】某公司销售部8月份共发生费用220 000元，其中，销售人员薪酬100 000元，销售部专用办公设备折旧费50 000元，业务费70 000元（用银行存款支付）。该公司的账务处理如下：

借：销售费用　220 000
　贷：应付职工薪酬　100 000
　　　累计折旧　50 000
　　　银行存款　70 000

【例13-47】某公司销售一批产品，销售过程中发生装卸费2 000元（专用发票上注明的增值税税额为120元），均用银行存款支付。该公司的账务处理如下：

借：销售费用　2 000
　　应交税费——应交增值税（进项税额）　120
　贷：银行存款　2 120

（五）管理费用

管理费用是指企业为组织和管理生产经营活动而发生的各项费用，包括企业在筹建期间发生的开办费、董事会和行政管理部门在企业的经营管理中发生的或者应由企业统一负担的公司经费（包括行政管理部门职工薪酬、物料消耗、低值易耗品摊销、办公费和差旅费等）、工会经费、董事会费（包括董事会成员津贴、会议费和差旅费等）、聘请中介机构费、咨询费（含顾问费）、诉讼费、业务招待费、技术转让费、矿产资源补偿费、研究费用，以及企业生产车间（部门）和行政管理部门发生的固定资产修理费等。

企业应设置“管理费用”科目，核算管理费用的发生和结转情况。该科目的借方登记企业发生的各项管理费用，贷方登记期末转入“本年利润”科目的管理费用，结转后该科目应无余额。该科目应按管理费用的费用项目进行明细核算。

头脑风暴
管理费用与制造费用的辨析

【例13-48】某公司筹建期间发生办公费、差旅费等开办费25 000元，均用银行存款支付。该公司的账务处理如下：

借：管理费用　25 000
　贷：银行存款　25 000

【例13-49】某公司为拓展产品销售市场发生业务招待费50 000元，均用银行存款支付。该公司的账务处理如下：

借：管理费用　50 000
　贷：银行存款　50 000

【例13-50】某公司就一项产品的设计方案向有关专家进行咨询，以现金支付咨询费30 000元。该公司的账务处理如下：

借：管理费用　　30 000

　贷：库存现金　　30 000

【例13-51】某公司行政部9月份共发生费用224 000元，其中，行政人员薪酬150 000元，行政部专用办公设备折旧费45 000元，报销行政人员差旅费21 000元（假定报销人员均未预借差旅费，转到报销人员个人银行卡），其他办公、水电费8 000元（用银行存款支付）。该公司的账务处理如下：

借：管理费用　　224 000

　贷：应付职工薪酬　　150 000

　　　累计折旧　　45 000

　　　银行存款　　29 000

（六）财务费用

财务费用是指企业为筹集生产经营所需资金等所发生的筹资费用，包括利息支出（减利息收入）、汇兑损益以及相关的手续费等。

企业应设置“财务费用”科目，核算财务费用的发生和结转情况。该科目借方登记企业发生的各项财务费用，贷方登记期末转入“本年利润”科目的财务费用，结转后该科目应无余额。该科目应按财务费用的费用项目进行明细核算。

【例13-52】某公司于2×23年1月1日向银行借入生产经营用短期借款360 000元，期限6个月，年利率5%，本金到期后一次归还，利息分月预提，按季支付。假定所有利息均不符合利息资本化条件。各月相关利息支出的账务处理如下：

月末预提的当月应计利息=360 000×5%÷12=1 500（元）

借：财务费用　　1 500

　贷：应付利息　　1 500

【例13-53】沿用【例13-52】资料，1月份，其中120 000元暂时作为闲置资金存入银行，并获得利息收入400元。假定所有利息均不符合利息资本化条件。1月份相关利息支出的账务处理如下：

1月末预提的当月应计利息=360 000×5%÷12=1 500（元）

借：财务费用　　1 500

　贷：应付利息　　1 500

同时，当月取得的利息收入400元应作为冲减（红字）财务费用处理。

借：财务费用　　-400

　贷：银行存款　　-400

本节自测

第三节　利润

一、利润的构成

企业作为独立的经济实体，应当以自己的经营收入补偿其成本费用，并且实现盈利。企业盈利的大小在很大程度上反映企业生产经营的经济效益，表明企业在每一会计期间的最终经营成果。

利润是指企业在一定会计期间的经营成果，包括收入减去费用后的净额、直接计入当期利润的利得和损失等。直接计入当期利润的利得和损失，是指应当计入当期损益、会导致所有者权益发生增减变动的、与所有者投入资本或者向所有者分配利润无关的利得或者损失。利润的相关计算公式如下：

1.营业利润

营业利润=营业收入-营业成本-税金及附加-销售费用-管理费用-研发费用-财务费用+其他收益+投资收益（-投资损失）+净敞口套期收益（-净敞口套期损失）+公允价值变动收益（-公允价值变动损失）-信用减值损失-资产减值损失+资产处置收益（-资产处置损失）

其中，营业收入是指企业经营业务所确定的收入总额，包括主营业务收入和其他业务收入；营业成本是指企业经营业务所发生的实际成本总额，包括主营业务成本和其他业务成本。

2.利润总额

利润总额=营业利润+营业外收入-营业外支出

其中，营业外收入（或支出）是指企业发生的与日常活动无直接关系的各项利得（或损失）。

3.净利润

净利润=利润总额-所得税费用

其中，所得税费用是指企业确认的应从当期利润总额中扣除的所得税费用。

二、营业外收支的会计处理

营业外收支是指企业发生的与日常活动无直接关系的各项收支。营业外收支虽然与企业的生产经营活动没有多大的关系，但从企业主体来考虑，同样带来收入或形成支出，也是增加或减少利润的因素，对企业的利润总额及净利润产生较大的影响。

（一）营业外收入

营业外收入是指企业发生的与其日常活动无直接关系的各项利得。营业外收入并不是由企业经营资金耗费所产生的，不需要企业付出代价，实际上是一种纯收入，不可能也不需要与有关费用进行配比。因此，在会计核算上，应当严格区分营业外收入与营业收入的界限。营业外收入主要包括非流动资产毁损报废利得、与企业日常活动无关的政府补助、盘盈利得、捐赠利得等。

（1）非流动资产毁损报废利得，指因自然灾害等发生毁损、已丧失使用功能而报废非流动资产所产生的清理收益。

（2）政府补助，指与企业日常活动无关的、从政府无偿取得货币性资产或非货币性资产形成的利得。

（3）盘盈利得，指企业对于现金等资产清查盘点中盘盈的资产，报经批准后计入营业外收入的金额。

（4）捐赠利得，指企业接受捐赠产生的利得。企业接受的捐赠和债务豁免，按照会计准则的规定符合确认条件的，通常应当确认为当期收益。但是，企业接受控股股东（或控股股东的子公司）或非控股股东（或非控股股东的子公司）直接或间接代为偿债、债务豁免或捐赠，经济实质表明属于控股股东或非控股股东对企业的资本性投入的，应当将相关利得计入所有者权益（资本公积）。

企业应当通过“营业外收入”科目，核算营业外收入的取得和结转情况。该科目可按营业外收入项目进行明细核算。期末，应将该科目余额转入“本年利润”科目，结转后该科目无余额。

（二）营业外支出

营业外支出是指企业发生的营业利润以外的支出，主要包括：非流动资产毁损报废损失、公益性捐赠支出、非常损失、盘亏损失、企业未按规定缴纳残疾人就业保障金缴纳的滞纳金等。

（1）非流动资产毁损报废损失，指因自然灾害等发生毁损、已丧失使用功能而报废非流动资产所产生的清理损失。

（2）公益性捐赠支出，指企业对外进行公益性捐赠发生的支出。

（3）非常损失，指企业对于因客观因素（如自然灾害等）造成的损失，在扣除保险公司赔偿后计入营业外支出的净损失。

企业应通过“营业外支出”科目，核算营业外支出的发生及结转情况。该科目可按营业外支出项目进行明细核算。期末，应将该科目余额转入“本年利润”科目，结转后该科目无余额。

需要注意的是，营业外收入和营业外支出应当分别核算。在具体核算时，不得以营业外支出直接冲减营业外收入，也不得以营业外收入冲减营业外支出，即企业在会计核算时，应当区别营业外收入和营业外支出进行核算。

三、利润实现和利润分配的会计处理

（一）利润实现的核算

企业应设置“本年利润”科目，核算企业当年实现的净利润或发生的净亏损。会计期末，企业应将收入类科目贷方余额转入该科目贷方，借记“主营业务收入”“其他业务收入”“投资收益”“公允价值变动损益”“其他收益”“资产处置损益”“营业外收入”等科目，贷记“本年利润”科目。将支出类科目借方余额转入该科目借方，借记“本年利润”科目，贷记“主营业务成本”“其他业务成本”“税金及附加”“销售费用”“管理费用”“财务费用”“信用减值损失”“资产减值损失”“营业外支出”“所得税费用”等科目。会计期末，企业应将本年收入和支出相抵后结出的本年实现的净利润，转入“利润分配——未分配利润”科目，如盈利，则借记“本年利润”科目，贷记“利润分配——未分配利润”科目。如果为净亏损，则借记“利润分配——未分配利润”科目，贷记“本年利润”科目。结转后“本年利润”科目应无余额。

会计期末结转本年利润的方法有表结法和账结法两种：

（1）表结法

表结法下，各损益类科目每月月末只需结计出本月发生额和月末累计发生额，不结转至“本年利润”科目，只有在年末时才将全年累计发生额结转至“本年利润”科目。但每月月末要将损益类科目的本月发生额合计数填入利润表的本月数栏，同时将本月末累计发生额填入利润表的本年累计数栏，通过利润表计算反映各期的利润（或亏损）。表结法下，年中损益类科目无须结转至“本年利润”科目，从而减少了转账环节和工作量，同时并不影响利润表的编制及有关损益指标的利用。

（2）账结法

账结法下，每月月末均需编制转账凭证，将结计出的各损益类科目的发生额结转至“本年利润”科目。结转后“本年利润”科目的本月合计数反映当月实现的利润或发生的亏损，“本年利润”科目的本年累计数反映本年累计实现的利润或发生的亏损。账结法在各月均可通过“本年利润”科目提供当月及本年累计的利润额（或亏损额），但增加了转账环节和工作量。

【例13-54】阳光公司2×23年度各损益类科目结转前的余额如下：

“主营业务收入”科目的余额（贷方）5 000万元；

“其他业务收入”科目的余额（贷方）1 800万元；

“营业外收入”科目的余额（贷方）250万元；

“投资收益”科目的余额（贷方）700万元；

“其他收益”科目的余额（借方）120万元；

“资产处置损益”科目的余额（贷方）160万元；

“主营业务成本”科目的余额（借方）3 500万元；

“其他业务成本”科目的余额（借方）1 400万元；

“税金及附加”科目的余额（借方）60万元；

“销售费用”科目的余额（借方）380万元；

“管理费用”科目的余额（借方）340万元；

“财务费用”科目的余额（借方）120万元；

“信用减值损失”科目的余额（借方）40万元；

“资产减值损失” 科目的余额（借方）150万元；

“公允价值变动损益” 科目的余额（借方） 100万元；

“营业外支出”科目的余额（借方）200万元；

“所得税费用”科目的余额（借方）520万元。

2×23年利润结转编制的会计分录如下：

（1）将实现的收入、利得转入本年利润。

借：主营业务收入	50 000 000	
其他业务收入	18 000 000	
投资收益	7 000 000	
公允价值变动损益	−1 000 000	
其他收益	−1 200 000	
资产处置损益	1 600 000	
营业外收入	2 500 000	
贷：本年利润		76 900 000

（2）将发生的费用、损失转入本年利润。

借：本年利润	67 100 000	

贷：主营业务成本　　35 000 000
　　其他业务成本　　14 000 000
　　税金及附加　　600 000
　　销售费用　　3 800 000
　　管理费用　　3 400 000
　　财务费用　　1 200 000
　　信用减值损失　　400 000
　　资产减值损失　　1 500 000
　　营业外支出　　2 000 000
　　所得税费用　　5 200 000

（3）结转本年净利润。

借：本年利润　　9 800 000
　贷：利润分配——未分配利润　　9 800 000

（二）利润分配的核算

企业应当设置"利润分配"科目，核算利润的分配（或亏损的弥补）情况，以及历年积存的未分配利润（或未弥补亏损）。该科目还应当设置"提取法定盈余公积""提取任意盈余公积""应付现金股利或利润""转作股本的股利""盈余公积补亏""未分配利润"等明细科目进行明细核算。

企业当期实现的净利润，加上年初未分配利润（或减去年初未弥补亏损）后的余额，为可供分配的利润。可供分配的利润一般按下列顺序分配：

（1）提取法定盈余公积，是指企业根据有关法律的规定，按照净利润的10%提取盈余公积。

（2）提取任意盈余公积，是指企业按股东大会或类似机构决议提取任意盈余公积。

（3）应付现金股利或利润，是指企业按照利润分配方案分配给股东的现金股利，也包括非股份有限公司分配给投资者的利润。

（4）转作股本的股利，是指企业按照利润分配方案以分派股票股利的形式转作股本的股利，也包括非股份有限公司以利润转增的资本。按股东大会或类似机构决议分配给股东的股票股利，在办理增资手续后，作相应会计处理：借记"利润分配——提取法定盈余公积""利润分配——提取任意盈余公积""利润分配——应付现金股利""利润分配——股票股利"科目，贷记"盈余公积——法定盈余公积""盈余公积——任意盈余公积""应付股利""股本"科目。

企业如果当期发生了亏损，可以用以后年度的税前利润弥补亏损，连续5年未弥补完的亏损，应采用税后利润进行弥补。企业发生的亏损，也可以用盈余公积弥补。用盈余公积弥补亏损时，借记"盈余公积——法定盈余公积"或"盈余公积——任意盈余公积"科目，贷记"利润分配——盈余公积补亏"科目。

期末，企业应将"利润分配"科目所属其他明细科目余额转入"未分配利润"明细科目。结转后，除"未分配利润"明细科目外，其他明细科目应无余额，即借记"利润分配——未分配利润"科目，贷记"利润分配——提取法定盈余公积""利润分配——提取任意盈余公积”“利润分配——应付现金股利”“利润分配——股票股利”科目。

【例13-55】沿用【例13-54】的资料，阳光公司2×23年度实现净利润1 000万元，按净利润的10%提取法定盈余公积，按净利润的15%提取任意盈余公积，向股东分配现金股利350万元，同时分配每股面值1元的股票股利250万股。阳光公司的账务处理如下：

（1）提取盈余公积。

借：利润分配——提取法定盈余公积　　1 000 000
　　　　　　——提取任意盈余公积　　1 500 000
　贷：盈余公积——法定盈余公积　　1 000 000
　　　　　　——任意盈余公积　　1 500 000

（2）分配现金股利。

借：利润分配——应付现金股利　　3 500 000
　贷：应付股利　　3 500 000

（3）分配股票股利，已办妥增资手续。

借：利润分配——转作股本的股利　　2 500 000
　贷：股本　　2 500 000

（4）结转“利润分配”其他明细科目余额。

借：利润分配——未分配利润　　8 500 000
　贷：利润分配——提取法定盈余公积　　1 000 000
　　　　　　　——提取任意盈余公积　　1 500 000
　　　　　　　——应付现金股利　　3 500 000
　　　　　　　——转作股本的股利　　2 500 000

本节自测

四、综合收益总额

净利润加上其他综合收益扣除所得税影响后的净额为综合收益总额。

第四节 所得税

企业所得税是指国家对境内企业生产、经营所得和其他所得依法征收的一种税，其计税依据是应纳税所得额。由于会计和税法分别遵循不同的原则，服务于不同的目的，故对收入、费用、利得、损失、资产、负债的确认时间和范围也有所不同。所以，按照会计制度计算的利润总额（亦称会计所得）和按照税法规定计算的应纳税所得额（亦称应税所得）不一定相同，因此产生了专门研究如何处理会计所得和应税所得之间差异的会计理论与方法，即所得税会计。

一、会计所得与应税所得之间的差异

会计所得是指根据企业会计准则的规定，通过会计的程序确认的、在扣减当期所得税费用之前的所得（即税前会计利润）；应税所得是指根据国家税法及其实施

细则的规定计算确定的所得（即应纳税所得额）。显然，会计所得的计算过程严格地受财务报告须采用的会计程序和方法的限制，而应税所得的计算则受国家税法的约束。由于会计和税法的目标不同，计算出来的会计所得和应税所得肯定会产生差异。

会计所得与应税所得之间的差异分为以下两种：

（1）永久性差异，是指企业一定时期的应纳税所得额与税前会计利润因计算口径不同而产生的差异。这种差异在本期发生后，不能在以后各会计期间转回。

（2）暂时性差异，是指资产或负债的账面价值与其计税基础之间的差额。未作为资产和负债确认的项目，按照税法规定可以确定其计税基础的，该计税基础与其账面价值之间的差额也属于暂时性差异。

二、所得税会计方法综述

会计制度与税法在收入、费用、利得、损失、资产、负债的确认和计量原则方面的不同，而导致按照会计制度计算的税前会计利润与按照税法规定计算的应税所得之间的差异，我国企业在会计核算中一般可以采用纳税影响会计法。

纳税影响会计法是将本期暂时性差异的所得税影响金额，递延和分配到以后各期的会计处理方法。采用纳税影响会计法，所得税被视为企业在获得收益时发生的一项费用，并应随同有关的收入和费用计入同一期间内，以达到收入和费用的配比。暂时性差异影响的所得税金额，包括在利润表的所得税费用项目内，以及资产负债表中的递延税款（递延所得税资产及递延所得税负债）的余额里。

具体运用纳税影响会计法核算时，有两种可供选择的方法：递延法和债务法。在所得税税率不变的情况下，无论采用递延法还是债务法核算，其结果都相同；但在所得税税率变动的情况下，两种处理方法的结果不完全相同。

递延法是将本期由于暂时性差异产生的影响所得税的金额，递延和分配到以后各期，并同时转回原已确认的暂时性差异对本期所得税的影响金额。债务法是将本期由于暂时性差异产生的影响所得税的金额，递延和分配到以后各期，并同时转回原已确认的暂时性差异的所得税影响金额，在税率变动或开征新税时，需要调整递延所得税资产或递延所得税负债的账面余额。这种核算方法的特点在于：递延所得税资产或递延所得税负债的账面余额按照现行所得税税率计算确认，而不是按照产生暂时性差异时所适用的所得税税率计算。因此，在税率变动或开征新税时，对递延所得税资产或递延所得税负债的账面余额须作相应的调整。也就是说，暂时性差异产生的影响所得税的金额，在资产负债表中反映为企业的一项负债或一项资产。

（一）所得税核算的一般程序

我国所得税会计采用资产负债表债务法。在采用资产负债表债务法核算所得税的情况下，企业一般应于每一资产负债表日进行所得税的核算。企业进行所得税核算一般应遵循以下程序：

（1）按照相关会计准则的规定确定资产负债表中除递延所得税资产和递延所得税负债以外的其他资产和负债项目的账面价值。资产、负债的账面价值，是指企业按照相关会计准则的规定进行核算后在资产负债表中列示的金额。对于已计提减值准备的各项资产，是指其账面余额减去已计提的减值准备后的金额。

（2）按照会计准则中对于资产和负债计税基础的确定方法，以适用的税收法规为基础，确定资产负债表中有关资产、负债项目的计税基础。应予说明的是，资产、负债的计税基础，是会计上的定义，但其确定应当遵循税法的规定进行。

（3）比较资产、负债的账面价值与其计税基础，对于两者之间存在差异的，分析其性质，除准则中规定的特殊情况外，区分应纳税暂时性差异与可抵扣暂时性差异，确定资产负债表日递延所得税负债和递延所得税资产的应有金额，并与期初递延所得税资产和递延所得税负债的余额相比，确定当期应进一步确认的递延所得税资产和递延所得税负债金额或应予转销的金额，作为递延所得税费用。

（4）就企业当期发生的交易或者事项，按照适用的税法规定计算确定当期应纳税所得额，将应纳税所得额与适用的所得税税率计算的结果确认为当期应交所得税，作为当期所得税费用。

（5）确定利润表中的所得税费用。利润表中的所得税费用包括当期所得税费用（当期应交所得税）和递延所得税费用两个组成部分，企业在计算确定当期所得税费用和递延所得税费用后，两者之和（或之差）是利润表中的所得税费用。

（二）资产、负债的计税基础及暂时性差异

1.资产的计税基础

资产的计税基础，是指企业在收回资产账面价值的过程中，计算应纳税所得额时按照税法规定可以自应税经济利益中抵扣的金额，即某一项资产在未来期间计税时按照税法规定可予税前扣除的金额。

资产在初始确认时，其计税基础一般为取得成本，即企业为取得某项资产支付的成本在未来期间准予税前扣除。在资产持续持有的过程中，其计税基础是指资产的取得成本减去以前期间按照税法规定已经税前扣除的金额后的余额。如固定资产、无形资产等非流动资产在某一资产负债表日的计税基础是指其成本扣除按照税法规定已在以前期间税前扣除的累计折旧额或累计摊销额后的金额。现举例说明部分资产项目计税基础的确定。

（1）固定资产

以各种方式取得的固定资产，初始确认时按照会计准则规定确定的入账价值基本上都是被税法认可的，即取得时其账面价值一般等于计税基础。

固定资产在持有期间进行后续计量时，由于会计与税收规定就折旧方法、折旧年限以及固定资产减值准备的提取等处理的不同，可能造成固定资产的账面价值与计税基础存在差异。

① 折旧方法、折旧年限的差异。会计准则规定，企业应当根据与固定资产有关的经济利益的预期实现方式合理选择折旧方法，如可以按年限平均法计提折旧，也可以按照双倍余额递减法、年数总和法等计提折旧。税法中除某些按照规定可以加速折旧的情况外，基本上可予税前扣除的是按照年限平均法计提的折旧。另外，税法还就每一类固定资产的折旧年限作出了规定，而会计处理时，按照准则的规定，折旧年限是由企业根据固定资产的性质和使用情况合理确定的。如果企业进行会计处理时确定的折旧年限与税法规定不同，也会产生固定资产持有期间账面价值与计税基础的

差异。

② 因计提固定资产减值准备产生的差异。持有固定资产的期间内，在对固定资产计提减值准备以后，因税法规定企业计提的资产减值准备在发生实质性损失前不允许税前扣除，也会造成固定资产的账面价值与计税基础的差异。

【例13-56】 A企业于2×22年12月20日取得的某项环保用固定资产，原价为750万元，使用年限为10年，会计上采用年限平均法计提折旧，净残值为零。税法规定该类（由于技术进步、产品更新换代较快）固定资产采用加速折旧法计提的折旧可予税前扣除，该企业在计税时采用双倍余额递减法计提折旧，净残值为零。2×24年12月31日，企业估计该项固定资产的可收回金额为550万元。

2×24年12月31日，该项固定资产的账面余额为600万元（750−75×2）。该账面余额大于其可收回金额550万元，两者之间的差额应计提50万元的固定资产减值准备。

该项固定资产在2×24年12月31日的账面价值=750−75×2−50=550（万元）

该项固定资产在2×24年12月31日的计税基础=750−750×20%−600×20%=480（万元）

该项固定资产的账面价值550万元与其计税基础480万元之间的差额70万元，将于未来期间计入企业的应纳税所得额。

差额70万元包含两部分：50万元的减值准备减少未来应纳税所得额；会计准则计提折旧150万元，税法计提折旧270万元（150+120），差额120万元，将于未来期间计入应纳税所得额。

【例13-57】 B企业于2×22年年末以750万元购入一项生产用固定资产，按照该项固定资产的预计使用情况，B企业在会计核算时估计其使用寿命为5年。计税时，按照适用税法的规定，其最低折旧年限为10年，该企业计税时按照10年计算确定可予税前扣除的折旧额。假定会计与税收均按年限平均法计提折旧，净残值均为零。2×23年该项固定资产按照12个月计提折旧。假定固定资产未发生减值。

该项固定资产在2×23年12月31日的账面价值=750−750÷5=600（万元）

该项固定资产在2×23年12月31日的计税基础=750−750÷10=675（万元）

该项固定资产的账面价值600万元与其计税基础675万元之间的差额75万元，在未来期间会减少企业的应纳税所得额。

（2）无形资产

除内部研究开发形成的无形资产以外，其他方式取得的无形资产，初始确认时按照会计准则规定确定的入账价值与按照税法规定确定的计税成本之间一般都不存在差异。无形资产的差异主要产生于内部研究开发形成的无形资产以及使用寿命不确定的无形资产。

①内部研究开发形成的无形资产，其成本为开发阶段符合资本化条件后至达到预定用途前发生的支出，而研究开发过程中发生的其他支出应予费用化计入损益；税法规定，自行开发的无形资产，以开发过程中该资产符合资本化条件后至达到预定用途前发生的支出为计税基础。另外，对于研究开发费用的加计扣除，税法中规定企业为开发新技术、新产品、新工艺发生的研究开发费用，未形成无形资产计入当期损益的，在按照规定据实扣除的基础上，按照研究开发费用的100%加计扣除；形成无形

资产的，按照无形资产成本的200%摊销。从而产生账面价值与计税基础在初始确认时的差异，但如该无形资产的确认不是产生于合并交易，同时在确认时既不影响会计利润也不影响应纳税所得额，则按照所得税会计准则的规定，不确认有关暂时性差异的所得税影响。

【例13-58】A企业当期为开发新技术发生研究开发支出2 000万元。其中，研究阶段的支出为400万元，开发阶段符合资本化条件前发生的支出为400万元，符合资本化条件后至达到预定用途前发生的支出为1 200万元。税法规定，企业为开发新技术、新产品、新工艺发生的研究开发费用，未形成无形资产计入当期损益的，按照研究开发费用的100%加计扣除；形成无形资产的，按照无形资产成本的200%摊销。假定开发形成的无形资产在当期期末已达到预定用途（尚未开始摊销）。

A企业当期发生的研究开发支出中，按照会计准则的规定应予费用化的金额为800万元，形成无形资产的成本为1 200万元，即期末所形成无形资产的账面价值为1 200万元。

A企业当期发生的研究开发支出2 000万元，按照税法规定可在当期税前扣除的金额为1 600万元。所形成无形资产在未来期间可予税前扣除的金额为2 400万元，其计税基础为2 400万元，形成暂时性差异1 200万元。

②无形资产在后续计量时，会计与税收的差异主要产生于是否需要摊销及无形资产减值准备的提取。

会计准则规定，无形资产应根据使用寿命情况，分为使用寿命有限的无形资产与使用寿命不确定的无形资产。对于使用寿命不确定的无形资产，不要求摊销，但持有期间每年都应进行减值测试。税法规定，企业取得的无形资产（外购商誉除外）的成本，应在一定期限内摊销。对于使用寿命不确定的无形资产，会计处理时不予摊销，但计税时按照税法规定确定的摊销额允许税前扣除，从而造成该类无形资产账面价值与计税基础的差异。

在对无形资产计提减值准备的情况下，因税法规定计提的无形资产减值准备在转变为实质性损失前不允许税前扣除，即无形资产的计税基础不会随减值准备的提取发生变化，从而造成无形资产的账面价值与计税基础的差异。

【例13-59】乙企业于2×23年1月取得的某项无形资产，取得成本为1 500万元，取得该项无形资产后，根据各方面情况判断，乙企业无法合理预计其使用期限，将其作为使用寿命不确定的无形资产。2×23年12月31日，对该项无形资产进行减值测试表明其未发生减值。企业在计税时，对该项无形资产按照10年的期限摊销，摊销金额允许税前扣除。

会计上将该项无形资产作为使用寿命不确定的无形资产，因未发生减值，其在2×23年12月31日的账面价值为取得成本1 500万元。

该项无形资产在2×23年12月31日的计税基础为1 350万元（1 500-150）。

该项无形资产的账面价值1 500万元与其计税基础1 350万元之间的差额150万元将计入未来期间的应纳税所得额。

（3）以公允价值计量的金融资产

按照《企业会计准则第22号——金融工具确认和计量》的规定，以公允价值计量且其变动计入当期损益或其他综合收益的金融资产于某一会计期末的账面价值为公允价值。税法规定，企业以公允价值计量的金融资产、金融负债以及投资性房地产等，持有期间公允价值的变动不计入应纳税所得额，在实际处置或结算时，处置取得的价款扣除其历史成本后的差额应计入处置或结算期间的应纳税所得额。按照该规定，以公允价值计量的金融资产在持有期间市价的波动在计税时不予考虑，有关金融资产在某一会计期末的计税基础为其取得成本，从而造成在公允价值变动的情况下，对以公允价值计量的金融资产账面价值与计税基础之间的差异。

【例 13-60】 2×23 年 10 月 20 日，甲公司自公开市场上取得一项权益性投资，支付价款 2 000 万元，作为交易性金融资产核算。2×23 年 12 月 31 日，该投资的市价为 2 200 万元。

该项交易性金融资产的期末市价为 2 200 万元，其按照会计准则规定进行核算的、在 2×23 年资产负债表日的账面价值为 2 200 万元。

因税法规定交易性金融资产在持有期间的公允价值变动不计入应纳税所得额，其在 2×23 年资产负债表日的计税基础应维持原取得成本不变，为 2 000 万元。

该交易性金融资产的账面价值 2 200 万元与其计税基础 2 000 万元之间产生的暂时性差异 200 万元，在未来期间转回时会增加未来期间的应纳税所得额。

【例 13-61】 2×23 年 11 月 8 日，甲公司自公开市场上取得一项基金投资，作为其他权益工具投资核算。该投资的成本为 1 500 万元。2×23 年 12 月 31 日，其市价为 1 575 万元。

按照会计准则的规定，该项金融资产在会计期末应以公允价值计量，其账面价值应为期末公允价值 1 575 万元。

因税法规定金融资产在持有期间的公允价值变动不计入应纳税所得额，其在 2×23 年资产负债表日的计税基础应维持其原取得成本不变，为 1 500 万元。

该其他权益工具的账面价值 1 575 万元与其计税基础 1 500 万元之间产生的暂时性差异 75 万元，将会增加未来该资产处置期间的应纳税所得额。

(4) 其他资产

因会计准则规定与税收法规规定不同，企业持有的其他资产，可能造成其账面价值与计税基础之间的差异。

① 投资性房地产。对企业持有的投资性房地产进行后续计量时，会计准则规定可以采用两种模式：一种是成本模式，采用该种模式计量的投资性房地产，其账面价值和计税基础的确定与固定资产、无形资产相同；另一种是在符合规定条件的情况下，可以采用公允价值模式对投资性房地产进行后续计量。对于采用公允价值模式进行后续计量的投资性房地产，其计税基础的确定类似于以公允价值计量且其变动计入当期损益的金融资产。

② 其他已计提资产减值准备的各项资产。有关资产在计提减值准备后，其账面价值会随之下降，而税法规定资产在发生实质性损失之前，不允许税前扣除，即其计税基础不会因减值准备的提取而变化，造成在计提减值准备后资产的账面价值与计税基础之间的差异。

【例 13-62】 A 公司 2×23 年购入原材料的成本为 5 000 万元。因部分生产线停工，当年未领用任何原材料，2×23年资产负债表日估计该原材料的可变现净值为4 000万元。假定该原材料在2×23年的期初余额为零。

该项原材料因期末可变现净值低于成本，应计提的存货跌价准备为1 000万元（5 000–4 000）。计提该存货跌价准备后，该项原材料的账面价值为4 000万元。

该项原材料的计税基础不会因存货跌价准备的提取而发生变化，其计税基础维持5 000万元不变。

该存货的账面价值4 000万元与其计税基础5 000万元之间产生的暂时性差异1 000万元，会减少企业在未来期间的应纳税所得额。

【例13–63】甲公司2×23年12月31日应收账款余额为6 000万元，期末对应收账款计提了600万元的坏账准备。税法规定，不符合国务院财政、税务主管部门规定的各项资产减值准备不允许税前扣除。假定该公司期初应收账款及坏账准备的余额均为零。

该项应收账款在2×23年资产负债表日的账面价值为5 400万元（6 000–600）。

因有关的坏账准备不允许税前扣除，其计税基础为6 000万元。

该计税基础与其账面价值之间产生的暂时性差异600万元，在应收账款发生实质性损失时，会减少未来期间的应纳税所得额。

2.负债的计税基础

负债的计税基础，是指负债的账面价值减去未来期间计算应纳税所得额时按照税法的规定可予抵扣的金额。计算公式如下：

负债的计税基础=账面价值–未来期间按照税法的规定可予税前扣除的金额

负债的确认与偿还一般不会影响企业的损益，也不会影响其应纳税所得额，未来期间计算应纳税所得额时按照税法的规定可予抵扣的金额为零，计税基础即账面价值。但是，在某些情况下，负债的确认可能会影响企业的损益，进而影响不同期间的应纳税所得额，使得其计税基础与账面价值之间产生差额，如按照会计准则的规定确认的某些预计负债。

（1）企业因销售商品提供售后服务等原因确认的预计负债

按照或有事项准则规定，企业对于预计提供售后服务将发生的支出在满足有关确认条件时，销售当期即应确认为费用，同时确认预计负债。按照税法的规定，与销售产品相关的支出应于发生时税前扣除。因该类事项产生的预计负债在期末的计税基础为其账面价值与未来期间可予税前扣除的金额之间的差额，即为零；如果按照税法的规定，对于费用支出按照权责发生制原则确定税前扣除时点，则所形成负债的计税基础等于账面价值。

其他交易或者事项中确认的预计负债，应按照税法规定的计税原则确定其计税基础。某些情况下，因有些事项确认的预计负债，税法规定其支出无论是否实际发生均不允许税前扣除，即未来期间按照税法的规定可予抵扣的金额为零，账面价值等于计税基础。

【例13–64】甲企业2×23年因销售产品承诺提供3年的保修服务，在当年度利润表中确认了500万元的销售费用，同时确认为预计负债，当年度未发生任何保修支出。假定按照税法的规定，与产品售后服务相关的费用在实际发生时允许税前扣除。

该项预计负债在甲企业2×23年12月31日资产负债表中的账面价值为500万元。

该项预计负债的计税基础=账面价值-未来期间按照税法规定可予税前扣除的金额

=500-500=0

该项负债的账面价值500万元与其计税基础0之间产生的暂时性差异500万元，会减少未来期间的应纳税所得额和应交企业所得税。

（2）合同负债

企业在收到客户预付的款项时，因不符合收入确认条件，会计上将其确认为负债。税法中对于收入的确认原则一般与会计规定相同，即会计上未确认收入时，计税时一般亦不计入应纳税所得额，该部分经济利益在未来期间计税时可予税前扣除的金额为零，计税基础等于账面价值。

某些情况下，因不符合会计准则规定的收入确认条件，未确认为收入的合同负债，按照税法的规定应计入当期应纳税所得额时，即因其产生时已经计算缴纳所得税，未来期间可全额税前扣除，因此，有关合同负债的计税基础为零。

【例13-65】 A公司于2×23年12月20日自客户收到一笔合同预付款，金额为2 500万元，作为合同负债核算。按照税法的规定，该款项应计入当期应纳税所得额计算应交所得税。

该合同负债在A公司2×23年12月31日资产负债表中的账面价值为2 500万元。

该项负债的计税基础=账面价值-未来期间按照税法的规定可予税前扣除的金额

=2 500-2 500=0

该项负债的账面价值2 500万元与其计税基础0之间产生的暂时性差异2 500万元，会减少未来期间的应纳税所得额。

（3）应付职工薪酬

会计准则规定，企业为获得职工提供的服务给予的各种形式的报酬以及其他相关支出均应作为企业的成本费用，在未支付之前确认为负债。税法中对于合理的职工薪酬基本允许税前扣除，但税法中明确规定了税前扣除标准的，按照会计准则规定计入成本费用支出的金额超过规定标准部分，应进行纳税调整。因超过部分在发生当期不允许税前扣除，在以后期间也不允许税前扣除，即该部分差额对未来期间计税不产生影响，所产生应付职工薪酬负债的账面价值等于计税基础。

【例13-66】 阳光公司2×23年12月计入成本费用的职工薪酬总额为5 000万元，2×23年12月31日尚未支付。按照适用税法的规定，当期计入成本费用的5 000万元工资支出中，可予税前扣除的合理部分为4 500万元。

分析：该项应付职工薪酬负债于2×23年12月31日的账面价值为5 000万元。

该项应付职工薪酬负债于2×23年12月31日的计税基础	=	账面价值5 000万元	−	未来期间计算应纳税所得额时按照税法规定可予抵扣的金额0	=5 000（万元）

该项负债的账面价值5 000万元与其计税基础5 000万元相同，不形成暂时性差异。该事项的会计处理与税收处理存在差异，但之所以不形成暂时性差异是由于两者之间的500万元差异在产生当期不能税前扣除，在未来期间亦不能税前扣除，从而构成一项永久性差异，其不会对企业未来期间的计税产生影响。

（4）其他负债

其他负债如企业应交的罚款和滞纳金等，在尚未支付之前按照会计准则的规定确认为费用，同时作为负债反映。税法规定，罚款和滞纳金不得税前扣除，即该部分费用无论是在发生当期还是在以后期间均不允许税前扣除，其计税基础为账面价值减去未来期间计税时可予税前扣除的金额零之间的差额，即计税基础等于账面价值。

其他交易或者事项产生的负债，其计税基础的确定应当遵从适用税法的相关规定确定。

3.特殊交易或者事项中产生的资产、负债计税基础的确定

（1）未作为资产、负债确认的项目产生的暂时性差异

某些交易或事项发生以后，因为不符合资产、负债确认条件而未体现为资产负债表中的资产或负债，但按照税法的规定能够确定其计税基础的，其账面价值零与计税基础之间的差异也构成暂时性差异。如企业发生的符合条件的广告费和业务宣传费支出，除另有规定外，不超过当年销售收入15%的部分准予扣除；超过部分准予在以后纳税年度结转扣除。该类费用在发生时按照会计准则的规定即计入当期损益，不形成资产负债表中的资产，但按照税法的规定可以确定其计税基础的，两者之间的差异也形成暂时性差异。

【例13-67】A公司2×23年发生了1 000万元广告费支出，发生时已作为销售费用计入当期损益。税法规定，该类支出不超过当年销售收入15%的部分允许当期税前扣除，超过部分允许向以后年度结转税前扣除。A公司2×23年实现销售收入5 000万元。

该广告费支出因按照会计准则的规定在发生时已计入当期损益，不体现为期末资产负债表中的资产，如果将其视为资产，其账面价值为0。

因按照税法的规定，该类支出税前列支有一定的标准限制，根据当期A公司销售收入15%计算，当期可予税前扣除750万元（5 000×15%），当期未予税前扣除的250万元可以向以后年度结转，其计税基础为250万元。

该项资产的账面价值0与其计税基础250万元之间产生了250万元的暂时性差异，该暂时性差异在未来期间可减少企业的应纳税所得额，为可抵扣暂时性差异，符合确认条件时，应确认相关的递延所得税资产。

（2）可抵扣亏损及税款抵减产生的暂时性差异

按照税法的规定可以结转以后年度的未弥补亏损及税款抵减，虽不是因资产、负债的账面价值与计税基础不同产生的，但与可抵扣暂时性差异具有同样的作用，均能够减少未来期间的应纳税所得额，进而减少未来期间的应交所得税，会计处理上视同可抵扣暂时性差异，符合条件的情况下，应确认与其相关的递延所得税资产。

【例13-68】阳光公司于2×23年因政策性原因发生经营亏损1 000万元，按照税法的规定，该亏损可用于抵减以后5个年度的应纳税所得额。该公司预计其于未来5年期间能够产生足够的应纳税所得额弥补该亏损。

分析：该经营亏损不是资产、负债的账面价值与其计税基础不同产生的，但从性质上可以减少未来期间企业的应纳税所得额和应交所得税，属于可抵扣暂时性差异。企业预计未来期间能够产生足够的应纳税所得额利用该可抵扣亏损时，应确认相关的

递延所得税资产。

4.暂时性差异

暂时性差异是指资产、负债的账面价值与其计税基础不同产生的差额。因资产、负债的账面价值与其计税基础不同，产生了在未来收回资产或清偿负债的期间内，应纳税所得额增加或减少并导致未来期间应交所得税增加或减少的情况，形成企业的递延所得税资产和递延所得税负债。在有关暂时性差异发生当期，符合确认条件的情况下，应当确认相关的递延所得税负债或递延所得税资产。

暂时性差异根据其对未来期间应纳税所得额的影响，分为应纳税暂时性差异和可抵扣暂时性差异。

（1）应纳税暂时性差异

应纳税暂时性差异，是指在确定未来收回资产或清偿负债期间的应纳税所得额时，将导致产生应税金额的暂时性差异，即在未来期间不考虑该事项影响的应纳税所得额的基础上，由于该暂时性差异的转回，会进一步增加转回期间的应纳税所得额和应交所得税金额，因此在其产生当期应当确认相关的递延所得税负债。应纳税暂时性差异通常产生于以下情况：

①资产的账面价值大于其计税基础。资产的账面价值代表的是企业在持续使用或最终出售该项资产时将取得的经济利益的总额，而计税基础代表的是资产在未来期间可予税前扣除的总金额。资产的账面价值大于其计税基础，该项资产未来期间产生的经济利益不能全部税前抵扣，两者之间的差额需要交税，产生应纳税暂时性差异。例如，一项无形资产账面价值为500万元，计税基础为375万元，两者之间的差额会造成未来期间应纳税所得额和应交所得税的增加，在其产生当期应当确认相关的递延所得税负债。

【例 13-69】A公司于2×23年3月20日购入一台不需安装的设备，设备价款为200万元，增值税税额为26万元，购入后投入行政管理部门使用。会计采用年限平均法计提折旧，税法允许采用双倍余额递减法计提折旧，假定预计使用年限为5年（会计与税法相同），无残值（会计与税法相同）。

分析：2×23年12月31日该设备的账面价值=200−200÷5×9/12 =170（万元）

计税基础=200−200×40%×9/12=140（万元）

2×23年12月31日该设备的应纳税暂时性差异余额=170−140=30（万元）

②负债的账面价值小于其计税基础。负债的账面价值为企业预计在未来期间清偿该项负债时的经济利益流出，而其计税基础代表的是账面价值在扣除税法规定未来期间允许税前扣除的金额之后的差额。负债的账面价值与其计税基础不同产生的暂时性差异，实质上是未来期间计税时按照税法规定可予税前扣除的金额，即与该项负债相关的费用支出在未来期间可予税前扣除的金额。负债的账面价值小于其计税基础，则意味着未来期间计税时按照税法规定可予税前扣除的金额为负数，即应在未来期间应纳税所得额的基础上调整，增加应纳税所得额和应交所得税金额，产生应纳税暂时性差异，应当确认相关的递延所得税负债。

【例 13-70】2×22年12月1甲公司因融券业务发生交易性金融负债100万元，2×22年12月31日交易性金融负债的公允价值为80万元，2×23年3月1日，甲公司支付款项80万元终止该交易性金融负债。

分析：2×22年12月31日交易性金融负债的账面价值为80万元，其计税基础为100万元，产生应纳税暂时性差异20万元。

（2）可抵扣暂时性差异

可抵扣暂时性差异，是指在确定未来收回资产或清偿负债期间的应纳税所得额时，将导致产生可抵扣金额的暂时性差异。该差异在未来期间转回时会减少转回期间的应纳税所得额，减少未来期间的应交所得税。在可抵扣暂时性差异产生当期，符合确认条件的情况下，应当确认相关的递延所得税资产。可抵扣暂时性差异一般产生于以下情况：

① 资产的账面价值小于其计税基础。资产的账面价值小于其计税基础，意味着资产在未来期间产生的经济利益少，按照税法的规定允许税前扣除的金额多，两者之间的差额可以减少企业在未来期间的应纳税所得额并减少应交所得税，符合确认条件的情况下，应当确认相关的递延所得税资产。例如，一项资产的账面价值为500万元，计税基础为650万元，则企业在未来期间就该项资产可以在其自身取得经济利益的基础上多扣除150万元，未来期间应纳税所得额会减少，应交所得税也会减少，形成可抵扣暂时性差异。

② 负债的账面价值大于其计税基础。负债产生的暂时性差异实质上是税法规定就该项负债在未来期间可予税前扣除的金额。计算公式如下：

负债产生的暂时性差异 =账面价值-计税基础

=账面价值-（账面价值-未来期间计税时按照税法的规定可予税前扣除的金额）

=未来期间计税时按照税法的规定可予税前扣除的金额

负债的账面价值大于其计税基础，意味着未来期间按照税法的规定与负债相关的全部或部分支出可以从未来应税经济利益中扣除，减少未来期间的应纳税所得额和应交所得税，符合确认条件的情况下，应当确认相关的递延所得税资产。

（三）递延所得税负债及递延所得税资产的确认

企业在计算确定应纳税暂时性差异与可抵扣暂时性差异后，应当按照所得税会计准则规定的原则确认相关的递延所得税负债或递延所得税资产。

1.递延所得税负债的确认和计量

除所得税准则中明确规定可不确认递延所得税负债的情况以外，企业对于所有的应纳税暂时性差异均应确认相关的递延所得税负债。除与直接计入所有者权益的交易或者事项以及企业合并中取得资产、负债相关的以外，在确认递延所得税负债的同时，应增加利润表中的所得税费用。

所得税准则规定，资产负债表日，对于递延所得税负债，应当根据适用税法的规定，按照预期收回该资产或清偿该负债期间的适用税率计量，即递延所得税负债应以相关应纳税暂时性差异转回期间按照税法的规定适用的所得税税率计量。无论应纳税暂时性差异的转回期间如何，相关的递延所得税负债均不要求折现。

【例13-71】A企业于2×21年12月6日购入某项设备，取得成本为500万元，会计上采用年限平均法计提折旧，使用年限为10年，净残值为零，因该资产长年处于强震动状态，计税时按双倍余额递减法计提折旧，使用年限及净残值与会计相同。A企业适用的所得税税率为25%。假定该企业不存在其他会计与税收处理的差异。

2×22年12月31日：

资产账面价值=500-500÷10=450（万元）

资产计税基础=500-500×20%=400（万元）

递延所得税负债余额=（450-400）×25%=12.5（万元）

借：所得税费用 125 000

贷：递延所得税负债 125 000

2×23年12月31日：

资产账面价值=500-500÷10×2=400（万元）

资产计税基础=500-500×20%-400×20%=320（万元）

递延所得税负债余额=（400-320）×25%=20（万元）

借：所得税费用 75 000

贷：递延所得税负债 75 000

【例13-72】沿用【例13-70】的资料，应纳税暂时性差异为20万元，税率为25%。会计处理如下：

借：所得税费用 50 000

贷：递延所得税负债 50 000

2.递延所得税资产的确认和计量

递延所得税资产产生于可抵扣暂时性差异。确认因可抵扣暂时性差异产生的递延所得税资产应以未来期间可能取得的应纳税所得额为限。在可抵扣暂时性差异转回的未来期间内，企业无法产生足够的应纳税所得额用以利用可抵扣暂时性差异的影响，使得与可抵扣暂时性差异相关的经济利益无法实现的，不应确认递延所得税资产；企业有明确的证据表明其于可抵扣暂时性差异转回的未来期间能够产生足够的应纳税所得额，进而利用可抵扣暂时性差异的，则应以可能取得的应纳税所得额为限，确认相关的递延所得税资产。

在判断企业于可抵扣暂时性差异转回的未来期间是否能够产生足够的应纳税所得额时，应考虑企业在未来期间通过正常的生产经营活动能够实现的应纳税所得额以及以前期间产生的应纳税暂时性差异在未来期间转回时将增加的应纳税所得额。

【例13-73】沿用【例13-63】的资料，应收账款因计提坏账准备导致计税基础为6 000万元，账面价值为5 400万元。假设未来有足够的应纳税所得额，所得税税率为25%。

本例中：计税基础大于账面价值，产生可抵扣暂时性差异600万元，产生递延所得税资产150万元（600×25%），会计处理如下：

借：递延所得税资产 1 500 000

贷：所得税费用 1 500 000

与递延所得税负债的计量原则相一致，确认递延所得税资产时，应当以预期收回该资产期间按照税法的规定适用的所得税税率为基础计算确定。无论可抵扣暂时性差异转回期间如何，相关的递延所得税资产均不要求折现。

企业在确认递延所得税资产以后，应当于资产负债表日对递延所得税资产的账面价值进行复核。如果未来期间很可能无法取得足够的应纳税所得额用以利用可抵扣暂时性差异带来的利益，应当减记递延所得税资产的账面价值。减记的递延所得税资产，除原确认时计入所有者权益的递延所得税资产，其减记金额亦应计入所有者权益外，其他情况均应增加所得税费用。

因无法取得足够的应纳税所得额利用可抵扣暂时性差异减记递延所得税资产账面价值的，以后期间根据新的环境和情况判断能够产生足够的应纳税所得额，进而利用可抵扣暂时性差异，使得递延所得税资产包含的经济利益能够实现的，应相应恢复递延所得税资产的账面价值。

除直接计入所有者权益的交易或者事项产生的递延所得税资产及递延所得税负债，相关的调整金额应计入所有者权益以外，其他情况下产生的调整金额应确认为所得税费用（或收益）。

（四）所得税费用的确认和计量

所得税会计的主要目的之一是确定当期应交所得税以及利润表中的所得税费用。在按照资产负债表债务法核算所得税的情况下，利润表中的所得税费用包括当期所得税和递延所得税两个部分。

1.当期所得税

当期所得税是指企业按照税法的规定计算确定的针对当期发生的交易和事项，应缴纳给税务部门的所得税金额，即当期应交所得税。

企业在确定当期应交所得税时，对于当期发生的交易或者事项，会计处理与税收处理不同的，应在会计利润的基础上，按照适用税法的规定进行调整，计算出当期应纳税所得额，按照应纳税所得额与适用的所得税税率计算确定当期应交所得税。一般情况下，应纳税所得额可在会计利润的基础上考虑会计与税收之间的差异。计算公式如下：

$$\text{应纳税所得额}=\text{会计利润}+\text{按照会计准则的规定计入利润表但计税时不允许税前扣除的费用}\pm\text{计入利润表的费用与按照税法的规定可予税前抵扣的金额之间的差额}\pm\text{计入利润表的收入与按照税法的规定应计入应纳税所得额的收入之间的差额}-\text{税法规定的不征税收入}\pm\text{其他需要调整的因素}$$

2.递延所得税

递延所得税是指按照所得税准则的规定当期应予确认的递延所得税资产和递延所得税负债的金额，即递延所得税资产和递延所得税负债当期发生额的综合结果，但不包括计入所有者权益的交易或者事项的所得税影响。计算公式如下：

$$\text{递延所得税}=(\text{递延所得税负债的期末余额}-\text{递延所得税负债的期初余额})-(\text{递延所得税资产的期末余额}-\text{递延所得税资产的期初余额})$$

应予说明的是，企业因确认递延所得税资产和递延所得税负债产生的递延所得税，一般应当计入所得税费用，但以下两种情况除外：

（1）某项交易或者事项按照会计准则的规定应计入所有者权益的，由该交易或者事项产生的递延所得税资产或递延所得税负债及其变化亦应计入所有者权益，不构成利润表中的递延所得税费用。

（2）企业合并中取得的资产、负债，其账面价值与计税基础不同，应确认相关递延所得税的，该递延所得税的确认影响合并中产生的商誉或是计入当期损益的金额，不影响所得税费用。

3.所得税费用

在计算确定了当期所得税和递延所得税以后，利润表中应予确认的所得税费用为两者之和。计算公式如下：

所得税费用=当期所得税+递延所得税

【例13-74】 A公司2×22年度利润表中利润总额为3 000万元，该公司适用的所得税税率为25%。递延所得税资产和递延所得税负债不存在期初余额。2×22年发生的有关交易和事项中，与所得税核算有关且会计处理与税收处理存在差别的如下：

（1）自2×22年1月开始计提折旧的一项固定资产，成本为1 500万元，使用年限为10年，净残值为零。会计处理按双倍余额递减法计提折旧，税收处理按直线法计提折旧。假定税法规定的使用年限及净残值与会计规定相同。

（2）向关联企业捐赠现金500万元。假定按照税法的规定，企业向关联方的捐赠不允许税前扣除。

（3）当期取得的作为交易性金融资产核算的股票投资成本为800万元，2×22年12月31日的公允价值为1 200万元。按照税法的规定，以公允价值计量的金融资产持有期间市价变动不计入应纳税所得额。

（4）违反环保法规应支付罚款250万元。

（5）期末对持有的存货计提了75万元的存货跌价准备。

该公司2×22年资产负债表中有关资产、负债的账面价值及其计税基础见表13-3。

表13-3　　2×22年度资产负债表相关项目金额及其计税基础　　单位：万元

项目	账面价值	计税基础	差异	
			应纳税暂时性差异	可抵扣暂时性差异
存货	2 000	2 075		75
固定资产：				
固定资产原价	1 500	1 500		
减：累计折旧	300	150		
减：固定资产减值准备	0	0		
固定资产账面价值	1 200	1 350		150
交易性金融资产	1 200	800	400	
其他应付款	250	250		
总计			400	225

（1）计算2×22年度当期所得税。

应纳税所得额=3 000+150+500−400+250+75=3 575（万元）

应交所得税=3 575×25%=893.75（万元）

（2）计算2×22年度递延所得税。

递延所得税负债=400×25%=100（万元）

递延所得税资产=225×25%=56.25（万元）

递延所得税=100-56.25=43.75（万元）

（3）确认所得税费用及其账务处理。

所得税费用=893.75+43.75=937.50（万元）

借：所得税费用 9 375 000

　　递延所得税资产 562 500

　贷：应交税费——应交所得税 8 937 500

　　　递延所得税负债 1 000 000

【例13-75】沿用【例13-74】资料，假定A公司2×23年当期应交所得税为1 155万元。资产负债表中有关资产、负债的账面价值及其计税基础见表13-4，除所列项目外，其他资产、负债项目不存在会计和税收的差异。

表13-4 2×23年度资产负债表相关项目金额及其计税基础 单位：万元

项目	账面价值	计税基础	差异	
			应纳税暂时性差异	可抵扣暂时性差异
存货	4 000	4 200		200
固定资产：				
固定资产原价	1 500	1 500		
减：累计折旧	540	300		
减：固定资产减值准备	50	0		
固定资产账面价值	910	1 200		290
交易性金融资产	1 675	1 000	675	
预计负债	250	0		250
总计			675	740

（1）计算2×23年度当期所得税。

当期所得税=当期应交所得税=1 155万元

（2）计算2×23年度递延所得税。

递延所得税负债的期末余额=675×25%=168.75（万元）

递延所得税负债的期初余额=100万元

递延所得税资产的期末余额=740×25%=185（万元）

递延所得税资产的期初余额=56.25万元

递延所得税=（168.75-100）-（185-56.25）=-60（万元）（收益）

（3）确认所得税费用及其账务处理。

所得税费用=1 155-60=1 095（万元）

本节自测

借：所得税费用　　　　　　　　　　10 950 000
　　递延所得税资产　　　　　　　　　1 287 500
　贷：应交税费——应交所得税　　　　　　　　11 550 000
　　　递延所得税负债　　　　　　　　　　　　　687 500

复习思考题

1. 什么是收入？如何分类？
2. 什么是收入确认与计量的五步法模型？阐述具体步骤。
3. 什么是某一时点履行的履约义务？什么是某一时段履行的履约义务？二者如何区分？
4. 什么是单项履约义务？
5. 什么是可变对价？如何进行会计处理？
6. 什么是合同中的重大融资成分？如何进行会计处理？
7. 什么是合同成本？什么是合同履约成本？什么是合同取得成本？
8. 某一时段履行的履约义务，如何确认收入？
9. 某一时点履行的履约义务，如何确认收入？
10. 附有质量保证条款的销售如何进行会计处理？
11. 附有客户额外购买选择权的销售如何进行会计处理？
12. 什么是售后回购和售后回租？如何进行会计处理？
13. 阐述费用、成本和损失之间的关系。
14. 阐述期间费用的内容。
15. 阐述营业收入的构成。
16. 什么是利润？利润有哪些构成内容？
17. 会计利润与应纳税所得额有何区别？
18. 什么是暂时性差异？具体包括哪些类型？
19. 什么是永久性差异？具体包括哪些类型？
20. 什么是资产或负债的计税基础？
21. 如何确认递延所得税负债和递延所得税资产？
22. 什么是所得税费用？如何确认？

本章自测

推荐阅读

王小伟．营收缩水300亿背后有玄机 上市公司收入确认难有“两全法”[N]．证券时报，2023-05-08（A02）．

第十四章

财务报告

学习目标

1. 掌握一套完整财务报告的构成内容及编制的相关规定，以及达到会编制各类个别财务报表的目的；

2. 了解财务报表的种类及编制的基本要求，明确各种财务报表的作用；

3. 掌握资产负债表、利润表、现金流量表和所有者权益（或股东权益，下同）变动表的编制原理和基本的编制方法；

4. 了解财务报表附注的基本内容；

5. 了解中期财务报告的基本内容；

6. 了解分部报告的基本内容。

第一节　财务报告概述

财务报告，是指企业对外提供的反映企业某一特定日期的财务状况和某一会计期间的经营成果、现金流量等会计信息的文件。财务报告包括财务报表和其他应当在财务报告中披露的相关信息和资料。

财务报表是对企业财务状况、经营成果和现金流量的结构性表述。一套完整的财务报表至少应当包括“四表一注”，即资产负债表、利润表、现金流量表、所有者权益变动表和附注，并且这些组成部分在列报上具有同等的重要程度，企业不得强调某张报表或某些报表（或附注）较其他报表（或附注）更为重要。只能说某报表或某报表的某些内容对某些财务报告使用者更重要，或者说不同财务信息使用者可能对财务报告的关注点不一样。

一、财务报告的分类

前已述及，一般意义上的财务报告分为财务报表和其他财务报告，而这里讲的分类是指财务报表可按不同的标准分类。财务报表可按不同的标准分为以下几类：

（一）按照会计报表反映的资金运动状态，可将其分为静态报表和动态报表

静态报表是指反映企业资金运动处于某一相对静止状态情况的会计报表，如资产负债表是反映某一特定时点企业资产总额和权益总额的报表，从企业资产总量方面反映企业的财务状况，从而反映企业资产的变现能力和偿债能力。动态报表是指反映企业资金运动状况的会计报表，如反映企业一定期间的经营成果情况的利润表、反映企业一定会计期间内资金来源和运用及其增减变化情况的现金流量表等，再如反映企业一定会计期间内所有者权益的增减变动情况的所有者权益变动状况的报表。

（二）按照财务报表的编报时间，可以分为中期报告（月报、季报、半年报）和年报

月报要求简明扼要、及时反映；年报要求披露完整、反映全面；季报在财务信息的详细程度方面介于月报和年报之间。

（三）按财务报表编报主体的不同，可以分为个别财务报表和合并财务报表

个别财务报表是由企业在自身会计核算基础上对账簿记录进行加工而编制的财务报表，它主要用以反映企业自身的财务状况、经营成果、现金流量和所有者权益情况。合并财务报表是以母公司和子公司组成的企业集团为会计主体，根据母公司和所属子公司的财务报表，由母公司编制的综合反映企业集团财务状况、经营成果及现金流量的财务报表。

二、财务报告的编制原则

（一）报表内容真实可靠

财务报表上的数据直接涉及许多集团的利益，也是许多外部集团进行经济决策的依据。因此，真实可靠是编制财务报表的必备特征，否则财务报表的作用就无从谈起。

（二）信息具有相关性

会计的目标是旨在提供有助于使用者决策的信息。因此，相关性也是编制财务报表的基本要求。从财务报表的内容选择、指标体系设置到项目分类和排列顺序等都应当考虑使用者的决策需要。相关性还要求报表所反映的内容充分完整。企业应将当期发生的交易与事项全部确认并通过报表披露。报表应填列的指标（包括附注和补充资料）都必须填列齐全、不得漏列，也就是要充分披露（揭示）。

（三）体现效益大于成本原则

从整个社会角度看，财务报表的编制、使用是具有效益的，但是它必须付出一定的代价。也就是说，我们编报并公布财务报表，从报表提供者和使用者目标一致的基础看，必须是值得的。编报财务报表，信息加工和输出，不能不付出代价，但应能达到较大的效用，即帮助使用者作出合理的经济决策，从而促进社会资源的优化配置。

三、财务报告列报的基本要求

财务报告列报的基本要求主要是针对财务报表的列报要求提出的。列报，是指交易和事项在报表中的列示和在附注中的披露。其中，“列示”通常反映资产负债表、利润表、现金流量表和所有者权益变动表等报表中的信息，“披露”通常反映附注中的信息。企业会计准则规定，企业应当依据各项会计准则确认和计量的结果编制财务报表；企业编制财务报表时应当对企业持续经营能力进行评估；企业应当按照权责发生制编制财务报表，但现金流量表信息除外；企业财务报表项目的列报应当在各个会计期间保持一致；企业单独列报或汇总列报相关项目时应当遵循重要性原则；企业财务报表项目一般不得以抵销后的净额列报；企业应当列报可比会计期间的比较数据等。

具体而言，财务报表列报应遵循如下基本要求：

（一）依据各项会计准则确认和计量的结果编制财务报表

企业应当根据实际发生的交易和事项，遵循《企业会计准则——基本准则》、各项具体会计准则及解释的规定进行确认和计量，并在此基础上编制财务报表。

企业应当在附注中对这一情况作出声明，只有遵循了企业会计准则的所有规定时，财务报表才应当被称为“遵循了企业会计准则”。同时，企业不应以在附注中披露代替对交易和事项的确认和计量，也就是说，企业采用的不恰当的会计政策，不得通过在附注中披露等其他形式予以更正，企业应当对交易和事项进行正确的确认和计量。

此外，如果按照各项会计准则的规定披露的信息不足以让报表使用者了解特定交易或事项对企业财务状况、经营成果和现金流量的影响时，企业还应当披露其他的必要信息。

（二）以持续经营为列报基础

企业应当以持续经营为基础编制财务报表。持续经营是会计的基本前提，也是会计确认、计量及编制财务报表的基础。在编制财务报表的过程中，企业管理层应当全面评估企业的持续经营能力。企业管理层在对企业持续经营能力进行评估时，应当利用其所有可获得的信息，评估涵盖的期间（应包括企业自资产负债表日起至少12个月），评估需要考虑的因素（包括宏观政策风险、市场经营风险、企业目前或长期的盈利能力、偿债能力、财务弹性以及企业管理层改变经营政策的意向等）。评价结果表明对持续经营能力产生重大怀疑的，企业应当在附注中披露导致对持续经营能力产生重大怀疑的影响因素以及企业拟采取的改善措施。

企业在评估持续经营能力时应当结合考虑企业的具体情况。通常情况下，如果企业过去每年都有可观的净利润，并且易于获取所需的财务资源，则对持续经营能力的评估易于判断，这表明企业以持续经营为基础编制财务报表是合理的，而无须进行详细的分析。反之，如果企业过去多年有亏损的记录等情况，则需要通过考虑更加广泛的相关因素来作出评价，比如目前和预期未来的获利能力、债务清偿计划、替代融资的潜在来源等。

企业如果存在以下情况之一，通常表明处于非持续经营状态：（1）企业已在当期进行清算或停止营业；（2）企业已经正式决定在下一个会计期间进行清算或停止营业；（3）企业已确定在当期或下一个会计期间没有其他可供选择的方案而将被迫进行清算或停止营业。企业处于非持续经营状态时，应当采用清算价值等其他基础编制财务报表，比如破产企业的资产采用可变现净值计量、负债按照其预计的结算金额计量等。在非持续经营的情况下，企业应当在附注中声明财务报表未以持续经营为基础列报、披露未以持续经营为基础的原因以及财务报表的编制基础。

（三）按照权责发生制编制财务报表

除现金流量表按照收付实现制编制外，企业应当按照权责发生制编制其他财务报表。在采用权责发生制的情况下，当项目符合基本准则中财务报表要素的定义和确认标准时，企业就应当确认相应的资产、负债、所有者权益、收入和费用，并在财务报表中加以反映。

（四）依据重要性原则单独或汇总列报项目

重要性是判断财务报表项目是否单独列报的重要标准。企业会计准则规定，重要性是指在合理预期下，如果财务报表某项目的省略或错报会影响使用者据此作出经济决策的，则该项目就具有重要性。关于项目在财务报表中是单独列报还是汇总列报，应当依据重要性原则来判断。总的原则是，如果某项目单个看不具有重要性，则可将其与其他项目汇总列报；如具有重要性，则应当单独列报。企业应当遵循如下规定：

1. 性质或功能不同的项目，一般应当在财务报表中单独列报，但是不具有重要性的项目可以汇总列报。比如，存货和固定资产在性质上和功能上都有本质差别，必须分别在资产负债表上单独列报。

2. 性质或功能类似的项目，一般可以汇总列报，但是对其具有重要性的类别应该单独列报。比如，原材料、低值易耗品等项目在性质上类似，均通过生产过程形成企业的产品存货，因此可以汇总列报，汇总之后的类别统称为“存货”，在资产负债表上单独列报。

3. 项目单独列报的原则不仅适用于报表，还适用于附注。某些项目的重要性程度不足以在资产负债表、利润表、现金流量表或所有者权益变动表中单独列示，但对附注却具有重要性，在这种情况下应当在附注中单独披露。比如，对于某制造业企业而言，原材料、在产品、库存商品等项目的重要性程度不足以在资产负债表上单独列示，因此在资产负债表上汇总列示，但是鉴于其对该制造业企业的重要性，应当在附注中单独披露。

4. 企业会计准则规定在财务报表中单独列报的项目，企业应当单独列报。其他会计准则规定单独列报的项目，企业应当增加单独列报项目。

企业在进行重要性判断时，应当根据所处环境，从项目的性质和金额大小两方面予以判断：一方面，应当考虑该项目的性质是否属于企业日常活动、是否显著影响企业的财务状况、经营成果和现金流量等因素；另一方面，判断项目金额大小的重要性，应当通过单项金额占资产总额、负债总额、所有者权益总额、营业收入总额、营业成本总额、净利润、综合收益总额等直接相关或所属报表单列项目金额的比重加以确定。企业对于各个项目的重要性判断标准一经确定，不得随意变更。

（五）列报的一致性

可比性是会计信息的一项重要质量要求，目的是使同一企业不同期间和同一期间不同企业的财务报表相互可比。企业会计准则规定，财务报表项目的列报应当在各个会计期间保持一致，不得随意变更。这一要求不仅只针对财务报表中的项目名称，还包括财务报表项目的分类、排列顺序等方面。

在下列情况下，企业可以变更财务报表项目的列报：（1）会计准则要求改变财务报表项目的列报；（2）企业经营业务的性质发生重大变化或对企业经营影响较大的交易或事项发生后，变更财务报表项目的列报能够提供更可靠、更相关的会计信息。财务报表的列报项目发生变更的，应当至少对可比期间的数据按照当期的列报要求进行调整。

（六）财务报表项目金额间的相互抵销

财务报表项目应当以总额列报，资产和负债、收入和费用、直接计入当期利润的利得项目和损失项目的金额不能相互抵销，即不得以净额列报，但企业会计准则另有规定的除外。以下三种情况不属于抵销，可以以净额列示：

1. 一组类似交易形成的利得和损失以净额列示的，不属于抵销。例如，汇兑损益应当以净额列报，为交易目的而持有的金融工具形成的利得和损失应当以净额列报。但是，如果相关的利得和损失具有重要性，则应当单独列报。

2. 资产或负债项目按扣除备抵项目后的净额列示，不属于抵销。例如，资产计提的减值准备，实质上意味着资产的价值确实发生了减损，资产项目应当按扣除减值准备后的净额列示，这样才反映了资产当时的真实价值。

3. 非日常活动产生的利得和损失，以同一交易形成的收益扣减相关费用后的净额列示更能反映交易实质的，不属于抵销。非日常活动并非企业主要的业务。非日常活动产生的损益以收入扣减费用后的净额列示，更能有利于报表使用者的理解。例如，非流动资产处置形成的利得或损失，应当按处置收入扣除该资产的账面金额和相关销售费用后的净额列报。

（七）比较信息的列报

企业在列报当期财务报表时，至少应当提供所有列报项目上一个可比会计期间的比较数据，以及与理解当期财务报表相关的说明，目的是向报表使用者提供对比数据，提高信息在会计期间的可比性。列报比较信息的这一要求适用于财务报表的所有组成部分，即既适用于四张报表，也适用于附注。

通常情况下，企业列报所有列报项目上一个可比会计期间的比较数据，至少包括两期各报表及相关附注。当企业追溯应用会计政策、追溯重述或者重新分类财务报表项目时，按照《企业会计准则第28号——会计政策、会计估计变更和差错更正》等的规定，企业应当在一套完整的财务报表中列报最早可比期间期初的财务报表，即应当至少列报三期资产负债表、两期其他各报表（利润表、现金流量表和所有者权益变动表）及相关附注。其中，列报的三期资产负债表分别指当期期末的资产负债表、上期期末（即当期期初）的资产负债表以及上期期初的资产负债表。

企业根据本准则的规定确需变更财务报表项目列报的，应当至少对可比期间的数据按照当期的列报要求进行调整，并在附注中披露调整的原因和性质以及调整的各项目金额。但是，在某些情况下，对可比期间比较数据进行调整是不切实可行的，比如，企业在以前期间可能没有按照可以进行重新分类的方式收集数据，并且重新生成这些信息是不切实可行的，则企业应当在附注中披露不能调整的原因以及假设金额重新分类可能进行的调整的性质。

关于企业变更会计政策或更正差错时要求的对比较信息的调整，由《企业会计准则第28号——会计政策、会计估计变更和差错更正》规范。

（八）财务报表表首的列报要求

企业在财务报表的显著位置（通常是表首部分）应当至少披露下列基本信息：

1. 编报企业的名称。如企业名称在所属当期发生了变更，还应明确标明。

2. 对于资产负债表而言，应当披露资产负债表日；对于利润表、现金流量表、所有者权益变动表而言，应当披露报表涵盖的会计期间。

3. 货币名称和单位。按照我国企业会计准则的规定，企业应当以人民币作为记账本位币列报，并标明金额单位，如人民币元、人民币万元等。

4. 财务报表是合并财务报表的，应当予以标明。

（九）报告期间

本节自测

企业至少应当编制年度财务报表。根据《中华人民共和国会计法》的规定，会计年度自公历1月1日起至12月31日止，年度财务报表涵盖的期间短于一年的，应当披露年度财务报表的涵盖期间，以及短于一年的原因，并应说明由此引起财务报表项目与比较数据不具可比性这一事实。

第二节 资产负债表

一、资产负债表的概念及作用

资产负债表是反映企业在资产负债表日（或报告期末）全部资产、负债和所有者权益情况的报表。它是一张揭示企业在特定时点上财务状况的静态报表。资产负债表的作用主要表现在以下方面：

（一）反映企业的经济资源及其分布情况，以及企业的资本结构

资产负债表把企业的经济资源按经济性质、用途及目的加以分类，如按其流动性划分为流动资产和非流动资产各项目，使用者通过资产负债表可以清楚地了解企业在某一特定时日所拥有的资产总量及结构。企业的经济资源来自债权人及所有者（股东）。债权人对企业的资产享有优先受偿的权利，所有者（股东）享有剩余权益。因此，负债与所有者（股东）权益相对比重的大小，影响到债权人及所有者（股东）的相对风险。负债比重越大，债权人所冒的风险就越高。

资本结构系指在企业的资金来源中负债和所有者权益的比例。资产负债表把企业的资金来源划分为负债和所有者权益两大类，而后又进一步将负债划分为流动负债和非流动负债，将所有者权益划分为股本或实收资本、资本公积、留存收益和其他综合收益，从而充分反映了企业的资本结构情况。

（二）可据以评价和预测企业的偿债能力

企业的偿债能力是指企业以其资产偿付债务的能力，分为短期偿债能力和长期偿债能力。短期偿债能力主要体现在企业资产和负债的流动性上。例如，可随时上市交易的有价证券，其流动性一般比应收款项强；应收款项的流动性又比存货项目强，因为通常应收款项能在更短的时间内转换成现金，而存货转换成现金的速度一般较慢。负债到期日越短，其流动性越强，表明需要越早动用现金。短期债权人关注的是，企业是否有足够的现款和足够的资产可及时转换成现金，以清偿短期内即将到期的债务。资产负债表分门别类地列示流动资产与流动负债，本身虽未直接反映出短期偿债能力，但通过将流动资产与流动负债进行比较并借助于报表可以评价和预测企业的短期偿债能力。

长期偿债能力主要指企业以全部资产清偿全部负债的能力。一般认为，资产越多，负债越少，其长期偿债能力越强；反之，若资不抵债，则企业缺乏长期偿债能力。资不抵债往往由企业长期亏损、蚀耗资产引起，还可能由举债过多所致。所以，企业的长期偿债能力一方面取决于它的获利能力，另一方面取决于它的资本结构。资产负债表按资产、负债和所有者权益三大会计要素分类，列示了重要项目，可据以评价、预测企业的长期偿债能力，为管理部门和债权人作出信贷决策提供重要依据。

（三）可据以反映净资产及其形成原因

资产负债表能够反映在特定时点投资人所拥有的净资产及其形成的原因。净资产其实是股东权益或者是所有者权益的另一种叫法。在某一个特定时点，资产应该等于负债加所有者（股东）权益，因此，净资产就是资产减负债。应该注意的是，可以说资产等于负债加所有者（股东）权益，但绝不能说资产等于所有者（股东）权益加负债，它们有着根本性的区别。因为会计规则特别强调先人后己，也就是说，企业的资产首先要用来偿还债务，剩下的不管多少，都归投资者所有。如果先讲所有者权益，就是先己后人，而这在会计规则上是不允许的。

（四）有助于评价、预测企业的财务弹性

财务弹性指企业应对各种挑战、适应各种变化的能力，包括进攻性适应能力和防御性适应能力。进攻性适应能力是指企业有能力和财力去抓住突如其来的获利机会；防御性适应能力是指企业在经营危机中生存下来的能力。财务弹性强的企业不仅能从有利可图的经营中获取大量资金，而且可以借助债权人的长期资金和所有者的追加资本获利，万一需要偿还巨额债务，也不至于陷入财务困境，在遇到新的获利能力更高的投资机会时，也能及时筹集所需资金，调转船头，全力以赴。

财务弹性来自资产的流动性或变现能力、由经营产生资金流入的能力、向投资者和债权人筹措资金的能力、在不影响正常经营的前提下变卖现有资产取得现金的能力。资产负债表所展示的资源分布情形及对资源的请求权，有助于评价、预测企业的财务弹性。

（五）有助于评价、预测企业的经营绩效

头脑风暴

财务报告使用者

企业的经营绩效主要反映在它的获利能力上。获利能力直接影响企业是否拥有稳定而逐步增长的盈利水平，能否据约向债权人还本付息，能否维持甚至逐步提高股东的投资报酬。衡量企业获利的指标主要有资产报酬率、股东权益报酬率等。

二、资产负债表的局限性

资产负债表虽然有上述重要作用，但因为编制方法及内容受到会计准则及会计惯例的影响，所以具有一定的局限性。资产负债表的局限性主要表现在以下几个方面：

（一）资产项目计价方法不统一

资产负债表中的资产项目，一般应以历史成本为基础报告，但实际上资产项目的计价，由于受到会计准则的制约，所采用的计量属性各有不同。例如，应收账款按扣除坏账后的净值列示，存货按成本与可变现净值孰低法列示。由于不同的资产采取不同的计价方法，资产负债表上得出的合计数缺乏一致的基础，影响会计信息的相关性。

此外，一些项目在资产负债表上所列金额不是公允价值。例如，固定资产以历史成本扣减累计折旧计价，其账面价值可能与公允价值相去甚远。由于大部分的资产与负债都不是以现值计价的，所以根据资产负债表进行分析，获利能力的评估将受到歪曲，偿债能力的评估也不正确，而且资产及负债的余额也不代表能收到及应偿付的现金数额。

（二）部分有价值的经济资源未能在资产负债表中反映

货币计量是会计的一大特点，会计信息主要是能用货币表述的信息，因此，资产负债表难免遗漏许多无法用货币计量的重要经济资源和义务的信息，如企业的人力资源（包括人数、知识结构和工作态度）、固定资产在全行业的先进程度、企业所承担的社会责任（如退休金支出）。诸如此类的信息对决策均具有影响力。由于无法数量化或至少无法以货币计量，而资产负债表中仅包括能加以数量化并以货币计量的经济资源，因此许多有价值的经济资源均被排除在外。例如，高素质的经营团队、优越的市场地位、良好的公共关系、旺盛的员工士气、高超的研究能力等，都是企业极有价值的资源，但因无法客观地以货币计量，所以都不能在资产负债表中加以表述。这些信息对于企业获利能力的评估也是很有帮助的，但是因为未在资产负债表中加以表达，所以使得资产负债表的功能受到限制。

（三）资产负债表的信息包含了许多主观判断及估计数

资产负债表中部分科目的计价，需要依据主观的判断及估计，例如，应收账款坏账准备计提、固定资产累计折旧计提和无形资产摊销，分别基于对坏账百分比、固定资产使用年限和无形资产摊销期限等因素的估计。估计的数据难免主观，从而影响信息的可靠性。

（四）理解资产负债表的含义必须依靠报表阅读者的判断

资产负债表有助于评价和预测企业的长、短期偿债能力和经营绩效，然而此表本身并不直接披露这些信息，而要靠报表使用者自己加以判断；各家企业所采用的会计政策可能完全不同，所产生的信息当然也有所区别，简单地根据报表数据评价和预测偿债能力以及经营绩效，并据以评判优劣，难免失之偏颇。所以，要理解资产负债表的含义，并作出正确的评价，并不能仅仅局限于资产负债表信息本身，还要借助其他相关信息。选择哪些信息，要依靠报表使用者的判断，而这并非易事。

三、资产负债表的结构

（一）资产负债表的列报

在编制资产负债表时，应当依照财务报表的目的，按照一定的标准对资产、负债和所有者权益项目进行再分类，以便充分披露重要信息。

1. 资产的列报

资产应当区分流动资产和非流动资产列示。

（1）流动资产。按《企业会计准则第30号——财务报表列报》的规定，资产满足下列条件之一的，应当归类为流动资产：

① 预计在一个正常营业周期中变现、出售或耗用。正常营业周期，是指企业从购买用于加工的资产起至实现现金或现金等价物的期间。正常营业周期通常短于一年。当正常营业周期不能确定时，企业应当以一年（12个月）作为正常营业周期。

② 主要为交易目的而持有。企业持有资产的目的是用于交易，而不是自己使用。例如，企业拥有的生产设备属于非流动资产，它主要是为了用于生产经营，而不是用于出售；而企业持有的存货属于流动资产，其最终目的是出售。

③ 预计在资产负债表日起一年内（含一年）变现。企业持有的流动资产，通常可以在一年内变为现金。例如，企业持有的交易性金融资产，可以随时变现；企业持有的应收票据，可以在6个月内变现。如果企业持有的资产将在超过一年的时间内变现，则应当划分为非流动资产。

④ 在资产负债表日起一年内，交换其他资产或清偿负债的能力不受限制的现金或现金等价物。

流动资产可以进一步划分为不同的明细项目，流动资产主要包括货币资金、交易性金融资产、应收票据、应收账款、预付款项、其他应收款、存货和其他流动资产等。

对于根据企业会计准则划分为持有待售的非流动资产（比如固定资产、无形资产、长期股权投资等），也应当归类为流动资产列报。

（2）非流动资产。非流动资产是指流动资产以外的资产。也可以说，如果资产预计不能在一个正常的营业周期中变现、出售或耗用，或者持有资产的主要目的不是交易，或者预计在资产负债表日起一年内（含一年）不能变现，或者在资产负债表日起一年内，交换其他资产或清偿负债的能力受到限制的现金或现金等价物，就应当归类为非流动资产，例如企业持有的固定资产和无形资产等。企业持有这类资产的主要目的不是交易，而是在经营过程中长期使用。企业持有的债权投资，因为准备要将投资持有至到期，而这类投资（如企业购入的长期债券、基金等）的到期日通常在一年以上，所以，不可能在资产负债表日起一年内（含一年）变现，所以分类为非流动资产。

在资产负债表中，非流动资产应按其性质分类列示。企业的非流动资产通常包括债权投资、其他债权投资、其他权益工具投资、长期应收款、长期股权投资、投资性房地产、固定资产、在建工程、生产性生物资产、油气资产、无形资产、开发支出、商誉、长期待摊费用、递延所得税资产和其他非流动资产等。

2.负债的列报

负债应当区分流动负债和非流动负债列示。

（1）流动负债。流动负债的定义与流动资产的定义相对应。流动负债是可合理地预计、需要用流动资产或者其他流动负债加以清偿的短期负债。

在资产负债表中，流动负债可以进一步划分为不同的明细项目，流动负债包括短期借款、交易性金融负债、应付票据、应付账款、预收款项、应付职工薪酬、应交税费、其他应付款和其他流动负债等。

（2）非流动负债。非流动负债是与流动负债相对应的概念，流动负债以外的负债应当归类为非流动负债，即企业承担的某一项负债预计不能在一个正常营业周期中清偿，或者主要不是为交易目的而持有，或者不能在资产负债表日起一年内到期并应予以清偿，或者企业有权自主地将清偿推迟至资产负债表日后一年以上，则应当划分为非流动负债。

在资产负债表中，非流动负债应按其性质分类列示。非流动负债主要包括长期借款、应付债券、长期应付款、专项应付款、预计负债、递延所得税负债和其他非流动负债等。

3.所有者权益的列报

所有者权益是指企业资产扣除负债后由所有者享有的剩余权益。公司的所有者权益也称股东权益。从金额上看，所有者权益为企业资产总额减去负债总额后的净额。所有者权益按其来源划分，可分为所有者投入的资本、直接计入所有者权益的利得和损失、留存收益。

资产负债表中的所有者权益应当按照实收资本（或股本）、资本公积、其他综合收益、盈余公积、未分配利润等项目分项列示。

（二）资产负债表的格式

资产负债表各项目在表中的排列方法不同，形成了各种各样的资产负债表格式。由于企业各异，资产负债表项目排列及采用的结构也会有所区别，但不论采取何种格式，资产负债表都应标明本表的名称、编表企业的名称、资产负债表日和货币计量单位等。资产负债表的格式通常有两种，账户式和报告式。我国资产负债表采用账户式。

账户式资产负债表即按照T形账户的形式设计资产负债表，将资产列在报表左方（借方），负债及所有者（股东）权益列在报表右方（贷方），左（借）右（贷）两方总额相等，见表14-1。

表 14-1　　　　资产负债表　　　　会企01表

编制单位：　　　　年　月　日　　　　单位：元

资产	期末余额	上年年末余额	负债和所有者权益（或股东权益）	期末余额	上年年末余额
流动资产：			流动负债：		
货币资金			短期借款		
交易性金融资产			交易性金融负债		
衍生金融资产			衍生金融负债		
应收票据			应付票据		
应收账款			应付账款		
应收款项融资			预收款项		
预付款项			合同负债		
其他应收款			应付职工薪酬		
存货			应交税费		
合同资产			其他应付款		
持有待售资产			持有待售负债		
一年内到期的非流动资产			一年内到期的非流动负债		
其他流动资产			其他流动负债		
流动资产合计			流动负债合计		
非流动资产：			非流动负债：		
债权投资			长期借款		
其他债权投资			应付债券		
长期应收款			其中：优先股		
长期股权投资			永续债		
其他权益工具投资			租赁负债		
其他非流动金融资产			长期应付款		
投资性房地产			预计负债		
固定资产			递延收益		
在建工程			递延所得税负债		
生产性生物资产			其他非流动负债		
油气资产			非流动负债合计		
使用权资产			负债合计		
无形资产			所有者权益（或股东权益）：		
开发支出			实收资本（或股本）		
商誉			其他权益工具		
长期待摊费用			其中：优先股		
递延所得税资产			永续债		
其他非流动资产			资本公积		
非流动资产合计			减：库存股		
			其他综合收益		
			专项储备		
			盈余公积		
			未分配利润		
			所有者权益（或股东权益）合计		
资产总计			负债和所有者权益（或股东权益）总计		

（三）资产负债表的列报方法

企业应以日常会计核算记录的数据为基础进行归类、整理和汇总，填列报表项目，形成资产负债表。

1.上年年末余额栏的列报方法

资产负债表“上年年末余额”栏内各项数字，应根据上年年末资产负债表“期末余额”栏内所列数字填列。如果上年度资产负债表规定的各个项目的名称和内容同本年度不相一致，应对上年年末资产负债表各项目的名称和数字按照本年度的规定进行调整，填入本期资产负债表“上年年末余额”栏内。

2.期末余额栏的列报方法

期末余额是指某一资产负债表日的数字，即月末、季末、半年末或年末的数字。资产负债表各项目“期末余额”的数据来源，可以通过以下几种方式取得：

（1）根据总账科目余额填列；

（2）根据明细科目余额计算填列；

（3）根据总账科目和明细账科目余额分析计算填列；

（4）根据有关科目余额减去其备抵科目余额后的净额填列；

（5）综合运用上述填列方法分析填列。

3.资产负债表各项目的列报说明

资产负债表“期末余额”栏内各项数字，应当根据资产、负债和所有者权益期末情况填列。具体内容如下：

（1）“货币资金”项目，反映企业期末持有的现金、银行存款和其他货币资金等总额，应当根据“库存现金”、“银行存款”和“其他货币资金”各科目期末借方余额合计填列。

（2）“交易性金融资产”项目，反映资产负债表日企业分类为以公允价值计量且其变动计入当期损益的金融资产，以及企业持有的指定为以公允价值计量且其变动计入当期损益的金融资产的期末账面价值。本项目应当根据“交易性金融资产”科目期末余额分析填列。自资产负债表日起超过一年到期且预期持有超过一年的以公允价值计量且其变动计入当期损益的非流动金融资产的期末账面价值，在“其他非流动金融资产”项目中填列。

（3）“衍生金融资产”项目，反映衍生金融工具的资产价值，本项目应根据“衍生金融资产”科目的期末余额填列。

（4）“应收票据”项目，反映资产负债表日以摊余成本计量的、企业因销售商品、提供服务等收到的商业汇票，包括商业承兑汇票和银行承兑汇票。本项目应当根据“应收票据”科目期末借方余额扣除“坏账准备”科目中相关坏账准备期末余额后的金额分析填列。

（5）“应收账款”项目，反映资产负债表日以摊余成本计量的、企业因销售商品、提供服务等经营活动应收取的款项。该项目应根据“应收账款”科目的期末余额，减去“坏账准备”科目中相关坏账准备期末余额后的金额分析填列。

（6）“应收款项融资”项目，反映资产负债表日以公允价值计量且其变动计入其他综合收益的应收票据和应收账款等。本项目应根据“应收款项融资”科目的期末余额分析填列。

(7)“预付款项”项目，反映企业期末持有的按照购货合同的规定预付给供应单位的款项。“预付账款”科目所属有关明细科目期末有贷方余额的，应在本表“应付账款”项目内反映。“应付账款”科目所属明细科目有借方余额的，也应包括在本项目内。该项目应根据预付账款和应付账款明细账借方余额合计数填列。

(8)“其他应收款”项目，反映企业除应收票据、应收账款、预付账款等经营活动以外的其他各种应收、暂付的款项。本项目应根据“其他应收款”“应收股利”“应收利息”科目的期末余额扣除“坏账准备”科目中相关坏账准备期末余额后的金额分析填列。其中的“应收利息”仅反映相关金融工具已到期可收取但于资产负债表日尚未收到的利息。基于实际利率法计提的金融工具的利息应包含在相应金融工具的账面余额中。

(9)“存货”项目，应根据“材料采购”“原材料”“发出商品”“库存商品”“周转材料”“委托加工物资”“生产成本”“受托代销商品”等科目的期末余额及“合同履约成本”科目的明细科目中初始确认时摊销期限不超过一年或一个正常营业周期的期末余额合计，减去“受托代销商品款”“存货跌价准备”科目期末余额及“合同履约成本减值准备”科目中相应的期末余额后的金额填列，材料采用计划成本核算，以及库存商品采用计划成本核算或售价核算的企业，还应按加或减材料成本差异、商品进销差价后的金额填列。

(10)“合同资产”和“合同负债”项目。企业应按照《企业会计准则第14号——收入》(财会〔2017〕22号)的相关规定根据本企业履行履约义务与客户付款之间的关系在资产负债表中列示合同资产或合同负债。“合同资产”项目、“合同负债”项目，应分别根据“合同资产”科目、“合同负债”科目的相关明细科目的期末余额分析填列，同一合同下的合同资产和合同负债应当以净额列示，其中净额为借方余额的，应当根据其流动性在“合同资产”或“其他非流动资产”项目中填列，已计提减值准备的，还应减去“合同资产减值准备”科目中相关的期末余额后的金额填列；其中净额为贷方余额的，应当根据其流动性在“合同负债”或“其他非流动负债”项目中填列。

由于同一合同下的合同资产和合同负债应当以净额列示，企业也可以设置“合同结算”科目(或其他类似科目)，以核算同一合同下属于在某一时段内履行履约义务涉及与客户结算对价的合同资产或合同负债，并在此科目下设置“合同结算——价款结算”科目反映定期与客户进行结算的金额，设置“合同结算——收入结转”科目反映按履约进度结转的收入金额。资产负债表日，“合同结算”科目的期末余额在借方的，根据其流动性在“合同资产”或“其他非流动资产”项目中填列；期末余额在贷方的，根据其流动性在“合同负债”或“其他非流动负债”项目中填列。

(11)“持有待售资产”项目，反映资产负债表日划分为持有待售类别的非流动资产及划分为持有待售类别的处置组中的流动资产和非流动资产的期末账面价值。本项目应根据“持有待售资产”科目的期末余额，减去“持有待售资产减值准备”科目的期末余额后的金额填列。

(12)“一年内到期的非流动资产”项目，反映企业将于一年内(含一年)到期的非流动资产项目金额。本项目应根据有关科目的期末余额分析填列。

（13）“其他流动资产”项目，反映企业除货币资金、交易性金融资产、应收票据、应收账款、存货等流动资产以外的其他流动资产。本项目应根据有关科目的期末余额填列。

（14）“债权投资”项目，反映资产负债表日企业以摊余成本计量的长期债权投资的账面价值。本项目应根据“债权投资”科目的相关明细科目期末余额，减去“债权投资减值准备”科目的期末余额后的金额分析填列。自资产负债表日起一年内到期的长期债权投资的期末账面价值，在“一年内到期的非流动资产”项目反映。企业购入的以摊余成本计量的一年内到期的债权投资的期末账面价值，在“其他流动资产”项目反映。

（15）“其他债权投资”项目，反映资产负债表日企业分类为以公允价值计量且其变动计入其他综合收益的长期债权投资的期末账面价值。本项目应根据“其他债权投资”科目的相关明细科目的期末余额分析填列。自资产负债表日起一年内到期的长期债权投资的期末账面价值，在“一年内到期的非流动资产”项目反映。企业购入的以公允价值计量且其变动计入其他综合收益的一年内到期的债权投资的期末账面价值，在“其他流动资产”项目反映。

（16）“长期应收款”项目，反映企业融资租赁产生的应收款项，采用递延方式具有融资性质的销售商品和提供劳务等产生的长期应收款等。本项目应根据“长期应收款”科目的期末余额，减去相应的“未实现融资收益”科目金额、一年到期的部分和“坏账准备”科目所属相关明细科目期末余额后的金额填列。长期应收款中将于一年内到期的部分，在“一年内到期的非流动资产”项目反映。

（17）“长期股权投资”项目，反映企业对子公司、联营企业和合营企业的长期股权投资。本项目应根据“长期股权投资”科目的期末余额，扣减“长期股权投资减值准备”科目的余额后填列。

（18）“其他权益工具投资”项目，反映资产负债表日企业指定为以公允价值计量且其变动计入其他综合收益的非交易性权益工具投资的期末账面价值。本项目应根据“其他权益工具投资”科目的期末余额填列。

（19）“其他非流动金融资产”项目，反映企业自资产负债表日起超过一年到期且预期持有超过一年的以公允价值计量且其变动计入当期损益的非流动金融资产的期末账面价值。本项目应根据“交易性金融资产”的发生额分析填列。

（20）“投资性房地产”项目，反映企业期末持有的投资性房地产的实际价值。企业采用成本模式计量投资性房地产的，本项目应根据“投资性房地产”科目的期末余额，减去“投资性房地产累计折旧（摊销）”和“投资性房地产减值准备”科目期末余额后的金额填列；采用公允价值模式计量投资性房地产的，本项目应根据“投资性房地产”科目的期末余额填列。

（21）“固定资产”项目，应根据“固定资产”和“固定资产清理”科目的期末余额，减去“累计折旧”和“固定资产减值准备”科目的期末余额后的金额填列。

（22）“在建工程”项目，应根据“在建工程”和“工程物资”科目的期末余额，扣减“在建工程减值准备”和“工程物资减值准备”科目的期末余额后的金额填列。

（23）“生产性生物资产”项目，反映企业持有的生产性生物资产的期末实际价值。本项目应根据“生产性生物资产”科目的期末余额，扣减“生产性生物资产累计折旧”后的余额填列。如果生产性生物资产计提了减值准备，还应当扣减累计计提的减值准备金额。

（24）“油气资产”项目，反映企业（石油天然气开采）持有的矿区权益和油气井及相关设施的实际价值。本项目应根据“油气资产”科目的期末余额，扣减“累计折耗”科目的期末余额填列。如果油气资产计提了减值准备，还应当扣减累计计提的减值准备金额。

（25）“无形资产”项目，反映企业期末持有的各项无形资产成本，包括专利权、非专利技术、商标权、著作权和土地使用权等。本项目根据“无形资产”科目的期末余额，减去“累计摊销”科目的期末余额和相应的减值准备后的金额填列。

（26）“开发支出”项目，反映企业开发无形资产过程中发生的、尚未形成无形资产成本的支出。本项目应根据“研发支出”科目中所属的“资本化支出”明细科目的期末余额填列。

（27）“使用权资产”项目，反映资产负债表日承租人企业持有的使用权资产的期末账面价值。本项目应根据“使用权资产”科目的期末余额，减去“使用权资产累计折旧”和“使用权资产减值准备”科目的期末余额后的金额填列。

（28）“长期待摊费用”项目，反映企业已经发生但应由本期和以后各期负担的分摊期限在一年以上的各项费用，如以经营租赁方式租入固定资产发生的改良支出。本项目应根据“长期待摊费用”科目的期末余额填列。“长期待摊费用”项目中摊销年限（或期限）只剩一年或不足一年的，或者预计在一年内（含一年）进行摊销的部分，仍在“长期待摊费用”项目中列示，不转入“一年内到期的非流动资产”项目。

（29）“商誉”项目，反映企业非同一控制下的吸收合并中形成的商誉的价值。本项目可以根据“商誉”科目的期末余额填列。如果企业单独设置“商誉减值准备”科目核算商誉发生的减值，则本项目应当根据“商誉”科目的期末余额扣减“商誉减值准备”科目的余额后填列。

（30）“递延所得税资产”项目，反映企业根据所得税准则确认的可抵扣暂时性差异产生的所得税资产的期末价值。根据税法规定可用以后年度税前利润弥补的亏损产生的所得税资产，也在本项目反映。本项目应根据“递延所得税资产”科目的期末余额填列。

（31）“其他非流动资产”项目，反映企业除长期股权投资、固定资产、在建工程、无形资产、投资性房地产等资产以外的其他非流动资产。本项目应根据有关科目的期末余额填列。

（32）“短期借款”项目，反映企业向银行或其他金融机构等借入的期限在一年以下（含一年）的各种借款。本项目应根据“短期借款”科目的期末余额填列。

（33）“交易性金融负债”项目，反映资产负债表日企业承担的交易性金融负债，以及企业持有的指定为以公允价值计量且其变动计入当期损益的金融负债的期末账面价值。本项目应根据“交易性金融负债”科目的期末余额填列。

（34）“衍生金融负债”项目，反映衍生金融工具的负债价值，本项目根据“衍生金融负债”科目的期末余额填列。

（35）“应付票据”项目，反映资产负债表日以摊余成本计量的、企业因购买材料、商品和接受服务等开出、承兑的商业汇票，包括银行承兑汇票和商业承兑汇票。本项目应根据“应付票据”科目的期末余额填列。

（36）“应付账款”项目，反映资产负债表日以摊余成本计量的、企业因购买材料、商品和接受服务等经营活动应支付的款项。本项目应根据“应付账款”和“预付账款”科目所属各明细科目的期末贷方余额合计数填列。

（37）“应付职工薪酬”项目，反映企业根据有关规定应付给职工或为职工负担的工资、职工福利费、社会保险费、工会经费、职工教育经费、非货币性福利、辞退福利等各种薪酬。外商投资企业按规定从净利润中提取的职工奖励及福利基金，也在本项目反映。本项目应根据“应付职工薪酬”科目的期末贷方余额填列。

（38）“应交税费”项目，反映企业按照税法规定计算应缴纳的各种税费，包括增值税、消费税、所得税、资源税、土地增值税、城市维护建设税、房产税、城镇土地使用税、车船税、教育费附加、矿产资源补偿费等。本项目应根据“应交税费”科目的期末余额填列。“应交税费”期末转为债权的，以“-”号填列。

（39）“其他应付款”项目，反映企业除应付票据、应付账款、预收账款、应付职工薪酬、应交税费等以外的其他各项应付、暂收的款项。本项目应根据“其他应付款”“应付利息”“应付股利”三个总账科目余额的合计数填列。其中的“应付利息”仅反映相关金融工具已到期应支付但于资产负债表日尚未支付的利息。基于实际利率法计提的金融工具的利息应包含在相应金融工具的账面余额中。

（40）“租赁负债”项目，反映资产负债表日承租人企业尚未支付的租赁付款额的期末账面价值。本项目应根据“租赁负债”科目的期末余额填列。自资产负债表日起一年内到期应予以清偿的租赁负债的期末账面价值，在“一年内到期的非流动负债”项目反映。

（41）“持有待售负债”项目，反映资产负债表日处置组中与划分为持有待售类别的资产直接相关的负债的期末账面价值。本项目根据“持有待售负债”科目的期末余额填列。

（42）“一年内到期的非流动负债”项目，反映企业非流动负债中将于资产负债表日后一年内到期部分的金额。例如，将于一年内偿还的长期借款，本项目应根据有关科目的期末余额填列。

（43）“其他流动负债”项目，反映企业除短期借款、交易性金融负债、应付票据、应付账款、应付职工薪酬、应交税费等流动负债以外的其他流动负债。本项目应根据有关科目的期末余额填列。

（44）“长期借款”项目，反映企业向银行或其他金融机构借入的尚未归还的一年期以上（不含一年）的各项借款。本项目应根据“长期借款”科目所属明细科目的期末余额填列。

（45）“应付债券”项目，反映企业为筹集长期资金而发行的债券本金和利息。发行一年期及一年期以内的短期债券，在“交易性金融负债”项目反映，不在本项目反映。本项目应根据“应付债券”科目的期末余额填列。

（46）“长期应付款”项目，反映资产负债表日企业除长期借款和应付债券以外的其他各种长期应付款项的期末账面价值。本项目应根据“长期应付款”科目的期末余额，减去相关的“未确认融资费用”科目的期末余额后的金额，以及“专项应付款”科目的期末余额填列。

（47）“预计负债”项目，反映企业根据或有事项等相关准则确认的各项预计负债，包括对外提供担保、未决诉讼、产品质量保证、重组义务、亏损性合同等预计负债。本项目应根据“预计负债”科目的明细科目期末余额分析填列。

（48）“递延收益”项目，反映企业应当在以后期间计入当期损益的政府补助。本项目应根据“递延收益”科目的期末余额填列。本项目中摊销期限只剩一年或不足一年的，或预计在一年内（含一年）进行摊销的部分，不转入“一年内到期的非流动负债”项目，仍在该项目中反映。

（49）“递延所得税负债”项目，反映企业根据所得税准则确认的应纳税暂时性差异产生的所得税负债。本项目应根据“递延所得税负债”科目的期末余额填列。

（50）“其他非流动负债”项目，反映企业除长期借款、应付债券等以外的其他非流动负债。本项目应根据有关科目的期末余额减去将于一年内（含一年）到期偿还数后的余额填列。非流动负债各项目中将于一年内（含一年）到期的非流动负债，应在“一年内到期的非流动负债”项目内反映。

（51）“实收资本（或股本）”项目，反映企业接受投资者投入企业的实收资本或股本总额。本项目应根据“实收资本（或股本）”科目的期末余额填列。

（52）“资本公积”项目，反映企业资本公积期末余额。本项目应根据“资本公积”科目的期末余额填列。

（53）“其他权益工具”项目，反映资产负债表日企业发行在外的除普通股以外分类为权益工具的金融工具的期末账面价值。对于资产负债表日企业发行的金融工具，分类为金融负债的，应在“应付债券”项目填列，对于优先股和永续债，还应在“应付债券”项目下的“优先股”项目和“永续债”项目分别填列；分类为权益工具的，应在“其他权益工具”项目填列，对于优先股和永续债，还应在“其他权益工具”项目下的“优先股”项目和“永续债”项目分别填列。

（54）“库存股”项目，反映企业持有尚未转让或注销的本公司股份。本项目应根据“库存股”科目的期末余额填列。

（55）“其他综合收益”项目，反映指企业根据其他会计准则规定未在当期损益中确认的各项利得和损失扣除所得税影响后的净额。本项目应根据“其他综合收益”科目的期末余额填列。

（56）“盈余公积”项目，反映企业从净利润中提取的盈余公积的期末余额。本项目应根据“盈余公积”科目的期末余额填列。

（57）“专项储备”项目，反映高危行业企业按国家规定提取的安全生产费的期末账面价值。本项目应根据“专项储备”科目的期末余额填列。

（58）“未分配利润”项目，反映企业尚未分配的利润。本项目应根据“本年利润”科目和“利润分配”明细科目的期末余额填列。期末累计未分配利润为负数的，以“-”号填列。

四、资产负债表编制实例

【例 14-1】 阳光股份有限公司为增值税一般纳税人，增值税税率为13%，所得税税率为25%。该公司2×23年1月1日科目余额表见表14-2。

表14-2　**科目余额表**　单位：元

科目名称	借方余额	科目名称	贷方余额
库存现金	98 000	短期借款	11 000 000
银行存款	62 135 000	应付票据	7 500 000
交易性金融资产	750 000	应付账款	39 794 000
应收票据	8 320 000	应付职工薪酬	4 800 000
应收账款	11 550 000	应交税费（不含增值税）	1 519 750
坏账准备	-45 000	应付利息	38 000
预付账款	9 000 000	其他应付款	1 500 000
其他应收款	150 000	长期借款	70 000 000
材料采购	8 650 000	其中：一年内到期的长期借款	45 000 000
原材料	21 000 000	递延所得税负债※	12 500
周转材料	3 217 000	股本	190 000 000
库存商品	68 300 000	盈余公积	4 500 000
材料成本差异	1 328 000	未分配利润	1 800 000
递延所得税资产※	11 250		
长期股权投资	15 000 000		
固定资产	65 000 000		
累计折旧	-16 500 000		
在建工程	50 000 000		
无形资产	18 000 000		
长期待摊费用※	6 500 000		
合计	332 464 250	合计	332 464 250

注：长期待摊费用系公司道路等基础设施耗费，剩余摊销时间13年，平均摊销。递延所得税资产是由于提取坏账准备产生的，递延所得税负债是由于交易性金融资产中包含了50 000元的公允价值变动产生的。

阳光股份有限公司2×23年发生如下经济业务：

(1) 购入原材料一批，用银行存款支付款项共计5 650 000元，其中进项税额650 000元，款项已通过银行支付，材料未到。

(2) 收到银行通知，用银行存款支付到期商业承兑汇票3 500 000元。

(3) 又购入原材料一批，用银行存款支付材料货款4 000 000元，支付增值税520 000元，原材料验收入库的计划成本为4 050 000元。

(4) 收到原材料一批，实际成本4 010 000元，计划成本3 900 000元，材料已验收入库，货款已于上月支付。

(5) 对外销售商品一批，应收取的款项为12 430 000元，其中含增值税1 430 000元。该商品实际成本为7 100 000元，商品已发出，但款项尚未收到。

(6) 公司将账面价值为750 000元的交易性金融资产全部出售，其中成本700 000元，公允价值变动50 000元，收到款项780 000元存入银行。

(7) 公司购入不需要安装的设备一台，通过银行存款支付款项5 650 000元，其中增值税650 000元。设备已投入使用。

(8) 用银行存款支付购入的工程物资款4 520 000元，其中进项税额为520 000。物资已入库。

(9) 分配应付工程人员工资9 000 000元及福利费1 260 000元。

(10) 确认本期应交消费税1 200 000元。

(11) 工程完工交付使用，固定资产价值为45 000 000元。

(12) 计算未完工程应负担的长期借款利息为5 700 000元。利息尚未付现。

(13) 基本生产车间报废一台设备，原价7 000 000元，已计提累计折旧6 300 000元，清理费用15 000元，残值收入20 000元，均通过银行存款收支。清理工作已经完毕。

(14) 为购建固定资产从银行借入4年期借款15 000 000元，借款已存入银行。

(15) 销售商品一批，价款25 000 000元，应交增值税3 250 000元。该商品的实际成本为18 000 000元，款项已存入银行。

(16) 公司将一张到期的无息银行承兑汇票（不含增值税）6 000 000元到银行办理转账并存入银行。

(17) 公司长期股权投资采用成本法核算。收到现金股利1 000 000元存入银行并确认为投资收益。该公司与接受投资方的所得税税率均为25%。

(18) 出售一台设备，收到价款14 690 000元，包含增值税169 000元，设备原价17 000 000元，已提折旧6 200 000元。

(19) 用银行存款6 000 000元归还短期借款的本金。

(20) 用银行存款归还短期借款的利息480 000元。

(21) 分配经营人员工资13 000 000元，其中生产经营人员工资11 500 000元，车间管理人员工资600 000元，行政管理人员工资900 000元（注：工程人员工资分配已通过第9笔业务处理完毕）。

(22) 接受客户订单，收到订金2 000 000元。

(23) 通过银行存款发放经营人员工资13 000 000元，支付工程人员工资9 000 000元。

(24) 提取经营人员福利费用1 820 000元，其中生产经营人员1 610 000元，车间管理人员84 000元，行政管理人员126 000元（注：工程人员福利费分配已通过第9笔业务处理完毕）。

（25）计提短期借款利息420 000元。

（26）计提长期借款利息（计入损益）450 000元。

（27）生产车间生产产品领用原材料，计划成本37 000 000元。

（28）生产车间生产产品领用低值易耗品，计划成本1 800 000元，采用一次摊销法。

（29）结转上述领用原材料和领用低值易耗品的材料成本差异。材料成本差异率为4%。

（30）摊销无形资产1 800 000元，计入管理费用。

（31）2×23年订购的特种材料，运抵企业，验收入库。材料价款30 000 000元，预付订金9 000 000。阳光公司付清尾款。该特种材料的计划成本为29 800 000元。

（32）车间固定资产计提折旧3 300 000元，管理部门计提折旧1 000 000元。

（33）收到银行通知，收到应收的销售商品的货款2 260 000元，存入银行。

（34）用银行存款支付产品广告等费用共800 000元。

（35）将制造费用转入生产成本。

（36）结转完工产品成本51 096 000元。

（37）公司对外销售商品一批，货款15 000 000元，增值税1 950 000元，收到无息商业承兑汇票一张，面值16 950 000元；该批产品的实际成本为9 000 000元。该公司于收到票据的当天就到银行办理贴现，银行扣除贴现息550 000元。

（38）行政办公楼装修，2×23年年底装修完工交付，公司一次性支付装修工程款2 500 000元。说明：该装修工程外包给装修公司，包工包料，装修公司垫资，装修完工交付时，阳光公司支付装修款。该项装修工程款计入长期待摊费用。自2×24年起分5年平均摊销。

（39）按应收账款余额的3‰计提坏账准备。

（40）用银行存款归还长期借款45 000 000元。

（41）从银行提取现金100 000元，以备零星使用。

（42）结转本期商品销售成本34 100 000元。

（43）摊销长期待摊费用500 000元

（44）用银行存款缴纳增值税2 080 000元。

（45）用银行存款缴纳消费税1 200 000元和所得税等税费1 519 750元。

（46）将各损益类科目发生额转入“本年利润”科目，计算出本年应交所得税并将所得税费用转入本年利润。计算出本年净利润9 001 630元。把本年净利润转入“利润分配——未分配利润”科目。

（47）按净利润的10%提取法定盈余公积900 163元。

（48）按净利润的5%提取任意盈余公积450 081.5元。

（49）宣告分派普通股现金股利2 000 000元。

（50）将利润分配各明细科目的余额转入“未分配利润”明细科目。

要求：根据上述资料完成下列业务处理：

1. 编制会计分录。

2. 将年初余额、本期会计分录登记到T形账户，并结出T形账户的年末余额。

3. 编制2×23年12月31日的资产负债表。

解：1.编制会计分录：

(1) 借：材料采购	5 000 000	
应交税费——应交增值税（进项税额）	650 000	
贷：银行存款		5 650 000
(2) 借：应付票据	3 500 000	
贷：银行存款		3 500 000
(3) 借：材料采购	4 000 000	
应交税费——应交增值税（进项税额）	520 000	
贷：银行存款		4 520 000
借：原材料	4 050 000	
贷：材料采购		4 000 000
材料成本差异		50 000
(4) 借：原材料	3 900 000	
材料成本差异	110 000	
贷：材料采购		4 010 000
(5) 借：应收账款	12 430 000	
贷：主营业务收入		11 000 000
应交税费——应交增值税（销项税额）		1 430 000
(6) 借：银行存款	780 000	
贷：交易性金融资产——成本		700 000
——公允价值变动		50 000
投资收益		30 000
(7) 借：固定资产	5 000 000	
应交税费——应交增值税（进项税额）	650 000	
贷：银行存款		5 650 000
(8) 借：工程物资	4 000 000	
应交税费——应交增值税（进项税额）	520 000	
贷：银行存款		4 520 000
(9) 借：在建工程	10 260 000	
贷：应付职工薪酬——工资		9 000 000
——职工福利		1 260 000
(10) 借：税金及附加	1 200 000	
贷：应交税费——应交消费税		1 200 000
(11) 借：固定资产	45 000 000	
贷：在建工程		45 000 000
(12) 借：在建工程	5 700 000	
贷：应付利息		5 700 000

（13）借：固定资产清理　　700 000
　　　　累计折旧　　6 300 000
　　　贷：固定资产　　　　7 000 000
借：固定资产清理　　15 000
　贷：银行存款　　　　15 000
借：银行存款　　20 000
　贷：固定资产清理　　　　20 000
借：营业外支出　　695 000
　贷：固定资产清理　　　　695 000
（14）借：银行存款　　15 000 000
　　　贷：长期借款——本金　　　　15 000 000
（15）借：银行存款　　28 250 000
　　　贷：主营业务收入　　　　25 000 000
　　　　　应交税费——应交增值税（销项税额）　　　　3 250 000
（16）借：银行存款　　6 000 000
　　　贷：应收票据　　　　6 000 000
（17）借：银行存款　　1 000 000
　　　贷：投资收益　　　　1 000 000
（18）借：固定资产清理　　10 800 000
　　　　累计折旧　　6 200 000
　　　贷：固定资产　　　　17 000 000
借：银行存款　　14 690 000
　贷：固定资产清理　　　　13 000 000
　　　应交税费——应交增值税（销项税额）　　　　1 690 000
借：固定资产清理　　2 200 000
　贷：资产处置损益　　　　2 200 000
（19）借：短期借款　　6 000 000
　　　贷：银行存款　　　　6 000 000
（20）借：应付利息　　480 000
　　　贷：银行存款　　　　480 000
（21）借：生产成本　　11 500 000
　　　　制造费用　　600 000
　　　　管理费用　　900 000
　　　贷：应付职工薪酬——工资　　　　13 000 000
（22）借：银行存款　　2 000 000
　　　贷：合同负债　　　　2 000 000
（23）借：应付职工薪酬　　22 000 000
　　　贷：银行存款　　　　22 000 000

(24) 借：生产成本 1 610 000
制造费用 84 000
管理费用 126 000
贷：应付职工薪酬——职工福利 1 820 000
(25) 借：财务费用 420 000
贷：应付利息 420 000
(26) 借：财务费用 450 000
贷：应付利息 450 000
(27) 借：生产成本 37 000 000
贷：原材料 37 000 000
(28) 借：制造费用 1 800 000
贷：周转材料——低值易耗品 1 800 000
(29) 借：生产成本 1 480 000
制造费用 72 000
贷：材料成本差异 1 552 000
(30) 借：管理费用——无形资产摊销 1 800 000
贷：累计摊销 1 800 000
(31) 借：材料采购 30 000 000
应交税费——应交增值税（进项税额） 3 900 000
贷：银行存款 24 900 000
预付账款 9 000 000
借：原材料 29 800 000
材料成本差异 200 000
贷：材料采购 30 000 000
(32) 借：制造费用 3 300 000
管理费用 1 000 000
贷：累计折旧 4 300 000
(33) 借：银行存款 2 260 000
贷：应收账款 2 260 000
(34) 借：销售费用 800 000
贷：银行存款 800 000
(35) 借：生产成本 5 856 000
贷：制造费用 5 856 000
(36) 借：库存商品 51 096 000
贷：生产成本 51 096 000
(37) 借：应收票据 16 950 000
贷：主营业务收入 15 000 000
应交税费——应交增值税（销项税额） 1 950 000
借：银行存款 16 400 000

借：财务费用　　550 000
　贷：应收票据　　16 950 000
(38) 借：长期待摊费用　　2 500 000
　　贷：银行存款　　2 500 000
(39) 借：信用减值损失　　20 160
　　贷：坏账准备　　20 160
(40) 借：长期借款　　45 000 000
　　贷：银行存款　　45 000 000
(41) 借：库存现金　　100 000
　　贷：银行存款　　100 000
(42) 借：主营业务成本　　34 100 000
　　贷：库存商品　　34 100 000
(43) 借：管理费用　　500 000
　　贷：长期待摊费用　　500 000
(44) 借：应交税费——应交增值税（已交税金）　　2 080 000
　　贷：银行存款　　2 080 000
(45) 借：应交税费——企业所得税　　1 519 750
　　　　　　　——应交消费税　　1 200 000
　　　贷：银行存款　　2 719 750
(46) 借：本年利润　　42 561 160
　　贷：主营业务成本　　34 100 000
　　　　税金及附加　　1 200 000
　　　　销售费用　　800 000
　　　　管理费用　　4 326 000
　　　　财务费用　　1 420 000
　　　　营业外支出　　695 000
　　　　信用减值损失　　20 160
借：主营业务收入　　51 000 000
　资产处置损益　　2 200 000
　投资收益　　1 030 000
　贷：本年利润　　54 230 000

本年应交所得税=（54 230 000−42 561 160−1 000 000+20 160+50 000）×25%=2 684 750（元）

借：所得税费用　　2 667 210
　递延所得税资产　　5 040
　递延所得税负债　　12 500
　贷：应交税费——应交所得税　　2 684 750
借：本年利润　　2 667 210
　贷：所得税费用　　2 667 210
借：本年利润　　9 001 630

贷：利润分配——未分配利润　　9 001 630

（47）借：利润分配——提取法定盈余公积　　900 163

　　贷：盈余公积——法定盈余公积　　900 163

（48）借：利润分配——提取任意盈余公积　　450 081.50

　　贷：盈余公积——任意盈余公积　　450 081.50

（49）借：利润分配——应付普通股股利　　2 000 000

　　贷：应付股利　　2 000 000

（50）借：利润分配——未分配利润　　3 350 244.50

　　贷：利润分配——提取法定盈余公积　　900 163

　　　　　　　　——提取任意盈余公积　　450 081.50

　　　　　　　　——应付现金股利或利润　　2 000 000

2. 将年初余额、本期会计分录登记到T形账户，并结出T形账户的年末余额：

库存现金

年初	98 000		
（41）	100 000		
年末	198 000		

交易性金融资产——成本

年初	700 000		
		（6）	700 000
年末	0		

交易性金融资产——公允价值变动

年初	50 000		
		（6）	50 000
年末	0		

应收账款

年初	11 550 000		
（5）	12 430 000	（33）	2 260 000
年末	21 720 000		

预付账款

年初	9 000 000		
		（31）	9 000 000
年末	0		

材料采购

年初	8 650 000		
（1）	5 000 000	（3）	4 000 000
（3）	4 000 000	（4）	4 010 000
（31）	30 000 000	（31）	30 000 000
年末	9 640 000		

周转材料

年初	3 217 000		
		（28）	1 800 000
年末	1 417 000		

材料成本差异

年初	1 328 000		
（4）	110 000	（3）	50 000
（31）	200 000	（29）	1 552 000
年末	36 000		

生产成本

年初			
(21)	11 500 000		
(24)	1 610 000		
(27)	37 000 000	(36)	51 096 000
(29)	1 480 000		
(35)	5 856 000		
年末	6 350 000		

固定资产

年初	65 000 000		
(7)	5 000 000	(13)	7 000 000
(11)	45 000 000	(18)	17 000 000
年末	91 000 000		

在建工程

年初	50 000 000		
(9)	10 260 000	(11)	45 000 000
(12)	5 700 000		
年末	20 960 000		

长期待摊费用

年初	6 500 000		
(38)	2 500 000	(43)	500 000
年末	8 500 000		

固定资产清理

年初	0		
(13)	700 000	(13)	20 000
(13)	15 000	(13)	695 000
(18)	10 800 000	(18)	13 000 000
(18)	2 200 000		
年末	0		

合同负债

		年初	0
		(22)	2 000 000
		年末	2 000 000

应付股利

		年初	0
		(49)	2 000 000
		年末	2 000 000

应付票据

		年初	7 500 000
(2)	3 500 000		
		年末	4 000 000

应付职工薪酬

		年初	4 800 000
		(9)	10 260 000
(23)	22 000 000	(21)	13 000 000
		(24)	1 820 000
		年末	7 880 000

应付利息

		年初	38 000
		(12)	5 700 000
(20)	480 000	(25)	420 000
		(26)	450 000
		年末	6 128 000

长期借款

		年初	70 000 000
(40)	45 000 000	(14)	15 000 000
		年末	40 000 000

递延所得税负债

		年初	12 500
(46)	12 500		
		年末	0

盈余公积

		年初	4 500 000
		（47）	900 163
		（48）	450 081.50
		年末	5 850 244.50

主营业务收入

		（5）	11 000 000
（46）	51 000 000	（15）	25 000 000
		（37）	15 000 000
	51 000 000		51 000 000

税金及附加

（10）	1 200 000	（46）	1 200 000
	1 200 000		1 200 000

资产处置损益

（46）	2 200 000	（18）	2 200 000
	2 200 000		2 200 000

营业外支出

（13）	695 000	（46）	695 000
	695 000		695 000

信用减值损失

（39）	20 160	（46）	20160
	20 160		20 160

本年利润

（46）	42 561 160		
（46）	2 667 210	（46）	54 230 000
（46）	9 001 630		
	54 230 000		54 230 000

所得税费用

年初			
（46）	2 667 210	（46）	2 667 210
	2 667 210		2 667 210

利润分配——提取任意盈余公积

（48）	450 081.50	（50）	450081.50
	450 081.50		450 081.50

3. 编制 2×23 年 12 月 31 日资产负债表（见表 14-3）。

表 14-3　　　　资产负债表　　　　会企 01 表

编制单位：阳光股份有限公司　　　　2×23 年 12 月 31 日　　　　单位：元

资产	期末余额	上年年末余额	负债和所有者权益（或股东权益）	期末余额	上年年末余额
流动资产：			流动负债：		
货币资金	18 298 250	62 233 000	短期借款	5 000 000	11 000 000
交易性金融资产		750 000	交易性金融负债		
衍生金融资产			衍生金融负债		
应收票据	2 320 000	8 320 000	应付票据	4 000 000	7 500 000
应收账款	21 654 840	11 505 000	应付账款	39 794 000	39 794 000
应收款项融资			合同负债	2 000 000	
预付款项		9 000 000	应付职工薪酬	7 880 000	4 800 000
其他应收款	150 000	150 000	应交税费	2 684 750	1 519 750
其中：应收利息			其他应付款	9 628 000	1 538 000
应收股利			其中：应付利息	6 128 000	38 000
存货	124 489 000	102 495 000	应付股利	2 000 000	
合同资产			持有待售负债		
持有待售资产			一年内到期的非流动负债		45 000 000
一年内到期的非流动资产			其他流动负债		
其他流动资产			流动负债合计	70 986 750	111 151 750
流动资产合计	166 912 090	194 453 000	非流动负债：		
非流动资产：			长期借款	40 000 000	25 000 000
债权投资			应付债券		
其他债权投资			其中：优先股		
长期应收款			永续债		
长期股权投资	15 000 000	15 000 000	租赁负债		
其他权益工具投资			长期应付款		
其他非流动金融资产			长期应付职工薪酬		
投资性房地产			预计负债		
固定资产	82 700 000	48 500 000	递延收益		

续表

资产	期末余额	上年年末余额	负债和所有者权益（或股东权益）	期末余额	上年年末余额
在建工程	24 960 000	50 000 000	递延所得税负债		12 500
生产性生物资产			其他非流动负债		
油气资产			非流动负债合计	40 000 000	25 012 500
使用权资产			负债合计	110 986 750	136 164 250
无形资产	16 200 000	18 000 000	所有者权益（或股东权益）：		
开发支出			实收资本（或股本）	190 000 000	190 000 000
商誉			其他权益工具		
长期待摊费用	8 500 000	6 500 000	其中：优先股		
递延所得税资产	16 290	11 250	永续债		
其他非流动资产			资本公积		
非流动资产合计	147 376 290	138 011 250	减：库存股		
			其他综合收益		
			专项储备		
			盈余公积	5 850 244.5	4 500 000
			未分配利润	7 451 385.5	1 800 000
			所有者权益（或股东权益）合计	203 301 630	196 300 000
资产总计	314 288 380	332 464 250	负债和所有者权益（或股东权益）总计	314 288 380	332 464 250

本节自测

第三节　利润表

利润表，又称收益表、损益表，是反映企业一定期间（如年度、季度、月份）经营成果的财务报表。经营成果一般表现为利润（或亏损）。利润是企业所得扣除所耗后的剩余，是经济效益的综合体现。编制利润表的主要目的是将企业经营成果的信息提供给报表用户，以供他们作为决策的依据或参考。

一、利润表的作用

（一）可据以解释、评价和预测企业的经营成果和获利能力

经营成果通常是指以营业收入、其他收入和非常利得扣除成本、费用、税金、非

常损失等项目后的差额所表示的净利润（或净损失）的信息。经营成果是一个绝对值指标，可以反映企业财富增长的规模。获利能力是一个相对值指标，它是指企业运用一定经济资源（如人力、物力）获取经营成果的能力。这里的经济资源因报表用户的不同需要而有所区别，可以是资产总额、净资产，可以是资产的耗费（成本或费用），还可以是投入的人力（如职工人数）。因此，衡量获利能力的指标包括资产收益率、净资产（税后）收益率、成本收益率以及人均实现收益等指标。经营成果的信息直接由利润表反映，而获利能力的信息除利润表外，还要借助于其他会计报表及其附注才能得到。

（二）可据以解释、评价和预测企业的偿债能力

偿债能力是指企业以资产清偿债务的能力。利润表本身并不提供偿债能力的信息，然而偿债能力不仅取决于资产流动性和资本结构，也取决于获利能力。企业在个别年份获利能力不足，不一定影响偿债能力，但若一家企业长期丧失获利能力，则资产的流动性必然由好转坏，资本结构也将逐渐由优变劣，陷入资不抵债的困境。因而，一家数年收益很少、获利能力不强甚至亏损的企业，通常其偿债能力不强。

（三）企业管理人员可据以作出经营决策

比较和分析利润表中各种构成要素，可知悉各项收入、成本、费用与收益之间的消长趋势，发现各方面工作中存在的问题，揭露缺点，找出差距，改善经营管理，努力增收节支，杜绝损失的发生，作出合理的经营决策。

（四）可据以评价和考核管理人员的绩效

比较前后利润表上各项收入、费用、成本及收益的增减变动情况，并考察增减变动的原因，可以较为客观地评价各职能部门、各生产经营单位的绩效，以及这些部门和人员的绩效与整个企业经营成果的关系，以便评判各部门管理人员的功过得失，及时作出采购、生产、销售、筹资和人事等方面的调整，使各项活动趋于合理。

二、利润表构成的基本要素

利润表构成的基本要素有收入、费用、利得和损失。

1.收入

收入只有在经济利益很可能流入从而导致企业资产增加或者负债减少且经济利益的流入额能够可靠计量时才能予以确认。符合收入定义和收入确认条件的项目，应当列入利润表。

收入定义中的日常活动是指企业为完成其经营目标所从事的经常性活动以及与之相关的其他活动。因此，收入包括销售商品收入、提供劳务收入和让渡资产使用权收入。由于企业性质不同，其收入包括的具体内容也不相同。

2.费用

费用只有在经济利益很可能流出从而导致企业资产减少或者负债增加且经济利益的流出额能够可靠计量时才能予以确认。

企业为生产产品、提供劳务等发生的可归属于产品成本、劳务成本等的费用，应当在确认产品销售收入、劳务收入等时，将已销售产品、已提供劳务的成本等计入当期损益。

企业发生的支出不产生经济利益的，或者即使能够产生经济利益但不符合或者不再符合资产确认条件的，应当在发生时确认为费用，计入当期损益。

企业发生的交易或者事项导致其承担了一项负债而又不确认为一项资产的，应当在发生时确认为费用，计入当期损益。

符合费用定义和费用确认条件的项目，应当列入利润表。

3.利得和损失

利得是指由企业非日常活动所形成的、会导致所有者权益增加的、与所有者投入资本无关的经济利益的流入。

损失是指由企业非日常活动所发生的、会导致所有者权益减少的、与向所有者分配利润无关的经济利益的流出。

直接计入当期利润的利得和损失，是指应当计入当期损益、会导致所有者权益发生增减变动的、与所有者投入资本或者向所有者分配利润无关的利得或者损失，如公允价值变动损益、资产减值损失、信用减值损失等

计入利润表但不计入当期损益的利得和损失，如其他综合收益。

三、利润表的格式

目前通行于世界各国的利润表格式有两种：单步式利润表和多步式利润表。

（一）单步式利润表

单步式利润表是将所有收入和所有费用分别加以汇总，用收入合计减去费用合计从而得出本期利润。单步式利润表编制方式简单，收入支出归类清楚，但缺点是收入、费用的性质不加区分，硬性归为一类，不利于报表分析。

（二）多步式利润表

多步式利润表是将收入与费用按同类属性分别加以归集，分别计算营业利润、利润总额，最后计算出税后利润。多步式利润表比单步式利润表提供的信息更加丰富，通过不同时期各对应项目的比较分析，可以预测未来现金的流量，将营业利润与其他利润分开列示，可使报表使用者分清主次，对未来经营成果作出正确判断、预测。我国目前采用的就是多步式利润表，多步式利润表格式见表14-4。

四、利润表的列报方法

（一）利润表的填列规则

由于利润表是动态报表，因而填列依据主要是各损益类科目的本期发生额。各收入项目应根据相应的收入类科目的贷方发生额填列，各费用项目则应根据相应的费用类科目的借方发生额填列。

利润表中的收入项目和费用项目的金额应以总额列示，除相关会计准则规定允许抵销的项目外，不能以相关项目相互抵销后的金额列示。例如，企业销售商品、提供劳务等实现的营业利润，应当分别列示实现的营业收入、结转的营业成本、税金及附加等，而不能用以商品销售的营业收入直接抵减营业成本后的营业利润列报；营业外

收入和营业外支出，应当分别以总额列报，不能以营业外收入直接扣减营业外支出后的净额列报。

（二）利润表各项目的内容及填列

对于月度利润表，利润表的“本月金额”栏反映各项目的本月实际发生数；在编报中期财务报表时，填列上年同期累计实际发生数；在编报年度财务报表时，填列上年全年累计实际发生数。在编制中期和年度财务报表时，还要将“本月金额”栏改为“上年金额”栏。本表“本年累计金额”栏反映各项目自年初起至报告期末止的累计实际发生数。

年度利润表中“上年金额”栏内各项数字，应根据上年度利润表“本年金额”栏内所列数字填列。如果上年度利润表规定的各个项目的名称和内容同本年度不相一致，应对上年度利润表各项目的名称和数字按本年度的规定进行调整，填入本表“上年金额”栏内。

利润表“本年金额”栏内各项数字一般应当反映以下内容：

(1)“营业收入”项目，反映企业经营主要业务和其他业务所确认的收入总额。本项目应根据“主营业务收入”科目和“其他业务收入”科目的发生额分析填列。

(2)“营业成本”项目，反映企业经营主要业务和其他业务发生的实际成本总额。本项目应根据“主营业务成本”科目和“其他业务成本”科目的发生额分析填列。

(3)“税金及附加”项目，反映企业应负担的消费税、城市维护建设税、资源税、土地增值税和教育费附加等。本项目应根据“税金及附加”科目的发生额分析填列。

(4)“销售费用”项目，反映企业在销售商品过程中发生的包装费、广告费等费用和为销售本企业商品而专设的销售机构的职工薪酬、业务费等经营费用。本项目应根据“销售费用”科目的发生额分析填列。

(5)“管理费用”项目，反映企业为组织和管理生产经营发生的管理费用。本项目应根据“管理费用”科目的发生额（扣除研发费用）分析填列。

(6)“研发费用”项目，应根据“管理费用”科目下的“研发费用”明细科目的发生额，以及“管理费用”科目下的“无形资产摊销”明细科目的发生额分析填列。

(7)“财务费用”项目下设“利息费用”和“利息收入”两个子项目。其中：“利息费用”项目反映企业筹集生产经营所需资金等而发生的予以费用化的利息支出。“利息收入”项目反映企业按相关会计准则确认的应冲减财务费用的利息收入。“利息费用”和“利息收入”项目，应根据“财务费用”科目的相关明细科目的发生额分析填列，两项目作为“财务费用”的其中项均以正数填列。

(8)“其他收益”项目，反映计入其他收益的政府补助以及其他与日常活动相关且其他计入其他收益的项目。本项目应根据“其他收益”科目的发生额分析填列。

(9)“投资收益”项目，反映企业以各种方式对外投资所取得的收益。本项目应根据“投资收益”科目的发生额分析填列，如为净损失，以“-”号填列。其中“对联营企业和合营企业的投资收益”与“以摊余成本计量的金融资产终止确认收益”应单独列示。

（10）“净敞口套期收益”项目，反映净敞口套期下被套期项目累计公允价值变动转入当期损益的金额或现金流量套期储备转入当期损益的金额。本项目应根据“净敞口套期损益”科目的发生额分析填列，如为套期损失，以“-”号填列。

（11）“公允价值变动收益”项目，反映企业按照相关准则规定应当计入当期损益的资产或负债公允价值变动净收益，如交易性金融资产当期公允价值的变动额。本项目应根据“公允价值变动损益”科目的发生额分析填列，如为净损失，以“-”号填列。

（12）“信用减值损失”项目，反映企业按照《企业会计准则第22号——金融工具确认和计量》的要求计提的各项金融工具信用减值准备所确认的信用损失。本项目应根据“信用减值损失”科目的发生额分析填列。

（13）“资产减值损失”项目，反映企业各项资产（金融资产除外）发生的减值损失。本项目应根据“资产减值损失”科目的发生额分析填列。

（14）“资产处置收益”科目，反映企业出售划分为持有待售的非流动资产或处置组时确认的处置利得或损失，以及处置未划分为持有待售的固定资产、在建工程、生产性生物资产及无形资产而产生的处置利得或损失。本项目应根据“资产处置损益”科目的发生额分析填列，如为处置损失，以“-”号填列。

（15）“营业外收入”项目，反映企业发生的与其经营活动无直接关系的各项收入。本项目应根据“营业外收入”科目的发生额分析填列。

（16）“营业外支出”项目，反映企业发生的与其经营活动无直接关系的各项支出，主要包括公益性捐赠支出、非常损失、盘亏损失、非流动资产毁损报废损失等。本项目应根据“营业外支出”科目的发生额分析填列。“营业外收入”和“营业外支出”应分别进行填列，不得相互抵销，不能配比。

（17）“利润总额”项目，反映企业实现的利润总额，如为亏损总额，以“-”号填列。

（18）“所得税费用”项目，反映企业根据所得税准则确认的应从当期利润总额中扣除的所得税费用。本项目应根据“所得税费用”科目的发生额分析填列。

（19）“净利润”项目，反映企业实现的净利润，如为净亏损，以“-”号填列。其中“（一）持续经营净利润”和“（二）终止经营净利润”项目，应根据《企业会计准则第42号——持有待售的非流动资产、处置组和终止经营》的相关规定分别填列。

（20）“其他综合收益的税后净额”项目，反映企业根据其他会计准则的规定未在当期损益中确认的各项利得和损失扣除所得税影响后的净额的合计数。本项目应根据“其他综合收益”科目的发生额分析填列。

“（一）不能重分类进损益的其他综合收益”项目，包括：1.重新设定受益计划变动额。企业应当将重新计量设定受益计划净负债或净资产所产生的变动计入其他综合收益，并且在后续会计期间不允许转回至损益，但企业可以在权益范围内转移这些在其他综合收益中确认的金额。2.权益法下不能转损益的其他综合收益，指投资方采用权益法核算，因被投资方确认不能转损益的其他综合收益，投资方按比例确认的其他综合收益。3.其他权益工具投资公允价值变动，反映企业指定为以公允价值计量且其变动计入其他综合收益的非交易性权益工具投资发生的公允价值变动。4.企业自身信用风险公允价值变动，指企业指定为以公允价值计量且其变动计入当期损益的金融负债，由企业自身信用风险变动引起的公允价值变动而计入其他综合收益的金额。本项目应根据“其他综合收益”科目的相关明细科目发生额分析填列。

“（二）将重分类进损益的其他综合收益”项目，包括：1.权益法下可转损益的其他综合收益，指投资方采用权益法核算，因被投资方确认将来能转损益的其他综合收益，投资方按比例确认的其他综合收益；2.其他债权投资公允价值变动；3.金融资产重分类计入其他综合收益的金额；4.其他债权投资信用减值准备；5.现金流量套期储备，反映企业套期工具产生的利得或损失中属于套期有效的部分，本项目应根据“其他综合收益”科目下“套期储备”明细科目的发生额分析填列；6.外币财务报表折算差额。

（21）“综合收益总额”项目，反映企业净利润与其他综合收益的合计金额。

（22）“基本每股收益”项目，应当根据每股收益准则规定计算的金额填列。企业应当按照归属于普通股股东的当期净利润，除以发行在外普通股的加权平均数计算基本每股收益。

（23）“稀释每股收益”项目，应当根据每股收益准则规定计算的金额填列。企业存在稀释性潜在普通股的，应当分别调整归属于普通股股东的当期净利润和发行在外普通股的加权平均数，并据以计算稀释每股收益。

五、利润表编制实例

【例 14-2】根据【例 14-1】的资料以及阳光股份有限公司2×23年发生的各项经济业务和编制的相关会计分录（见第1~50笔分录），编制2×23年度利润表，见表14-4。

表 14-4 **利润表** 会企02表

编制单位：阳光股份有限公司 2×23年度 单位：元

项目	本期金额	上期金额
一、营业收入	51 000 000	
减：营业成本	34 100 000	
税金及附加	1 200 000	
销售费用	800 000	
管理费用	4 326 000	
研发费用		
财务费用	1 420 000	
其中：利息费用	1 420 000	

续表

项目	本期金额	上期金额
利息收入		
加：其他收益		
投资收益（损失以"–"号填列）	1 030 000	
其中：对联营企业和合营企业的投资收益（损失以"–"号填列）		
以摊余成本计量的金融资产终止确认收益（损失以"–"号填列）		
净敞口套期收益（损失以"–"号填列）		
公允价值变动收益（损失以"–"号填列）		
信用减值损失（损失以"–"号填列）	–20 160	
资产减值损失（损失以"–"号填列）		
资产处置收益（损失以"–"号填列）	2 200 000	
二、营业利润（亏损以"–"号填列）	12 363 840	
加：营业外收入		
减：营业外支出	695 000	
三、利润总额（亏损总额以"–"号填列）	11 668 840	
减：所得税费用	2 667 210	
四、净利润（净亏损以"–"号填列）	9 001 630	
（一）持续经营净利润（净亏损以"–"号填列）		
（二）终止经营净利润（净亏损以"–"号填列）		
五、其他综合收益的税后净额		
（一）不能重分类进损益的其他综合收益		
1.重新计量设定受益计划变动额		
2.权益法下不能转损益的其他综合收益		
3.其他权益工具投资公允价值变动		
4.企业自身信用风险公允价值变动		

续表

项目	本期金额	上期金额
…		
（二）将重分类进损益的其他综合收益		
1.权益法下可转损益的其他综合收益		
2.其他债权投资公允价值变动		
3.金融资产重分类计入其他综合收益的金额		
4.其他债权投资信用减值准备		
5.现金流量套期储备		
6.外币财务报表折算差额		
…		
六、综合收益总额	9 001 630	
七、每股收益：		
（一）基本每股收益（元/股）		
（二）稀释每股收益（元/股）		

本节自测

第四节　现金流量表

一、现金流量表的概念及作用

现金流量表是以现金的流入与流出汇总说明企业报告期内经营活动、投资活动及筹资活动的动态报表。从编制原则上看，现金流量表按照收付实现制原则编制，将权责发生制下的盈利信息调整为收付实现制下的现金流量信息，便于信息使用者了解企业净利润的质量。从内容上看，现金流量表被划分为经营活动、投资活动和筹资活动三个部分。现金流量表的作用主要表现在以下几个方面：

（1）现金流量表可以提供企业的现金流量信息，从而对企业整体财务状况作出客观评价。除了经营活动以外，企业所从事的投资和筹资活动同样影响着现金流量，从而影响财务状况。如果企业进行投资，而没能取得相应的现金回报，就会对企业的财务状况（如流动性、偿债能力）产生不良影响。从企业的现金流量情况看，可以大致判断其经营周转是否顺畅。

（2）通过现金流量表可以对企业的支付能力和偿债能力，以及企业对外部资金的需求情况作出较为可靠的判断。评估企业是否具有这些能力，最直接有效的方法是分析现金流量。现金流量表披露的经营活动净现金流入本质上代表了企业自我创造现金的能力，尽管企业取得现金还可以通过对外筹资的途径，但债务本金的偿还最终取决于经营活动的净现金流入。因此，经营活动的净现金流入占总来源的比例越高，表明企业的财务基础越稳固，支付能力和偿债能力越强。现金流量表有助于达到这一目的。

(3) 通过现金流量表不但可以了解企业当前的财务状况，还可以预测企业未来的发展情况。一方面，如果现金流量表中各部分现金流量结构合理，现金流入和流出无重大异常波动，一般来说企业的财务状况基本良好。另一方面，企业最常见的失败原因、症状也可在现金流量表中得到反映。比如，从投资活动流出的现金、筹资活动流入的现金和筹资活动流出的现金中，可以分析企业是否过度扩大经营规模；通过比较当期净利润与当期净现金流量，可以看出非现金流动资产吸收利润的情况，评价企业产生净现金流量的能力是否偏低。

(4) 便于报表使用者评估报告期内与现金有关和无关的投资和筹资活动。现金流量表除披露经营、投资和筹资活动的现金流量外，在全部资金概念下，还披露与现金无关的投资和筹资活动。这对报表使用者制定合理的投资与信贷决策，评估企业未来的现金流量同样具有重要意义。

二、现金流量表的编制基础

现金流量表中的现金即编表基础，其含义是广义上的现金，即现金及现金等价物，具体包括库存现金、银行存款、其他货币资金和现金等价物。现金等价物是指企业持有的期限短、流动性强、易于转换为已知金额现金、价值变动风险很小的短期投资。现金等价物通常指购买的在3个月或更短时间内即到期或即可转换为现金的投资。在实务工作中，企业应当根据经营特点等具体情况，确定现金等价物的范围，并在财务报表附注中披露确定现金等价物的会计政策，并一贯地保持这种划分标准。

三、现金流量表的结构

（一）现金流量及其影响因素

现金流量是指企业在某一期间内现金和现金等价物的流入与流出，即现金和现金等价物的收入与支出。现金和现金等价物各项目之间的流动，不属于现金流量。影响现金流量的因素主要是企业的日常经营业务，但不是所有的业务都对现金流量有影响。现金各项目与非现金各项目之间的增减变动，其账务处理的借方、贷方中，一方是现金，另一方不是现金，所以，这类业务才影响现金流量的增减变动。

（二）现金流量的分类

编制现金流量表的目的是为财务报表使用者提供企业一定会计期间内有关现金的流入和流出的信息。企业一定时期内现金流入和流出是由各种因素产生的，如企业为生产产品需要用现金支付购入原材料的价款，支付职工工资，购买固定资产也需要支付现金。现金流量表首先要对企业各项经营业务产生或运作的现金流量进行合理的分类，通常按照企业经营业务发生的性质将企业一定期间内产生的现金流量归为以下三类：

(1) 经营活动产生的现金流量。经营活动是指企业投资活动和筹资活动以外的所有交易和事项。各类企业由于行业特点不同，对经营活动的认定存在一定差异。对于工商企业而言，经营活动主要包括销售商品、提供劳务、经营性租赁、购买货物、接受劳务、制造产品、广告宣传、推销产品、缴纳税款等。对于商业银行而言，经营活动主要包括吸收存款、发放贷款、同业存款、同业拆借等。对于保险公司而言，经营活动主要包括原保险业务和再保险业务等。对于证券公司而言，经营活动主要包括自营证券、代理承销证券、代理兑付证券、代理买卖证券等。经营活动产生的现金流量是企业通过运用所拥有或控制的资产获得的现金流量，主要是与企业净利润有关的现金流量。也就是说，经营活动产生的现金流量是现金净利润。

通过现金流量表中反映的经营活动产生的现金流入和流出，说明企业经营活动对现金流入和流出净额的影响程度。在我国，企业经营活动产生的现金流量应当采用直接法填列。

（2）投资活动产生的现金流量。投资活动是指企业长期资产的购建和不包括在现金等价物范围内的投资及其处置活动。这里的长期资产是指固定资产、在建工程、无形资产和其他长期资产等持有期限在一年或一个营业周期以上的资产。这里所讲的投资活动，主要包括取得或收回投资、购建和处置固定资产、无形资产和其他长期资产等。这里之所以将“包括在现金等价物范围内的投资”排除在外，是因为已经将其视同现金。不同企业由于行业特点不同，对投资活动的认定也存在差异。例如，交易性金融资产所产生的现金流量，对于工商企业而言，属于投资活动现金流量，而对于证券公司而言，属于经营活动现金流量。

通过现金流量表中反映的投资活动产生的现金流量，可以分析企业通过投资获取现金流量的能力以及投资产生的现金流量对企业现金流量净额的影响程度。

（3）筹资活动产生的现金流量。筹资活动是指导致企业资本及债务规模和构成发生变化的活动，包括吸收投资、发行股票、分配利润等。这里所说的资本，既包括实收资本（股本），又包括资本溢价（股本溢价）；这里所说的债务，是指企业对外举债所借入的款项，如发行债券、向金融企业借入款项以及偿还债务等。通常情况下，应付账款、应付票据等商业应付款等属于经营活动，不属于筹资活动。

此外，对企业日常活动之外特殊的、不经常发生的项目，如自然灾害损失、保险赔款、捐赠等，应当归并到相关类别中，并单独反映。比如，对于自然灾害损失和保险赔款，如果能够确指，属于流动资产损失，应当列入经营活动产生的现金流量；属于固定资产损失，应当列入投资活动产生的现金流量。

（4）汇率变动对现金及现金等价物的影响。编制现金流量表时，应当将企业外币现金流量以及境外子公司的现金流量折算成记账本位币。企业外币现金流量以及境外子公司的现金流量折算成记账本位币时，应当采用现金流量发生日的即期汇率或按照系统合理的方法确定的、与现金流量发生日即期汇率近似的汇率，而现金流量表“现金及现金等价物净增加额”项目中外币现金净增加额是按照资产负债表日的即期汇率折算的。这两者的差额即为汇率变动对现金及现金等价物的影响。

在编制现金流量表时，对当期发生的外币业务，也可不必逐笔计算汇率变动对现金及现金等价物的影响，可以通过现金流量表补充资料中“现金及现金等价物净增加额”与现金流量表中“经营活动产生的现金流量净额”“投资活动产生的现金流量净额”“筹资活动产生的现金流量净额”三项之和比较，其差额即为汇率变动对现金及现金等价物的影响额。汇率变动对现金及现金等价物的影响额应当作为调节项目，在现金流量表中单独列报。

（5）现金流量应按总额反映。现金流量表分别报告各项现金流入与流出的总额而非净额，其目的是可以更全面地了解企业现金流动的总括情况，但是对一些代客户收取或支付的现金以及周转快、金额大、期限短的项目所产生的现金流量，以总额列示则无必要。

【例14-3】甲、乙两家公司，本年度无形资产交易对现金流量的影响如下：甲公司出售无形资产产生现金流入20 000元，购置无形资产产生现金流出10 000元，现金净流入10 000元；乙公司出售无形资产产生现金流入80 000元，购置无形资产产生现金流出70 000元，现金净流入10 000元。

若以净额表示，两家公司的现金净流入相同，若以现金流入与流出总额披露，乙公司出售无形资产产生的现金流入是甲公司的4倍，购置无形资产产生的现金流出是甲公司的7倍，因此，分别以总额表示现金流入与流出，可以比较全面地评估企业的各项活动。

四、现金流量表的编制原理与方法

（一）编制依据

现金流量表是按收付实现制反映企业报告期内的现金流动信息，而企业编制的资产负债表、利润表和所有者权益变动表及有关账户记录资料反映的会计信息，都是按权责发生制基础记录报告的。现金流量表的编制依据必然是资产负债表、利润表和所有者权益变动表及有关账户记录资料；编制现金流量表的过程就是将权责发生制下的会计资料转换为按收付实现制表示的现金流动。现金流动信息要求区别经营活动、投资活动和筹资活动报告。

（二）现金流量表的格式

现金流量表要求企业采用直接法填列经营活动产生的现金流量，同时揭示企业投资活动和筹资活动产生的现金流量。现金流量表附注要求揭示按间接法重新计算与表达经营活动产生的现金流量以及不涉及现金的重大投资和筹资活动。现金流量表的格式见表14-6。

（三）经营活动现金流量的填列

编制现金流量表时，一个关键问题是将应计基础向现金基础转换。在这个转换过程中尤其以经营活动现金流量的确定最为复杂，其转换方式也因起点不同而异。

现金流量表要求经营活动现金流量按收付实现制确认的损益反映。由于会计上损益的确认历来采用权责发生制而非收付实现制，因此，本期的利润（亏损）并不等于经营活动现金流量。如果根据利润表所提供的资料计算经营活动现金流量，就需要将按权责发生制确认的利润（亏损）转换为收付实现制的现金。这种转换方式在现金流量表中有两种报告方式，即直接法和间接法。

1.直接法

直接法是通过现金收入和现金支出的主要类别反映来自企业经营活动的现金流量。

采用直接法编制经营活动现金流量时，一般以利润表中的营业收入为起算点，调整与经营活动有关项目的增减变动，然后计算出经营活动现金流量。

在直接法下，经营活动现金流量各项目的内容及填列方法如下：

（1）“销售商品、提供劳务收到的现金”项目，反映企业销售商品、提供劳务实际收到的现金（含销售收入和应向购买者收取的增值税销项税额），包括本期销售商品、提供劳务收到的现金，以及前期销售和前期提供劳务本期收到的现金和本期预收的账款，减去本期退回本期销售的商品和本期退回前期销售的商品支付的现金。企业销售材料和代购代销业务收到的现金，也在本项目反映。本项目可以根据“库存现金”“银行存款”“应收账款”“应收票据”“预收账款”“主营业务收入”“其他业务收入”等科目的记录分析填列，也可以按下列公式调整计算：

$$\text{销售商品、提供劳务收到的现金}=\text{营业收入}+\text{应收账款}\left(\text{期初余额}-\text{期末余额}\right)+\text{应收票据}\left(\text{期初余额}-\text{期末余额}\right)+\text{预收账款}\left(\text{期末余额}-\text{期初余额}\right)-\text{以非现金资产抵偿债务而减少的应收账款和应收票据}+\text{当期收回前期已核销的坏账}-\text{本期核销坏账减少的应收账款}+\text{应交增值税（销项税额）的发生额}$$

【例 14-4】华光股份有限公司 2×23 年度利润表中，“营业收入”项目 300 万元，资产负债表中“应收账款”项目年初余额 90 万元、年末余额 150 万元。本年度发生坏账 3 万元已予以核销；债务人企业用存货抵偿应收账款 18 万元；收到以前年度核销的坏账 24 万元。

根据上述资料，现金流量表中“销售商品、提供劳务收到的现金”项目的金额计算如下：

销售商品、提供劳务收到的现金=300+（90−150）−18+24 =246（万元）

如果本例资料中给出的不是资产负债表中“应收账款”项目的余额资料，而是“应收账款”科目年初余额 90 万元、年末余额 150 万元。假定其他资料不变，计算如下：

销售商品、提供劳务收到的现金=300+（90−150）−3−18+24=243（万元）

（2）“收到的税费返还”项目。本项目反映企业本期收到的增值税、消费税、所得税、关税和教育费附加等各种税费返还款。本项目根据“银行存款”、“库存现金”及“应交税费”等科目的有关借方记录及“营业外收入”等科目的贷方发生额分析填列。

（3）“收到其他与经营活动有关的现金”项目。本项目反映企业在报告期内与销售商品收现、税费返还收现无关的但与经营活动有关的其他现金收入，如收到押金、收到退回的备用金、收到的经营租赁的租金、收到的罚款、流动资产损失中由个人赔偿的现金收入以及接受捐赠现金等，其中金额较大的应当单独列示。本项目根据“库存现金”“银行存款”科目的借方记录与“其他应付款”“其他应收款”“其他业务收入”“营业外收入”等科目的贷方发生额分析填列。

（4）“购买商品、接受劳务支付的现金”项目。本项目反映企业购买材料和商品、接受劳务实际支付的现金，包括本期购入材料和商品、接受劳务支付现金（包括增值税进项税额），以及本期支付前期购入商品、接受劳务的未付款项和本期预付款项。本项目可以根据“库存现金”“银行存款”“应付账款”“应付票据”“主营业务成本”等科目的记录分析填列，也可按下列公式调整计算：

$$\text{购买商品、接受劳务支付的现金}=\text{营业成本}+\text{应交增值税（进项税额）}+\text{存货}\left(\text{期末余额}-\text{期初余额}\right)+\text{应付账款}\left(\text{期初余额}-\text{期末余额}\right)+\text{应付票据}\left(\text{期初余额}-\text{期末余额}\right)+\text{预付账款}\left(\text{期末余额}-\text{期初余额}\right)-\text{以非现金资产清偿债务减少的应付账款和应付票据}$$

应当说明的是，营业成本中应扣除当期列入生产成本、制造费用的非现金支出，如固定资产修理费、折旧费等；各资产负债表项目的增减变动金额必须是与经营活动有关的业务；存货的期初余额与期末余额的差额应等于附表中以间接法反映的经营活动产生的现金流量中“存货的减少（减：增加）”项目的数额。

【例 14-5】诚信实业股份有限公司为商品流通企业，2×23 年度利润表中“营业成本”项目 180 万元；资产负债表中“应付账款”项目年初余额 9 万元、年末余额 6 万元；“预付账款”项目年初余额 0、年末余额 1.5 万元；“存货”项目年初余额 210 万元、年末余额 270 万元；当年接受投资人投入存货 24 万元。根据上述资料，“购买商品、接受劳务支付的现金”项目的计算如下：

购买商品、接受劳务支付的现金=180+（9−6）+（1.5−0）+（270−210）−24=220.5（万元）

（5）“支付给职工以及为职工支付的现金”项目。本项目反映企业本期实际支付给职工的工资、奖金、各种津贴和补贴等职工薪酬，以及为职工交纳养老保险、失业保险、医疗保险、商业保险、住房公积金等各项职工薪酬而支付的现金。本项目根据“库存现金”“银行存款”科目的有关贷方记录以及“应付职工薪酬”科目的借方发生额分析填列。

值得注意的是，企业该项支出中与在建工程人员有关的现金流出数额，不应包括在本项目内，而应在投资活动现金流量中“购建固定资产、无形资产和其他长期资产支付的现金”项目中报告。企业支付给离退休人员的各项费用，也不应包括在本项目内，而应在“支付其他与经营活动有关的现金”项目中报告。

（6）“支付的各项税费”项目。本项目反映企业在本期发生并支付的、在以前各期发生在本期支付的和预缴的增值税、所得税、印花税、房产税、城镇土地使用税、土地增值税、车船税以及教育费附加、矿产资源补偿费等。本项目根据“银行存款”科目的有关贷方记录以及“应交税费”“管理费用”“委托加工物资”等科目的借方发生额分析填列。

值得一提的是，本项目不包括与投资活动有关的税金支出，如支付的应计入固定资产价值的耕地占用税、与处置不动产或无形资产有关的税费等。另外，本期退回的增值税、所得税不在本项目中作减项。

（7）“支付其他与经营活动有关的现金”项目。本项目反映企业在报告期内与购买商品付现、为职工付现、各项税费付现无关的但与经营活动有关的现金支出（主要是与管理费用、销售费用、营业外支出等项目有关的），又不属于投资活动和筹资活动的现金流出（如支付办公费用、支付业务招待费、支付保险费、支付销售费用、退还押金、支付差旅费、支付经营租赁的租金、支付罚款以及捐出的现金等的现金流出）。其中金额较大的应当单独列示。本项目根据“库存现金”“银行存款”科目的有关贷方记录及“管理费用”“销售费用”“其他应付款”“其他应收款”“其他业务成本”“营业外支出”等科目的借方发生额分析填列。

2.间接法

间接法是以本期净利润（或净损失）为起算点，调整不增加或不减少现金的收入与费用项目，调整属于投资活动和筹资活动的收益与损失，调整与经营活动有关的非现金流动资产与流动负债的增减变动，从而计算出经营活动现金流量的一种方法（参见现金流量表附注的填列）。

（四）投资活动现金流量的填列

投资活动现金流量的报告，需要依据有关科目的记录分析填列。这些科目主要有银行存款、交易性金融资产、长期股权投资、债权投资、其他债权投资、其他权益工具投资、投资收益、应收股利、应收利息、固定资产、累计折旧、固定资产清理、在建工程、工程物资、无形资产、累计摊销、长期待摊费用以及应交税费（如与处置不动产或无形资产有关的除增值税以外的税费）等。

投资活动现金流量各项目的具体内容及填列方法如下：

（1）“收回投资收到的现金”项目。本项目反映企业报告期内出售、转让或到期收回除现金等价物以外的交易性金融资产、债权投资、长期股权投资、其他债权投资、其他权益工具投资、投资性房地产而收到的现金，不包括债权投资的利息、权益投资的股利、收回的非现金资产以及处置子公司及其他营业单位收到的现金。本项目根据“银行存款”科目的借方记录及“交易性金融资产”“长期股权投资”“债权投资”“其他债权投资”“其他权益工具投资”等科目的贷方发生额分析填列。

（2）“取得投资收益收到的现金”项目。本项目反映企业报告期内因股权性投资而取得的现金股利，从子公司、联营企业和合营企业分回利润收到的现金，以及因债权投资而取得的现金利息收入。本项目根据“银行存款”等科目的借方记录及“投资收益”“应收利息”“应收股利”等科目的贷方发生额分析填列。

（3）“处置固定资产、无形资产和其他长期资产收回的现金净额”项目。本项目反映企业报告期内出售、报废固定资产、无形资产及其他长期资产时因取得价款收入、保险赔偿收入等而收到的现金扣除与之相关的现金支出后的净额。另外，由于自然灾害所造成的固定资产等长期资产损失而收到的保险赔款收入，也在本项目中反映。本项目根据“银行存款”等科目的记录及“固定资产清理”“其他业务收入”“其他应收款”“应交税费”等科目的发生额分析填列。

（4）“处置子公司及其他营业单位收到的现金净额”项目。本项目反映企业处置子公司及其他营业单位所取得的现金减去相关处置费用后的净额。本项目根据“银行存款”等科目的记录以及“长期股权投资”等科目的发生额分析填列。

（5）“购建固定资产、无形资产和其他长期资产支付的现金”项目。本项目反映企业报告期内购建固定资产、取得无形资产和其他长期资产所支付的现金及增值税税款以及支付的应由在建工程和无形资产负担的职工薪酬的现金支出。但是，本项目不包括为购建固定资产而发生的借款利息资本化的部分以及融资租入固定资产支付的租赁费。本项目根据“银行存款”“库存现金”等科目的贷方记录及“固定资产”“在建工程”“工程物资”“应付职工薪酬”“应交税费”“无形资产”“研发支出”等科目的借方发生额分析填列。

(6)“投资支付的现金”项目。本项目反映企业报告期内进行现金等价物以外的权益性投资和债务性投资所支付的现金，包括支付的价款及佣金、手续费等附加费用。本项目根据“银行存款”等科目的贷方记录及“长期股权投资”“债权投资”“其他债权投资”“其他权益工具投资”等科目的借方发生额分析填列。

但是，企业购买股票或债券时，实际支付的价款中包含的已宣告但尚未领取的现金或已到付息期但尚未领取的债券利息，由于属于垫支款，应在“支付其他与投资活动有关的现金”项目中反映；企业收回购买股票和债券时支付的已宣告但尚未领取的现金股利或已到付息期但尚未领取的债券的利息，不属于真正意义上的投资成本的收回而是垫支款的收回，所以应在“收到其他与投资活动有关的现金”项目中反映，也不包括在本项目中。

(7)“取得子公司及其他营业单位支付的现金净额”项目。本项目反映企业购买子公司或其他营业单位出价中以现金支付的部分，减去子公司或其他营业单位持有的现金和现金等价物后的净额。

(8)“收到其他与投资活动有关的现金”和“支付其他与投资活动有关的现金”项目。这两个项目分别反映以上各项投资活动以外的与投资活动有关的现金流入、现金流出。金额较大的需单独列示。

(五) 筹资活动现金流量的填列

筹资活动现金流量的报告，需要依据有关科目的记录分析填列，这些科目主要包括银行存款、库存现金、短期借款、应付股利、应付利息、长期借款、应付债券、长期应付款、股本、资本公积等。

筹资活动现金流量各项目的具体内容及填列方法如下：

(1)“吸收投资收到的现金”项目。本项目反映企业报告期内以发行股票、债券等方式筹集资金实际收到的款项净额（发行收入减去支付的佣金、手续费、宣传费、咨询费、印刷费等发行费用）。本项目根据“银行存款”等科目的借方记录及“股本（或实收资本）”“资本公积”“应付债券”等科目的贷方发生额分析填列。

(2)“取得借款收到的现金”项目。本项目反映企业报告期内因举借各种短期借款、长期借款所收到的现金。本项目根据“银行存款”等科目的借方记录及“短期借款”“长期借款”等科目的贷方发生额分析填列。

(3)“偿还债务支付的现金”项目。本项目反映企业报告期内偿还借款和到期债券的本金所支付的现金。本项目根据“银行存款”科目的贷方记录及“应付债券”“短期借款”“长期借款”等科目的借方发生额分析填列。

(4)“分配股利、利润或偿付利息支付的现金”项目。本项目反映企业报告期内实际支付现金股利、支付给其他投资单位的利润或用现金支付的债券利息、借款利息。本项目根据“银行存款”等科目的贷方记录及“应付股利”或“应付利润”“应付利息”“应付债券”“长期借款”等科目的借方发生额分析填列。

（5）“收到其他与筹资活动有关的现金”和“支付其他与筹资活动有关的现金”项目。以上各项筹资活动现金流入和现金流出中没有包括的、其他与筹资活动有关的现金流量信息，应在“收到其他与筹资活动有关的现金”“支付其他与筹资活动有关的现金”项目中报告。如以发行股票、债券方式筹集资金时由企业直接支付的审计、咨询等费用，支付的为购建固定资产而发生的借款利息资本化部分，支付融资租入固定资产的租赁费以及以分期付款方式购建固定资产以后各期支付的现金等。金额较大的，须单独列示。

（六）现金流量表附注的填列

除现金流量表反映的信息外，企业还应在附注中披露将净利润调节为经营活动现金流量、不涉及现金收支的重大投资和筹资活动、现金及现金等价物净变动情况等信息。现金流量表附注的格式见表14-7。

1.将净利润调节为经营活动现金流量

“将净利润调节为经营活动现金流量”是经营活动现金流量的又一种表达方式，即间接法。间接法，是指以本期净利润为起点，通过调整不涉及现金的收入、费用、营业外收支以及经营性应收应付等项目的增减变动，调整不属于经营活动的现金收支项目，据此计算并列报经营活动产生的现金流量的方法。在我国，现金流量表附注应采用间接法反映经营活动产生的现金流量情况，以对现金流量表中采用直接法反映的经营活动现金流量进行核对和补充说明。

（1）资产减值准备。本项目反映企业本期实际计提的各项资产减值准备，包括坏账准备、存货跌价准备、长期股权投资减值准备、债权投资减值准备、投资性房地产减值准备、长期股权投资减值准备、投资性房地产减值准备、固定资产减值准备、在建工程减值准备、无形资产减值准备、商誉减值准备、生产性生物资产减值准备、油气资产减值准备等。本项目可以根据“信用减值损失、资产减值损失”科目的记录分析填列。

（2）固定资产折旧、油气资产折耗、生产性生物资产折旧。本项目反映企业本期累计计提的固定资产折旧、油气资产折耗、生产性生物资产折旧。本项目可根据“累计折旧”“累计折耗”等科目的贷方发生额分析填列。

（3）无形资产摊销。本项目反映企业本期累计摊入成本费用的无形资产价值。本项目可以根据“累计摊销”科目的贷方发生额分析填列。

（4）长期待摊费用摊销。本项目反映企业本期累计摊入成本费用的长期待摊费用。本项目可以根据“长期待摊费用”科目的贷方发生额分析填列。

（5）处置固定资产、无形资产和其他长期资产的损失。本项目反映企业本期处置固定资产、无形资产和其他长期资产发生的净损失（或净收益）；如为净收益，以“-”号填列。本项目可以根据“营业外支出”“资产处置损益”和“营业外收入”等科目所属有关明细科目的记录分析填列。

（6）固定资产报废损失。本项目反映企业本期发生的固定资产盘亏净损失。本项目可以根据“营业外支出”和“营业外收入”科目所属有关明细科目的记录分析填列。

（7）公允价值变动损失。本项目反映企业持有的交易性金融资产、交易性金融负债、采用公允价值模式计量的投资性房地产等公允价值变动形成的净损失；如为净收益，以“-”号填列。本项目可以根据“公允价值变动损益”科目所属有关明细科目的记录分析填列。

（8）财务费用。本项目反映企业本期实际发生的属于投资活动和筹资活动的财务费用。属于投资活动和筹资活动的部分，在计算净利润时已扣除，但这部分发生的现金流出不属于经营活动现金流量的范畴，所以，在将净利润调节为经营活动现金流量时，需要予以加回。本项目可以根据“财务费用”科目的本期借方发生额分析填列；如为净收益，以“-”号填列。

（9）投资损失。本项目反映企业对外投资实际发生的投资损失减去收益后的净损失。本项目可以根据利润表“投资收益”项目的数字填列；如为投资收益，以“-”号填列。

（10）递延所得税资产减少。本项目反映企业资产负债表“递延所得税资产”项目的期初余额与期末余额的差额。本项目可以根据“递延所得税资产”科目的发生额分析填列。

（11）递延所得税负债增加。本项目反映企业资产负债表“递延所得税负债”项目的期初余额与期末余额的差额。本项目可以根据“递延所得税负债”科目的发生额分析填列。

（12）存货的减少。本项目反映企业资产负债表“存货”项目的期初余额与期末余额的差额。期末数大于期初数的差额，以“-”号填列。

（13）经营性应收项目的减少。本项目反映企业本期经营性应收项目（包括应收票据、应收账款、预付账款、长期应收款和其他应收款等经营性应收项目中与经营活动有关的部分及应收的增值税销项税额等）的期初余额与期末余额的差额。期末数大于期初数的差额，以“-”号填列。

（14）经营性应付项目的增加。本项目反映企业本期经营性应付项目（包括应付票据、应付账款、预收账款、应付职工薪酬、应交税费和其他应付款等）的期初余额与期末余额的差额。期末数小于期初数的差额，以“-”号填列。

采用间接法列报经营活动产生的现金流量时，需要对四大类项目进行调整：实际没有支付现金的费用；实际没有收到现金的费用；不属于经营活动的损益；经营性应收应付项目的增减变动。在间接法下，将净利润调节为经营活动现金流量的方法用计算公式表示如下：

$$\begin{gathered}\begin{matrix}\text{经营活动产生}\\\text{的现金流量净额}\end{matrix}=\text{净利润}+\begin{matrix}\text{实际没有支付}\\\text{现金的费用}\end{matrix}-\begin{matrix}\text{实际没有收到}\\\text{现金的收益}\end{matrix}+\begin{matrix}\text{不涉及经营}\\\text{活动的费用}\end{matrix}-\begin{matrix}\text{不涉及经营}\\\text{活动的收益}\end{matrix}+\\\begin{matrix}\text{与经营活动有关的}\\\text{非现金流动资产的减少数}\end{matrix}+\begin{matrix}\text{与经营活动有关的}\\\text{流动负债的增加数}\end{matrix}\end{gathered}$$

（1）实际没有支付现金的费用包括：计提的资产减值准备；计提的固定资产折旧、油气资产折耗、生产性生物资产折旧；无形资产的摊销；长期待摊费用的摊销；递延所得税资产的减少或递延所得税负债的增加等。

（2）实际没有收到现金的收益包括：冲销已计提的资产减值准备；递延所得税资产的增加或递延所得税负债的减少等。

(3) 不涉及经营活动的费用包括：投资损失；财务费用；非流动资产处置损失；固定资产报废损失；与投资性房地产、生产性生物资产有关的公允价值变动损失等。

(4) 不涉及经营活动的收益包括：投资收益；财务收益；非流动资产处置收益；固定资产报废收益；与投资性房地产、生产性生物资产有关的公允价值变动收益等。

(5) 与经营活动有关的、非现金流动资产和流动负债项目，是指存货、应收账款等经营性应收项目、应付账款等经营性应付项目的增加（或减少）。这里的非现金流动资产和流动负债项目的变动，必须是与经营活动有关的。

2.不涉及现金收支的重大投资和筹资活动

本项目反映企业一定会计期间内影响资产和负债但不形成该期现金收支的所有重大投资和筹资活动的信息。这些投资和筹资活动是企业的重大理财活动，对以后各期的现金流量会产生重大影响，因此，应单列项目在补充资料中反映。目前，我国企业现金流量表附注中列示的不涉及现金收支的重大投资和筹资活动项目主要有以下几项：

(1)“债务转为资本”项目，反映企业本期转为资本的债务金额。

(2)“一年内到期的可转换公司债券”项目，反映企业一年内到期的可转换公司债券的本息。

(3)“融资租入固定资产”项目，反映企业本期融资租入固定资产的最低租赁付款额扣除应分期计入利息费用的未确认融资费用后的净额。

3.现金及现金等价物净变动情况

本项目反映企业一定会计期间现金及现金等价物的期末余额减去期初余额后的净增加额（或净减少额），是对现金流量表中“现金及现金等价物净增加额”项目的补充说明。本项目的金额应与现金流量表“现金及现金等价物净增加额”项目的金额核对相符。

至于“不涉及现金收支的重大投资和筹资活动”项目，这些投资和筹资活动虽然不涉及现金收支，但属于企业的重大理财活动，对以后各期的现金流量有重大影响，因此，应单列项目在附注中反映。目前，要求列示的项目主要有下列几项：债务转为资本；一年内到期的可转换公司债券；融资租入固定资产。

现金及现金等价物净变动情况，可以通过现金的期末余额与期初余额的差额进行反映，用以检验采用直接法编制的现金流量净额是否准确。其中，期限短指自购买日起，3个月内到期。企业可据此设定现金等价物的标准，根据期末余额和期初余额分析填列。若企业的现金等价物年末年初余额相差不大，可以忽略不计。

（七）现金流量表的平衡关系

(1) 现金流量表中用直接法填列的“经营活动产生的现金流量净额”等于现金流量表附注中用间接法调整得出的“经营活动产生的现金流量净额”。

(2) 现金流量表中由“经营活动产生的现金流量净额”、“投资活动产生的现金流量净额”、“筹资活动产生的现金流量净额”以及“汇率变动对现金和现金等价物的影响”之和得出的“现金及现金等价物净增加额”等于现金流量表附注中通过“库存现金”“银行存款”“其他货币资金”科目的期末余额与期初余额的差额以及现金等价物的差额得出的“现金及现金等价物净增加额”。

以上平衡关系是检验现金流量表编制正确性的最重要的两个依据，也是基本的平衡关系。

（八）编制现金流量表可选用的技术方法

1.工作底稿法

采用工作底稿法编制现金流量表，是以工作底稿为手段，以利润表和资产负债表数据为基础，对每一项目进行分析并编制调整分录，从而编制出现金流量表。工作底稿的格式样表见表14-5。

在直接法下，整个工作底稿纵向分成三段：第一段是资产负债表项目，其中又分为借方项目和贷方项目两部分；第二段是利润表项目；第三段是现金流量表项目。

工作底稿横向分为五栏，在资产负债表部分，第一栏是项目栏，填列资产负债各项目名称；第二栏是年初数，用来填列资产负债表项目的年初数；第三栏是调整分录的借方；第四栏是调整分录的贷方；第五栏是期末数，用来填列资产负债表项目的期末数。在利润表和现金流量表部分，第一栏也是项目栏，用来填列利润表和现金流量表项目名称；第二栏空置不填；第三栏、第四栏分别是调整分录的借方和贷方；第五栏是本期数，利润表部分这一栏数字应和本期利润表数字核对相符。现金流量表部分这一栏的数字可直接用来编制正式的现金流量表。工作底稿法的程序是：

第一步，将资产负债表的年初余额和期末余额过入工作底稿的年初数栏和期末数栏。

第二步，对当期业务进行分析并编制调整分录。调整分录大体有这样几类：第一类涉及利润表中的收入、成本和费用项目以及资产负债表中的资产、负债及所有者权益项目，通过调整，将权责发生制下的收入费用转换为现金基础；第二类是涉及资产负债表和现金流量表中的投资、筹资项目，反映投资和筹资活动的现金流量；第三类是涉及利润表和现金流量表中的投资和筹资项目，目的是将利润表中有关投资和筹资方面的收入和费用列入现金流量表投资、筹资现金流量中去，此外，还有一些调整分录并不涉及现金收支，只是为了核对资产负债表项目的期末、期初变动。

在调整分录中，有关现金和现金等价物的事项，并不直接借记或贷记现金，而是分别记入“经营活动产生的现金流量”“投资活动产生的现金流量”“筹资活动产生的现金流量”有关项目。借记表示现金流入，贷记表示现金流出。

第三步，将调整分录过入工作底稿中的相应部分。

第四步，核对调整分录，借贷合计应当相等，资产负债表项目年初余额加减调整分录中的借贷金额以后，应当等于期末余额。

第五步，根据工作底稿中的现金流量表项目部分编制正式的现金流量表。

2.T形账户法

T形账户法是以T形账户为手段，以利润表和资产负债表数据为基础，对每一项目进行分析并编制调整分录，从而编制出现金流量表。采用T形账户法编制现金流量表的程序如下：

第一步，为所有的非现金项目（包括资产负债表项目和利润表项目）分别开设T形账户，并将各自的期末期初变动数过入各账户。

第二步，开设一个大的“现金及现金等价物”T形账户，每边分为经营活动、投资活动和筹资活动三个部分，左边记现金流入，右边记现金流出。与其他账户一样，过入期末期初变动数。

第三步，以利润表项目为基础，结合资产负债表分析每一个非现金项目的增减变动，并据此编制调整分录。

第四步，将调整分录过入各T形账户，并进行核对，该账户借贷相抵后的余额与原先过入的期末期初变动数应当一致。

第五步，根据大的“现金及现金等价物”T形账户编制正式的现金流量表。

3.收付款法

收付款法，即对涉及现金收付的业务逐一分析，分析现金流入和流出的类型以及分别归属于现金流量表中的哪些项目，为了便于说明货币资金的来龙去脉，涉及收付款的会计分录调整成包含现金流量表项目的调整分录，就是将会计分录中的银行存款、库存现金、其他货币资金等调整成现金流量表项目，期末汇总形成现金流量表。工作底稿法不能提供即时现金流量表，只能在期末编制现金流量表，编制过程复杂，难免有疏漏，但平时工作量较小更适用于手工记账。收付款法平时工作量大，期末工作量小，能够提供实时现金流量表，目前会计信息系统提供的实时报表就是依据此原理编制的。

五、现金流量表编制实例

【例14-6】沿用【例14-1】的资料，采用收付款法编制现金流量表。

1.对涉及货币资金收付的会计分录逐一分析，判定每个收付款归属于现金流量表的相应项目，为了便于说明货币资金的来龙去脉，涉及收付款的会计分录调整成包含现金流量表项目的调整分录，就是将会计分录中的银行存款、库存现金、其他货币资金等调整成现金流量表项目。

（1）借：材料采购　　5 000 000

　　应交税费——应交增值税（进项税额）　　650 000

　　贷：经营活动产生的现金流量——购买商品、接受劳务支付的现金

　　5 650 000

（2）借：应付票据　　3 500 000

　　贷：经营活动产生的现金流量——购买商品、接受劳务支付的现金

　　3 500 000

（3）借：材料采购　　4 000 000

　　应交税费——应交增值税（进项税额）　　520 000

　　贷：经营活动产生的现金流量——购买商品、接受劳务支付的现金

　　4 520 000

（6）借：投资活动产生的现金流量——收回投资收到的现金　780 000
　贷：交易性金融资产——成本　700 000
　　——公允价值变动　50 000
　　投资收益　30 000

（7）借：固定资产　5 000 000
　　应交税费——应交增值税（进项税额）　650 000
　贷：投资活动产生的现金流量——购建固定资产、无形资产和其他长期资产支付的现金　5 650 000

（8）借：工程物资　4 000 000
　　应交税费——应交增值税（进项税额）　520 000
　贷：投资活动产生的现金流量——购建固定资产、无形资产和其他长期资产支付的现金　4 520 000

（13）借：固定资产清理　15 000
　贷：投资活动产生的现金流量——处置固定资产、无形资产和其他长期资产收回的现金净额　15 000

借：投资活动产生的现金流量——处置固定资产、无形资产和其他长期资产收回的现金净额　20 000
　贷：固定资产清理　20 000

（14）借：筹资活动产生的现金流量——取得借款收到的现金　15 000 000
　贷：长期借款——本金　15 000 000

（15）借：经营活动产生的现金流量——销售商品、提供劳务收到的现金　28 250 000
　贷：主营业务收入　25 000 000
　　应交税费——应交增值税（销项税额）　3 250 000

（16）借：经营活动产生的现金流量——销售商品、提供劳务收到的现金　6 000 000
　贷：应收票据　6 000 000

（17）借：投资活动产生的现金流量——取得投资收益收到的现金　1 000 000
　贷：投资收益　1 000 000

（18）借：投资活动产生的现金流量——处置固定资产、无形资产和其他长期资产收回的现金净额　14 690 000
　贷：固定资产清理　13 000 000
　　应交税费——应交增值税（销项税额）　1 690 000

（19）借：短期借款　6 000 000
　贷：筹资活动产生的现金流量——偿还债务支付的现金　6000 000

（20）借：应付利息　480 000
　贷：筹资活动产生的现金流量——分配股利、利润或偿付利息支付的现金　480 000

（22）借：经营活动产生的现金流量——销售商品、提供劳务收到的现金
2 000 000
贷：合同负债 2 000 000

（23）借：应付职工薪酬 22 000 000
贷：经营活动产生的现金流量——支付给职工以及为职工支付的现金
13 000 000
投资活动产生的现金流量——购建固定资产、无形资产和其他长期资产支付的现金 9 000 000

（31）借：材料采购 30 000 000
应交税费——应交增值税（进项税额） 3 900 000
贷：经营活动产生的现金流量——购买商品、接受劳务支付的现金
24 900 000
预付账款 9 000 000

（33）借：经营活动产生的现金流量——销售商品、提供劳务收到的现金
2 260 000
贷：应收账款 2 260 000

（34）借：销售费用 800 000
贷：经营活动产生的现金流量——支付其他与经营活动有关的现金
800 000

（37）借：经营活动产生的现金流量——销售商品、提供劳务收到的现金
16 400 000
财务费用 550 000
贷：应收票据 16 950 000

（38）借：投资活动产生的现金流量——购建固定资产、无形资产和其他长期资产支付的现金 2 500 000
贷：银行存款 2 500 000

（40）借：长期借款 45 000 000
贷：筹资活动产生的现金流量——偿还债务支付的现金 45 000 000

（44）借：应交税费——应交增值税（已交税金） 2 080 000
贷：经营活动产生的现金流量——支付的各项税费 2 080 000

（45）借：应交税费——企业所得税 1 519 750
——应交消费税 1 200 000
贷：经营活动产生的现金流量——支付的各项税费 2 719 750

2.逐笔过入现金流量表工作底稿，见表14-5。

表14-5 现金流量表工作底稿

项目	2×23年度	2×22年度（略）
一、经营活动产生的现金流量：		
销售商品、提供劳务收到的现金	（15）28 250 000 （16）6 000 000 （22）2 000 000 （33）2 260 000 （37）16 400 000	
收到的税费返还		
收到其他与经营活动有关的现金		
经营活动现金流入小计		
购买商品、接受劳务支付的现金	（1）5 650 000 （2）3 500 000 （3）4 520 000 （31）24 900 000	
支付给职工以及为职工支付的现金	（23）13 000 000	
支付的各项税费	（44）2 080 000 （45）2 719 750	
支付其他与经营活动有关的现金	（34）800 000	
经营活动现金流出小计		
经营活动产生的现金流量净额		
二、投资活动产生的现金流量：		
收回投资收到的现金	（6）780 000	
取得投资收益收到的现金	（17）1 000 000	
处置固定资产、无形资产和其他长期资产收回的现金净额	（13）5000 （18）14 690 000	
处置子公司及其他营业单位收到的现金净额		
收到其他与投资活动有关的现金		
投资活动现金流入小计		

续表

项目	2×23年度	2×22年度（略）
购建固定资产、无形资产和其他长期资产支付的现金	（7）5 650 000 （8）4 520 000 （23）9 000 000 （38）2 500 000	
投资支付的现金		
取得子公司及其他营业单位支付的现金净额		
支付其他与投资活动有关的现金		
投资活动现金流出小计		
投资活动产生的现金流量净额		
三、筹资活动产生的现金流量：		
吸收投资收到的现金		
发行债券收到的现金		
取得借款收到的现金	（14）15 000 000	
收到其他与筹资活动有关的现金		
筹资活动现金流入小计		
偿还债务支付的现金	（19）6 000 000 （40）45 000 000	
分配股利、利润或偿付利息支付的现金	（20）480 000	
支付其他与筹资活动有关的现金		
筹资活动现金流出小计		
筹资活动产生的现金流量净额		
四、汇率变动对现金及现金等价物的影响		
五、现金及现金等价物净增加额		
加：期初现金及现金等价物余额		
六、期末现金及现金等价物余额		

3.根据表14-5，汇总编制现金流量表，见表14-6。

表14-6

现金流量表

会企03表

编制单位：阳光股份有限公司　　2×23年度　　单位：元

项目	本期金额	上期金额（略）
一、经营活动产生的现金流量：		
销售商品、提供劳务收到的现金	54 910 000	
收到的税费返还		
收到其他与经营活动有关的现金		
经营活动现金流入小计	54 910 000	
购买商品、接受劳务支付的现金	38 570 000	
支付给职工以及为职工支付的现金	13 000 000	
支付的各项税费	4 799 750	
支付其他与经营活动有关的现金	800 000	
经营活动现金流出小计	57 169 750	
经营活动产生的现金流量净额	−2 259 750	
二、投资活动产生的现金流量：		
收回投资收到的现金	780 000	
取得投资收益收到的现金	1 000 000	
处置固定资产、无形资产和其他长期资产收回的现金净额	14 695 000	
处置子公司及其他营业单位收到的现金净额		
收到其他与投资活动有关的现金		
投资活动现金流入小计	16 475 000	
购建固定资产、无形资产和其他长期资产支付的现金	21 670 000	
投资支付的现金		
取得子公司及其他营业单位支付的现金净额		
支付其他与投资活动有关的现金		
投资活动现金流出小计	21 670 000	
投资活动产生的现金流量净额	−5 195 000	
三、筹资活动产生的现金流量：		
吸收投资收到的现金		
发行债券收到的现金		
取得借款收到的现金	15 000 000	
收到其他与筹资活动有关的现金		
筹资活动现金流入小计	15 000 000	

续表

项目	本期金额	上期金额（略）
偿还债务支付的现金	51 000 000	
分配股利、利润或偿付利息支付的现金	480 000	
支付其他与筹资活动有关的现金		
筹资活动现金流出小计	51 480 000	
筹资活动产生的现金流量净额	−36 480 000	
四、汇率变动对现金及现金等价物的影响		
五、现金及现金等价物净增加额	−43 934 750	
加：期初现金及现金等价物余额	62 233 000	
六、期末现金及现金等价物余额	18 298 250	

说明：实务中平时可以按照现金流量表项目开设相应账户，根据按照现金流量表项目编制的会计分录，登记相应账户，期末过入现金流量表。

4.根据上述资料编制现金流量表附注，见表14−7。

表14−7 **现金流量表附注** 单位：元

补充资料	2×23年	2×22年（略）
1.将净利润调节为经营活动现金流量：		
净利润	9 001 630	
加：资产减值准备		
信用损失准备	20 160	
固定资产折旧、油气资产折耗、生产性生物资产折旧	4 300 000	
无形资产摊销	1 800 000	
长期待摊费用摊销	500 000	
处置固定资产、无形资产和其他长期资产的损失（收益以“−”号填列）	−2 200 000	
固定资产报废损失（收益以“−”号填列）	−5000	
净敞口套期损失（收益以“−”号填列）		
公允价值变动损失（收益以“−”号填列）		
财务费用（收益以“−”号填列）	870 000	
投资损失（收益以“−”号填列）	−1 030 000	
递延所得税资产减少（增加以“−”号填列）	−5040	
递延所得税负债增加（减少以“−”号填列）	−12500	
存货的减少（增加以“−”号填列）	−21 994 000	

续表

补充资料	2×23年	2×22年（略）
经营性应收项目的减少（增加以“-”号填列）	4 850 160	
经营性应付项目的增加（减少以“-”号填列）	1 644 840	
其他		
经营活动产生的现金流量净额	-2 259 750	
2.不涉及现金收支的重大投资和筹资活动：		
债务转为资本		
一年内到期的可转换公司债券		
融资租入固定资产		
3.现金及现金等价物净变动情况：		
现金及现金等价物的期末余额	18 298 250	
减：现金及现金等价物的期初余额	62 233 000	
现金及现金等价物净增加额	-43 934 750	

本节自测

第五节　所有者权益变动表

一、所有者权益变动表的内容与结构

所有者权益变动表，是反映构成企业所有者权益的各组成部分当期的增减变动情况的报表。综合收益和与所有者（或股东）的资本交易导致的所有者权益的变动，应当分别列示。所有者权益变动表至少应当单独列示反映下列信息的项目：（1）综合收益总额，在合并所有者权益变动表中还应单独列示归属于母公司所有者的综合收益总额和归属于少数股东的综合收益总额；（2）会计政策变更和前期差错更正的累积影响金额；（3）所有者投入资本和向所有者分配利润等；（4）按照规定提取的盈余公积；（5）所有者权益各组成部分的期初和期末余额及其调节情况。

头脑风暴

财务报表之间的钩稽关系

所有者权益变动表应当全面反映一定时期所有者权益变动的情况，不仅包括所有者权益总量的增减变动，还包括所有者权益增减变动的重要结构性信息，有助于报表使用者理解所有者权益增减变动的根源。

二、所有者权益变动表的格式

所有者权益变动表由表首和正表两部分组成。其中，表首说明报表名称、编制单位、编制日期、报表编号、货币名称、计量单位等；正表是所有者权益变动表的主体，反映企业所有者权益的增减变动及年初、年末余额情况。一般企业所有者权益变动表的具体格式见表14-8。

表 14-8　　所有者权益变动表　　会企 04 表

编制单位：　　年度　　单位：元

项目	本年金额											上年金额										
	实收资本（或股本）	其他权益工具			资本公积	减：库存股	其他综合收益	专项储备	盈余公积	未分配利润	所有者权益合计	实收资本（或股本）	其他权益工具			资本公积	减：库存股	其他综合收益	专项储备	盈余公积	未分配利润	所有者权益合计
		优先股	永续债	其他									优先股	永续债	其他							
一、上年年末余额																						
加：会计政策变更																						
前期差错更正																						
其他																						
二、本年年初余额																						
三、本年增减变动金额（减少以“-”号填列）																						
（一）综合收益总额																						
（二）所有者投入和减少资本																						
1.所有者投入的普通股																						
2.其他权益工具持有者投入资本																						
3.股份支付计入所有者权益的金额																						

续表

项目	本年金额											上年金额										
	实收资本（或股本）	其他权益工具			资本公积	减：库存股	其他综合收益	专项储备	盈余公积	未分配利润	所有者权益合计	实收资本（或股本）	其他权益工具			资本公积	减：库存股	其他综合收益	专项储备	盈余公积	未分配利润	所有者权益合计
		优先股	永续债	其他									优先股	永续债	其他							
4.其他																						
（三）利润分配																						
1.提取盈余公积																						
2.对所有者（或股东）的分配																						
3.其他																						
（四）所有者权益内部结转																						
1.资本公积转增资本（或股本）																						
2.盈余公积转增资本（或股本）																						
3.盈余公积弥补亏损																						
4.设定受益计划变动额结转留存收益																						
5.其他综合收益结转留存收益																						
6.其他																						
四、本年年末余额																						

三、所有者权益变动表的编制

所有者权益变动表各项目分为“本年金额”和“上年金额”两大栏。其中，“上年金额”栏各项目，应当根据上年本表的“本年金额”栏填列。如果上年度所有者权益变动表规定的各个项目的名称和内容与本年度不一致，应对上年度所有者权益变动表各项目的名称和数字按本年度的规定进行调整，填入本表“上年金额”栏内。

企业应当根据所有者权益类科目和损益类有关科目的发生额分析填列所有者权益变动表“本年金额”栏，具体包括如下情况：

（一）“上年年末余额”项目，应根据上年资产负债表中“实收资本（或股本）”“其他权益工具”“资本公积”“其他综合收益”“盈余公积”“未分配利润”等项目的年末余额填列。

（二）“会计政策变更”和“前期差错更正”项目，应根据“盈余公积”“利润分配”“以前年度损益调整”等科目的发生额分析填列，并在“上年年末余额”的基础上调整得出“本年年初金额”项目。

（三）“本年增减变动金额”项目分别反映如下内容：

1.“综合收益总额”项目，反映企业当年的综合收益总额，应根据当年利润表中“其他综合收益的税后净额”和“净利润”项目填列，并对应列在“其他综合收益”和“未分配利润”栏。

2.“所有者投入和减少资本”项目，反映企业当年所有者投入的资本和减少的资本，其中：“所有者投入的普通股”项目，反映企业接受投资者投入形成的实收资本（或股本）和资本公积，应根据“实收资本”“资本公积”等科目的发生额分析填列，并对应列在“实收资本（或股本）”和“资本公积”栏。

“股份支付计入所有者权益的金额”项目，反映企业处于等待期中的权益结算的股份支付当年计入资本公积的金额，应根据“资本公积”科目所属的“其他资本公积”二级科目的发生额分析填列，并对应列在“资本公积”栏。

3.“利润分配”下各项目，反映当年对所有者（或股东）分配的利润（或股利）金额和按照规定提取的盈余公积金额，并对应列在“未分配利润”和“盈余公积”栏。其中：

“提取盈余公积”项目，反映企业按照规定提取的盈余公积，应根据“盈余公积”“利润分配”科目的发生额分析填列。

“对所有者（或股东）的分配”项目，反映对所有者（或股东）分配的利润（或股利）金额，应根据“利润分配”科目的发生额分析填列。

4.“所有者权益内部结转”下各项目，反映不影响当年所有者权益总额的所有者权益各组成部分之间当年的增减变动，包括资本公积转增资本（或股本）、盈余公积转增资本（或股本）、盈余公积弥补亏损等。其中：

“资本公积转增资本（或股本）”项目，反映企业以资本公积转增资本或股本的金额，应根据“实收资本”“资本公积”等科目的发生额分析填列。

“盈余公积转增资本（或股本）”项目，反映企业以盈余公积转增资本或股本的金额，应根据“实收资本”“盈余公积”等科目的发生额分析填列。

“盈余公积弥补亏损”项目，反映企业以盈余公积弥补亏损的金额，应根据“盈余公积”“利润分配”等科目的发生额分析填列。

注意：企业如有下列情况，应当在所有者权益变动表中调整或增设相关项目：

1. 高危行业企业如有按国家规定提取的安全生产费，应当在“其他综合收益”栏和“盈余公积”栏之间增设“专项储备”栏。

本节自测

2. 金融企业的所有者权益变动表列报格式，应当遵循本准则的规定，并根据金融企业经营活动的性质和要求，比照上述一般企业的所有者权益变动表列报格式进行相应调整。

第六节 财务报表附注

一、附注披露的总体要求

（一）附注概述

附注是对在资产负债表、利润表、现金流量表和所有者权益变动表等报表中列示项目的文字描述或明细资料，以及对未能在这些报表中列示项目的说明等。《企业会计准则第30号——财务报表列报》对附注的披露要求是对企业附注披露的最低要求，应当适用于所有类型的企业，企业还应当按照各项具体会计准则的规定在附注中披露相关信息。

（二）总体要求

附注相关信息应当与资产负债表、利润表、现金流量表和所有者权益变动表等报表中列示的项目相互参照，以有助于使用者联系相关联的信息，并由此从整体上更好地理解财务报表。

分组任务

财务报表附注披露的国际经验借鉴

企业在披露附注信息时，应当以定量、定性信息相结合的方式，按照一定的结构对附注信息进行系统合理的排列和分类，以便于使用者理解和掌握。

二、附注的主要内容

附注应当按照如下顺序至少披露下列内容：

（一）企业的基本情况

1. 企业注册地、组织形式和总部地址。

2. 企业的业务性质和主要经营活动。

3. 母公司以及集团最终母公司的名称。

4. 财务报告的批准报出者和财务报告批准报出日，或者以签字人及其签字日期为准。

5. 营业期限有限的企业，还应当披露有关其营业期限的信息。

（二）财务报表的编制基础

（三）遵循企业会计准则的声明

企业应当声明编制的财务报表符合企业会计准则的要求，真实、完整地反映了企业的财务状况、经营成果和现金流量等有关信息，以此明确企业编制财务报表所依据的制度基础。

如果企业编制的财务报表只是部分地遵循了企业会计准则，附注中不得作出这种表述。

（四）重要会计政策和会计估计

1.重要会计政策的说明

企业应当披露采用的重要会计政策，并结合企业的具体实际披露其重要会计政策的确定依据和财务报表项目的计量基础。其中，会计政策的确定依据主要是指企业在运用会计政策过程中所作的重要判断，这些判断对在报表中确认的项目金额具有重要影响。比如投资性房地产的判断标准是什么等。财务报表项目的计量基础包括历史成本、重置成本、可变现净值、现值和公允价值等会计计量属性等。

2.重要会计估计的说明

企业应当披露重要会计估计，并结合企业的具体实际披露其会计估计所采用的关键假设和不确定因素。重要会计估计的说明，包括可能导致下一个会计期间内资产、负债账面价值重大调整的会计估计的确定依据等。例如，固定资产可收回金额的计算需要根据其公允价值减去处置费用后的净额与预计未来现金流量的现值两者之间的较高者确定，在计算资产预计未来现金流量的现值时需要对未来现金流量进行预测，并选择适当的折现率，企业应当在附注中披露未来现金流量预测所采用的假设及其依据、所选择的折现率为什么是合理的等。又如，对于正在进行中的诉讼提取准备，企业应当披露最佳估计数的确定依据等。

（五）会计政策和会计估计变更以及差错更正的说明

企业应当按照《企业会计准则第28号——会计政策、会计估计变更和差错更正》及其应用指南的规定，披露会计政策和会计估计变更以及差错更正的有关情况。

（六）报表重要项目的说明

企业应当以文字和数字描述相结合的方式，尽可能以列表形式披露重要报表项目的构成或当期增减变动情况，并且报表重要项目的明细金额合计，应当与报表项目金额相衔接。在披露顺序上，一般应当按照资产负债表、利润表、现金流量表、所有者权益变动表的顺序及其报表项目列示的顺序。

（七）或有和承诺事项、资产负债表日后非调整事项、关联方关系及其交易等需要说明的事项

（八）有助于财务报表使用者评价企业管理资本的目标、政策及程序的信息

三、关联方披露

（一）关联方关系的认定

从一家企业的角度出发，与其存在关联方关系的各方包括：

1.该企业的母公司，即能够对该企业实施直接或间接控制的单位等。

（1）某一家企业直接控制一家或多家企业。例如，母公司控制一家或若干子公司，则母公司与子公司之间存在关联方关系。

（2）某一家企业通过一家或若干中间企业间接控制一家或多家企业。例如，母公司通过其子公司，间接控制子公司的子公司，表明母公司与其子公司的子公司存在关联方关系。

(3) 一家企业直接地和通过一家或若干中间企业间接地控制一家或多家企业。例如，母公司对某一企业的投资虽然没有达到控股的程度，但由于其子公司也拥有该企业的股份或权益，如果母公司与其子公司对该企业的投资之和达到拥有该企业的控制权，则母公司直接和间接地控制该企业，表明母公司与该企业之间存在关联方关系。

2.该企业的子公司，即直接或间接地被该企业控制的其他企业等。

3.与该企业受同一母公司控制的其他企业。

4.对该企业实施共同控制的投资方。

5.对该企业施加重大影响的投资方。

6.该企业的合营企业。

7.该企业的联营企业。

8.该企业的主要投资者个人及与其关系密切的家庭成员。

(1) 某一企业与其主要投资者个人之间的关系。

(2) 某一企业与其主要投资者个人关系密切的家庭成员之间的关系。

9.该企业或其母公司的关键管理人员及与其关系密切的家庭成员。

10.该企业主要投资者个人、关键管理人员或与其关系密切的家庭成员控制、共同控制或施加重大影响的其他企业。

(二) 不构成关联方关系的情况

1. 与该企业发生日常往来的资金提供者、公用事业部门、政府部门和机构，不构成关联方关系。

2. 与该企业发生大量交易而存在经济依存关系的单个客户、供应商、特许商、经销商或代理商，不构成关联方关系。

3. 与该企业共同控制合营企业的合营者之间，通常不构成关联方关系。

4. 仅仅同受国家控制而不存在其他关联方关系的企业，不构成关联方关系。

(三) 关联方交易的类型

关联方交易，是指关联方之间转移资源、劳务或义务的行为，而不论是否收取价款。关联方的交易类型主要有：

(1) 购买或销售商品。购买或销售商品是关联方交易较常见的交易事项。

(2) 购买或销售除商品以外的其他资产。

(3) 提供或接受劳务。

(4) 担保。

(5) 提供资金（贷款或股权投资）。

(6) 租赁。

(7) 代理。

(8) 研究与开发项目的转移。

(9) 许可协议。

(10) 代表企业或由企业代表另一方进行债务结算。

(11) 关键管理人员薪酬。

（四）关联方披露

（1）企业无论是否发生关联方交易，均应当在附注中披露与该企业之间存在直接控制关系的母公司和子公司的有关信息。

本节自测

（2）企业与关联方发生关联方交易的，应当在附注中披露该关联方关系的性质、交易类型及交易要素。

（3）关联方交易应当分别关联方以及交易类型予以披露。

（4）企业只有在提供确凿证据的情况下，才能披露关联方交易是公平交易。

复习思考题

1. 编制财务报告应当遵循哪些基本要求？

2. 编制资产负债表时，资产、负债项目的流动性应当如何区分？如何理解营业周期？

本章自测

3. 何谓利润表？何谓现金流量表？其作用是什么？

4. 现金流量表直接法和间接法的区别是什么？

5. 财务报表附注的内容有哪些？

推荐阅读

吴进．加强财务报告编制相关风险的控制［N］．中国会计报，2022-04-15（002）．

主要参考文献

［1］中国注册会计师协会．会计［M］．北京：中国财政经济出版社，2023.

［2］中华人民共和国财政部．企业会计准则［M］．上海：立信会计出版社，2023.

［3］企业会计准则编审委员会．企业会计准则及应用指南实务详解（2023年版）［M］．北京：人民邮电出版社，2023.

［4］企业会计准则编审委员会．企业会计准则案例讲解（2023年版）［M］．上海：立信会计出版社，2023.

［5］刘永泽，陈立军．中级财务会计［M］．7版．大连：东北财经大学出版社，2021.